Man's Supreme Inheritance

Ein Vermächtnis der Evolution an die Menschheit von unschätzbarem Wert

Über das Lesen

„Jedes Lesen sei schwer." Das schreibt H. G. Ingenkamp im Nachwort zu Arthur Schopenhauers „Die Welt als Wille und Vorstellung." Und weiter heißt es, *nur wer sich dessen bewusst sei, könne etwas lernen. Leichtes Lesen könne zwar anregend sein, aber das sei etwas anderes.* (Seite 848)

A. Schopenhauer selbst fordert von seinem Leser, ein Werk wie seines zweimal zu lesen. Auch die Bücher F. M. Alexanders haben ohne Zweifel den gleichen Rang, denn beide Autoren legen einen grundlegenden Gedanken in ihrem Werk dar, *was einen systematischen Aufbau verbiete. Wenn man nun jedoch einen einheitlichen Gedanken in seine Teile zerlege, um ihn darzustellen, dürfe der Zusammenhang kein systematischer, es müsse vielmehr ein organischer sein. Da aber ein Gedanke nicht als organische Einheit dargestellt werden könne, müsse der Leser die organische Einheit des Gedankens durch die Art seiner Lektüre rekonstruieren. Das Werk müsse also zweimal gelesen werden: das erste Mal mit viel Geduld. Diese Geduld nähre sich aus dem Glauben, dass der Anfang das Ende beinahe so sehr voraussetze, wie das Ende den Anfang, und aus der Zuversicht, dass beim zweiten Lesen vieles, wenn nicht gar alles in einem anderen Licht erscheint.* (A. Schopenhauer in: ebenda, Seite 850*)*

F. M. ALEXANDER

Man's Supreme Inheritance

Ein Vermächtnis der Evolution an die Menschheit von unschätzbarem Wert

Bewusste Steuerung und Kontrolle bei der Entwicklung des Menschen unter den Bedingungen der Zivilisation

Mit den einführenden Worten von
Prof. John Dewey

FSC
www.fsc.org
MIX
Papier aus verantwortungsvollen Quellen
Paper from responsible sources
FSC® C105338

Bibliografische Information der Deutschen Nationalbibliothek:
Die Deutsche Nationalbibliothek verzeichnet diese Publikation in der Deutschen Nationalbibliografie; detaillierte bibliografische Daten sind im Internet über http://dnb.dnb.de abrufbar.

Originaltitel: Man's Supreme Inheritance
Erstausgabe: E. P. Dutton & Company, New York, 1918
Neuauflage: Chaterson LTD., London, 1946
Übersetzung: ***Hendrik Körner***
4. Ausgabe November 2021
Digitale Assistenz: ***Melanie Habbel***
Lexikalische Korrektur der Übersetzung: ***Helga Schönenberg, Klaus Mewes***
Coverfoto: ***Laura-Sophie Habbel***
Herstellung und Verlag: BoD – Books on Demand, Norderstedt
ISBN: 978-3-752851137

Anmerkungen zum Übersetzen

In kurzen Sätzen können einfache Sachverhalte gut dargestellt werden. Wenn es aber darum geht, komplexe Zusammenhänge aufzuzeigen, sind sie allerdings eher ungeeignet. Dies wird sehr viel besser im Satzgefüge gelingen. So könnte man auf einen kurzen Nenner bringen, was F. M. Alexander in seiner Einleitung zu *The Universal Constant in Living* zu der Kritik geschrieben hat, dass seine Sätze viel zu lang geraten seien.

Es mag auch durchaus wünschenswert sein, dass Form und Inhalt eine Symbiose eingehen und so zu einem Gesamtkunstwerk werden. Ich sehe darin aber die große Gefahr, dass die Menschen des 21. Jahrhunderts auf breiter Front von solchen Kolossen des Satzbaus heillos überfordert sind. Ich will mit der Übersetzung auf jeden Fall vermeiden, dass der Leser das Buch vorschnell wieder ablegt, weil es ihm nur sehr schwer möglich ist, den Satzkonstruktionen rational zu folgen. Der Text soll für eine breite Leserschaft logisch nachvollziehbar sein.

F. M. Alexander benutzt viele Substantivierungen. Ich ziehe jedoch eher eine Verbalisierung bei der Übersetzung vor. Der Autor kann in einem einzigen Satz wahre „Gedankengebirge“ entwickeln. Er will auf diese Weise darstellen, dass alles mit allem zusammenhängt. Der Verständlichkeit halber versuche ich, diese Satzungetüme in kürzere Sätze aufzubrechen. Und um den Zusammenhang der Gedanken nicht zu verlieren, nenne ich das Subjekt anstelle des Pronomens lieber einmal mehr beim Namen als einmal zu wenig.

Hendrik Körner

INHALTSVERZEICHNIS

TEIL 3

THEORIE UND PRAXIS EINER NEUEN METHODE ZUR UMSCHULUNG DER ATMUNG

TEIL 4

ANHANG

EINFÜHRENDE WORTE

Schon viele haben auf die Strapazen hingewiesen, die der Wechsel vom Zustand der animalischen Brutalität zu dem der gegenwärtigen Zivilisation für die menschliche Natur mit sich gebracht hat. Aber nie hat jemand, wie mir scheint, Bedeutung, Gefahren und Möglichkeiten, die in dieser Veränderung liegen, so klar und vollständig erfasst wie F.M. Alexander. Sein Bericht von den Krisen, die mit dieser Evolution einhergegangen sind, ist ein wichtiger Beitrag für ein besseres Verständnis jeder Phase unseres gegenwärtigen Lebens. Seine Interpretationen zentrieren sich zuallererst auf die Krise der körperlichen und moralischen Gesundheit des Individuums, die sich aus dem Konflikt zwischen den Funktionen des Gehirns und des Nervensystems auf der einen Seite und den Funktionen der Verdauung, des Blutdrucks, der Atmung und des Muskelsystems auf der anderen Seite ergeben haben. Tatsächlich bleibt zudem kein Aspekt der Fehlanpassungen unbeleuchtet.

Es kann wahrlich nicht genügen, diesen zersetzenden Kriegszustand tief im Herzen unserer Zivilisation nur zur Kenntnis zu nehmen. Die bloße Kenntnisnahme ist der Grund, warum er nur sehr selten in seiner ganzen Vollständigkeit erfasst wird. Wir ziehen es lieber vor, die Geschehnisse und Episoden so zu behandeln, als seien sie isolierte Unfälle und könnten isoliert eine nach der anderen bewältigt werden. Es gibt durchaus Menschen, die diesen Konflikt wahrgenommen haben. Ihr Lösungsvorschlag lag aber immer darin, entweder zur Natur zurückzukehren und das einfache Leben wieder aufzunehmen oder es war eine Flucht in irgendeine mystische Obskurität. F. M. Alexander deckt nun den fundamentalen Fehler der empirischen und palliativen Methoden auf. Wenn Organe - durch welche Strukturen auch immer, seien sie physiologischer, mentaler oder sozialer Art – ihre Balance verloren haben, wenn sie unkoordiniert arbeiten, werden mit spezifischen und begrenzten Anstrengungen zu ihrer Heilung nur die bereits gestörten Mechanismen weiter gefestigt. Selbst wenn es gelingen sollte, eine organische Struktur „zu verbessern", führen diese Anstrengungen an anderer Stelle zu kompensatorischen Fehlanpassungen, die gegebenenfalls noch verzwickter und noch schlechter zu behandeln sind. Und ein kreativer Geist wird auch nur wenig Mühe haben, von der Kritik F. M. Alexanders an den Methoden der Fitnesskultur Parallelen zu ziehen zu jedem anderen Feld unseres politischen und ökonomischen Lebens.

In seiner Kritik daran, dass Menschen zu den einfachen Bedingungen des vorzivilisierten Lebens zurückkehren wollen, die der zivilisierte Mensch längst hinter sich gelassen hat, offenbart sich die Philosophie F. M. Alexanders in ihren wesentlichen Zügen. All diese Versuche stellen nämlich einen Lösungsansatz dar, bei dem die Intelligenz zur Abdankung gezwungen wird. Es wird doch tatsächlich argumentiert, dass unsere derzeitigen Probleme zu lösen seien, wenn die Intelligenz erst einmal ausgeschaltet worden sei, weil ja die verschiedenen Übel erst durch die Entwicklung bewusster Intelligenz möglich gemacht worden seien. Stattdessen sollte man den Kräften erlauben, ihre Arbeit zu tun, die vor der Intelligenz vorhanden waren und aus denen diese sich herausgebildet hatte.

Die Fallstricke, die sich im Allgemeinen aus den Kategorien des Unbewussten und des Unterbewussten ergeben, existieren bei der Herangehensweise F. M. Alexanders nicht. Er gibt diesen Begriffen nämlich eine klar umrissene und reale Bedeutung. Mit ihnen wird ausgedrückt, dass man sich auf primitive sinnliche Eindrücke verlässt und auf Reflektion verzichtet. Demgegenüber verlässt man sich im Zustand des Bewusstseins auf seinen *reflektierenden* Geist.

F. M. Alexander sieht Heilung nicht in einem sinnlosen Verzicht auf Intelligenz, so dass niedere Kräfte wieder ihr Werk tun können, sondern darin, dass die Kraft der Intelligenz sich immer neue Felder erobert und dass sie sich zu einer positiven und konstruktiven Kontrollinstanz entwickelt.

Als ein Laie sehe ich mich nicht wirklich im Stande, mir ein Urteil darüber zu erlauben, wie es ihm gelingt, mit seiner Technik eine Kontrolle über den körperlichen Organismus zu erlangen, die von Intelligenz gesteuert ist und die nicht nur mit den vielfältigen Anpassungsproblemen unserer Gegenwart fertig wird, sondern sogar auch verhindert, dass sie überhaupt auftreten. Aber F. M. Alexander begnügt sich nicht damit, den gut gemeinten Ratschlag zu erteilen, eine solche bewusste Kontrolle zu benutzen, er ist auch in Besitz einer exakten Methode, die es ermöglicht, dies in die Tat umzusetzen. Und er ist gewillt, sie jedem zur Verfügung zu stellen. Auch für einen Laien ist die Wirksamkeit seiner Methode am konkreten Fall überprüfbar. Ich hatte in der Tat das Glück, diese Erfahrung selbst machen zu dürfen.

Es ist jedoch wahrlich nicht das Anliegen des Autors dieser Zeilen, Selbstbestimmung und Selbstkontrolle auf einen Thron zu heben, sind solche Überhöhungen doch allzu oft ermahnend und moralisierend. Das von F. M. Alexander entwickelte exakte Verfahren basiert tatsächlich auf wissenschaftlichen Erkenntnissen über den Organismus. Allerdings gibt es gegenwärtig auf breiter Front eine diffuse Angst vor allem, was nach Materialismus klingt. Diese Angst stellt in der Tat eine schwere Bürde für die Humanität dar. Ohne sich dessen bewusst zu sein, hat der Mensch eine Scheu davor, den menschlichen Körper anzuerkennen als die wunderbarste aller Strukturen, die es im weiten Universum gibt. Den Menschen ist weisgemacht worden, dass es irgendwie eine fehlende Loyalität gegenüber dem Höheren im Menschen wäre, wenn von dem Körper ernstlich Notiz genommen und ihm die nötige Achtung entgegengebracht würde. Aus den Diskussionsbeiträgen F. M. Alexanders spricht allerdings Hochachtung für dieses wunderbare Instrument unseres Lebens, unseres mentalen und moralischen Lebens und unseres Lebens, das wir übrigen bisher, irgendwie inhaltslos, körperlich nennen. Wenn die Haltung, die F. M. Alexander dem Körper gegenüber zeigt, zum Allgemeingut geworden ist, wird sich eine Atmosphäre entwickelt haben, in der die bewusste Kontrolle, die so dringend notwendig ist, zur Verfügung gestellt wird.

Im weiteren pädagogischen Sinne handelt das gesamte Buch von Erziehung. Der Schreiber dieser Zeilen wird jedoch besonders von den Passagen angezogen, in denen F. M. Alexander das Erziehungsproblem im engeren Sinne berührt. Die Reichweite seiner Prinzipien ist an keiner Stelle besser ersichtlich als an seiner Kritik an den repressiven Schulen einerseits und an den Schulen des „Freien Ausdrucks" andererseits. Er weiß ganz genau um die Perversionen und Entstellungen, die sich ergeben, wenn die Kindheit auf unnatürliche Weise unterdrückt wird, was allzu oft in einem Zusammenhang steht mit der schulischen Ausbildung. Er ist sich aber auch genauso darüber im Klaren, dass eine blinde Reaktion, in der allein den Launen einer Bewegung oder den Zufälligkeiten der Umgebung eine Kontrolle zugestanden wird, in der ansonsten aber auf jegliche Kontrolle verzichtet wird, keineswegs Abhilfe schaffen kann. Man erfährt, dass F. M. Alexander die Bekanntschaft mit einer Schule des „Selbstausdrucks" gemacht hat. (Hier in diesem Land sind solche Schulen allerdings extrem selten.) Alle, denen Reformen im Erziehungsbereich am Herzen liegen, sollten sich jedoch daran erinnern, dass die Freiheit der körperlichen Bewegung und der freie Gefühlsausdruck Mittel und nicht Zielpunkt sind. Und als Mittel sind sie nur gerechtfertigt, wenn unter diesen Umständen die Kraft der Intelligenz entwickelt werden kann. Die einzige Basis, auf der Erziehung reformiert und aufgebaut werden kann, ist es, die Kontrolle durch eine externe Autorität zu ersetzen durch eine Kontrolle, in der die Intelligenz das Sagen hat. Keine Option ist es, wenn aus Prinzip auf jegliche Kontrolle verzichtet wird, und es ist auch keine Option, sie schwankender, emotionaler Beliebigkeit zu überlassen. In den Besitz von Intelligenz zu gelangen, ist tatsächlich der einzige Anspruch, der sich aus dem Postulat der Freiheit ergibt.

Die Spontaneität der Kindheit ist ein wunderbares und wertvolles Gut. Sie ist aber in ihrer ursprünglichen, naiven Form dem Untergang geweiht. Emotionen werden überfrachtet, wenn sie nicht durchleuchtet werden. Das Zeigen überbordender Gefühle ist aber in keiner Weise der Nährboden für Selbstausdruck. Wahre Spontaneität ist fortan nicht länger ein Recht von Geburt an, sondern die letzte Etappe, der vollkommene Sieg, einer Kunst – der meisterlichen Kunst zu bewusster Kontrolle. *Man's Supreme Inheritance* von F. M. Alexander ist eine überzeugende Einladung dazu.

John Dewey

VORWORT ZUR ERSTEN AUSGABE

London, 191o

Zu meinen Freunden gehörte einst ein Schiffer, der als Old Sol fast eine Berühmtheit war. Wer ihn kannte, nannte ihn einfach Sol, ohne alt als Zusatz, der eine Ehrenbezeichnung war, denn Sol war nicht wirklich alt. Ich könnte gar nicht sagen, ob sein Name eine Abkürzung von Solomon war. Und wenn er eine Kurzform war, wüsste ich nicht, ob Solomon sein Taufname war oder ob ihm der Name in späteren Jahren aufgrund seines unzweifelhaften Wissens verliehen worden ist. Ich habe es sogar für eine Möglichkeit gehalten, dass Sol überhaupt keine Abkürzung war. Aber auf jeden Fall war der Name Sol sehr treffend für den gewohnheitsmäßigen Optimismus meines Freundes, wenn es um das Wetter ging. Für einen Ruderknecht aus Cockney, der mit Sorge die Wetterbedingungen auf der oberen Themse beobachtete, hielt Sol unerschütterlich Aufmunterungen bereit. Die Gewissheit, die er ausdrückte, dass das Wetter aufklaren und die Sonne herauskommen würde, war so ermutigend, dass der Londoner mit blassem Gesicht den schlechtesten Wetteraussichten gut gelaunt ins Auge sah und sich auf seinen ungewissen Weg stromaufwärts machte, getragen auf einer Woge wunderbarer Zuversicht in die Unfehlbarkeit Old Sols. Aber für mich und seine anderen engen Freunde, mit denen er öfter Geschäfte machte und die nicht davon abhängig waren, auf ein schönes Wochenende zu hoffen, hatte Sol eine andere Methode. Wenn wir ihn wie üblich fragten: „Nun, Sol, wie wird es sich entwickeln?“, war sein Blick zunächst zum Himmel gerichtet, dann machte er einen Schritt an den Rand der Landungszone, um anschließend die Linie des Horizonts zu studieren, soweit sie sich in seinem Blickfeld befand. Nach einer solch sorgfältigen Analyse war er dann bereit, uns seine Meinung mitzuteilen, und es kam äußerst selten vor, dass er mit seinen Vorhersagen wirklich danebenlag.

Wenn ich mich jetzt an meine Kritiker wende, an den kritischen Laien und den Kritiker, der Einblick in die Materie hat, möchte ich als Erstes die Methoden, mit denen Sol den Freizeitamateuren Mut gemacht hat, ganz entscheiden ablehnen. Sie sind nicht meine Sache. Denn ich kann nicht grenzenlosen Sonnenschein für einen jeden voraussagen, ohne dass ich die wirklichen Bedingungen genau kenne. In diesem Buch werden Sie nirgendwo die Aussage finden, dass es Königswege, Patentlösungen oder Allheilmittel gibt. Ich werde aber jedem einzelnen Leser so viel Achtung entgegenbringen, wie es Sol seinen engsten Freunden gegenüber getan hat. Ja, ich habe in den Himmel geschaut, ich habe den Horizont genau abgesucht und ich habe wahrlich ein Ideal entdeckt und das Versprechen gesehen, dass das Ideal realisiert werden kann. Geduldig und fleißig habe ich Schlussfolgerungen aus Zeichen gezogen, die ich sorgfältig analysiert habe. Wenn ich ein Optimist bin, dann weil ich das gute Wetter wirklich sehe und nicht weil ich einen Menschen verführen will, der gedankenlos ist. Damit lege ich die Metapher zu den Akten und ich komme nun zum praktischen Teil meines Statements.

Ich weiß sehr wohl, dass ich in vielen Kreisen als Revolutionär oder gar als Nestbeschmutzer angesehen werde. Meine Theorie und Praxis stehen nicht im Einklang mit den Traditionen, die immer noch fortwirken. Und sie haben sie sich nicht daraus entwickelt. Sie gründen aber auf einem Prinzip, das so alt wie die Menschheit selbst ist. Ich habe die Traditionen über Bord geworfen und ich erfahre glücklicherweise Unterstützung von einer Theorie, die alles andere als unbewiesen ist. Überdies stehe ich auf diesem festen Boden nicht mehr allein. So sehr meine Theorie auch als revolutionär und ketzerisch erscheinen mag, wird sie doch inzwischen von Koryphäen aus Wissenschaft und Medizin geteilt. In einem kleinen Maßstab ist es mir bereits gelungen, Menschen zu überzeugen, und jetzt wende ich mich an einen größeren Personenkreis. Die Gewissheit, dass all das, was ich zu sagen habe, nicht länger abgetan werden kann als die Meinung eines Einzelgängers, gibt mir Kraft und Stärke.

Es ist nicht so, dass ich gezögert hätte, mich jetzt aus der Deckung hervorzuwagen. Selbst wenn ich keine Unterstützung gefunden hätte, hätte ich keinen Augenblick länger gezögert. In den letzten Jahren habe ich mir in London eine Praxis aufgebaut, mit der ich jetzt an die Grenzen meiner Kapazität stoße. Dies hätte ich nie erreicht, wenn ich auf einer Grundlage gearbeitet hätte, die auf Sand gebaut gewesen wäre. Man hat mir Kranke überwiesen, bei denen alle möglichen Behandlungsmethoden fehlgeschlagen sind: Verschreibung von Ruhe, spirituelle Heilverfahren, Entspannungsmethoden, Hypnose, Körpertraining und natürlich auch die Fälle ganz normaler, medizinischer Verschreibungen. In jedem einzelnen Fall, unter allen widrigen Bedingungen, hat meine Theorie den Praxistest bestanden, wenn sie bei den Gegenwartsproblemen angewendet wurde. Beleg dafür sind meine eigenen Beobachtungen und dies belegen auch die wertschätzenden Rückmeldungen der Patienten selbst. An dieser Stelle kann ich es ja gestehen: Sie haben mir auch gut getan.

Ich bin durchaus bereit zu akzeptieren, dass die Arbeit mit meinem System durch die Grenzen, die sich in dem derzeitigen Vorgehen zeigen, bedauerlicherweise noch in den Kinderschuhen steckt. Aber ich sehe in den gesellschaftlichen Verhältnissen die Notwendigkeit und eine gewisse Dringlichkeit, frühzeitig an die Öffentlichkeit zu gehen. Mir erschien es klüger, mein System sofort zu skizzieren. Ich hielt es für ratsam, nicht länger zu warten, bis ich so weit bin, meine Arbeit in einem größeren Rahmen zu veröffentlichen. Wenn ich an all das Material denke, dass mir jetzt schon zur Verfügung steht, wenn ich an die faszinierende, immer noch wachsende Liste mit beispielhaften Fällen, die durch meine Hände gegangen sind und weiterhin gehen, denke, dann hat dies für mich den Anschein, dass diese vorläufige Abhandlung ganz so wie Frazers *Golden Bough* mit der Zeit weiter wachsen wird. Frazer hatte mit einem Band begonnen und am Ende sind es zwölf Bände geworden. Ich muss mich in dem vorliegenden Band allerdings auf meine Hauptargumentationslinie beschränken und ich kann nur die Richtung aufzeigen, in der körperliche Vollständigkeit zu finden ist. In diesem Werk liefere ich die detaillierten Beweise, dass meine Theorie im Leben, bei Krankheit und Heilung und in allen anderen möglichen Erfahrungsbereichen Verwendung finden kann.

Es gibt wahrlich mehr als einen Grund, warum ich nicht länger zögern sollte, jetzt mit einem ersten Entwurf an die Öffentlichkeit zu gehen. Der Hauptgrund aber ist der schockierende körperliche Verfall, der auch mit nur geringen Kenntnissen wahrgenommen werden kann, wenn wir durch die Straßen von London, New York oder irgendeiner anderen Stadt der zivilisierten Welt gehen und uns dabei Gestalt und ganze Erscheinung der Mehrzahl der Menschen anschauen. Und das sind nur die Anzeichen an der Oberfläche. Welche Erkenntnisse sind aus den Zahlen der Statistik zu ziehen, die belegen, dass Krebserkrankungen, Erkrankungen der Psyche und Blinddarmentzündungen über die Maßen stark zugenommen haben, um nur drei Problemfelder zu nennen? [1)] Und die Zahlen steigen weiter, obwohl wir uns den Problemen mit allem, was uns zur Verfügung steht, stellen. Wenn ich behaupten würde, dass sich die negative Entwicklung bei den Krankenzahlen ergeben hat, weil wir die Vorstellung hatten, dass es möglich sei, unser Gesundheitsniveau mit Hilfe von Körperschulung, Entspannungsmethoden, Ruhekuren und vielem der gleichen Art mehr anzuheben, würde ich den weit verbreiteten Fehler begehen, aus rein zeitlichen Zusammenhängen kausale zu konstruieren, nur weil das eine Hand in Hand mit dem anderen gegangen ist. Wenn man die Bewegung der Körperkultur und all die anderen Heilsbringer aber daran misst, was sie in den drei Bereichen bewirkt haben, muss man erkennen, dass sie nicht halten, was sie versprochen haben. Man kann sogar sagen, dass sie ein völliger Fehlschlag sind. Daran kann ich festhalten, solange es keine eindeutigen Zahlen gibt, die belegen, dass die Krankheitsrate durch sie rückläufig ist.

Sollen wir etwa warten, bis sich diese Probleme noch weiter verstärkt haben? Sollen wir darauf warten, bis die Bakteriologie geduldig die Natur dieser Krankheiten analysiert hat und am Ende triumphierend den einen charakteristischen Keim präsentiert, um dann zu verkünden, dass dies der fürchterliche Bazillus sei, der den Krebs verursacht? [2)] Wären wir wirklich einen Schritt weiter auf dem Weg der Gesundung, wenn dies gelänge? Können wir uns auf eine Impfung verlassen? Und wenn wir es könnten, was wäre das Ende vom Lied? Sollen wir uns etwa gegen jede bekannte Krankheit impfen lassen, bis unsere Körper depressiv, entkräftet und steril geworden und nicht mehr in der Lage sind, aus eigenem Antrieb eine Handlung auszuführen? Ich bete, dass dies niemals geschehen wird! Ein solcher Körperzustand würde einen Geisteszustand voraussetzen, der noch bemitleidenswerter wäre. Bakteriologie hat sicherlich ihre positiven Seiten. Ihr Wert liegt jedoch eher in der Forschung und nicht so sehr in der praktischen Anwendung. Sie zieht zwar hin und wieder den einen oder anderen geheimen Agenten aus dem Dunkel ans Licht, der bei einer Krankheit aktiv wird, aber sie sagt nichts über die Bedingungen aus, die diesen aktiv werden lässt. Wenn ich nach der wahren Lösung für unsere Schwierigkeiten suche, gilt deshalb mein Augenmerk zuerst dem Körper des Menschen, diesem wundervollen Instrument. Denn dieser Körper ist so unvergleichlich anpassungsfähig, so voller wunderbarer Möglichkeiten zum Widerstand und zur Wiederherstellung, dass er in der Lage ist, all die krank machenden Kräfte zu besiegen, die sich gegen ihn in Stellung bringen mögen, wenn er richtig gebraucht wird.

In diesem Buch wende ich mich nicht an eine spezielle Gruppe der Gemeinschaft oder an eine bestimmte Bevölkerungsschicht. Ich habe mich deshalb bemüht, so weit wie möglich eine Fachterminologie, die Sprache der Medizin und der Wissenschaft und technische Begriffe zu vermeiden. Ich möchte alle interessierten Menschen ansprechen. Mein Wunsch ist es, dass das Projekt, das ich hier und jetzt skizzieren werde, weltweit aufgenommen wird und nicht einer kleinen medizinischen oder anderen Minderheit allein zum Vorteil gereicht. Mein innigster Wunsch ist es, dass eines Tages solche Lehrer nicht mehr notwendig sein werden, wie ich einer bin. Mein Rang in der gegenwärtigen Gesellschaft beruht nämlich auf einem Missverständnis über die Ursachen unserer heutigen körperlichen Einschränkungen. Wenn die Gebrechen endgültig beseitigt worden sind, gibt es keinen Platz mehr für einen spezialisierten Praktiker wie mich. Er wird dann ausgedient haben. Dies mag zunächst noch ein Traum sein, aber es gibt jetzt einen Ansatz, um den Traum eines Tages wahr werden zu lassen. Denn jeder Mann, jede Frau und jedes Kind trägt die Anlage zur körperlichen Perfektionierung in sich. Es liegt an jedem Einzelnen selbst, sie zu erreichen. Dazu ist persönliches Engagement und ein gutes Verständnis der Problematik erforderlich.

F. M. ALEXANDER
16 Ashley Place,
Westminster, London

VORWORT ZUR NEUAUFLAGE
(London 1945)

Es ist wirklich nicht überraschend, dass die Gedanken von uns allen gerade jetzt in Richtung Veränderung tendieren. Es wäre in der Tat schon merkwürdig, wenn dies nicht der Fall wäre, denn wir denken im Moment alle das gleiche und stellen uns die gleichen Fragen: „Wie ist es möglich gewesen, dass die Welt in einen solch fürchterlichen Zustand abgedriftet ist, in dem sie sich heute befindet?“ Wenn wir aber nur ein bisschen ehrlicher mit uns selbst sind, stellen wir die Frage vielleicht ein wenig anders: „Wie konnten wir und alle anderen rechtschaffenden Menschen es zulassen, dass die Dinge so aus dem Ruder gelaufen sind?“

Es gibt aber noch eine wichtigere Frage, die sich die Menschheit seit allen Zeiten während einer jeden Krise gestellt hat: „Was müssen wir tun, um in der Krisensituation nicht unterzugehen?“ Und wenn die Krise dann überwunden war, kam unweigerlich diese Frage: „ Wo müssen wir anfangen, damit so etwas nicht wieder geschieht?“ Und ganz gleich, wie diese letzte Frage beantwortet wurde, immer blieb das eigentliche Problem ungelöst. Jede weitere fürchterliche Krise war und ist Beleg für diese Aussage.

Und doch *gibt es* eine Antwort, eine wunderbar einfache Antwort, die zudem noch wirkungsvoll ist. Aber der Mensch ist zu blind gewesen, um sie zu sehen, zu taub, um sie zu hören. Verzweifelt sucht er weiterhin in der Ferne nach dem magischen Schlüssel der Erlösung, dabei hält er den Schlüssel bereits in seinen eigenen Händen: Das, was der Mensch *tut*, zuerst in seinem Inneren und danach in seinen Aktivitäten in der äußeren Welt, bringt das Falsche hervor. Nur wenn es gelingt, dieses *Tun zu unterbinden,* können wir jemals hoffen, eine wirkliche Veränderung anzustoßen. Bevor der Mensch aber die notwendigen Veränderungen in der äußeren Welt vornehmen kann, muss ihm klar geworden sein, welche Art des Tuns er in sich selbst unterbinden muss. Und er muss das WIE kennengelernt haben, um dieses falsche

Tun in seinem Inneren zu verhindern. Jegliche wirkliche Veränderung hat nämlich ihren Anfang im individuellen Verhalten des Menschen.

Zwar scheinen sich im Augenblick viele mit dem auseinanderzusetzen, was ein Beobachter kürzlich „dieses bedrückende Thema des menschlichen Verhaltens" genannt hat. Sie können aber keine wirkliche Lösung für das Problem anbieten, *wie* diese „bedrückende Angelegenheit" verändert werden könnte. Im *New York Herald Tribune* war dieser Tage zu lesen:

> „Ein Problem ist gegenwärtig in der Welt völlig ungelöst: Was sollen wir mit dem Verhalten der Menschheit machen? (......) Tatsächlich geht es in diesem Krieg um dieses Verhalten. Das Verhalten des Menschen ist das Problem, das auch nicht im Ansatz gelöst ist."

Meine Verleger hatten wohl ein Gespür für das wachsende Interesse, das WIE der menschlichen Verhaltensänderung zu thematisieren. (In der Tat ist die menschliche Verhaltensänderung das Thema dieses Buches und aller meiner anderen Bücher.) Und sie hatten sich wohl auch an das erinnert, was John Dewey in seiner Einleitung zu *Constructive Conscious Control of the Individual* [A)] dazu geschrieben hatte:

> „Auf diesen Seiten wird ein neues wissenschaftliches Prinzip in Bezug auf die menschliche Verhaltenskontrolle dargestellt. Es hat nicht weniger Bedeutung wie jedes andere wissenschaftliche Prinzip, das jemals auf dem Gebiet der externen Natur entdeckt worden ist."

Deshalb haben mir wohl meine Verleger den Vorschlag unterbreitet, dass ich, so gut ich dazu in der Lage bin, einige der zentralen und wichtigen Fragen niederschreibe, auf die der Leser in diesem Buch eine Antwort finden kann. Diese Fragen gehen zurück bis auf die eigentliche Wurzel der Verhaltensproblematik: *Der Mensch funktioniert als eine Einheit und kann deshalb auch nur als Einheit grundlegend verändert werden.* Diese Tatsache wird fast immer übersehen, wenn diskutiert wird, *wie* das menschliche Verhalten verbessert werden kann. Erst im

Lichte des Einheitsgedankens bekommt die Technik, die in diesem Buch beschrieben wird, ihre wahre Bedeutung.

Hier nun also einige der wichtigen Probleme im Zusammenhang mit der Kontrolle des menschlichen Verhaltens, für die der Leser in diesem Buch Lösungen finden kann:

1. Warum ist das Leben in einer sich schnell verändernden Umwelt zu einem Stolperstein für den Menschen auf seinem Weg in die Zukunft geworden?
2. Inwiefern basieren die gegenwärtigen Erziehungsmethoden auf einem falschen Prinzip?
3. Warum ist es nicht möglich, ein „Kind in seiner Ganzheit" mit den Erziehungsmethoden, die auf dem gegenwärtigen Prinzip beruhen, zu erziehen?
4. Warum schaden Entspannungsübungen viel mehr, als dass sie gut tun?
5. Warum kann sich der Mensch nicht länger auf den Kompass seiner Gefühle verlassen, wenn er sich von ihnen durch die raue See des Lebens leiten lässt?
6. Warum ist es erforderlich, dass der Mensch das tut, was sich *falsch anfühlt*, um das *Richtige* zu tun, wenn er einen Versuch unternimmt, notwendige Veränderungen bei sich selbst herbeizuführen?
7. Warum ist *Zielstreben* vielleicht die Gewohnheit mit den größten Störeffekten, die am hartnäckigsten ist und die unbedingt abgelegt werden muss, wenn der Mensch Veränderungen bei sich oder anderen vornehmen will?
8. Warum versagt das *direkte Vorgehen* als Methode bei dem Problem der Verhaltensänderung so beständig, wenn es darum geht, das gewünschte Ziel zu erreichen? Warum sollten die *Mittel-und-Wege*, um ein Ziel zu erreichen, auf einem indirekten Verfahren beruhen?
9. Warum versagt der Mensch so oft dabei, seine guten Ideen in die Praxis umzusetzen, insbesondere wenn er sich intensiv darum bemüht?

10. Warum erweisen sich so viele Ergebnisse bestimmter Methoden, die allem Anschein nach zunächst gute Resultate sind, auf lange Sicht als schlechte Ergebnisse und warum zeigt sich, dass Kuren bestenfalls nur schmerzlindernd sind?
11. Die Theorie und die Praxis, die in diesem Buch entworfen werden, basieren auf *einem neuen Prinzip:* Warum wird die Diagnose des menschlichen Verhaltens durch dieses neue Prinzip auf eine neue verlässliche Basis gestellt?
12. Und zum Schluss das Wichtigste von allen: Warum ist der Einsatz der *Hemmungsprozesse* für die Rekonditionierung des menschlichen Verhaltens der notwendige erste Schritt?

„Systematisierter gesunder Menschenverstand“: Diesen Ausdruck hat ein Rezensent einmal verwendet und damit seine Beurteilung dieses Buches zusammengefasst. Nicht wenige Menschen müssen es genauso gesehen haben, denn ich bin in den letzten Jahren viele Male auf diesen Ausdruck gestoßen. Die Originalausgabe von *Man's Supreme Inheritance* wurde 1910 veröffentlicht und acht Jahre später wurde die stark erweiterte Ausgabe herausgegeben. 35 Jahre sind in der Tat ein reifes Alter für ein derartiges Buch. Die meisten Bücher sind nicht mehr up to date oder werden nicht mehr gedruckt, bevor sie ein solches Alter erreicht haben. Nicht so *Man's Supreme Inheritance*! Trotz des Krieges und trotz seiner Horrorszenarien ist die Nachfrage ungebrochen. Es hat sich kurz vor dem Krieg genauso gut verkauft wie zu Zeiten der ersten Drucklegung. Und dies trifft auch auf alle meine anderen Bücher zu.

„F. M. Alexanders Bücher unterscheiden sich von allen anderen dadurch, dass in ihnen nicht nur die Probleme benannt und beschrieben werden, sondern auch die Maßnahmen, die tatsächlich die Probleme verhindern oder beseitigen können. Die Grundlage für seine Technik ist die vollständige gegenseitige Abhängigkeit von Körper und Geist, ohne die die Koordination des Gesamtorganismus, der MENSCH genannt wird, nicht möglich wäre.“ Dies schrieb der Autor von *The Nature of Desease,* J. E. R. Donagh. Ein anderer Kritiker hat versucht, die

Vitalität dieser Bücher über so viele Jahre hindurch so zu beschreiben: „Es sind Bücher nicht für einen Tag oder für ein Jahr, sondern für die Ewigkeit.“ Was den Wahrheitsgehalt dieser Aussage betrifft, so wird die Zeit darüber Auskunft geben müssen. Aber so viel kann mit Sicherheit über meine Bücher heute schon gesagt werden: Sie vermitteln das Wissen über die Funktionsweise des Selbst, das man für den Lernprozess braucht, der es ermöglicht, sein eigenes Verhalten zu kontrollieren, so zu kontrollieren oder zu verändern, dass es in die Umwelt des Menschen hineinpasst, unabhängig von seinem Alter, unabhängig davon, welcher Stimulus eine Reaktion herausgefordert, und ungeachtet dessen, wie ungewohnt und wie irritierend die Reaktion auch sein mag. Es gibt keinen anderen Weg für den Menschen, um den schrecklichen Gefahren seiner Angst vor dem Unbekannten zu entgehen.

Seitdem Verhaltensveränderung und Verhaltenskontrolle für den Menschen ein Thema geworden sind, sind dazu unendlich viele Methoden hofiert worden. Und immer ist behauptet worden, dass jeweils sie zu guten Ergebnissen führen. Wenn die Resultate dieser Methoden mehr wären als der berühmte „Tropfen auf den heißen Stein“, warum sind dann die Bedingungen in der Welt so, wie sie gegenwärtig sind? In einem der Kapitel dieses Buches habe ich vor der Gefahr gewarnt, dass die Manie des Menschen, direkt auf ein Ziel loszustürmen, ohne sich Gedanken über die Mittel-und-Wege gemacht zu haben, letztendlich zu weltweitem Verderben und Verschlechterung führen muss. Ich habe dort auch aufgezeigt, warum Erziehungsmethoden, die sich daran orientieren, schnelle Ergebnisse zu erzielen, den Kriegstreibern in die Hände spielen und dazu führen, dass all jene, die so erzogen worden sind, zu einer Bedrohung für die Gesellschaft und sich selbst werden. Was ich befürchte habe, ist eingetreten. [A)] Die Menschheit hat jedoch eine lange, lange Geschichte und es ist für den einzelnen Menschen niemals zu spät, sich zu verändern.

Die gesamte Geschichte meiner Entdeckung oder besser der Wiederentdeckung der Primärkontrolle, die es dem Menschen ermöglicht, bewusst sein Verhalten zu verändern und zu verbessern, wird in den ersten Kapiteln von *The Use of the Self und* an einer Stelle in diesem Buch erzählt. Hier und jetzt möchte ich nur eine Phase in der Entwicklung der Technik ansprechen, die sich auf die Art und Weise bezieht, in der die Natur des Verhaltens dadurch bestimmt wird, wie *schnell* die Reaktion auf einen Stimulus erfolgt.

Sehr früh schon in meiner beruflichen Karriere ist mir klar geworden, dass ich meine Energien vergeudete, dass ich sie deshalb vergeudete, weil ich allzu schnell reagierte. Diese vorschnelle Reaktionsweise war für mich ein großer Stolperstein bei praktisch allem, was ich zu tun versuchte. Es war ein wahres Glück, dass ich mich der Worte eines alten Mannes erinnerte, der mir in meiner Kindheit und Jugend der liebste Freund gewesen ist: „Wenn du in Eile bist, nimm das Tempo heraus." Und ich habe mich auch an die Worte meiner Eltern erinnert, die mich oft freundlich, aber mit Entschiedenheit gefragt haben: „Warum denkst du nicht nach, bevor du sprichst oder handelst?" Einmal war ich so genervt von dieser Fragerei, dass ich ärgerlich antwortete: „Für euch ist es einfach, diese Frage zu stellen, aber könnt ihr euch vorstellen, dass es ist mir unmöglich ist, sie zu beantworten?" Der objektive Beweis dafür, dass dieses „Unmöglich" durch anschließende Erfahrung in ein „Sehr-wohl-möglich" verwandelt worden ist, kann in *The Use of the Self* nachgelesen werden.

Als die Erstausgabe von *Man's Supreme Inheritance* erschienen war, wurden die darin vertretenen Thesen mit beträchtlichen Zweifeln und Vorurteilen aufgenommen. Die ausgesprochenen Warnungen vor individuellen Unzulänglichkeiten, vor einem drohenden Weltkonflikt und vor Zerstörung wurden zunächst eher belächelt. Inzwischen werden die Kernaussagen einigermaßen akzeptiert und ihre Akzeptanz nimmt mit der Zeit weiter zu. Dies erfüllt mich mit außerordentlicher Freude, weil ich glaube, dass der Mensch mit zunehmender Akzeptanz jetzt der bedrohlichen Situation entkommen kann, in der er sich befindet, wenn er der bitteren Wahrheit ins Auge sieht, die der folgende Vers ausdrückt: „Den Fehler, lieber Brutus suche in den Sternen nicht, in Dir ist er zu finden." An dieser Stelle werde ich an eine alte Fabel erinnert, die Rudyard Kipling bei einer Zusammenkunft in London nacherzählt hat. Soweit ich mich erinnere, ging sie ungefähr so:

> *Die jüngeren Götter hatten gegen das Heilige Gesetz verstoßen und warteten in der Großen Halle des Schicksals auf ihr Urteil. Der Gottesälteste brütete lange über eine gerechte Bestrafung, aber schließlich wurde das Urteil verkündet. Die jüngeren Götter nahmen es gelassen mit einem bloßen Lächeln hin. Dies machte den Gottesältesten sehr zornig. „Nehmt das Urteil nicht auf die leichte Schulter, ihr werdet die Bestrafung nämlich bis in alle Ewigkeiten erleiden, es sei denn ihr entdeckt das Geheimnis, mit dem ihr euch aus eurem Schicksal befreien könntet. Aber seid gewarnt, das Geheimnis ist an einem sicheren Ort versteckt!"*
>
> *Als dies die jüngeren Götter hörten, gerieten sie in Panik und sprachen alle durcheinander. „Wo müssen wir mit der Suche anfangen, oh Gnadenvoller?" „Es gibt doch nichts, was den Göttern verborgen ist. Was sollen wir also noch herausfinden?" „Und außerdem sind wir doch auch Götter und es gibt niemanden mit mehr Macht als wir selbst, der uns helfen könnte." „Hat unser Verbrechen denn wirklich eine so strenge Strafe verdient?" Als der Gottesälteste all dies hörte, rollte sein Gelächter durch die Große Halle. Und er sprach: „Das Geheimnis sollte nicht schwer zu finden sein. Ich habe es versteckt – in euch selbst. Sucht dort!" Und er lachte schallend über den Spaß, den er sich erlaubt hatte.*

Seit der Erstveröffentlichung dieses Buches haben zahllose Autoren (Prof. John Dewey, Aldous Huxley, G. E. Coghill, M. Ludovic, um nur einige zu nennen) sich in Büchern, Aufsätzen, wissenschaftlichen Arbeiten und wertschätzenden Briefen auf die darin vertretene Theorie und Praxis berufen. Die mannigfaltigen Bereiche, in denen auf diese Theorie und Praxis Bezug genommen worden ist, ist Indikator dafür, dass die Reichweite ihrer Anwendungsmöglichkeiten sehr breit ist. [x)]

In England haben 1937 neunzehn Persönlichkeiten der Medizin in Kolumnen im *British Medical Journal* vehement darauf gedrängt, dass meine Technik in das Curriculum des Medizinstudiums aufgenommen wird. Auch haben die Thesen dieses Buches den Weg dafür bereitet, dass im englischen Kent eine private Schule der Alexandertechnik gegründet werden konnte. Der 2. Weltkrieg hat es dann erforderlich gemacht, dass die Schule und ihr Personal nach Amerika gegangen sind. Sobald die Verhältnisse es erlauben, soll die Schule in England aber wieder eröffnet werden.

In die lange Liste der Menschen, die bei mir die Technik als Privatschüler studiert haben, reihen sich u. a. Prof. John Dewey, Aldous Huxley, George Bernard Shaw, Prof. G. E. Coghill und der jetzige Erzbischof von Canterbury, um nur einige der Namen zu nennen. [x)]

Man hat mich oft gefragt, ob es lange dauere, die Technik zu erlernen? Es ist ziemlich schwierig, dies allgemein zu beantworten. Sehr viel hängt nämlich davon ab, welche Vorstellungen der einzelne Schüler mitbringt, was er glaubt und wie seine Ausgangslage ist. Unabhängig davon bleibt aber wahr, was ich schon 1910 geschrieben habe:

> „Ich glaube fest daran, dass *das Vermächtnis der Evolution an die Menschheit von unschätzbarem Wert,* dass also die bewusste Steuerung und Kontrolle in der Reichweite eines jeden Menschen liegt, der sich die Mühe macht, sie bei sich zu entwickeln. Das ist keine esoterische Doktrin und auch kein mystischer Kult, sondern die Synthese aus vollkommen rationalen Thesen, die in der Theorie eindeutig belegt werden können und die Substanz in der allgemeinen Praxis gewinnen. (.....)
>
> Es ist von entscheidender Bedeutung, dass die zivilisierten Völker der Welt den Wert dieses Vermächtnisses verstehen. Sein Wert zeigt sich darin, dass die Menschen als ein Ergebnis des Evolutionsprozesses in die Lage versetzt worden sind, den Gebrauch ihrer geistig-körperlichen Mechanismen selbst zu steuern. (...) Die-

ser Triumph kann nicht im Schlaf und nicht im Trancezustand erreicht werden, nicht im Zustand der Betäubung oder der Lähmung und auch nicht durch Gehorsam. Der Triumph kann allein durch ein klares, weitsichtiges, überlegtes und von Vernunft gesteuertes Bewusstsein und Verständnis erlangt werden."

F. M. ALEXANDER

16 Ashley Place,
Westminster,
London.

[x)] Die Liste mit allen Namen, die F. M. Alexander angeführt hat, wie auch seine Literaturhinweise zu seiner Technik befinden sich im Anhang.

Teil I

EIN VERMÄCHTNIS DER EVOLUTION AN DIE MENSCHHEIT VON UNSCHÄTZBAREM WERT

Kapitel 1

Von den Verhältnissen der Urzeit zu den Bedürfnissen der Gegenwart

„Unsere Zeitgenossen und die nachfolgende Generation scheinen sich kaum darüber im Klaren zu sein, dass sie Zeitzeugen des letzten Aktes eines Dramas sind, Tragödie und Komödie in einem, das leise, ohne Trompeten und Fanfaren und ohne Trommelwirbel gespielt wird. Es läuft vor unseren Augen auf der Bühne der Geschichte ab. Was auch immer aus den Barbaren werden wird, der letzte Vorhang muss bald für immer für die Barbarei fallen.“

(J. G. FRAZER)

Der lange Prozess der Evolution bewegt sich weiterhin still und leise in Richtung seiner unbekannten Vollendung. Hungersnöte und Kriege, der harte tägliche Existenzkampf sind beständig unvoreingenommen am Werke. Sie merzen gnadenlos aus, was schwach und fehlerhaft ist. Neue Variationen bilden sich und alte Muster, die ihre Fähigkeit zur Anpassung verloren haben, werden ausgelöscht. So verbessert sich das Leben selbst im Kampf ums Überleben bis in Höhen, die nicht vorhergesehen werden können. Aber irgendwann in der Geschichte der Welt fängt ein Ableger eines dominanten Typus‘ an, ganz neue Fähigkeiten zu entwickeln, die geeignet sind, das Gesicht der Welt grundlegend zu verändern.

An den Spekulationen darüber, was diese seltsame und wunderbare Entwicklung angestoßen haben mag, will ich mich in dieser Abhandlung nicht beteiligen. Aber ich sollte an dieser Stelle vielleicht einflechten, dass Theorie und Praxis meines Systems von keiner bestimmten Religion oder Schule der Philosophie beeinflusst sind. In gewissem Sinne könnte man mein System wohl als allumfassend bezeichnen. Welchen Namen auch immer wir dem *Großen Weltenursprung* geben, „wir könnten uns vielleicht darauf verständigen, dass wir das gleiche meinen, wenn wir von dieser großen Kraft in der Seele des Menschen sprechen, die ihm Wollen, Handeln oder Sprechen möglich macht, und das nicht ungezügelt oder schlaff, sondern in Unterordnung an eine allwissende und unsichtbare Autorität." So hat es einer meiner Freunde ausgedrückt. Der Name, den wir dieser Autorität geben, berührt die Prinzipien, die ich nun vorstellen werde, in keinster Weise. Wenn man diese Prinzipien akzeptiert, kann der Wissenschaftler weiterhin seinen Glauben an die Theorie der chemischen Reaktionen beibehalten, wie auch der Christ seinen Glauben an den *großen Erlöser* behalten kann. Ganz gleich durch welchen Einfluss diese neue große Kraft im Menschen entstanden ist, sie stellt ihm ganz erstaunliche Möglichkeiten zur Verfügung. Dies ist meine Überzeugung. Unter anderem schafft sie die Möglichkeit, sich der Macht der Evolution selbst zu widersetzen. Genau diese Möglichkeit ist der unmittelbare Inhalt der vorliegenden Abhandlung.

Diese Möglichkeit, sich der Evolution zu widersetzen, ist tatsächlich der größte Triumph unseres intellektuellen Wachstums, aber zugleich ist es die selbstgeschaffene Gefahr, die uns von innen bedroht. Der Mensch hat es gewagt, sich über die Natur zu erheben. Er hat die Verhältnisse gebeugt und hat sie seinem Willen untergeordnet. Er führt einen Kampf gegen die mächtige Kraft der Evolution. Der Mensch hat seine Nase in die Werkstatt gesteckt und in die Mechanismen eingegriffen. Er bemüht sich, Herr über sie zu werden und die Arbeitsweisen ihrer verschiedenen Teile zu kontrollieren. Es hat sich gezeigt, dass die Maschine noch allzu kompliziert war, um sie vollständig zu verstehen. Nach und nach hat der Mensch gelernt, einige wenige Teile zu bedienen und zu benutzen, aber sie sind nur ein kleines Bruchstück des Ganzen.

Wo steht der Mensch also heute? Was ist seine größte Gefährdung? Zunächst zur Frage nach dem seinem Standort. Von dem Moment an, da der Mensch nicht mehr im Wettbewerb mit der Natur stand, hatte er aufgehört, ein Tier zu sein. Neugierig wie er war, hat er Kräfte entwickelt, die unterscheiden, auswählen und konstruieren können. Er hat seine Umwelt, seine Nahrung und seine ganze Lebensart verändert. Er hat die Gesetze der Vererbung entschlüsselt und hat sich über die Ursachen von Krankheiten kundig gemacht. Sein Wissen ist jedoch weiterhin begrenzt. Die Entstehung des neuen Menschen ist noch unvollständig. Die Energie der Kraft, die wir als Evolution kennen, hält ihn weiterhin in Ketten. Sie liegen aber nicht mehr ganz so eng an. Der Mensch wird sich vielleicht bald vollständig von ihnen befreien können. Und damit kommen wir zu seiner Gefährdung.

Evolution ist ein Begriff, der am besten verstanden wird, wenn auf den gesamten Prozess der natürlichen Auslese und allem, was damit zusammenhängt, verwiesen werden soll. Deshalb verwende ich ihn in diesem Zusammenhang hier und an anderen Stellen. Evolution hat zwei klar definierte Aufgaben: sie entwickelt und sie zerstört. So hat sie in einem unendlich langsamen Prozess solche Wunder wie das menschliche Auge oder die Hand vollbracht. Genauso erlaubt sie in einem irgendwie unaufgeregten Prozess, dass Organe wieder verschwinden, die keinen Nutzen mehr haben, wie z. B. das „dritte Auge“ verschwunden ist oder wie in der augenblicklichen Phase der Evolution der Wurmfortsatz gerade verschwindet. Auch Zähne und Haare werden bald verschwunden sein, wenn ich den zukünftigen Verlauf richtig einschätze.

Die evolutionären Veränderungen haben große Auswirkungen auf die Lebensweise des Menschen gehabt. Um z. B. seinen Lebensunterhalt zu verdienen, ist er ist nicht länger zwingend von seinem Körpereinsatz abhängig. Und in den Fällen, in denen er doch noch davon abhängig ist, wie der Landwirt, der Künstler und andere, die ihren Lebensunterhalt mit ihrer Hände Arbeit verdienen, benutzt er seine Muskulatur auf eine neue Art und Weise: in mechanischen Wiederholungen einer immer gleichen Handlung oder in Arbeitsweisen, die weit von jenen entfernt sind, die die Bedingungen der Urzeit erforderlich gemacht haben. In gewisser Weise ist der Körpertypus, der sich bei der Landbevölkerung entwickelt hat, in meinen Augen sogar noch degenerierter als der Typus, den wir heute in den Städten finden. Und geistig sind die beiden schon überhaupt nicht zu vergleichen. Fakt ist, dass der Mensch seinen Lebensraum verändert hat, ob er nun in der Stadt oder auf dem Land lebt. Und mit ihm hat er seine Gewohnheiten verändert und sich so in eine neue Gefahr begeben. Die Methoden der Evolution mögen grausam erscheinen, aber es ist die Grausamkeit der Disziplin. Und ohne diese Disziplin erschlaffen unsere Körper, unsere Muskulatur verkümmert und unsere Körperfunktionen geraten in Unordnung.

Der Widerstreit zwischen bewusster und natürlicher Auslese besteht nun schon seit vielen Jahrtausenden [3)], aber erst seit kaum weniger als hundert Jahren ist die Wirkung dieses Widerstreits auf die Verfassung des Menschen so ausgeprägt, dass die Gefahr von Zerfall und Untergang von den Wissenschaftlern erkannt worden ist. Und sie ist auch in das Bewusstsein des normalen, intelligenten Menschen gelangt. Wenn wir einen kurzen Blick in die Geschichte werfen, ist dort ein Grund für das relativ plötzliche Auftauchen der körperlichen Untauglichkeit zu finden. Kurz gesagt, verlief nämlich die Zivilisation der letzten hundert Jahre so ganz anders als in den vielen vorherigen Jahrhunderten. Dieser andere Zivilisationsverlauf betraf nicht nur eine einzelne Nation oder nur ein einzelnes Weltreich. Wir wissen aus der Weltgeschichte, dass intelligente Zivilisationen, wie die der Ägypter, der Perser, der Griechen oder der Römer, aus internen Gründen untergegangen sind, in der Hauptsache wegen eines bestimmten moralischen und körperlichen Zerfalls, so dass der jeweilige Staat dem Kampf mit aufstrebenden, robusteren – und das ist wichtig – mit wilderen Naturvölkern nicht mehr gewachsen war. Es gibt folglich gute Gründe anzunehmen, dass die Gefahr des körperlichen Verfalls, auf die ich oben hingewiesen habe und die sich augenblicklich noch im Anfangsstadium befindet, auch eine entscheidende Ursache für den Untergang vergangener Zivilisationen war. Nur dürfen wir dabei die Tatsache nicht übersehen, dass in der frühen Geschichte der Menschheit zerstörerische Kriege und verheerende Seuchen an der Tagesordnung waren. Dabei wirkten Seuchen als ein Werkzeug der Evolution, wenn sie das Untaugliche zerstörten. Und Kriege verringerten die Bevölkerung, was für die Überlebenden zunächst zwar eine große Belastungssituation darstellte, die Initiative und Energie erforderte. Denn um all das, was zerstört worden war, wieder aufzubauen, waren die Überlebenden nun gezwungen, alle ihre körperlichen Fähigkeiten einzusetzen und konnten sie so stärken.

Die Bedingungen haben sich jetzt aber stark geändert. Weitreichende Errungenschaften auf allen bekannten Gebieten der Wissenschaft haben die verheerenden Krankheiten, die die Stadtbevölkerung immer wieder dezimiert haben, zurückgedrängt und werden sie wahrscheinlich in der nahen Zukunft ganz besiegt haben. Der schrecklichen und widerlichen Barbarei der Kriege widersetzt sich beständig ein gestiegenes ethisches Ideal. Mit Verbreitung der Zivilisation bei allen Völkern der Welt werden Kriege in unseren Augen mehr und mehr zu einem Kampf Bruder gegen Bruder.

Schon vor hundert Jahren hat Malthus, ein Philosoph mit den Gaben eines Propheten, wenn nicht sogar mit den Eigenschaften eines Sehers, die Gefahr erkannt, in der wir uns befinden. Und in den letzten 25 Jahren haben ein Dutzend Theoretiker Vorschläge zu ihrer Lösung gemacht, die zwar weniger durchdacht waren als die, die Malthus vorgeschlagen hat, die aber fast ebenso wertlos waren. Da gab es Gruppierungen, die ein Zurück zum einfachen Leben forderten, zurück zu natürlicher Nahrung und zu natürlichen Verhältnissen. Denen kann ich nur entgegenhalten, dass unzählige Generationen uns von den Naturmenschen trennen. Seit damals haben sich die Körperfunktionen allmählich an eine neue Umwelt und an neue Gewohnheiten angepasst.

Selbst wenn eine Rückkehr zu den Lebensbedingungen der Urzeit möglich gemacht werden könnte, durch weltweite Übereinkunft etwa, wäre die Wirkung nicht weniger katastrophal, wie auch der umgekehrte Prozess eine Katastrophe war, als Urbevölkerungen unvermittelt mit unserer Zivilisation konfrontiert wurden. Deshalb sind auch die Ureinwohner Nordamerikas, Neuseelands oder Japans (die Stämme der Ainu) bereits ausgerottet oder stehen kurz vor ihrer Ausrottung, um nur ein paar Beispiele zu nennen.

Wenn ich in diesem Zusammenhang auf die Anpassungsfähigkeit des Menschen verweise, will ich die Betonung darauf legen, dass sich diese Fähigkeit bei unseren Vorfahren nur sehr langsam entwickelt hat. Als sie aber einmal erworben worden war, hat sie eine relative Beständigkeit erlangt. Dabei ist es für meine Argumentationslinie völlig unerheblich, ob wir die Vererbbarkeit von Charaktereigenschaften nun akzeptieren oder ablehnen. In beiden Fällen vollzieht sich der Prozess notwendigerweise jeweils eher langsam. Sollte sich die Hypothese der Vererbbarkeit allerdings bewahrheiten, verliefe der Prozess deutlich schneller. [4)]

Die Entwicklung des Menschen aus dem Naturzustand auf die Stufe der Zivilisation vollzog sich so langsam, dass in den frühen Phasen der Entwicklung weder bedeutende Schwierigkeiten auftraten, noch gab es außergewöhnliche Veränderungen, die es wert wären, hier erwähnt zu werden. Der Mensch war sich nämlich dieser Veränderungen gar nicht bewusst. Und seine Gewohnheit, sich auf solche Sinneswahrnehmungen zu verlassen, die im frühen Menschheitsstadium oder im Stadium der unterbewussten Führung vorherrschend waren, blieb auch weiterhin bei seinen Erfahrungen mit der Zivilisation fest verankert. Sein Handeln wurde von seinen Stimmungslagen oder seinem Gespür geregelt. Und auch heute noch geht, spricht, sitzt, steht und vollbringt der Mensch die zahllosen mechanischen Tätigkeiten des täglichen Lebens, ohne auch nur einen Gedanken darauf zu verschwenden, welche körperlichen und geistigen Prozesse daran beteiligt sind.

So ist es auch nicht verwunderlich, dass sich die Ergebnisse als völlig unzureichend herausgestellt haben. Die Nachteile einer individuellen, schlechten Gewohnheit wie auch die Vorteile einer guten Gewohnheit zeigen sich nicht unbedingt nach einem Tag oder einer Woche, vielleicht noch nicht einmal nach einem Jahr. Und auch die Auswirkungen der Gewohnheiten einer ganzen Gesellschaft, die ich jetzt beschreibe, haben sich über zahllose Jahrhunderte weitgehend unbemerkt entwickelt. Nur hat sich das Übel in den letzten hundert Jahren so stark ausgeprägt, dass sich die Auswirkungen selbst in den Mittelpunkt gedrängt haben. Mehr und mehr wird auf breiter Front das eklatante Versagen unterbewusster Steuerung in einer modernen Zivilisation erkannt. Auseinandersetzung mit diesem Tatbestand hat den einen oder anderen zu dem logischen Schluss geführt, dass allein die Methode der *bewussten* Steuerung und Kontrolle uns an die Verhältnisse der Gegenwart anzupassen vermag. Mit dieser Methode sind die Menschen auch in der Lage, sich an alle nur denkbaren Verhältnisse anzupassen, die die Zukunft bringen könnte. Wir haben die Stufe der Evolution, auf der wir dem Tier gleich waren, endlich hinter uns gelassen und wir können nie wieder dorthin zurückkehren.

All diese Gründe und auch jegliche Logik verlangen, dass wir sofort alle Vorschläge zurückweisen, die zwar unser zukünftiges Wohlergehen verbessern wollen, die man aber nur als reaktionär beschreiben kann. Sogar in diesem kurzen Resümee der Menschheitsgeschichte ragt ein Trend sehr deutlich heraus: der Trend zum Fortschritt. Als dieser erste Ableger eines dominanten Typus‘ Mensch erst einmal begonnen hatte, ganz neue intellektuelle Fähigkeiten zu entwickeln, war eine Gattung entstanden, für die es nur zwei Möglichkeiten gab: unterzugehen oder sich weiterzuentwickeln.

Wir müssen dem Atavismus unsere geistigen Kräfte entgegenstellen und Reaktion ist eine Form von Atavismus. Keine Rückkehr zu früheren Verhältnissen kann unser Wissen über die geheimen Quellen des Lebens vermehren. Sie ist keine Hilfe bei der Formulierung von Weltgesetzen, durch deren Verstehen wir hoffen können, in der Zukunft den Lauf der Dinge zu kontrollieren.

Die Möglichkeiten des Menschen in seinen körperlichen, geistigen und seelischen Bereichen sind weitaus größer, als wir es uns jemals vorstellen konnten. Sie sind vielleicht größer, als es sich der menschliche Geist zum gegenwärtigen Zeitpunkt seiner Entwicklung vorzustellen vermag. Nur liefert uns die gegenwärtige Krise der Welt hinreichende Hinweise darauf, dass die gewohnten Abläufe, die wir Zivilisation und Erziehung nennen, nicht so sind, dass sie alleine es uns ermöglichen können, unser höchstes Erbe zu erlangen: die vollständige Kontrolle über unsere eigene Leistungsfähigkeit. Der Versuch, weitreichende und schnelle Reformen in den Bereichen Religion, Moral, Politik, Sozialem, Erziehung oder beim Einsatz der Arbeitskraft des Menschen in der Industrie einzuleiten, ohne auch den einzelnen Menschen von seiner Abhängigkeit unterbewusster Steuerung und allem, was damit zusammenhängt, befreit zu haben, war der große Irrtum im menschlichen Denken, der am meisten verblüfft hat. Ohne den Einsatz des Menschen konnten diese Reformen nämlich gar nicht umgesetzt werden. Zwar haben sich die Menschen immer wieder an Reformen versucht, aber das wirklich entscheidende Grundprinzip wurde dabei fast vollständig außer Acht gelassen. Mit diesem Prinzip wäre das Entwicklungsniveau soweit angehoben worden, dass die Menschen, für die diese Reformen ja bestimmt waren, vielleicht in die Lage versetzt worden wären, von einer Entwicklungsstufe zur nächsten zu gelangen, ohne das große Risiko einzugehen, ihre geistige, seelische oder körperliche Balance zu verlieren.

Denn im *Verstand* des Menschen liegt das Geheimnis seiner Fähigkeit, sich widrigen Lebensumständen zu widersetzen, sie zu überwinden und am Ende auch zu beherrschen. Die Entdeckung dieses Geheimnisses allein wird ihn in der Lage versetzen, wirklich zu verstehen, was es heißt: *MENS SANA IN CORPORE SANO.*

Kapitel 2

Die Fehlerhaftigkeit der naiven Heilverfahren

„Carlyle hatte gehört, dass Henry Taylor krank war und eilte von London nach Sheen mit einer Flasche Medizin, die schon Mrs. Carlyle gut getan hatte. Er hatte allerdings nicht die geringste Ahnung, was Henry Taylor fehlte und wofür die Medizin nützlich war." --*Life of TENNYSON*

Man hat in den letzten 50 Jahren auf breiter Front wohl die Gefahren erkannt, die von einer Schwächung des Geistes, der Muskulatur und der Nerven ausgehen. Ihre Schwächung ist das Ergebnis der Verhältnisse, die sich im Laufe der Zeit entwickelt haben. Aber wir müssen einen kleinen Umweg nehmen und bestimmte Tendenzen untersuchen, wie man heute der Schwächung begegnet. Damit eng verbunden sind allseits bekannte Begriffe wie „Entspannung", „Tief-Atmung" und „Fitness".

Was die Fitness angeht, spiele ich nicht auf eine bestimmte Methode oder ein ganz bestimmtes System an. Was ich zu sagen habe, betrifft das gesamte Spektrum. Es gilt genauso für die einfachsten Formen des Hanteltrainings wie für die sorgsam zusammengestellten Übungsfolgen, die die Auswirkungen eines bestimmten Leidens mildern sollen. Damit aber der Begriff Fitness, so wie ich ihn verwende, nicht missverstanden wird, will ich ihn genau erklären. Wenn „Fitness" oder „Fitnesstraining" von mir benutzt werden, meine ich damit eine Serie von *mechanischen* Übungen, die einfach oder kompliziert sein können und die mit der Vorstellung zusammengestellt worden sind, die Körperfunktionen könnten dadurch gestärkt werden, dass Muskelgruppen oder der gesamte Muskelapparat besser ausgebildet werden. Wenn ich jedoch den Begriff Körperkultur verwende, soll damit ein allgemeines System bezeichnet werden, mit dem die Ökonomie des gesamten Körpers durch gute Koordination und über eine Kontrolle aller Systemteile verbessert werden kann. Und ausdrücklich schließe ich jede Methode aus, die eine einzelne Energie übermäßig wachsen lässt, ohne auf die Ausgewogenheit des Ganzen zu achten.

Aus dem, was ich bisher gesagt habe, ist leicht zu erkennen, dass die gesamte Theorie, auf der die Fitnessbewegung von heute beruht, nur ein weiterer Aspekt einer Rückwendung zur Natur ist, und dieses „Zurück zur Natur" wurde ja schon als eine Form des Atavismus entlarvt. Es ist wie der Versuch, ein neues, schickes Kleidungsstück (unseren intellektuellen Entwicklungsstand) dadurch zu versteifen, dass alter Stoff (als natürliche Übung) mit eingewebt wird. Fitnesstraining, so wie ich es definiert habe, könnte man vielleicht als eine naheliegende, wenn auch eher einfallslose Methode bezeichnen, die sich als ein Heilverfahren für die Krankheiten darstellt, die nur aufgrund der künstlichen Verhältnisse entstanden sind. Die Logik, die dahinter steckt, ist doch sehr einfältig. Sie geht von der an sich wichtigen Prämisse aus, dass viele der Körperdefekte erst entstehen, weil Muskelgruppen und Energiequellen in einer künstlichen Zivilisation nicht oder falsch gebraucht werden. Diese Muskeln und Energiequellen würden aber in natürlichem Zustand selbst dafür sorgen, dass die Mittel, die für ihre Lebenserhaltung notwendig sind, beständig zur Verfügung stehen.

Aus diesem Blickwinkel scheint die folgende Argumentation nur allzu logisch zu sein: Wenn wir ein mechanisches Instrumentarium entwickeln, das diese Muskulatur ausbildet, und wenn wir dieses Instrumentarium, sagen wir, ein bis drei Stunden täglich einsetzen, werden die Muskeln ihre natürliche Funktion wieder aufnehmen und so……………. Diese Lücke im Text kann wirklich nicht zur Zufriedenheit geschlossen werden. Wenn wir nämlich dieser Argumentation mit aller logischen Konsequenz folgen, wird der Trugschluss offensichtlich. Die Methode, die aus dieser Argumentation erwächst, bedeutet nämlich Bürgerkrieg im Körper [A)]. Ohne die nötige Koordination kann alles nur in Konflikten enden. Dieser Aspekt wird sofort viel deutlicher, wenn wir ihn durch ein Beispiel illustrieren, das einen durchaus typischen Fall beschreibt.

Die Beschreibung ist mehr eine Allegorie als ein Beispiel mit realem Bezug. John Does Arbeit zwingt ihn von 9 Uhr morgens bis 6 Uhr abends an den Schreibtisch. Sie stellt außergewöhnliche Anforderungen an seine geistigen und psychischen Kräfte. Er ist 35 Jahre alt, vielleicht auch bis zu 10 Jahre jünger. Er leidet an Schlaflosigkeit, Nerven- und Herzschwäche, Energielosigkeit, Blutarmut, Verdauungsstörungen und der Himmel allein weiß, an welchen Problemen sonst noch. Seine Körperfunktionen sind unregelmäßig, sein Muskelsystem ist teilweise verkümmert und er zeigt Reaktionsschwäche. Seine Nerven sind gereizt. Seinen Allgemeinzustand kann ich nur als „schreckhaft" bezeichnen.

An dieser Stelle muss ich ergänzen, dass auch sein Verstand in vielerlei Hinsicht nicht so funktionstüchtig ist, wie er es eigentlich sein sollte. So hat er eine schlechte Einstellung zu den Tätigkeiten des täglichen Lebens. Für ihn ist der menschliche Körper ein Mechanismus, dessen komplexes Funktionieren pausenlos im Auge behalten werden muss. Gleichzeitig treibt oder zwingt er diesen Mechanismus durch alle möglichen neuen Angebote in den verschiedensten Bereichen, die jedoch allesamt den Aktivitäten gleichen, die er immer schon ausgeführt hat. Und wenn der Mechanismus dann einmal ausfällt, muss man ihn eben mit Hilfe eines Tonikums oder einer besonderen Stimulans dazu zwingen, dass er wieder funktioniert. Auch „Entspannung" ist ein Mittel, das er gerne einsetzt. Danach kann ohne Bedenken zu den alten Antriebsmethoden zurückgekehrt werden.

Nun hatte es John Doe jedoch schon allzu lange aufgeschoben, seine gesundheitliche Lage zu verbessern. Schließlich meldete er sich doch zum Fitnesstraining an. Seine Zeit war zwar äußerst begrenzt, aber er opferte ein oder zwei Stunden morgens und abends dafür. Zunächst wird er vielleicht sagen können, dass er sich nahezu wie neugeboren fühlt. Er wird wahrscheinlich sogar Freunden, die er in der Stadt trifft, empfehlen, ihm nachzueifern. Ich bin sogar willens zuzugeben, dass John Doe tatsächlich davon profitiert. Und ich gehe noch einen Schritt weiter und gestehe auch die Möglichkeit ein, dass er nicht in denselben psychischen Zustand zurückfällt, in dem er ursprünglich gewesen ist, allerdings nur wenn er sein Übungsprogramm nicht abbricht. Aber dies möchte ich an dieser Stelle sehr deutlich feststellen: Seine Heilung trägt nicht das Element der Dauerhaftigkeit in sich. Es ist nur ein Pfuschen und Stümpern an der Struktur seines Körpers. Wenn wir nämlich den Fall von einem neutralen Standpunkt aus betrachten, müssen wir erkennen, dass John Doe versucht hat, zwei Lebenssysteme oder Lebensweisen miteinander zu vereinbaren, die von der Natur der Sache her gar nicht harmonisch zusammenarbeiten können. Zum einen ist er zwei, drei oder vier Stunden am Tag damit beschäftigt, seinen Muskelapparat mechanisch aufzubauen, wobei ihn allerdings gar nicht die Art und Weise interessiert, wie er dabei den Apparat benutzt; dass er dabei die Blutzufuhr anregt und beschleunigt; dass deshalb eine erhöhte Sauerstoffzufuhr notwendig ist oder dass seine Lungenkraft gestärkt werden muss. Kurzum trainiert er Funktionen und Energiequellen, die untrainiert während des größten Teils seines Lebens im Wachzustand allein die Aufgabe haben, ihn mit Lebensmitteln zu versorgen. Andererseits werden die neu entwickelten Kräfte in den übrigen zwölf Stunden wieder vernachlässigt. Wenn er sich seinem Beruf widmet, wenn er isst oder ein Buch liest, wenn er sich mit Gesellschaftsspielen vergnügt oder ähnlichen Beschäftigungen nachgeht, sind wieder seine alten Kontrollzentren und Nervenbahnen angeregt. Im Körper von John Doe gibt es also neben dem natürlichen Zustand des Schlafes noch zwei weitere Existenzen: die eine muskulär, streng aktiv, dynamisch, die andere sitzend, statisch, nervös.

Diese beiden Existenzen korrelieren aber nicht miteinander. Sie sind Gegenspieler. Sie unterstützen sich nicht gegenseitig. Sie sind im Streit miteinander. Der Körper von John Doe wird so zu einer Bühne für einen Bürgerkrieg. Sein Herz, seine Lungen und andere seiner Organe, die halb-automatisch arbeiten, befinden sich im Zustand ständiger Neujustierung, wenn sie sich an die widersprüchlichen Bedingungen anpassen sollen und wenn die Organe gezwungen sind, jeweils die eine oder andere Seite in diesem ständigen Kampf zu unterstützen. Ein solcher Zustand kann die Menschheit als Ganzes auf lange Sicht wahrlich nicht verbessern.

Wie später noch zu zeigen sein wird [5)], bleibt im Falle von John Doe und in allen ähnlich gelagerten Fällen das Bewusstsein der jeweiligen Person in Bezug auf den Gebrauch der Muskelmechanismen vollkommen unverändert. Auch wenn Doe täglich sechs Stunden und mehr trainieren würde, würde er auf der Stelle erneut in die alten Muskelgewohnheiten zurückfallen, die er bei seinen normalen Beschäftigungen immer schon eingesetzt hat, wenn er diese wieder aufnimmt. Denn eines steht fest: John Doe hat eine falsche Geisteshaltung, was die Art und Weise betrifft, wie seine Muskelmechanismen bei den Tätigkeiten des täglichen Lebens zu gebrauchen sind. Schon lange hat er Muskeln eingesetzt, um Arbeiten zu verrichten, für die sie niemals gedacht waren. Auf der anderen Seite blieben Muskeln unterentwickelt, reglos und ungenau kontrolliert, die eigentlich pausenlos benutzt werden sollten. Man könnte sagen, dass John Doe, was die Gebrauchsweisen seines Körpers angeht, tatsächlich Geistes- und Körpertäuschungen erlegen ist. Ich will hier nur ein Beispiel von vielen erwähnen. Es zeigt seine Unfähigkeit, die richtigen Funktionen und Gebrauchsweisen seines Muskelsystems überhaupt wahrzunehmen: Wenn er seinen Kopf nach vorne führt oder wenn er ihn zurücknimmt, machen seine Schultern grundsätzlich eine Bewegung in diese gleiche Richtung. Und diese Mitbewegung ist vollkommen unbewusst. John Doe weiß gar nicht, dass er dabei seine Schultern bewegt. In diesem Zustand geistiger und körperlicher Täuschung versucht nun dieser unglückliche Mann mit den Mechanismen, die er gar nicht unter seiner Kontrolle hat, etwas zu tun, in der vagen Hoffnung er könne seinen Körper durch bloße Ausübung bestimmter Körperübungen wieder in einen Zustand perfekter Körpergesundheit bringen.

Ich hatte ja die Möglichkeit eingeräumt, dass John Doe bei seinen ersten Erfahrungen mit den Fitnessübungen zunächst davon profitiert haben könnte. Dies wäre vielleicht der richtige Zeitpunkt, um detailliert zu zeigen, warum für John Doe ein anfänglicher Nutzen nicht von Dauer sein konnte. Als er zu der Erkenntnis gelangt war, dass er ernstlich an Verdauungsstörungen erkrankt war, hatte er nämlich einfach nur ein Symptom wahrgenommen. Die Hauptursache oder die Hauptursachen seiner zunehmenden Störungen hatte er gar nicht erkannt. Wenn man Geist und Körper von ihm genau untersucht hätte, hätte man sowohl im Schlaf als auch im Wachzustand schlechte Gewohnheiten entdeckt, die dazu geführt haben, dass seine innere Brustkorbkapazität sich nach und nach auf ein Minimum reduziert hat. Eine derartige Reduzierung der Brustkorbkapazität [A)] ist nicht nur an sich schon schädlich, sie macht es auch praktisch unmöglich, dass die inneren Organe angemessen ihren Dienst verrichten.

An dieser Stelle könnte es sich lohnen, die Auswirkungen genauer zu betrachten, die der Zustand minimaler Brustkorbkapazität mit sich bringt. Ich werde im Folgenden nur einige der Einflüsse aufzählen, die ein solcher Zustand auf den gesamten Organismus hat. Der Brusthohlraum enthält ja viele der lebenswichtigen Organe. Sie alle bilden das Gewebe des Bauchraums und werden direkt oder indirekt von der Kapazität des Brusthohlraums beeinflusst. Wenn die Brustkorbkapazität stark reduziert ist, hat dies zur Folge, dass die Organe im Inneren des Brustkorbes in schädlicher Weise zusammengedrückt werden. Herz und Lungen sind nicht mehr in der Lage, angemessen zu funktionieren. Ein schädigender Druck legt sich auf das Herz. Die Lungen werden nicht richtig benutzt oder nicht genügend belüftet. Das Lungengewebe verfällt. Die richtige Blutverteilung wird negativ beeinflusst: zu viel Blut sammelt sich in der Region der Eingeweide an und auch die Versorgung mit Blut über die Lungen ist beeinträchtigt. Nun spielen die Lungen ja eine wesentliche Rolle bei der Verteilung des Blutes. So ist es nicht schwer zu verstehen, dass der Zustand minimaler Brustkorbkapazität einen starken Einfluss auf den Blutkreislauf und die allgemeine Versorgung mit Blut haben muss. Die Atemprozesse sind ebenfalls betroffen. Es wird kein teilweises Vakuum in den Lungen hergestellt, indem sich durch eine koordinierte Brustkorberweiterung ein atmosphärischer Unterdruck in den Lungen aufbaut.[6] Die Luft wird stattdessen eingesogen. Im Bauchraum entsteht übermäßiger Druck. Es kommt zu einer schädlichen Erschlaffung der Bauchmuskeln, was dann zu einer Verschiebung des Bauchgewebes nach unten, zu fehlerhafter Funktion von Leber, Nieren und Blase usw. führt. Im Darm kommt es zu Stauungen. Dünndarm und Eingeweide werden gereizt und gebläht. Die Folge sind mit anderen Worten Verstopfung und Verdauungsstörungen, daraus entstehende Defekte und eine Schädigung aller lebenswichtigen Systeme insgesamt. Zur besseren Veranschaulichung stellen wir uns den Brustkorbhohlraum und die Bauchhöhle einmal als einen relativ festen, sich verjüngenden Balg vor. Dieser Balg ist mit den verschiedenen Teilen einer arbeitenden Maschine ausgefüllt. Die Teile dieser Maschine sind voneinander abhängig und beeinflussen sich gegenseitig. Sie sind an verschiedenen Stellen der inneren Oberfläche des Balgs befestigt. Wir nehmen weiter an, dass der Umfang der inneren, oberen Hälfte dieses Balgs 7.5 cm größer ist als der Umfang seiner unteren Hälfte. Solange das normale Fassungsvermögen des Balgs unverändert bleibt, wird nun die Maschine mit einer Effizienz arbeiten, wie sie besser wirklich nicht sein könnte. Nun stellen wir uns vor, dass die Kapazität des oberen Balgteils sich verringert und das untere Teil sich soweit vergrößert, dass jetzt sein Umfang 7.5 cm größer ist.

Wir können uns die Wirkung auf die lebenswichtigen Organe, die darin enthalten sind, sofort lebhaft vorstellen, gerät doch ihr Zusammenspiel durcheinander: Übermäßiger Druck erzeugt schädliche Reizungen der Organe; die natürliche Blutzirkulation und der Fluss der Lymphflüssigkeiten und der Flüssigkeiten, die in den Verdauungs- und Ausscheidungsorganen enthalten sind, kommt ins Stocken. Stauungen, die Bildung von Fermenten und ähnliches führen zur Bildung von Giften im Inneren, die dann Körper-und-Geist [A] mehr oder weniger verstopfen. Ein schleichender Vergiftungsprozess wird so in Gang gesetzt.

Ich komme jetzt zu John Doe und seinen Erfahrungen zurück. Seine Fitnessübungen zu Hause oder in der Sporthalle, die er gemacht hatte, um seine Verdauungsstörungen zu heilen, können zunächst durchaus zu einer größeren Linderung geführt haben. Dies hatte ich ja bereits erwähnt. Wenn man bedenkt, dass John Doe sein ganzes Leben mehr oder weniger im Sitzen verbracht hat, war dies nur natürlich. Warum nahm aber dann die Wirkung allmählich soweit ab, dass er schließlich erkennen musste, dass seine Körperbehandlung ein vergleichsweiser Fehlschlag gewesen war? Diese Frage bringt uns zu einem wirklich interessanten Punkt: Wenn man ein Leben im Sitzen führt, vermittelt jede zusätzliche Körperübung ein Gefühl von Erleichterung. Aber unglücklicherweise ist dieses Empfinden von Erleichterung allzu oft nur eine mentale Übertreibung der realen Veränderungen, obwohl sie durchaus auf das Richtige abzielen, und es ist oftmals eine Täuschung. Man kann nämlich gar nicht immer zuverlässig sagen, welche positiven Dinge für eine beständige Erleichterung gesorgt haben. Schon Studenten der Psychologie im ersten Semester wissen, dass ein Mensch, wie wir ihn hier vor uns haben, bereits ein kinästhetisches System [A)] entwickelt hat, das verdorben ist und das es erlaubt, dass die verschiedenen Empfindungen und Stimmungen fehlerhaft registriert werden. Von daher ist es sehr schwierig für jemanden wie John Doe, zu einer zuverlässigen Einschätzung über das Ausmaß seiner Verbesserung zu gelangen, denn seine Sinneswahrnehmungen sind fehlerhaft. Wir wissen auch, dass die erzielte Verbesserung nicht von Dauer war. Dies hat er unumwunden zugegeben. Sie konnte auch nicht von Dauer sein, wie es die Erkenntnisse der Wissenschaft belegen, die auch die Gültigkeit meiner Schlussfolgerungen untermauern. Ich will mich im Folgenden bemühen, diese Position näher zu erläutern. Am Anfang führten seine Fitnessübungen tatsächlich auf verschiedenen Ebenen zu Verbesserungen. Darauf habe ich bereits hingewiesen. Aber ganz gleich wie diese Verbesserungen auch ausgesehen haben, wie groß sie gewesen sein mögen, ich behaupte, dass John Doe mit hoher Wahrscheinlichkeit früher oder später allmählich neue Probleme entwickelt hätte, wenn er sein Fitnessprogramm fortgeführt hätte. Diese neuen Probleme wären gegenläufig zu den eingeräumten Vorteilen gewesen und hätten sie schließlich aufgewogen.

Es folgen Argumente, die meine Behauptungen stützen und die ich in den späteren Kapiteln weiter ausführen werde.

1 *Ein fehlerhaftes kinästhetisches System* Die Erfahrung lehrt uns, dass John Does Zustand schon zu dem Zeitpunkt, da er sein Fitnessprogramm aufgenommen hat, Hand in Hand mit einem fehlerhaften und ungenauen kinästhetischen System geht. Die Ausführung von Körperübungen allein konnte gar nicht zu neuer und richtiger kinästhetischer Wahrnehmung im Zusammenhang mit dem Gebrauch seines gesamten Organismus' bei den Tätigkeiten des täglichen Lebens führen.

2 *Vorgefasste falsche Vorstellungen.* Es ist mir nahezu unmöglich, die unzähligen Gefahren aufzulisten, denen John Doe aufgrund seiner vorgefassten falschen Vorstellungen ausgesetzt war, wenn er sein tägliches Fitnessprogramm durchgeführt hat. Um diesem Aspekt der Thematik auch nur in Ansätzen gerecht zu werden, müssten sehr viele Seiten eines ziemlich dicken Buches beschrieben werden. Durch meine praktischen Unterrichtsverfahren habe ich jedoch auch die Überskeptischen meiner Schüler jeden Tag aufs Neue von dieser demonstrierbaren Wahrheit überzeugt.

3 *Fehlerhaftes Empfindungsvermögen und Selbsttäuschung.* In der Praxis ist dieser schwerwiegende Defekt immer auch verbunden mit vorgefassten, falschen Vorstellungen, die dazu führen, dass das Denken und der Körper getäuscht werden, mit weitreichenden und gefährlichen Konsequenzen.

Ein Beispiel. Jemand, der noch nicht in mein System eingeführt ist, hat die Gewohnheit entwickelt, den Kopf zurückzuziehen, wenn er eigentlich nur die Schultern zurücknehmen will. Wenn man ihn nun auffordert, den Kopf nach vorne zu führen und die Schultern dabei still zu halten, wird sich zeigen, dass er in aller Regel daran scheitert. Er wird seine Schultern mit bewegen. Wenn er jetzt den Kopf nach vorne nehmen soll, während der Lehrer seine Schultern festhält, wird der Schüler den Kopf nicht nach vorne führen, sondern zurückziehen.

4 *Mangelhafte Kontrolle über das Denken und den Körper.* In der allgemeinsten Form habe ich eine solche fehlerhafte Kontrolle während meiner Arbeit als Lehrer erlebt, wenn ich für meine Schüler ihren Kopf, eine Hand, einen Arm oder ein Bein bewegen wollte, um ihnen so die neuen und richtigen Empfindungen beim richtigen Gebrauch der Körperteile zu vermitteln. Die Erfahrung hat gezeigt, dass die meisten Schüler in Bezug auf ihre Denk- und Körperkontrolle sich nichts sehnlicher wünschen, als in die Lage versetzt zu werden, so schnell wie möglich diese Kontrolle zu erlangen.

Der Lehrer fordert einen Schüler auf, einen Arm zu heben. Der Schüler kommt zwar dieser Aufforderung nach, baut aber viel zu viel Spannung dabei auf. Damit der Schüler nun die kinästhetische Empfindung für das richtige Maß der notwendigen Spannung erlangt, bittet der Lehrer, den Arm des Schülers für ihn heben zu dürfen. In aller Regel tut der Schüler aber genau das, was er getan hat, als er aufgefordert war, die Handlung selbst auszuführen.

5 *Fehlerhaftes Hemmungsvermögen* Ein Lehrer findet in der Praxis alle Schüler mit einer mangelhaften Kontrolle ihres Hemmungsvermögens vor, die mehr oder weniger ausgeprägt sein kann. Wenn der Schüler aber in der Lage wäre, sein Hemmungsvermögen zu kontrollieren, würde es ihm viel leichter fallen, den Weg der Umerziehung und der Koordination zu gehen. Eine Analyse unserer allgemein akzeptierten Lehrmethoden und unserer normalen Lebensweisen zeigt, dass wir uns gar nicht darum kümmern, unsere Fähigkeiten zur Reaktionshemmung auszubauen. Im Gegenteil, unsere vorhandenen Fähigkeiten in dieser Richtung werden eher weniger. Die äußeren und sichtbaren Zeichen der schwerwiegenden Auswirkungen sind überall zu sehen. Man muss die Zeichen nur richtig lesen.

6 *Selbsthypnose* Selbsthypnose ist ein schwerwiegendes und weit verbreitetes Übel und man hat bisher noch keinen praktikablen Weg gefunden, sie anzugehen. Wohl hat man theoretische Schriften

verfasst und darüber diskutiert, ungefähr so wie man das Thema Entspannung behandelt hat. Allerdings haben die Ergebnisse der Diskussionen die Praxis des täglichen Lebens nicht wesentlich verändert. Mir geht es hier um eine bestimmte Form der Selbsthypnose, die zu ganz bestimmten Zeiten zum Einsatz kommt. Im Unterricht wird sie unwissentlich von Lehrern und von Schülern gepflegt und von beiden Gruppen oft auch im täglichen Leben. Man begründet sie damit, dass man mit geschlossenen Augen besser denken könne. In der Tat ist das Schließen der Augen eine weit verbreitete Form der Selbsthypnose und der Selbsttäuschung. Sie erzeugt einen Zustand des Träumens, der besonders schwerwiegend ist, weil er bewusst herbeigeführt wurde. Denn im Normalfall ist Träumen ein unbewusster Vorgang.

7 *Eine Haltung der Besorgnis und der Furcht kultivieren* Vielleicht ist dies der Zustand mit den schwerwiegendsten Auswirkungen, den man entwickeln kann. In Kapitel 5 wird dieses Thema ausführlich behandelt werden.

8 *Vorurteile als Argumente und zwanghafte Selbstverteidigung* Die wirkliche Schwäche und Oberflächlichkeit der menschlichen Natur zeigen sich in diesem Zusammenhang auf eine Art, die sich in keinster Weise mit unserem intellektuellen Stolz deckt. Dabei ist es eine traurige Tatsache, dass zwanghafte Selbstverteidigung und vorurteilsbeladenes Argumentieren bei jenen Personen stärker ausgeprägt sind, von denen man im Allgemeinen annimmt, dass ihre intellektuellen Fähigkeiten über dem Durchschnitt liegen. Kennen wir nicht alle jemanden, der allzu gerne die Argumentation in eine Richtung lenkt, die ihm angenehm ist, nur weil er ein Streitgespräch gewinnen will, dessen Verstand so stark von seinen Gefühlen und seiner Stimmungslage dominiert wird, dass sein Verstand nicht zur Geltung kommt? Die große Mehrzahl der Menschen hat sich in diese Richtung entwickelt. Aus diesem Grund müssen wir darauf achten, dass in der Erziehung und Entwicklung unserer heutigen und zukünftigen Kinder alle Erziehungsmethoden aufgegeben werden, die sich darauf stützen, durch

Erzeugung von Emotionen und Stimmungen die Kinder zu steuern und zu kontrollieren.

Über einige der Mängel, die ich soeben kurz zusammengefasst habe, hat man sich von berufener Seite in den letzten Jahren sehr wohl den einen oder anderen Gedanken gemacht. So gibt es inzwischen die klar erkennbare Tendenz, die Systeme der Fitnessübungen deutlich zu verändern. Man hat die Muskel verspannende Belastungsintensität verringert. Der Krafteinsatz hat sich mit der Zeit immer weiter von den Belastungsgrenzen entfernt oder man ist dabei, die Belastung zu senken. Und die Verfechter der Fitnesskultur, die vor einigen Jahren noch darauf bestanden haben, Hanteln beim Training einzusetzen, in manchen Fällen mit zunehmenden Gewichten bei gestaffelten Übungsserien, betonen heute, dass sanfte Übungen notwendig sind. Hanteltraining erwähnen sie nicht einmal mehr. Ist dies nicht ein weiterer Beleg für die Richtigkeit meiner Behauptungen?

Fitnesstraining kann also die Defizite der Menschen langfristig nicht beheben. Wie sieht es nun mit den sogenannten Entspannungsübungen aus? Ich sage es sofort, sie sind noch wirkungsloser! Normalerweise wird doch so vorgegangen: Man gibt einem sitzenden oder auf dem Boden liegenden Schüler die Anweisung, sich zu entspannen beziehungsweise das zu tun, was er oder sie unter Entspannung versteht. Das Ergebnis ist ohne Ausnahme ein Spannungszusammenbruch des gesamten Systems. Vom Prinzip her bedeutet Entspannung nämlich eigentlich, dass die Teile des Muskelsystems, die von Natur aus ständig unter Spannung stehen sollen, auch im richtigen Maße gespannt sind; und dass die Teile, die von Natur aus mehr oder weniger entspannt sein sollen, auch mehr oder weniger entspannt sind. In der Praxis werden diese Bedingungen erfüllt, wenn eine Position eingenommen wird, die ich in an anderer Stelle eine *Position mit mechanischem Vorteil* [5)] genannt habe. Entspannungstheorie aber geht von einer falschen Annahme aus und hat zudem ein falsches Verständnis darüber, welches der geeignete natürliche Zustand für die verschiedenen Muskeln ist. Das gleiche gilt für die Ruhekuren. Wenn an dem jeweiligen System festhalten wird, muss die allgemeine Lebenskraft unweigerlich absinken. Dies wird ein Mensch in dem Moment spüren, wenn er seine normalen Aufgaben und Pflichten wieder aufnimmt. Mehr noch, die alten Probleme werden bald wieder auftauchen, jetzt aber in verstärkter Form.

Zu Beginn des Kapitels habe ich drei „Heilverfahren" erwähnt, die kritisch zu durchleuchten waren. Zwei sind besprochen, die „Tiefatmung" bleibt noch übrig. Sie ist ein späterer Ableger der Fitnessbewegung und weist eigentlich in die richtige Richtung. Sie ist die logische Konsequenz aus der Erkenntnis, dass anstrengende Muskelübungen zur Entwicklung von Kraft letztendlich zu neuen und möglicherweise noch schlimmeren Problemen führen als die, die man zu überwinden hoffte. „Tiefatmung" ist zwar ein Schritt nach vorne, aber es ist nur ein kleiner Schritt. Sie richtet nur selten ernsthaften Schaden an und in einigen Fällen bewirkt sie vielleicht hier und da etwas Gutes. Nur geht sie nicht an die Wurzel der Übel. Sie beseitigt die Fehler nicht und nimmt den wichtigsten Faktor im Gesamtbild der Körperkoordination nicht zur Kenntnis. Worum es sich bei diesem radikalen Faktor handelt, werde ich im nächsten Kapitel im Einzelnen näher beschreiben. Aber zunächst fasse ich noch einmal die wichtigsten Punkte meiner Argumentation zusammen, soweit ich sie bis hierhin dargestellt habe.

In unserer Phantasie haben wir den frühen Menschen des Miozäns durch die Dunkelheit gesehen, die sein erstes Erscheinen auf der Erde noch verdeckt hat. Wir haben ihn uns vorzustellen als eine Kreatur mit einfachen Bedürfnissen und von kräftigem Körperbau, im Großen und Ganzen noch mehr ein Tier bis auf den Funken Selbstbewusstsein, der schwach in seinem primitiven, aber im Wachsen begriffenen und sich ausdifferenzierenden Gehirn brannte. Später können wir uns schon ein klareres Bild von ihm machen. Er hat die Qualität des Mutes entwickelt, und er hat ausgeklügelte Waffen in seinem Gebrauch, die er beständig weiterentwickelt. So konnte er die Funktionen seines Geistes durch die Perioden des Paläolithikums und des Neolithikums in einem Zeitraum von zwei Millionen Jahren weiter spezialisieren. In der Bronzezeit war er dann eine Kreatur mit Phantasie, Verstand und schöpferischer Kraft. Und er konnte idealisieren. Allerdings benutzte er diese Fähigkeiten nur im Körpergebrauch.

Schließlich erreichen wir einen Punkt, an dem der Mensch von seinem Nächsten und eine Klasse von der anderen unterschieden werden. Es ist der Beginn der historischen Periode der Zivilisation. Der Mensch zieht in Städte und er nimmt neue und sehr spezielle Gewohnheiten an. Arbeit erfordert nun weniger oder sogar keine Körperkraft mehr. Lebensmittel sind für alle verfügbar. In einem langsamen Prozess hat die Evolution ein neues und wunderbares Instrument geschaffen, mit dem der Mensch in der Lage ist, mit Selbstbewusstsein sich selbst zu steuern. Diese Periode wird durch das, was sie hervorgebracht hat, ganz allmählich überwunden werden.

Kapitel 3

Unterbewusstsein und Hemmung

„Die Herrschaft über dein Selbst ist absolut. Selbstbeherrschung kann es nicht mehr oder weniger geben, sondern nur ganz oder gar nicht."

(LEONARDO DA VINCI)

In den letzten dreißig Jahren hat sich die Psychologie als eine neue Wissenschaft etabliert. Vor einer Generation noch waren ihre Aspekte nur ein Thema der Philosophie, der Metaphysik, der Poesie oder der Kirche. Jetzt werden unter Laborbedingungen bestimmte Tests zur Sensibilität, zu Reaktionszeiten und zu Reaktionen auf Stimulationen durchgeführt, die zu technisch sind, um sie hier zu erklären. Komplizierte und raffinierte Instrumente und technische Geräte werden bei den Tests eingesetzt, konstruiert, um *die versteckten Triebfedern des Lebens* gewichten zu können. Der Satzteil, den ich hervorgehoben habe, ist mit Bedacht etwas vage formuliert, denn ich will keinesfalls in terminologische Fallstricke geraten. Und ich will auch nicht in Kontroversen hineingezogen werden, die außerhalb meines Kompetenzbereichs liegen. Deshalb verzichte ich auf wie auch immer geartete, voreilige Hypothesen. Gleichzeitig sehe ich aber die Notwendigkeit, für die *versteckten Triebfedern des Lebens* eine angemessene Begrifflichkeit zu finden. Der Begriff, den ich wähle, ist zumindest geläufig und innerhalb gewisser Grenzen auch anschaulich genug: „Das unterbewusste Selbst".

Es mag seltsam erscheinen, dass man eine Wissenschaft zu Rate zieht, die so formal organisiert ist, wie es die moderne Psychologie ist. Unter Laborbedingungen arbeitet sie mit mechanischen Gerätschaften, um Fragen zu klären, die lange Zeit als eine Domäne der Kirche betrachtet worden sind. Wissenschaft ist aber nur ein anderer Name für gesunden Menschenverstand, wie Tyndall sagt. Nun habe ich gefordert und stehe auch weiterhin dazu, dass sich die intellektuelle Kontrolle des Menschen weiterentwickeln und wachsen muss. Mein Postulat verlangt, wie leicht einzusehen ist, dass diese bewundernswerte Qualität der Vernunft oder des gesunden Menschenverstands sich der allgemein wichtigen Probleme annimmt. Leider steckt die Psychologie, von der wir uns so viel mehr erhoffen, noch in ihren Kinderschuhen. Von den noch wenigen Versuchen, die man unternommen hat, um die im Labor und im Klassenraum gewonnenen Theorien in praktische Arbeit zu übertragen - die Versuche von Professor Münsterberg gehören dazu - kann man nicht unbedingt behaupten, dass sie Ergebnisse hervorgebracht hätten, die es wert wären, erwähnt zu werden. Fest steht, dass man die gegenwärtigen Grenzen dieser akademischen Psychologie überschreiten muss, wenn das Unterbewusste einer exakten Analyse unterzogen werden soll.

Die Konzepte, die sich um diesen Begriff gebildet haben, sind zwar seltsamerweise in vielen Fällen formal recht konkret, aber viel Wirrwarr ist aus der sicherlich gewissenhaften und gut gemeinten Abhandlung des späten F. H. Myers, *„Die Persönlichkeit des Menschen und ihr Überleben nach dem körperlichen Tod"* entstanden. Mr. Myers hat darin das unterbewusste Selbst als eine Ganzheit innerhalb einer Ganzheit skizziert. Formal war sein Ansatz zwar induktiv, aber seine Methode verzichtete *a priori* auf Erfahrungswerte. Er hatte nämlich das Konzept entwickelt, wonach ein subjektiver Charakter Gestalt in einer objektiven, materiellen Hülle annimmt. Seine Beweisführung hatte er auf ein bestimmtes, vorgefasstes Ziel hin abgestimmt.

Die Trugschlüsse Myers' werden durch ihre beständige Wiederholung auch nicht tragfähiger, denn seine Argumentation ist an sich unschlüssig. Wenn man sie einer Überprüfung durch neuere Erkenntnisse unterzieht, versagt seine Hypothese dabei, die Tatsachen zu erklären. Nur kommt Myers' Konzept so plakativ und glaubwürdig daher, dass es in der Öffentlichkeit einen starken Rückhalt gefunden hat, der auch acht Jahre nach Erscheinen von *„Die Persönlichkeit des Menschen"* in den Köpfen vieler nicht schwächer geworden ist. Die Entdeckungen und das enorme neue Wissen, die die letzten Jahre hervorgebracht haben, haben daran leider auch nicht viel geändert. Nur aus diesem Grund war mir das Konzept des Unterbewussten von Myers, der es das „sublimierte Selbst" genannt hat, überhaupt eine Erwähnung wert.

Wenn ich nun den Begriff „unterbewusstes Selbst" verwende, steht dahinter ein vollkommen anderes Konzept. Darauf muss ich von Anfang an gesteigerten Wert legen. Eigentlich muss jeder, der bis hierhin meiner Argumentation gefolgt ist, die Richtung meiner Absicht auch erschlossen haben: Weil die intellektuellen Fähigkeiten des Menschen mehr und mehr zunehmen, geht die Entwicklung in Richtung *bewusster Kontrolle.* Sie ist der eigentliche Zielpunkt des Evolutionsprozesses. Darauf deutet, dass eine Fähigkeit, die die Evolution selbst hervorgebracht hat, allmählich die Kontrolle über die Evolution übernimmt. Die *bewusste Kontrolle* ist das Instrument, mit dem allein die Menschheit in der Lage ist, sich weiterzuentwickeln und mit dem sie ihre physischen Kräfte ohne Einschränkung auskosten kann, ohne einen Teil ihrer sich entwickelnden intellektuellen Ideale einzubüßen.

An dieser Stelle ist nun die Frage unausweichlich, was denn gemeint ist, wenn ich vom „unterbewussten Selbst" spreche. Ich will diese Frage, so gut ich kann, beantworten. Dafür muss ich allerdings die Grenzen der bewiesenen Tatsachen zunächst einmal hinter mir lassen und mich auf das Terrain der Hypothesen begeben. Ich habe jedoch nicht vor, meine Theorie mit Einzelheiten einer Beweisführung zu überfrachten.

Deshalb kann das Folgende nur als ein allgemeines Statement betrachtet werden. Das Meiste davon könnte ich wohl schlüssig in einem größeren Rahmen nachweisen. Trotzdem wird ein unbewiesener Rest bleiben, der sich erst noch in weiteren Untersuchungen der zukünftigen Forschung im Bereich der Psychologie bestätigen muss.

Wenn wir das „unterbewusste Selbst" definieren wollen, müssen wir zuallererst sehen, dass ihr Besitz nicht eine Domäne des Menschen ist. Vielmehr ist das unterbewusste Selbst in der Tierwelt sogar weit aktiver, facettenreicher und feiner entwickelt. Das Gefahrenbewusstsein ist bei manchen Tieren so gut ausgeprägt, dass es wissenschaftlich nicht mehr zu erklären ist. Die Angst vor einem Präriefeuer, einer Flut oder anderen Naturkatastrophen, die die Existenz der Tiere bedrohen, wird registriert, lange bevor die menschlichen Sinne erste Anzeichen für die Gefahren wahrnehmen können. Und dieser Angstreflex lässt die Tiere die Flucht ergreifen. Weil der Tierwelt die Fähigkeit zum bewussten Denken nicht zugewiesen werden kann, es sei denn aus sentimentalen Gründen, kann dieses „Voraus-Wissen", dieses „Voraus-Ahnen" nur durch allerfeinstes Zusammenwirken der Sinne des Tieres ermöglicht werden. Dazu gehört auch, dass das Tier die Mehrzahl seiner Bewegungen, wie wir es nennen, „instinktiv" macht, sofern seine Energien nicht durch die Domestizierung über viele Generationen verschlissen wurden. Tiere können die Länge eines Sprunges mit einer Genauigkeit abschätzen, die erstaunlich ist. Sie ergreifen, ohne ein geringstes Zögern, den einen sicheren Weg unter den vielen anderen Scheinmöglichkeiten, der ihnen die Flucht erlaubt. Und weil diese Fähigkeiten in einigen Fällen schon wenige Stunden, ja sogar wenige Minuten nach der Geburt des Tieres nachgewiesen worden sind, können sie auch nicht das Ergebnis von Erfahrung sein.

Tiere besitzen ein unterbewusstes Selbst! Das ist eine Tatsache. Ich habe hier nur wenige beispielhafte Belege angeführt, aber die Liste der Beweise könnte unendlich verlängert werden. Bei der Auswahl meiner Belege habe ich Kräfte herausstellt, die übernatürlich genannt werden könnten oder die den Anschein erwecken, dass sie weit über die Grenzen des menschlichen Verständnisses, soweit es sich auch schon entwickelt haben mag, hinausgehen. Und die Beweisführung zu dieser Frage basiert auf Beobachtungen, die über einen langen Zeitraum gemacht worden sind.

Es hat Myers wohl in die Irre geführt, dass übernatürliche Qualitäten auch im Unterbewusstsein der Menschheit aufgetaucht sind. Er hat nicht davor zurückgeschreckt, die Allegorie einer unterbewussten

Ganzheit auf die Tierwelt zu übertragen. Eine solche Verwendung würde aber in der Tendenz beweisen, dass die „Seele" des Tieres höher entwickelt ist als die des Menschen.

An zweiter Stelle sehen wir uns jedoch auch mit einer Tatsache konfrontiert, die unbestreitbar ist: Das Unterbewusstsein kann unterhalb der Verstandesebene „geschult" werden. Handlungen, die sehr oft ausgeführt worden sind, werden mit der Zeit so mechanisch, dass sie ohne jegliche bewusste Aufmerksamkeit wiederholt werden können. Ein Pianist wird die schwierigste Passage eines Klavierstücks, die er beständig geübt hat, technisch bewältigen, während seine Gedanken mit etwas ganz anderem beschäftigt sein können.[8)] Und es hat den Anschein, dass unerwartete Einflüsse, die oft im Zusammenhang mit Angst stehen, in einigen Fällen im Unterbewusstsein einen mehr oder weniger dauerhaften Eindruck hinterlassen können. Das ist manchmal auch dann der Fall, wenn diese Einflüsse das Ergebnis einer einmaligen Erfahrung sind. Ein Mensch, der übernervös ist und der sich allzu bereitwillig der Steuerung durch seine Gefühle unterwirft, der stolz und fest daran glaubt, dass ihn „Intuition" oder „Instinkt" leiten, kann dadurch so unheilvoll beeinflusst werden, dass er eine der unzähligen Phobien entwickelt. Phobien üben einen tödlichen Terror aus, wie es die zweite Silbe ja ganz richtig nahelegt. Dies sind nur zwei Beispiele dafür, dass unterhalb der Verstandesebene eine Schulung des Unterbewusstseins stattfinden kann. Gewiss werden sich dem Leser viele weitere Beispiele aus seiner Erfahrungswelt aufdrängen. Der springende Punkt für uns ist dabei dieses: Während die Menschen durch ihr Leben geglitten sind, ist es in der Daseinsphase, mit der wir uns gerade beschäftigen, zu einer Vermischung der tierischen Instinkte und der Gewohnheiten gekommen, die entweder durch beständige Wiederholung oder durch Einflüsse auf Ebenen unterhalb des Verstandes erworben worden sind. Bevor ich mich jetzt von dem allgemeinen Konzept zum Unterbewusstsein abwende, will ich noch betonen, dass der Mensch und das Tierreich sich die Eigenschaften des unterbewussten Geistes bis zu diesem Punkt teilen. Denn genauso wie beim Menschen können sich die Qualitäten des Unterbewusstseins auch bei den niederen Organismen weiter ausbilden. Genaue Beobachtungen der Naturschützer bestätigen jetzt die Vermutung, dass bestimmte Vogeljunge das Fliegen von ihren Eltern *„lernen"*. Die Schwalben sind ein gutes Beispiel dafür. Andererseits wird jeder, der schon einmal einen Hund abgerichtet hat, wissen, wie der Trick „Betteln nach Futter" zu einer solchen Gewohnheit werden kann, dass der Eindruck einer Instinkthandlung entsteht.

Soweit zur allgemeinen Definition des Unterbewusstseins. Ich wende mich jetzt dem Wendepunkt zu, der die Differenzierung zwischen Mensch und Tierwelt markiert. Diese Unterscheidung manifestiert sich das erste Mal, als der Mensch einen so logischen und so anspruchsvollen Denkvorgang bewusst verwendet, wie es die *Hemmung* [A)] ist.

Die Unterdrückung der unterbewussten animalischen Fähigkeiten in der frühen Phase der Menschheitsentwicklung ist oftmals zunächst eine Quelle von Tod und Gefahr gewesen, wie man sich leicht vorstellen kann. Die Vernunft, noch nicht so weitsichtig oder nicht weit genug entwickelt, war noch kein guter Steuermann. Manchmal brachte der Steuermann das Schiff hinter den Wind, das vor dem Wind geblieben wäre, hätte man es sich selbst überlassen. Genug der Metapher. Die Kontrolle war noch zu fehlerhaft. Sie schwankte beständig zwischen zwei Alternativen hin und her. Wenn die Instinktsteuerung abgelehnt wurde, konnten daraus noch Zerstörung und Untergang resultieren. Aber die Notwendigkeit für eine bewusste Kontrolle wuchs, je mehr sich die Lebensbedingungen von denen der Urzeit unterschieden. Dass die Lebensbedingungen sich so drastisch veränderten, hatte viele Ursachen. Die Hauptursache waren aber die Beschränkungen, die das soziale Leben erforderlich gemacht hatte. Und das soziale Miteinander war aus dem Zwang zur Kooperation entstanden.

Auf diesen Punkt muss noch näher eingegangen werden, denn es war die Geburtsstunde, von der an *Hemmung* im täglichen Leben verwendet wurde. Als dies geschah, war dies der Beweis dafür, dass nun das Prinzip der bewussten Kontrolle stark genug geworden war. Wir beginnen erst jetzt, nach Abertausenden von Jahren, den Wert bewusster Kontrolle zu verstehen und lernen ihren Wert mehr und mehr zu schätzen.

Es stimmt ja, dass sich bewusste Hemmung auch auf einer niedrigen Ebene der Natur zeigt. Die Wildkatze unterdrückt den Impuls, voreilig zu springen, wenn sie sich an ihre Beute heranschleicht. Um bei ihrer Jagd erfolgreich zu sein, kontrolliert sie die Gier, ihren natürlichen Appetit auf der Stelle zu befriedigen. In diesem Fall, wie auch in vielen anderen ähnlich gelagerten Fällen, haben Notwendigkeiten zu solch instinktiven Hemmungsvorgängen geführt, die über sehr lange Zeiträume bestanden haben. Das kleine Hauskätzchen, erst ein paar Wochen alt, das noch nie selbstständig für Futter gesorgt hat, wird dieses gleiche Instinktverhalten an den Tag legen. Bei Tieren ist also die vererbte Fähigkeit zur *Hemmung* vorhanden. Und auch beim Menschen gehört sie zu seinem körperlichen Erbe. Mit dem *bewussten* Einsatz dieser wunderbaren Kraft aber, wird der Mensch Erfahrungen sammeln, die ihm zusätzliche Möglichkeiten eröffnen!

Schon zu einem sehr frühen Zeitpunkt in seiner Entwicklung muss der Mensch erste Erfahrungen mit der *Hemmung* gemacht haben. Mit den ersten Verboten und den daraus folgenden Bestrafungen, wenn er die Verbote übertreten hat, mit dem ersten Trachten nach Belohnung, so sehr es auch mit realer Gefahr für Leib und Leben verbunden war, muss der Mensch seine natürlichen Begierden absichtlich und ganz bewusst unterdrückt haben. Dies wiederum hat es erzwungen, dass Körper-und Muskelfunktionen entsprechend beherrscht wurden. Da die Bedürfnisse der Gesellschaft wuchsen, war es auch in gesteigertem Maße notwendig, die natürlichen Verlockungen, die mit den Verboten auf verwirrende Weise zugenommen hatten, täglich, ja stündlich zu unterdrücken [A)]. Die ersten „Tabus" entstanden. Es kam zu einer ersten groben Formulierung von Moral- und Sozialgesetzen. Und das Auftauchen von Belohnung und Bestrafung setzte auf der anderen Seite Kräfte frei, die Eigenschaften wie Wetteifer und Ehrgeiz förderten.

Die Vielfalt dieser Einflüsse war unendlich. Die natürlichen Begierden und die Art und Weise ihrer Befriedigung wurden noch mehr in Schach gehalten und das unterbewusste Selbst oder der Instinkt, der jede Aktion in der niederen Tierwelt noch initiiert hatte, fiel unter die Abhängigkeit eines bewussten, alles beherrschenden Intellekts oder Willens. Und bei diesem Prozess dürfen wir eine Tatsache von höchster Bedeutung nicht übersehen: Der Mensch war weiterhin in der Entwicklung, sowohl „geistig“ als auch „körperlich“. Deshalb stellte es auch keinen Bruch eines großen, bekannten oder unbekannten Naturgesetzes dar, als bewusstes Denken die Kontrolle über die Handlungen übernommen hatte. Wenn nämlich der Erwerb dieser Kontrolle in Konflikt zu irgendeiner großen und für uns immer noch unbegreiflichen Kraft gestanden hätte, die die Evolution der Spezies geregelt hat und immer noch regelt, wäre das Tier, das wir nun Mensch nennen, ebenso ausgelöscht worden, wie auch die Dinosaurier ausgelöscht worden sind, die dabei versagt haben, ihre Aufgabe in der Evolution zu erfüllen, und die vom Erdboden verschwunden sind, bevor noch der erste Mensch aufgetaucht ist.

Vor einem endgültigen Versuch, das unterbewusste Selbst genauer zu definieren, müssen wir uns noch um ein klareres Verständnis der Begriffe „Wille“, „Geist“ und „Materie“ bemühen. Sind sie verschiedene Aspekte ein und derselben Kraft oder sind sie es nicht? Die Metaphysik hat sich mehr als zweitausend Jahre in philosophischen Betrachtungen darüber verloren, wie sich diese Grundbegriffe zueinander verhalten. Ich glaube auch nicht, dass aus dieser Quelle der Philosophie noch eine Lösung zu erwarten ist. Jetzt wird mit der Methodik der exakten Wissenschaften, die allerdings noch in ihren Kinderschuhen steckt, daran geforscht. Der Psychologie, eine dieser exakten Wissenschaften, traue ich sehr wohl zu, zukünftig viele der schwierigen Probleme zu lösen. Wenn ich nun mein Konzept des unterbewussten Selbst darstelle, werde ich versuchen, so präzise wie nur möglich zu sein, ohne mich auf den unsicheren Boden einer spekulativen Philosophie zu begeben.

Man hat Myers' Konzept einer „Ganzheit in einer Ganzheit" in Bezug auf das unterbewusste Selbst sehr viel Aufmerksamkeit geschenkt. Sein Konzept hat sich aus seiner Vorstellung gespeist hat, dass das unterbewusste Selbst absolute Kontrolle über die Körperfunktionen habe. Zur Stützung dieser Behauptung wird darauf verwiesen, dass Hypnose und verschiedene anderen Formen der Autosuggestion und der spirituellen Heilung ganz offensichtlich wirksam sind. Über die Hypnose wird gesagt, dass man die normalen Körperfunktionen unter der Anleitung eines Hypnotiseurs kontrollieren, ja sogar ausschalten könne. So könne sich eine Wunde öffnen und bluten, ohne dass die Haut mechanisch verletzt worden wäre.[9)] Und sie könne auch schneller geheilt werden, als es ein normaler natürlicher Verlauf erwarten ließe. Unter der zweiten Überschrift, die alle Formen der Autosuggestion mit einschließt, gibt es Beispiele eines Phänomens, das Stigmatisierung genannt wird.[10)] Auch sind auf den Körpern hysterischer und besessener Personen die eine oder andere Imitation der fünf heiligen Wunden Jesu Christi erschienen. Und die Fälle von Heilung, die durch die Macht des Glaubens bewirkt worden sind, sind so zahlreich, dass es keines weiteren speziellen Beispiels bedarf. Nur erscheinen sie unserem nicht eingeweihten Verstand als Wunder. All dies und viele andere damit verwandte Phänomene hat man auf Basis der Hypothese zu erklären versucht, dass die geheime Ganzheit des unterbewussten Selbst einen übermächtigen Einfluss entweder zum Guten oder zum Schlechten ausübt, wenn sie vom Willen befehligt wird. Je nachdem, zu welcher Seite die Kraft gehört, geht ihr Einfluss in die eine oder andere Richtung. Man erkennt sofort, dass die Vorstellung einer „geheimen Ganzheit" eine naive Erklärung ist, die nur einem verwirrten Geist als erstes einfallen kann. Dieselbe Tendenz finden wir auch bei den Naturvölkern in dem seltsamen Aberglauben, der ggf. jeden Vogel, jedes wilde Tier, jeden Stein oder Baum in ein Totem verwandelt und diesen Kräfte des Bösen oder des Guten zuweist. In einem Stück Holz, das in den Baum geschnitten wurde oder in einem Klumpen Lehm, dem im Groben nur die Gestalt eines Vogels, eines Menschen oder eines wilden Tieres gegeben worden ist, wird darin ein verstecktes Wesen gesehen. In einem solchen Konzept des unterbewussten Selbst steht das Teil für das Ganze.

Ausgangspunkt meines Konzepts ist eher die Einheit des Lebens als ihre Vielfalt. Weil jeder Versuch, den Begriff „Leben" selbst zu definieren, von Vermutungen ausgehen müsste, liegt seine Definition gegenwärtig nicht in der Reichweite der menschlichen Möglichkeiten. So will ich hier nur feststellen, dass Leben in diesem Zusammenhang in einem Rahmen interpretiert werden muss, wie er weiter nicht denkbar sein kann. Es ist zudem mein Eindruck, dass alles, was wir über die Evolution oder die Entwicklung des Lebens wissen, uns eines zeigen will: Die Entwicklung ist immer noch nicht beendet. Sie schreitet weiter in Richtung einer Erweiterung des Selbstbewusstseins fort.[11)] Wenn wir nun aber von der Einheit und der Weiterentwicklung des Lebens ausgehen, folgt für das *unterbewusste Selbst* zwangsläufig daraus, dass alle seine Erscheinungsformen auch Funktionen dieser Lebenskraft sind. Im Laufe der Evolution gelangen diese Funktionen dann endlich aus dem Bereich automatischer oder unterbewusster Kontrolle in den Bereich der vernunftgesteuerten oder bewussten Kontrolle. Ein solches Konzept impliziert nicht unbedingt, dass zwischen der kontrollierten Sache und der Kontrolle selbst eine Unterscheidung gemacht werden muss. Zwar könnte der Gebrauch des Wortes *selbstbewusst* dies nahelegen, für die weitere Argumentation ist die Diskussion dieses Theorieaspekts allerdings nicht so relevant.

Ich bin in gewissen Grenzen durchaus bereit, solche Phänomene, wie sie oben beschrieben worden sind - ungewöhnliche Heilungen, die durch Hypnose oder Wunderheilungen, die von den unterschiedlichsten, mit der Hypnose verwandten Methoden bewirkt worden sind - als Tatsache zu akzeptieren. Ich weise allerdings entschieden zurück, dass eines dieser Verfahren notwendig ist, um diese und andere Phänomene hervorzubringen, die noch weitaus ungewöhnlicher sind.[12)] Mit anderen Worten halte ich daran fest, dass der Mensch über jede Körperfunktion im Laufe der Zeit eine vollkommene bewusste Kontrolle erlangen wird. Das Wort *bewusst* impliziert, dass dies geschehen wird, ohne dass der Mensch dazu mit hypnotischen Mitteln in Trance versetzt wird, und ohne das ganze Brimborium all der Glaubensbezeugungen, die wieder und wieder zu wiederholen sind.

Die Basis für meine Ablehnung hypnotischer und suggestiver Behandlungen ist sehr breit und die Argumente sind unbestreitbar. Ich habe weitreichende, praktische Erfahrungen mit den Schäden, die Hypnose und Suggestion anrichten können. Deshalb muss ich darauf hinweisen, dass sie in den allermeisten Fällen schädlich sind. Zudem ist es Verrat am objektiven Geist: Er wird degradiert, wenn ein Trancezustand erzeugt wird. Durch Trance wird das Hauptmittel des Heilungsprozesses ignoriert und es wird ihm die Basis entzogen: Das Bewusstsein des Patienten und damit seine Auffassungsgabe werden ausgeschaltet. Zudem widerspricht Trance ganz direkt dem Grundprinzip der Evolution, diesem großartigen Gesetz der Selbsterhaltung. Es hat den Instinkt der Tiere ausgebildet, so dass sie den beständigen Gefahren des täglichen Überlebenskampfes begegnen und sie meistern konnten. Und beim Menschen ist der Einfluss des Selbsterhaltungstriebes in der Therapie so stark, dass sein Potenzial kaum hoch genug einzuschätzen ist. Mehr noch: Sein Einfluss kann von jetzt auf gleich erweckt und entwickelt werden. Ein Beispiel kommt mir in den Sinn: Der Lebenswille hatte eine Frau errettet, die man fast schon zu Grabe getragen hatte. Sie war operiert worden und die Ärzte hatten sie praktisch bereits aufgegeben. Aber das plötzliche Bewusstsein, dass ihre Kinder nicht gut versorgt wären, wenn sie stürbe, war ausreichend, um ihren Lebenswillen erneut zu erwecken, um einen Körper wieder mit Leben zu füllen, den keine medizinische Kunst hätte retten können.[13)] Es ist jedoch gar nicht nötig, Fallbeispiele anzuführen. Die Tatsache an sich ist bekannt. Überraschend ist nur, wie wenig der Versuch unternommen wird, eine so gewaltige Kraft zu nutzen und zu kontrollieren!

Was für die Suggestion und die Hypnose gilt, ist auch gültig für die so populären Erholungskuren, die bei Erschöpfungszuständen empfohlen werden. Es ist das Anliegen dieser Kuren, den Geist, diese großartige regenerative Kraft, zu beruhigen, ja sogar ganz auszuschalten, anstatt ihn anzuregen.

Zurück zur Definition des unterbewussten Selbst. Ich betrachte es als eine Manifestation dieser teilweise bewussten Lebenskraft, die hin und wieder intensiv, im Großen und Ganzen aber unvollständig funktioniert. Daraus folgt, dass wir uns darum bemühen sollten, diese Lebenskraft uneingeschränkt zu beherrschen. Wenn jeder Mensch dies in Perfektion erreicht hätte, würden damit die körperlichen und mentalen Fähigkeiten perfektioniert. Eine vollständige Immunisierung gegenüber Krankheiten würde erreicht worden sein und ein Zukunftstraum würde sich erfüllen.

Jetzt, da der Weg einmal gewiesen ist, müssen wir die vielen Umwege aufgeben, so faszinierend sie auch sein mögen. Denn am Ende führen sie in eine Sackgasse, so dass wir in unseren eigenen Fußstapfen umkehren müssen. Stattdessen sollten wir alle unsere Energien einsetzen, um den aufgezeichneten Weg zu beschreiten. Auf diesem Weg wird es zwar nicht wenige Schwierigkeiten geben, denn er ist weder gerade noch einfach. Er führt jedoch zu einem idealen Zustand geistig-körperlicher Vollständigkeit, der unser Vorstellungsvermögen fast überschreitet.

Kapitel 4

Bewusste Kontrolle

„Mensch,
die eine Seele der Welt in Harmonie,
die Götter erlauben dir, selbst
zu kontrollieren sie.“
(frei nach: SHELLEY)

Eine der neuesten Richtungen der Esoterik ist bemüht, die Kontrolle des Denkens zu vermitteln. Man spricht ganz allgemein von der „New Thought“-Bewegung [A)], „neu“, obwohl manche ihrer Grundsätze schon bei Marcus Aurel zu finden waren. Diese Bewegung hat in Amerika eine beträchtliche Welle ausgelöst und ihr Einfluss ist bis nach England zu spüren. Viele Schriften ihrer Vertreter werden inzwischen seit fünfzehn oder zwanzig Jahren auch in England veröffentlicht. Und der Gegenstand der Lehre ist, die Gewohnheit des „richtigen Denkens“ zu fördern, was durch eine Kontrolle des Geistes erreicht werden könne. „New Thought“ lehrt, dass bestimmte Ideen wie Angst, Sorge oder Wut völlig aus dem Denken zu verbannen sind. Die Aufmerksamkeit müsse den Gegenteilen wie Mut, Ruhe und Zufriedenheit gelten. Mit einigen Tendenzen, die in dieser Bewegung zum Ausdruck kommen, kann ich wohl sympathisieren, nur verliert die Bewegung des „New Thought“ ihre eigentliche Grundidee aus den Augen. Dies ist in der Entwicklung derartiger Bewegungen auch gar nicht so ungewöhnlich. Das Wesentliche der Grundidee ist auch nie wirklich verstanden worden. Jetzt wird diese Idee mehr und mehr in eine Art Dogma gepresst. Dogmatische Erstarrung ist, meiner Meinung nach, das genaue Gegenteil des ursprünglichen Gegenstands. Als R. W. Trino, ein früher und durchaus fähiger Vertreter des „New Thought“, einer seiner Arbeiten den Titel gab „Im Einklang mit der Unendlichkeit“, hat er das Prinzip in einem plakativen Ausdruck beschrieben und der Grundidee so zu Beständigkeit verholfen. Die späteren Autoren haben die Thematik jedoch ausgeschmückt und dann die ursprüngliche These aus den Augen verloren. Zudem ist mir aufgefallen, dass die Bewegung des „New Thought“ das Körperliche und das Geistige nicht in einem Spannungsverhältnis von Ursache und Wirkung sieht. Alle Schriften des „New Thought“ sind von Anfang an dem Trugschluss erlegen, dass das Körperliche und das Geistige gewissermaßen als Antithesen zu betrachten seien, die sich gegenüberstehen und bekämpfen. Aber meiner Meinung nach müssen diese beiden als vollkommen voneinander abhängig betrachtet werden und eigentlich sind sie noch enger miteinander verwoben, als es dieser Satz tatsächlich auszudrücken vermag.

In den Schriften des „New Thought“ stoßen wir immer wieder auf das Wort „Glaube“. Es ist so dominierend und wird so oft verwendet, dass es eine Wirkung auf das Denken all derer haben muss, die es lesen. Weil es so herausgehoben ist und weil es so oft missverstanden wird, ist es wohl angebracht, einige Erläuterungen dazu aus Sicht meiner Prinzipien zu geben.

Dies will ich als erstes feststellen: In unserem Zusammenhang muss Glaube nicht mit der Vorstellung eines Credo oder einer Religion gepaart sein. Glaube ist in der Tat die Form, die uns bestens vertraut ist, wenn es darum geht, durch Geisteskräfte zu heilen. Mit diesem Wort assoziieren wir mancherlei. Wir bringen es mit Vorstellungen in Verbindung, die in allen Phasen der Zivilisation einen großen Einfluss auf alle Bereiche des Denkens der Menschheit gehabt haben. Jetzt gibt es auch zahlreiche Belege dafür, dass es die Geisteshaltung des Patienten ist, die für seine Heilung von entscheidender Bedeutung ist. Der Glaube, der sich auf die Person eines Heilers, auf eine Droge oder auf die Heilkraft eines Glases reinsten Wassers richtet, ist keinen Deut weniger wirksam als der Glaube an eine himmlische Institution. Diese Tatsache ist nicht von der Hand zu weisen. Nur weil die letztere Glaubensform so viel weiter verbreitet ist und weil alle Religionen auf einer himmlischen Institution gründen, hat der Glaube an sie proportional bei weitem mehr Wirkung auf eine Reihe von Heilverfahren als der Glaube an ein rein materielles Objekt. Glaube sollte im weitesten Sinne verwendet werden, ohne die Restriktionen durch ein Glaubensbekenntnis. Dies will ich an dieser Stelle deutlich gemacht haben.

Soweit ich das aus meiner Warte analysieren kann, sieht es wohl so aus, dass der Einfluss des Glaubensaktes auf die Geistesprozesse in zwei Richtungen verläuft. Die erste Richtung ist rein emotional. Ein Patient, der sich mit seinem ganzen Herzen dem Glauben hingibt, dass er durch eine himmlische Institution oder durch materielle Kräfte von Schmerzen oder Krankheit befreit werden könnte, erlebt das Gefühl tiefer Freude und Erleichterung. Er erfährt und glaubt, dass er ohne eigenes Zutun durch ein offensichtliches Wunder geheilt werden kann. Das wirkt auf ihn so, dass er zunächst ein starkes Glücksgefühl entwickelt, auch wenn es vergänglich ist. Wir finden dieses Glücksgefühl nicht nur in Verbindung mit spirituellen Heilungen. Es ist bei den physikalischen und materiellen Heilverfahren genauso vorhanden. Die Ärzte und Wissenschaftler wissen dies schon lange: Der Glückszustand ist ein idealer Nährboden für eine Gesundung. Er ist der Zustand des Geistes, der für die Heilung äußerst förderlich ist, weil er chemische Veränderungen im Zustand des Körpers bewirkt, wie sie heilsamer nicht sein können. Sie stärken die Vitalkräfte im Blut und damit den ganzen Organismus. Allerdings hält die Wirkung, die der Glückszustand hervorbringt, nicht über einen längeren Zeitraum an.

Der Glaube wirkt auch auf einem zweiten Weg. Er zerbricht eine ganze Reihe von alten Denkgewohnheiten. Sie werden ersetzt durch ein neues Gedankengeflecht. Diese neuen Denkgewohnheiten können von Anfang an positiv sein oder eben auch nicht. Die Wirkung, die der veränderte emotionale Zustand erzeugt, bleibt allerdings nicht lange erhalten. Wie dem auch sei, das Zerbrechen der alten Denkgewohnheiten kann die Wirkung haben, dass das Zellgefüge, aus dem das menschliche Gewebe gebildet wird, in einigen Fällen stark beeinflusst wird. In der Tat kann es dann in einen so krankhaften Zustand mutieren, wie es der Krebs ist.

Dieser sogenannte Glaubensakt ist, wie wir gesehen haben, in seiner Funktionsweise in Wirklichkeit rein materieller Natur. Und es gibt keinen Grund, warum wir Zuflucht zu ihm nehmen sollten, wenn dieselben und sogar noch bessere Wirkungen anders erzielt werden können. An dieser Stelle könnte der Einwand kommen, dass man den Glaubensakt nicht einfach abtun sollte, da er doch unzweifelhaft in manchen Fällen solch ideale Bedingungen schafft, wie sie oben beschrieben worden sind. Die Antwort liegt auf der Hand: Spirituelle Heilung ist in seinen Ergebnissen ungewiss, in seiner Praxis gefährlich. Sie ist deshalb gefährlich, weil ihre Verfechter in der großen Mehrzahl der Fälle zuallererst darauf aus sind, die Schmerzen zu lindern. Das tun sie ja vielleicht auch, die eigentliche Krankheit bleibt aber unbehandelt. In diesen Fällen nimmt die Krankheit weiterhin ihren Lauf und sie kann sogar zum Tode des Patienten führen, obwohl seine Schmerzen erfolgreich bekämpft worden sind. Aber weil, wie ich an späterer Stelle noch näher erläutern werde, bloß die eine unkontrollierte Denkgewohnheit durch eine andere ersetzt wird, sind die spirituellen Heilverfahren, abgesehen von den Gefahren, die ich bereits erwähnt habe, in ihren Ergebnissen ungewiss. Die neue Denkgewohnheit kann zwar, allein weil sie neu ist, zunächst durchaus eine Veränderung zum Besseren bewirken. Wenn sie aber ihrerseits zu einem Stereotyp geworden ist, kann das am Ende sehr gut dazu führen, dass sich wieder ein Zustand einstellt, der nicht weniger krank ist als der, den man zu überwinden hoffte. Die Argumente gegen spirituelle Heilung lassen, wie ich hoffe, an Schärfe nichts zu wünschen übrig. Es ist mein aufrichtiger Wunsch, dass alle Vorstellungen verworfen werden, die sich gegenwärtig um spirituelle Heilung ranken. Stattdessen sollten wir in einen gesunden und wohldurchdachten psychotherapeutischen Prozess eintreten. Ich habe die spirituelle Bewegung nur deshalb hier kurz erwähnt, weil ich an ihr eine spezielle Tatsache verdeutlichen kann: Zunächst begreifen wir eine Wahrheit nur verschwommen und in Ansätzen. Unsere Versuche, diese festzuhalten, werden dann aber dadurch gelähmt, dass wir viel zu sehr davon ausgehen, wir hielten die Wahrheit schon ganz sicher in unseren Händen. Zudem glaube ich, dass mit den Lehren der jüngsten Bewegungen von „New Thought“ und „Spiritueller Heilung“ im Allgemeinen, wie auch all ihren Unterabteilungen und Ablegern, eine wesentliche Befürchtung einhergeht. Es ist die Befürchtung, dass man Gefahr läuft, den Zugriff zu verlieren, weil man in Ritualen erstarrt und dogmatisch geworden ist und dass die Tendenz besteht, die grundlegende Wahrheit zu verschleiern. Alle diese Glaubensbekenntnisse, Sekten oder Gesellschaften, wie immer sie sich auch bezeichnen mögen, sind von einer Idee inspiriert, die allen gemeinsam ist. Dies beweist allein schon die Tatsache, dass keine der vielen Entwicklungen, die einer gemeinsamen Quelle entstammen, für sich genommen vollständig und vollkommen sind. Zudem gibt es gute Belege dafür, dass sich jede neue Entwicklung von ihrer eigentlichen Quelle löst, sobald sie sich spezialisiert. Sie geht dann zu sehr ins Detail und sorgt auf diese Weise für ihren eigenen Untergang. Ihr Grundprinzip wird aus einer bestimmten Voreingenommenheit heraus von Einzelnen aufgesaugt, individuell gedeutet und schließlich auch beherrscht. Soweit meine Analyse dieser Phänomene. Die Konsequenz ist, dass wir weiter auf der Suche nach der Realität, nach der wahren Idee, die den unterschiedlichen Ausprägungen zugrunde liegt, nach dem *Noumenon* [A)] bleiben.

Bevor ich den Versuch unternehme, dieses allgemeingültige Prinzip zu beschreiben, will ich zunächst jedoch drei Erklärungen abgeben.

1. Ich gebe nicht vor, eine endgültig ausgearbeitete Theorie anzubieten. Wenn ich das nämlich täte, würden dieselben Argumente, die ich gegenüber anderen Theorien der gleichen Natur vorgebracht habe, auch für meine Theorie zutreffen. Ich sage es ganz offen: Ich stehe erst am Anfang, die Zusammenhänge wirklich zu verstehen. Und es ist mein Wunsch, meine Theorie so einfach wie möglich zu halten, um alles Dogmatische zu vermeiden.

2. Aus vielerlei Gründen will ich, dass meine Methoden ausschließlich im Zusammenhang mit der Behandlung von körperlichen Defekten und mit der Beseitigung von Krankheiten, von Entstellungen und von Kontrollmangel gesehen werden sollen. Wenn ich einen Ausblick auf die Zukunft wage, sind sie im Zusammenhang mit der Verbesserung der zukünftigen Generationen hinsichtlich ihres gesamten Körperbaus und mit der gesellschaftlichen Entwicklung im Industriezeitalter zu sehen.
3. Ich möchte eindeutig klarstellen, dass diese Abhandlung nicht die endgültige Fassung ist. Ich habe die Hoffnung, dass ich in Zukunft noch ausreichend Gelegenheit habe, meine Grundthesen weiter auszuarbeiten und neue Erfahrungen bei der Anwendung meiner Methode in außergewöhnlichen Fällen zu beschreiben. Ich würde meinen eigenen Prinzipien untreu, wenn ich nicht auch gewillt wäre, Ergänzungen zu akzeptieren. Wenn sich neue Erkenntnisse ergeben, die vermuten lassen, dass ich von einer falschen Voraussetzung bei einem Spezialfall ausgegangen bin, würde ich bereitwillig die eine oder andere meiner Prämissen abändern.

Jetzt, da der Boden bereitet ist, werde ich den meiner Meinung nach ersten und auch den größten Stolperstein für eine bewusste Kontrolle des Selbst beleuchten: das *starre Denkmuster!* Es ist der Wegbereiter für feste Denkgewohnheiten und all die negativen Erscheinungen, die damit in einem Zusammenhang stehen. Eine dieser üblen Begleiterscheinungen ist die Gewohnheit, die Funktionen und Muskeln einer unterbewussten Kontrolle zu überlassen.

Um die starren Denkmuster näher zu erläutern, muss ich kurz an die vielsagende Überschrift des Mr. Trine erinnern: *„Im Einklang mit dem Unendlichen."* (Allerdings betrachte ich das starre Denkmuster in seiner gegenwärtigen Bedeutung, die für mich von Belang ist, in einem körperlichen Zusammenhang und schließe Überlagerungen mit nicht räumlichen Vorstellungen nicht mit ein.) Es ist eher die erste Hälfte des Ausdrucks, die mich hier interessiert, denn „im Einklang mit" vermittelt mir eine Vorstellung, die ich auch meinen Lesern vermitteln möchte: Wir sind „im Einklang", wenn wir empfindsam für Eindrücke sind und auf Berührungen reagieren. Wir sind im Einklang, „wenn sich alle Funktionen des Lebens in intelligenter Harmonie zusammenfügen". Sei bei *wachem Verstand und regen Sinnen*, das soll der letzte Satz nahelegen.

Jemand, der diese Zeilen liest, kann nur dann hoffen, daraus wirklich einen Nutzen zu ziehen, wenn er sich nicht von vornherein in Gegensatz zu meiner Sichtweise setzt. Ich wünsche mir von ganzem Herzen und vor allem anderen, dass man wenigstens mit *wachem Verstand und regem Sinn* liest. Ich wünsche mir auch, dass keine Schlussfolgerungen gezogen werden, bevor ich nicht zu einem Ende gekommen bin. Ich wünsche mir, dass sich die vorherrschende, große Veranlagung nicht einmischt, die in der Vergangenheit solange den Fortschritt der Wissenschaft torpediert hat. (Über diese Veranlagung werde ich im nächsten Kapitel schreiben.)

Ich möchte an einem Beispiel zeigen, wie starre Denkmuster auf die Körperfunktionen wirken. Jemand kommt zu mir in Behandlung mit Lähmungserscheinungen, die durch den falschen Gebrauch eines Organs oder auch einer Muskelgruppe verursacht worden sind. Wenn ich dann den Patienten untersucht und ihm auch gezeigt habe, ***wie*** er das Organ oder die Muskelgruppe richtig gebrauchen soll, werde ich immer wieder mit der Antwort konfrontiert: „Aber ich kann nicht!" (Welcher meiner Leser hat nicht auch schon die gleiche Einstellung an den Tag gelegt, als er selbst erkrankt war?) Schon diese Antwort allein deutet direkt darauf hin, dass die Kontrolle der betroffenen Stelle des Körpers vollkommen unterbewusst ist. Wenn die Kontrolle bewusst wäre, dann bräuchten wir nämlich bloß das mutlose „ Ich kann nicht!" durch ein hoffnungsvolles „Ich kann!" zu ersetzen, um die Probleme in den Griff zu bekommen. Hypnose, spirituelle Heilung, die Prinzipien des „New Thought", sie alle nehmen auf die unterbewusste Kontrolle des

Patienten Einfluss. Im Falle der Hypnose sind es ihre mechanischen Mittel und die Suggestionen des Hypnotiseurs, die das Unterbewusstsein beeinflussen. Das Bewusstsein wird jedoch im bisherigen Zustand gelassen. Verändert wird die Gewohnheit der unterbewussten Kontrolle, allerdings nur für eine bestimmte Zeit. Im Falle der spirituellen Heilung oder der Prinzipien im „New Thought" wird das Unterbewusstsein von Befehlen beeinflusst, die beständig wiederholt werden. Wenn diese Befehle noch von der beeinflussenden Suggestionskraft des Heilers verstärkt werden, wird durch sie entweder eine Gewohnheit durch eine andere ersetzt, ohne dass der Betreffende den tatsächlichen Austauschvorgang intellektuell verarbeitet hätte, oder, was genauso häufig vorkommt und noch weitaus schädlicher ist, durch Spirituelle Heilung und den Ideen des „New Thought" werden die Empfindungszentren für Schmerzen im zerebralen Gehirn ausgeschaltet. Das führt nun dazu, dass das Zerstörungswerk des Übels jetzt im Geheimen fortgesetzt wird. Der Schmerz, das Warnsignal der Natur, ist ausgeblendet. Kurz gesagt, wollen alle drei Methoden auf das subjektive Empfinden Einfluss nehmen, aber sie töten dabei die objektive Wahrnehmung oder das Bewusstsein ab. Die zentrale Aussage und das Rückgrat meiner Theorie und Praxis sind aber genau dies, und es kann gar nicht vehement genug darauf bestanden werden:

DAS BEWUSSTSEIN MUSS GEWECKT WERDEN!

Im Lichte dieser Forderung ist meine Theorie auf eine gewisse Weise als revolutionär zu bezeichnen. Alle früheren Methoden wollten nämlich das Unterbewusstsein erreichen. Es war deshalb in der einen oder anderen Form ihr Ziel, zunächst das flexible Arbeiten des wahren Bewusstseins auszuschalten. Das logische und unvermeidbare Ergebnis einer solcher Methodik ist es, dass man sich zwar darum bemüht, eine individuelle schlechte Gewohnheit zu verändern, dass jedoch die ihr zu Grunde liegende Denkgewohnheit unverändert gelassen wird. Die Lehren des „New Thought" und die vielen verschiedenen spirituellen Heiler sagen zwar sehr deutlich, dass der Patient sich von den richtigen Gedanken leiten lassen müsse, bevor er geheilt werden könne. Wenn sie ihre Lehren dann aber in die Praxis umsetzen, schreiben sie vor, was zu bejahen oder zu verneinen ist, oder sie verordnen Selbstsuggestion. Beides aber ist nichts anderes als eine Art von Selbsthypnose. Und durch Hypnose wird den wesentlichen Funktionen der Intelligenz die eigentliche Basis entzogen.

Ein einfaches Beispiel aus meinem eigenen Erfahrungsbereich soll das soeben Gesagte veranschaulichen. Ein Patient, nennen wir ihn X, kam zu mir mit hartnäckigem Stottern. Die Ursache war ein angeborener Fehler in der Koordination der Gesichts-, Zungen- und Kehlmuskulatur. Immer wenn X anfangen wollte zu sprechen, zog er seine Oberlippe nach unten. Dieses Herunterziehen war das äußere Zeichen einer ganzen Reihe heimtückischer Abläufe, die von zahlreichen muskulären Bewegungen begleitet wurden. Daraus war zu ersehen, dass die ideomotorischen Zentren zwar arbeiteten, jedoch einen negativen steuernden Einfluss insbesondere auf die Teile übermittelten, die beim Sprechakt zum Einsatz kommen. Für X machten die falschen Steuerungseinflüsse das Sprechen fast unmöglich. Wenn die betreffenden Teile so von uns benutzt worden wären, hätten diese Steuerungseinflüsse bei jedem von uns die gleiche Wirkung gehabt. Wenn in einem solchen Fall darauf bestanden wird, dass jemand einem Mantra gleich und selbstsuggestiv ein „Ich kann sprechen" oder ein „Ich werde nicht stottern" wiederholt, ist dies nichts anderes als der Versuch, ein unterbewusstes Selbst zu erreichen, von dem man annimmt, dass es allwissend ist. Das Übel würde dann bekämpft werden, indem eine nur vermutete und eigenständige Intelligenz des unterbewussten Selbst zum Einsatz kommt. Ich habe mich bei der Behandlung an die Intelligenz von X direkt gewandt und nicht an die nur vage eines Unterbewusstseins.

Nur war die reale Intelligenz von X nicht ganz so einfach zu erreichen und es war auch nicht einfach, darauf Einfluss zu nehmen. (Ich habe die Absicht, diese etwas seltsame Perversion im nächsten Kapitel zu behandeln.) Er hatte nämlich die muskuläre Gewohnheit, die Lippe herunterzuziehen, ganz unabhängig von seiner bewussten Kontrolle gebildet. Wenn er den Wunsch verspürte zu sprechen, führte die Willensübertragung sofort zu Reflexhandlungen, bei denen seine Muskeln auf eine komplizierte Weise beteiligt waren. Er hatte gelernt, dies automatisiert geschehen zu lassen. Wenn der Wunsch zu sprechen sich auch nur andeutete, schien eine Kontrolle seiner Lippenmuskeln anfangs völlig außerhalb seiner Möglichkeiten zu liegen.

In einem solchen Fall müssen die Bemühungen zu allererst darauf gerichtet sein, alle geistigen Assoziationen außer Kraft gesetzt zu halten, die jemand mit seinen Vorstellungen vom Sprechen verbindet. Dies kann durch Einsatz der Entsagungskräfte erreicht werden. Alle vorgefassten Ideen zu den Dingen, von denen X sich vorstellte, er könne sie tun oder er könne sie nicht tun, sie seien möglich oder nicht möglich, mussten so gelöscht werden. Meine nächste Aufgabe bestand nun darin, meinem Patienten die richtige und bewusste Steuerung und Kontrolle über alle Teile zu vermitteln, die mit dem Sprechen zusammenhängen, natürlich inklusive der Lippen- und Gesichtsmuskeln. Um dies zu erreichen, musste er für alle Bewegungen, die am Sprechvorgang beteiligt sind, ein genaues und vollständiges Verständnis erwerben. Ein solches Verständnis ist die Voraussetzung für jegliche Vorstellung vom Akt des „Sprechens“ und dient in der Tat seiner Vorbereitung. Bei all dem mussten die Befehle zur Steuerung weiterhin erteilt werden. Wenn sich eine neue Vorstellung bilden soll, um eine alte zu ersetzen – in diesem Fall die Vorstellung, man müsse die Oberlippe zum Sprechen herunterziehen - , kann es durchaus notwendig werden, zunächst einmal die alten Assoziationen dadurch zu brechen, dass man den Umweg über eine dritte Idee wählt. Eine solche Hilfsidee könnte sein, die Lippe absichtlich nach oben zu ziehen oder den Mund zu öffnen oder eine ähnliche Muskelhandlung zu vollziehen. Sie muss nur für die Verwendung beim Sprechakt ungewöhnlich genug sein. In einem nächsten Schritt wird die Hilfsanweisung durch die Befehle ersetzt, die den Sprechakt anleiten. X erhielt die Anweisung, nicht zu sprechen. Er sollte stattdessen seine Lippe nach oben ziehen, seinen Mund öffnen und anderes mehr. Man wird gut verstehen, dass ich viele Details ausgelassen habe. Sie betreffen die gegenseitige Abhängigkeit all der Teile, die beim Sprechen beteiligt sind. Es geht mir hier nicht darum, eine physiologische Erklärung für den Sprechakt zu liefern, sondern allein darum, das Wesentliche meiner Methode zu vermitteln. Wir müssen uns aber darüber im Klaren sein, dass die *Natur* als eine Einheit und nicht in Teilen funktioniert. Wenn die wahre Ursache für ein Problem aufgedeckt und beseitigt worden ist, können alle Mechanismen, die von dem Problem betroffen sind, sich bald soweit erholen, dass ihre Leistungsfähigkeit wieder völlig hergestellt wird. X war zwar ein hartnäckiger Fall, weil sich eine falsche Gewohnheit in seiner frühen Kindheit verhärtet hatte, er konnte jedoch vollständig von seinem Stottern befreit werden.

Ich habe dieses einfache Beispiel gewählt, weil ich daran die wichtigsten Grundzüge meiner Theorie veranschaulichen wollte. Aber meine Theorie kann in sehr vielen anderen Bereichen angewendet werden. Sie kann nicht nur für die normal kontrollierten Muskeln eingesetzt werden, sondern auch für die halbautomatischen, von denen die inneren Organe angetrieben werden. Wie weit eine solche Kontrolle der inneren Organe gehen kann, zeigt das Beispiel des indischen Yogis, den Prof. Max Müller in Cambridge untersucht hatte. Prof. Müller bestätigt, dass dieser Yogi in der Lage war, seinen Herzschlag anzuhalten, ohne dass dies schädliche Konsequenzen gehabt hätte. Ich habe allerdings keinerlei Verständnis für Darbietungen, die dermaßen abgehoben sind. Ich betrachte sie als gefährliche Trickssereien, die mit dem Körper angestellt werden. Man darf sie auf keinen Fall bewundern und noch weniger sollte man ihnen nacheifern. Auch ist das allseits bekannte System der Atmung, das von den Yogis praktiziert und gelehrt wird, in meinen Augen nicht nur falsch und im Grunde unbeholfen, es verstärkt eher noch genau die Fehler, an denen wir in unserem Jahrhundert kranken. Ich habe das Beispiel des Yogis überhaupt nur erwähnt, um meine Behauptung zu stützen, dass es keine Körperfunktion gibt, die nicht unter die Kontrolle des bewussten Willens gebracht werden könnte. Dies ist nicht bloß Theorie. Es ist eine Tatsache, die ich ohne ein Zögern unterschreiben kann. Mit dem Einsatz bewusster Kontrolle wird es in der Zukunft möglich sein, den Körper so vollständig zu beherrschen, dass alle Körperdefekte beseitigt werden können. Im nächsten Kapitel setzte ich mich mit bestimmten Aspekten dieser Kontrolle auseinander. Und ich frage, warum es bis jetzt noch nicht gelungen ist, eine solche bewusste Kontrolle zu erlangen.

Kapitel 5

Bewusste Kontrolle in der Anwendung

EIN ENTWURF DER BETEILIGTEN PRINZIPIEN

Die unterschiedlichsten Personengruppen verwenden den Begriff „bewusste Kontrolle“. Sie verbinden damit jedoch ganz unterschiedliche Vorstellungen. In der Regel ist damit aber eine eher spezifische Kontrolle gemeint, wie das absichtliche Bewegen eines Muskels. Die Kraftathleten benutzen diese Art, um in der Öffentlichkeit ihre Körperkunststücke zu zeigen. Da zuckt ein Fingerglied, ein Zeh winkt, ein Ohr wackelt und ein anderes Körperglied oder ein anderer spezieller Muskel werden bewusst in Bewegung gebracht.

Ich verwende den Ausdruck „Bewusste Kontrolle“ in diesem Werk anders. Ich will auf den Wert und die Verwendung bewusster Steuerung und Kontrolle als ein *grundlegendes und umfassendes Prinzip* verweisen. Erst in zweiter Linie ist ihre Verwendung *spezifischer* Art. In der Praxis ist die spezifische Kontrolle aber immer abhängig von der grundlegenden.

Der Begriff wird nicht allein verwendet, um auf eine Steuerung und Kontrolle hinzuweisen, die wir bei den Aktivitäten des Lebens einsetzen könnten, wenn auch nur mit zweifelhafter Genauigkeit und nur in ein oder zwei Richtungen, sondern auf eine „bewusste Kontrolle“, die wir tatsächlich in allen Bereichen verwenden können, in denen sich der Mensch körperlich und geistig ausdrückt, und das mit einer Präzision in jeglicher Richtung.

Seit der Veröffentlichung meines Büchleins „Die Bewusste Kontrolle“ habe ich viele Zuschriften von interessierten Lesern erhalten. Es geht in ihnen oftmals um die praktische Anwendung bewusster Kontrolle und um meine Vorstellung von den damit verbundenen Prinzipien. „Alles ganz schön und gut, von bewusster Kontrolle zu sprechen! Aber wie kann man sie erlangen?“ hieß es in einem Brief. „ Wie weitreichend ist ihre Verwendung?“ schrieb ein anderer Leser. Ein dritter Schreiber vertrat die Ansicht: „Wenn die Erfahrung gezeigt hat, dass bewusste Steuerung und Kontrolle so weitreichende, positive Wirkungen hat, müsste ihr Konzept doch sehr viel umfassender sein als jede andere allgemein geläufige Vorstellung.“ In einer weiteren Zuschrift hieß es: „Einer guter Freund von mir neigt zu Wutausbrüchen. Er weiß um seine Schwäche und war deshalb schon in ärztlicher Behandlung. Und er hat Psychologen um Hilfe ersucht. Viele Ratschläge hat er erhalten. Sie waren jedoch alle nur wenig hilfreich und im Ergebnis alles andere als zufriedenstellend.“

Wir alle kennen Menschen, die mehr essen und trinken, als gut für sie ist. Und wir wissen auch, dass nur eine kleine Minderheit davon wirklich in der Lage ist, ihre ungesunden Gelüste diesbezüglich zu beherrschen. Bei einer Untersuchung dieser fehlgesteuerten Mehrheit würde folgendes festgestellt werden können: Diese Menschen sind schlecht koordiniert. Sie sind in der einen oder anderen Weise aus dem Gleichgewicht geworfen. Der Fachmann erkennt dies an den geistig-körperlichen Verhältnissen, die sich bei ihnen finden lassen. Die bewusste Kontrolle ihres Verstands wird von unterbewussten und irrationalen Wünschen beherrscht.

Derartige Fälle können schnell und erfolgreich auf der Basis bewusster Steuerung und Kontrolle behandelt werden. Die betroffenen Personen werden auf diese Weise zunächst umerzogen, neu ausgerichtet und koordiniert. Solange man nämlich schlecht koordiniert ist, ist es für jeden von uns ein nur schwer zu lösendes Problem, die Kontrolle über einen Missbrauch von Alkohol oder Essen zu erlangen. Dies zeigt sich nicht zuletzt am Bumerang-Effekt: Ein Scheitern folgt dem nächsten. Am Ende kommt der unglückliche Mensch dann zu der Schlussfolgerung, dass es ihm nicht möglich sei, die schlechte Gewohnheit zu brechen. Er driftet dann in die fortgeschrittenen Phasen eines Zustandes, der genauso eine Krankheit ist, wie es Verstopfung oder Rheuma, wie es die Nervenentzündung oder eine Nervenschwäche sind. In der Tat kann der zuvor besprochene Missbrauch auch die direkte Ursache für diese Krankheiten sein.

Ich muss noch auf den unglücklichen Umstand eingehen, dass diese Menschen praktisch unkontrolliert sind, was ihren Missbrauch angeht. Ihnen wird nachgesagt, dass es ihnen an Willenskraft fehle. Dies trifft meiner Meinung nach jedoch nicht wirklich den Kern des Problems.

Nehmen wir an, da ist ein Dieb. Man hat ihn auf frischer Tat ertappt und er wird verurteilt. Seinen Freunden und seinen Verwandten erzählt er, er wolle sich ändern. Nur, will er sich wirklich ändern? Hängt nicht die Antwort auf diese Frage vom Standpunkt des Diebes ab? Spinnen wir das Beispiel weiter. Der Dieb hat einen Bruder, der kein Dieb ist; mehr noch, der Bruder hat noch nie in seinem Leben irgendetwas gestohlen, weil er Diebstahl verabscheut. Aber er zögert keinen Augenblick, einen Freund über den Tisch zu ziehen, wenn er ein Geschäft mit ihm macht. Vielleicht ist ihm sogar noch nicht einmal klar, dass er seinem Freund gegenüber ungerecht und schlecht handelt. Tatsache aber ist, dass er sehr gut mit den Einzelheiten und den Gepflogenheiten in den Geschäftsbereichen vertraut ist, auf denen sich ihre Abmachung bezieht. Er ist sich auch seines überragenden Wissens bewusst und er benutzt es mit Vorsatz, um die Vertragsklauseln so abzustecken, dass er auf jeden Fall aus der Transaktion mehr Nutzen zieht als sein Freund, der etwas weniger erfahren ist. Ihm ist vielleicht sogar auch vollkommen klar, dass der Vertrag eigentlich so angelegt sein müsste, dass ein gleicher Nutzen für beide Seiten gewährleistet ist. Wenn jemand auf eine solche Weise vorgeht, wird es nicht Diebstahl, sondern Geschäft genannt.

Für einen Dieb wäre es wahrscheinlich sogar anrüchig, einen Freund so zu übervorteilen. „Ganovenehre“ ist ein Ausdruck, der dieses Phänomen sehr gut beschreibt.

Wenn es um das Verhalten des Geschäftsmanns geht, sprechen wir nicht von fehlender Willenskraft. Aber gibt es denn in dieser Beziehung einen Unterschied zwischen ihm und dem Dieb? Im Falle des Diebes gibt es das Versprechen, sich zu ändern, aber er stiehlt weiter und weiter. Die Leute sagen normalerweise von ihm: „ Ein hoffnungsloser Fall. Er ist zu schwach. Er hat gar nicht die Willenskraft, sich zu ändern.“ Ich habe es bereits gesagt und sage es gerne noch einmal: Ich habe die Vermutung, dass die fehlende Willenskraft hier nicht der richtige Lösungsansatz ist.

Wenn wir akzeptieren, dass es in beiden Beispielen auf den jeweiligen Standpunkt ankommt, sowohl bei dem Geschäftsmann als auch bei dem Dieb, dann ist es nicht verwunderlich, dass das bloße Versprechen sich zu ändern, nicht wirklich weiterhilft. Wir erkennen, dass der Königsweg zur Veränderung ein veränderter Standpunkt ist. Nur hat uns die Erfahrung gelehrt, dass nichts so schwer zu verändern ist wie der Standpunkt eines Menschen, der vom Unterbewusstsein kontrolliert ist. Die Unfähigkeit zur Veränderung des eigenen Standpunkts hat damit zu tun, dass die unterbewussten geistigen Mechanismen in den Bereichen, in denen eine kluge Urteilsfähigkeit erforderlich ist, gewöhnlich teilweise versagen.

Der Dieb besitzt durchaus eine große Menge an Willenskraft und Energie, allerdings nur in bestimmten Bereichen, so wie ihm diese Eigenschaften wahrscheinlich in anderen Bereichen fehlen. Und dies trifft im gleichen Maße auf seinen Bruder zu. Eigentlich gilt dies mehr oder weniger sogar für alle Menschen. Wie alle Menschen, die mit sogenannter krimineller Energie geschlagen sind, setzt der Dieb, im Vergleich zu seinem Bruder, nun seine Willenskraft, seinen Ideenreichtum und seine Energie also nur in ganz begrenzten Bereichen ein, während sie von den glücklicheren Mitmenschen in anderer Form verwendet werden. Wir kommen hier wieder an den Punkt, an dem wir mit fehlgeleiteten Energien konfrontiert sind. Diese Energien konzentrieren sich aufgrund abnormer Veranlagung nur auf allzu enge Kanäle. Die Folge ist eine Überkompensation. Sie ist in der Tat unvermeidlich.

Ein Dieb lenkt seine Energien leider allzu oft auf das, was er als ein legitimes Mittel ansieht, um das für sein Leben Notwendige zu erlangen. Diese verzerrte Einstellung ist das Resultat eines falschen Standpunkts. Aus seinem verzerrten Blickwinkel nimmt er bloß von einem Menschen etwas, von dem er glaubt, dass er das gleiche Recht hat, dieses Etwas zu besitzen, wie irgendjemand anderes. Dabei ist es für ihn nur eine Frage der Cleverness, ob er es mit den Mitteln bekommt, die ihm gerade zur Verfügung stehen. Ich habe gehört, dass auch bestimmte Politiker diese Sichtweise vertreten und diese Art der Argumentation rechtfertigen. Ihr Blickwinkel ist praktisch der des Diebes. Sie brauchen auch die gleiche Hilfe wie der Dieb, wenn sie wieder in Verbindung mit ihrem Verstand treten wollen. Man hat auch Kenntnis von Männern und Frauen, die jahrelang gestohlen haben, ohne dass sie auch nur in Verdacht geraten wären. Es kann kein Zweifel daran bestehen, dass sie über Willenskraft, Initiative, Ideenreichtum, Mut, Entschlossenheit und Energie verfügen, die ganz außerordentlich sind. Das haben sie allein dadurch bewiesen, dass sie so lange einer Entdeckung entgangen sind. Wenn diese Fähigkeiten in die richtigen Kanäle gelenkt würden, könnten diese Menschen durchaus zu erfolgreichen und wertvollen Mitgliedern der Gesellschaft werden.

Wir dürfen auch nicht außer Acht lassen, dass die Bestrafung eines ertappten Diebes weitreichend ist. Neben der juristischen Aufarbeitung erfährt er auch soziale Ächtung, Hohn und Spott, nicht zuletzt von seinen Blutsverwandten. Für jeden normalen Menschen hätte dies eher eine abschreckende Wirkung.

Es ist ganz offensichtlich, dass es die geistig-körperlichen Bedingungen sind, die manche Menschen zum Gesetzesbrecher werden lassen. Durch sie werden sie so beeinflusst, dass sie zum Diebstahl oder einem anderen Gesetzesverstoß verleitet werden. Auch das Bestrafungssystem versagt. Es gelingt diesem System nämlich bei weitem nicht, entweder den Standpunkt des Gesetzesbrechers zu verändern oder seine ausgezeichneten geistigen und körperlichen Anlagen so zu lenken, dass sie sich auf eine ehrliche und wertvolle Weise ausdrücken können.

Ein Konservativer wird nur selten von einem Tag zum anderen einen liberalen Standpunkt einnehmen. Genauso wird der Liberale nicht von heute auf morgen zu einem Konservativen. Dafür reicht auch nicht ein Monat oder ein Jahr. Es braucht dafür mehr Zeit, wenn der Mensch von seinem Unterbewusstsein kontrolliert ist. Die Veränderungen in diesem Ausmaß sollten, wenige Ausnahmen ausgenommen, nur allmählich und langsam anbahnt werden, denn die Anforderungen sind enorm, wenn das geistig-körperliche Selbst neu justiert werden muss. Zudem hängen sie davon ab, welche Anlagen die betreffende Person mitbringt. Der Umstellungsprozess kann ein derartiges Durcheinander hervorrufen, dass daraus eine ernsthafte Krise entsteht. Jemand, der in einem solchen Erfahrungsprozess steckt, wäre für eine bestimmte Zeit in großer Gefahr.[14)] Wie lange eine solche Phase dauert, hängt von der jeweiligen Person ab. Der Umstellungsprozess hat Auswirkungen auf alle Bereiche des Lebens. Er bedeutet eine sofortige Störung der jeweiligen Stärken und Schwächen des Menschen. Und im Falle unseres Diebes verknüpften sich seine Stärken mit seinen geistigen und körperlichen Eigenarten zu negativen Faktoren. Diese Eigenarten haben mehr oder weniger die Kontrolle über ihn erlangt. In seinem Fall haben sie ihm zur Steuerung und als Richtwerte gedient. Und er hat ein Höchstmaß an Selbstvertrauen und Einflussmöglichkeit aus all den körperlichen und geistigen Aktivitäten gezogen, die von diesen negativen Faktoren gespeist wurden.

Was nun seine Schwächen betraf, so war da wenig, worauf er sich verlassen konnte. Seine Versuche, sich zu verändern, stellten sehr große Herausforderungen an seine Anpassungsfähigkeit. Dies bedeutete auch, dass er eine Zeit lang die Grundlage für sein Selbstvertrauen und seine Einflussmöglichkeiten verloren hatte. Seine neuen Bemühungen mussten in Kanäle gelenkt werden, in denen er nicht nur ohne Selbstvertrauen war, sondern in denen er auch besonders unter der Überkompensation litt, die er in der Vergangenheit erfahren hatte. Das, was ihn bis jetzt im Leben gestützt hatte, wurde aus seiner Lebenswirklichkeit entfernt und sollte von etwas ersetzt werden, was seine wohlmeinenden Freunde und Verwandten als absolut zuverlässig und so viel wertvoller einstuften. Es hatte sich ja in ihren Lebenserfahrungen auch zu ihrer vollsten Zufriedenheit bewährt. Aber ihre Erfahrungen waren nicht die seinen. Ihre Stärken waren nicht seine Stärken, wie auch ihre Schwächen nicht seine Schwächen waren. In einer solchen Situation ist eine unterbewusste Kontrolle zum Scheitern verurteilt. Was wir hier brauchen ist eine bewusste Kontrolle, die von der Vernunft gesteuert wird.

Wenn es mir gelungen ist, dem Leser meinen Standpunkt deutlich zu machen, dann erkennt er sofort die Gefahr, in der sich der unglückliche Dieb befindet. Und in gewisser Weise muss er sogar Mitleid für diesen Mann empfinden, der ohne sein eigenes Verschulden durch eine Periode vergleichsweiser Hilfslosigkeit geführt werden soll, in der er eine ganze Reihe ungewohnter und komplexer Erfahrungen verarbeiten muss. Dabei steht ihm allerdings nur ein Unterbewusstsein zur Verfügung, das über die Maßen verzerrt und trügerisch ist. Die Ausgangslage ändert sich jedoch sofort zum Positiven, wenn bei seiner Umschulung und seiner Neukoordination eine bewusste und rationale Kontrolle zum Einsatz kommt. Dann würde der Anpassungsprozess nur von einem Minimum der Schwierigkeiten begleitet, auf die ich hingewiesen habe.

Ist nach der Lektüre dieser Zeilen die Erwartung gerechtfertigt, den Dieb mit unseren normalen Methoden verändern zu können, deren Basis doch auf unterbewusster Ebene liegt? Können wir erwarten, den Liberalen oder den Konservativen umzupolen? Im Lichte der Erfahrung spricht eigentlich alles gegen eine solche Position.

Der Liberale und der Konservative in unserem Beispiel, wie auch der Dieb, sind von unterbewusster Steuerung und Kontrolle abhängig. Sie sind das Opfer ihrer ganz besonderen Neigungen, die sich mit der Zeit entwickelt haben und die eine feste Größe geworden sind. In der Regel geschieht dies unmerklich und ohne große Überlegung.

Aus diesem Grund muss die Aufmerksamkeit erneut auf jenen geistig-körperlichen Prozess gelenkt werden, den man Gewohnheit nennt. Er ist an Entwicklungen gekoppelt, die ihren Ursprung sowohl im Bewusstsein haben, als auch dem Unterbewusstsein entspringen.

Wenn ein Mensch z. B., wie man sagt, ein geborener Dieb ist, ist er mit einem unterbewussten, nicht normalen Verlangen geschlagen. Er hat eine Gewohnheit entwickelt, die einen Menschen von Natur aus zum Dieb macht. Vielleicht ist er bei seiner Geburt noch ganz normal. Nur ist er schon sehr früh in seinem Leben auf kleine und dem Anschein nach harmlose Abwege geraten, die sich sehr langsam und unbeachtet von Freunden, Verwandten und anderen betroffenen Personen entwickelt haben. Die Menschen in seiner Umgebung waren vielleicht allzu sorglos oder ihnen fehlten die nötigen pädagogischen Fähigkeiten.

Wir alle kennen Männer und Frauen, die drogenabhängig geworden sind, weil sie den Wunsch gehabt haben, einmal zu erfahren, welches Gefühl oder welche Gefühle die Droge erzeugen kann. Bedenkenlos wird die Erfahrung irgendwann in der Zukunft wiederholt. Ein solcher Beginn in aller Unschuld entwickelt sich allzu oft zu einer Gewohnheit, Drogen exzessiv zu konsumieren.

Selbst Männer der Wissenschaft, von denen anzunehmen ist, dass sie einen scharfen Verstand haben, sind schneller, als sie es sich vorstellen konnten, Opfer der Drogensucht geworden, obwohl die Drogen zunächst nur für wissenschaftliche Selbstversuche und also auf eine dem Anschein nach harmlose Weise genommen worden sind. Es ist genau dieser Prozess, der auch die große Anzahl von abhängigen Trinkern hervorbringt.

Es muss uns ganz klar sein, dass unterschiedliche Männer und Frauen zu Opfern einer bestimmten Stimulans oder Droge werden können, auch wenn sie eine absolute Selbstbeherrschung bei anderen Verführern an den Tag legen.

„ A“ hatte z. B. schon sehr früh angefangen, Alkohol zu trinken, ist aber nie zu einem übermäßigen Trinker geworden. Erst als er mit einer bestimmten anderen Droge in Kontakt kam, drückte sich seine latente Anomalie, seine Schwäche oder wie immer man es bezeichnen will, vollständig aus. Er entwickelte eine Suchtgewohnheit und wurde abhängig. „B“ aber, der eine Zeitlang in China gelebt hatte, hatte beständig mit Chinesen Opium geraucht. Über ein Jahr ging das so, ohne dass die Gewohnheit von ihm Besitz ergriffen hätte. Das Opium stellte für ihn keine Gefahr dar. Es war die chinesische Teezeremonie, die ihm gefährlich wurde. Schon sehr bald war seine Gesundheit schwer vom übermäßigen Teegenuss angegriffen. Die sich daraus entwickelnden Probleme bereiteten ihm nicht unerhebliche Schmerzen. Obwohl seine Ärzte dies eindeutig auf seinen Teemissbrauch zurückführten, hörte er damit nicht auf, ganz genauso wie auch andere nicht aufhören können, die in der einen oder anderen Form unter den Einfluss von Alkohol oder Drogen geraten sind.

Wenn ein Mensch an diesen Punkt angekommen ist, ist „die Verbindung zu seinem Verstand gekappt worden“, um mit Emersons [A)] Worten zu sprechen. Die Ausschaltung des Verstandes geschieht unterbewusst. Dies erklärt auch die Schwierigkeiten, die nur selten von den Betroffenen gemeistert werden. Wenn die unterbewusste Kontrolle aber durch eine bewusste Steuerung und Kontrolle des gesamten Organismus ersetzt würde, würden die Schwierigkeiten ihren Status als solche verlieren. In den praktischen Lebensabläufen bedeutet diese bewusste Steuerung und Kontrolle nämlich, dass „die Verbindung zwischen dem Menschen und seinem Verstand wiederhergestellt wird“.

Zudem stellt eine bewusste Steuerung und Kontrolle die Mittel-und-Wege [A)] für eine erfolgreiche Anpassung bereit.

Dass die Verbindung zum Verstand unterbrochen war, darauf deuten mehrere Faktoren. Zunächst einmal wussten die Menschen genau, dass sie schwer krank waren. Dann haben die Ärzte haben ihnen gesagt, dass sie sich bestimmter Speisen oder Getränke enthalten müssten, wenn sie wieder gesund werden wollten. Trotzdem konnten oder wollten sie nicht darauf verzichten, denn durch sie wurde eine diffuse Sehnsucht in ihrem Inneren befriedigt. Eine solche Sehnsucht kann aber nur zum bestimmenden Faktor für den gesunden Menschenverstand werden, wenn der Mensch von unterbewussten anstelle von bewussten Kräften kontrolliert wird. Die unterbewusste Kontrolle (durch den Instinkt) ist das Resultat von Erfahrungen in den frühen Phasen der Menschheitsentwicklung, als die animalischen Sinne noch einen großen kontrollierenden und lenkenden Einfluss hatten. Die bewusste Kontrolle durchdachter Erfahrung durch Koordination, Neuanpassung und Umerziehung hingegen ist das Ergebnis davon, dass die Verstandeskräfte im täglichen Leben verwendet werden. Mit diesen Kräften ist der Mensch aller Wahrscheinlichkeit nach in der Lage, auch seine abnorme Sehnsucht nach schädigenden Sinneserfahrungen zu bekämpfen.

Der Zivilisationsmensch von heute konsumiert ohne ein Maß: Wein, Zucker oder Drogen, was auch immer, obwohl er sich bewusst ist, dass er nach und nach seine Gesundheit und seinen Charakter ruiniert. Dieses Faktum ist deutliches Zeichen dafür, dass der körperliche Teil des Selbst weiterhin den geistigen Teil beherrscht, nicht anders als in der Steinzeit.

Gerade das Beispiel des Zuckermissbrauchs zeigt, dass der Mensch Opfer des Geschmacksinns geworden ist. Die Empfindungen, die vom Geschmackssinn produziert werden, beeinflussen unseren Umgang mit dem Zucker. Später übernehmen sie sogar anstelle des Denkvermögens die Herrschaft über den Umgang mit ihm. Auf sehr heimtückische

Weise müssen verdrehte Körperempfindungen befriedigt werden, sehr oft auch auf Kosten geistiger und körperlicher Verletzungen, die nicht selten mit intensiven Schmerzen verbunden sind.

Ein solcher Zustand von KörperundGeist deutet nicht unbedingt darauf hin, dass es bis zum heutigen Zeitpunkt auf der evolutionären Ebene des Menschen einen zufriedenstellenden Fortschritt gegeben hätte. Unter unterbewusster Steuerung besteht auch in der Zukunft nur wenig Hoffnung auf einen größeren Fortschritt. Auch gibt es gegenwärtig in der Entwicklung des Menschen eine sehr interessante Phase, in der bestimmte verdrehte Empfindungen stark dominieren. Verbunden sind diese Empfindungen oft mit vergleichsweise geringfügigen Komplexen.

Kommen wir noch einmal auf das Beispiel des Zuckersüchtigen zurück. Sein übermäßiger Zuckerkonsum hat krankmachende Wirkung. Wenn er sich endlich dazu durchgerungen hat, nicht mehr seinem Verlangen nach dem Geschmack des Süßen nachzugeben, und wenn es ihm auch tatsächlich gelingt, enthaltsam zu sein, sagen wir für eine Woche oder zehn Tage, dann kann es passieren, dass die verführerische positive Empfindung verloren geht, die der Zucker vorher ausgelöst hat. Es kann sich sogar eine Abneigung gegenüber dem Süßen entwickeln.

Darin offenbart sich auch die Unzuverlässigkeit der verschiedenen Sinne (Schmecken, Riechen, Tasten, usw.) bei einer großen Mehrzahl der Menschen. In all diesen Fällen ist die Unzuverlässigkeit den abnormen Verhältnissen auf einer oder gewöhnlich sogar mehreren Ebenen geschuldet. Dies unterstreicht nur die absolute Notwendigkeit, im Menschen wieder die normalen Verhältnisse herzustellen, was letzten Endes nur durch eine bewusste Steuerung und Kontrolle erreicht werden kann. Sind erst einmal diese normalen Verhältnisse wiederhergestellt, müssen sie aufrechterhalten und gepflegt werden. Auf diese Weise können auch abnormes Verlangen und unnormale Begierden, in welche Richtung auch immer, verhindert oder bei Bedarf auch ausgelöscht werden.

Wenn ich dieses Phänomen mit Freunden oder Schülern bespreche, höre ich oft Fragen wie diese: „Wie ist es bei speziellen, nicht normalen Empfindungen zu erklären, dass der eine darauf mit Stärke und der andere mit Schwäche reagiert?“ „Warum wird der eine über die Maßen eher von einer bestimmten Empfindung beeinflusst, von der er weiß, dass sie seine Gesundheit ruiniert und die ihn tagtäglich leiden lässt, während bei einem anderen das Gefühl nichts ausrichten kann, obwohl dieser nicht weniger unnormal und genauso in seiner Wahrnehmung getäuscht ist? Und warum kapituliert der andere aber dafür bei einer anderen Art von Sinneseinfluss?“

Meine Antwort lautet dann jeweils: „Es ist einfach eine Frage, wie der Einzelne gestrickt ist, was seine persönlichen Vorlieben sind und welche allgemeinen Erfahrungen er im Leben in den verschiedenen Lebensbereichen gemacht hat.“ Alle Menschen, deren kinästhetisches System verdorben und trügerisch ist, entwickeln nämlich in der einen oder anderen Form verzerrte und unnormale Gefühle. Der entscheidende Punkt, auf den es hier wirklich ankommt, ist aber dieser: Ein kinästhetischer Zustand, der verzerrte und trügerische Gefühle zulässt, sollte beseitigt oder besser noch von vornherein verhindert werden. Dann bleibt es dem Menschen erspart, von seinen Empfindungen dominiert zu werden.

Ein weiterer Tatbestand gibt immer wieder Anlass zu Fragen: „Warum wirken die starken Schmerzen, die oft in Folge übermäßigen Genusses auftreten, nicht abschreckend?“ Wenn diese bedauernswerten Menschen mit ihrem Verstand verbunden, also bewusst gesteuert und kontrolliert wären, würden ihre Leiden sie sehr wohl davon abgehalten, die Erfahrungen zu wiederholen, die die Schmerzen verursacht haben. So aber hat es fast den Anschein, dass sie aus ihrem Leiden eine Art Befriedigung oder sogar Vergnügen ziehen, wie es die Psychologie zu erklären versucht. Denn eigentlich sollte man meinen, dass sie die Handlungen nicht wiederholen wollten, in deren Folge sie erfahrungsgemäß mit Beschwerden und Schmerzen bestraft werden. Wenn man bedenkt, dass bei manchen Menschen der Zustand des *Fast-krank-Seins* genauso normal ist, wie bei anderen der der *Gesundheit,* ist der Erklärungsvorschlag der Psychologie auch gar nicht so abwegig.

Die Natur versucht nur, ihre Arbeit zu verrichten. Sie tut dies genauso unter normalen wie unter unnormalen Bedingungen. Es sind dieselben Prozesse. Ein gesunder Mensch verabscheut Leid und Schmerz. Weil er beides vermeiden will, wird er mit Vernunft und Verstand handeln. Es deckt sich jedoch durchaus mit meiner Erfahrung und meiner Kenntnis des Abnormen im menschlichen Organismus, dass jemand mit einem Hang zum Unnormalen am Schmerz eine pervertierte Freude haben kann.

Von frühesten Kindesbeinen an muss es das Grundprinzip einer jeden Erziehung sein, dass Koordination, Umerziehung und Neuanpassung auf der Ebene des Bewusstseins zu geschehen haben. So kann sich auch eine normale Kinästhesie entwickeln. Alle vorherigen Erläuterungen sollen nur diese Theorie untermauern.

Die unnormalen Bedingungen, von denen hier die Rede war, werden mehr oder weniger von den Empfindungen des Unterbewusstseins regiert. Wir dürfen eines dabei jedoch nicht vergessen: Die großen Kontrollinstanzen sind im Königreich der Tiere im Wesentlichen *körperlich.* Und so verhält es sich auch auf den niederen Entwicklungsstufen des Menschen: Wenn es also darum gehen soll, dieses rein animalische Stadium der Evolution hinter uns zu lassen, muss sich das Kräfteverhältnis vom Körperlichen hin zum Geistigen verschieben.

Die Kontroll- und Steuerungskräfte der wilden Tiere auf vier Beinen und die der Eingeborenenstämme in Afrika sind praktisch identisch. Als die Eingeborenen sich von der Stufe des wilden Tieres auf die Stufe des wilden Menschen weiterentwickelt hatten, hat ihr geistiger Fortschritt, vom Standpunkt der Evolution aus gesehen, nicht mit ihrer körperlichen Entwicklung Schritt halten können.

Dies bringt uns zum Kern meiner Behauptungen: Bewusste Steuerung und Kontrolle sind in ihrer weitesten Bedeutung als etwas Grundlegendes und Allumfassendes zu betrachten. Wo immer ein Kontrollmechanismus dominiert, der unterbewusst und vom Instinkt gesteuert funktioniert, wird der Beweis dafür geliefert, dass in den frühen Entwicklungsstadien des Lebens das Körperliche die große Kontrollinstanz war. Ein solcher Zustand garantiert nicht den Fortschritt auf jene höheren Ebenen der Evolution, die in einer zivilisierten Gesellschaft das Ziel von Wachstum und Entwicklung sein sollten, für die die Menschheit ohne Zweifel vorbestimmt ist. Dies weiß man sehr genau.

Den relativ bescheidenen Fortschritt der geistigen, im Vergleich zur körperlichen Entwicklung bei den Eingeborenenstämmen kann man nur als ein äußerst enttäuschendes Ergebnis betrachten. Ganz sicher liefert er keinen überzeugenden Beleg dafür, dass sich die Menschheit zivilisatorisch angemessen weiterentwickeln wird, wenn sie sich weiterhin auf die ursprüngliche, unterbewusste Steuerung und Kontrolle verlässt.

Kapitel 6

Denk- und Körpergewohnheiten

„Ein Mensch ist zu dem Entschluss gelangt, dass er nicht länger uneingeschränkt auf eine bestimmten Sachverhalt zählen will. Von da ab reagiert er konfus, wann immer es darum geht.“ ALLEN UPWARD, *The New World.*

Ich komme noch einmal auf den Fall des Stotterers zurück, den ich im letzten Kapitel besprochen habe. Ich hatte ja bereits erwähnt, dass es nicht einfach war, das Denken von X zu beeinflussen. Der entscheidende Punkt war dabei, dass ein Patient, der sich in eine medizinische oder irgendeine andere Behandlung begibt, vielleicht TUN kann, was ihm aufgetragen worden ist, dass er aber nicht DENKEN kann, was man ihm angeraten hat. In der Praxis der Medizin wird dieses Verhaltensmuster in 99 % der Fälle überhaupt nicht in Betracht gezogen. Eine Medizin, eine besondere Ernährung oder auch eine Bewegungstherapie werden verschrieben und derjenige ist ein guter Patient, der die mechanischen Anweisungen der jeweiligen Medikation gehorsamst befolgt. Der Arzt kümmert sich nicht ein bisschen darum, was der Patient denkt. Der Hundertste, bei dem es anders ist, ist dann wahrscheinlich der Fall eines Hypochonders.

In diesem Zusammenhang ist auch festzugestellen, dass sich bei einem hohen Prozentsatz der Fälle, die gegenwärtig in den öffentlichen oder den privaten Kliniken für Psychiatrie behandelt werden, die Geisteskrankheit nur deshalb entwickeln konnte, weil die Denkgewohnheiten, die der Geisteskrankheit zugrunde liegen, in die Betrachtung nicht mit einbezogen worden sind. Dies kann ich auch beweisen. Wenn ich einmal dabei bin, will ich hier auch auf diesen interessanten Aspekt der Geisteskrankheit hinweisen: Bei vielen der soeben erwähnten Fälle hätte man es niemals zulassen dürfen, dass die Patienten in einem Zustand enden, der eine sofortige Einweisung in die Psychiatrie notwendig machte. Sehr viele von ihnen sind nämlich weit davon entfernt, keine Kontrolle über ihr Denken zu haben, und besitzen einen Geist mit außergewöhnlichen Fähigkeiten. Einige hatten absichtlich am Anfang eine Einstellung angenommen, die einem privaten Ziel diente, sei es, dass sie einer unangenehmen Arbeit entkommen oder dass sie eine übermäßige Befriedigung eines Verlangens oder eines verwirrten Sinnes vertuschen wollten. War diese Einstellung zunächst nur freiwillig angenommen, wurde sie im Laufe der Zeit zu einer fixen Idee und als solche unkontrollierbar.

Wenn man dem Patienten zu einer bewussten Kontrolle verhelfen will, *muss deshalb eine genaue Beurteilung seiner Geisteshaltung jeglicher Verschreibung und jeglicher Umsetzung der Medikation vorangehen.* Und die bloße Ausführung ist von geringerer Konsequenz als die Art und Weise, wie die Verschreibung ausgeführt wird. Trotzdem ist es eine doch bemerkenswerte Tatsache, dass ein Patient oder diejenigen, der ihn untersuchen, oft sehr große Schwierigkeiten haben, auch nur eine winzige Gewohnheit des Denkens zu verändern, obwohl sie davon überzeugt sind, dass es richtig ist, sie zu verändern. Und so verbleibt diese Denkgewohnheit weiterhin zwischen dem Patienten und dem Nutzen, den dieser sich so sehr erhofft hat. Und es gibt eine einfache Erklärung für das doch offensichtlich so seltsame Rätsel: Die Mehrzahl der Menschen verfällt ebenso leicht in mechanisches Denken, wie sie auf mechanische Gewohnheiten des Körpers zurückgreift, denn die beiden hängen unmittelbar miteinander zusammen.

Um das Thema Denk- und Körpergewohnheiten abzurunden, habe ich einen Fall aus einem Themenfeld ausgewählt, der nicht unbedingt zu meinem Kompetenzbereich gehört. Ich möchte aber vorausschicken, dass es mir hier nicht im Geringsten darum geht, die Denkgewohnheiten irgendeiner Person, die ich in meinen Beispielen verwende, zu verändern. Ich zitiere die bekannte politische Propaganda auch nur, um meiner Beschreibung etwas Lebendigkeit zu verleihen.

Da nun gerade die Frage des Starrsinns im Denken berührt wird, kann ich auch die durchaus wertvolle Kritik von Mr. William Archer zitieren, einem bekannten Londoner Theaterkritiker, der sich am 17. Dezember 1910 in der Tageszeitung „ The Morning Leader“ zu der Frage geäußert hat, ob Aufgeschlossenheit im Denken überhaupt wünschenswert, und wenn ja, unter welchen Umständen sie sinnvoll sei. Ich habe in derselben Zeitung geantwortet und meine Replik wurde am 23. Dezember veröffentlicht.

Diese kurze Diskussion belegt, wie leicht es zu Missverständnissen im Zusammenhang mit dieser Frage kommen kann. Ich gebe hier die beiden Briefe vollkommen unverändert wieder, ganz genau so, wie sie ursprünglich erschienen sind.

ÜBER DIE AUFGESCHLOSSENHEIT IM DENKEN
Von William Archer

Im 5. Kapitel eines interessanten und sehr gelungenen Buches von Mr. F. M. Alexander mit dem Titel „EIN VERMÄCHTNIS DER EVOLUTION AN DIE MENSCHHEIT VON UNSCHÄTZBAREM WERT“ gibt es eine Textstelle, die ich in dieser Woche zum Thema meiner Kolumne machen möchte. Mr. Alexander behandelt in dem Kapitel „mechanische Denkgewohnheiten“. Er schreibt:

„Nehmen wir also einmal das Folgende an: Der eine Politiker (A) ist ein überzeugter Anhänger des freien Handels. Der andere (Z) ist ebenso von den wunderbaren Möglichkeiten des Protektionismus überzeugt. In einer Diskussionsrunde verfechten beide ihre Positionen. Eines fällt sofort auf: Wenn der eine argumentiert, beschränkt sich der andere weitestgehend darauf, den Sprechenden bei einem logischen Fehler oder einer falschen Darstellung in seiner Argumentation zu ertappen. Von Anfang an haben beide kein Interesse daran, ihr eigenes Credo zu verändern. Keiner von ihnen ist gewillt, sich von den Fakten und den Argumenten des anderen überzeugen zu lassen, ganz gleich wie stichhaltig sie auch sein mögen (...) Stattdessen formt die Denkgewohnheit, die sich ganz automatisch gebildet hat, Argumente des Gegenübers zu kognitiven Verzerrungen oder auch zu falschen Vorstellungen um. Keiner der Teilnehmer an der Diskussionsrunde hat überhaupt die Absicht oder gar den Wunsch, dem anderen ohne Vorurteile zu begegnen. Es ist leider so, dass dieses Denkmuster nicht nur die politischen Diskussionen betrifft. Es findet sich genauso im Denken und Handeln des täglichen Lebens und ist die Ursache für so viele Missstände."

Sehr oft liegen die Fakten so, wie sie Mr. Alexander oben beschrieben hat. Aber es ist durchaus eine genauere Überlegung wert, ob das Ideal der Aufgeschlossenheit, so wie er es darstellt, wirklich so akzeptabel ist. Besteht nicht die absolute Notwendigkeit für eine gewisse Stabilität der Überzeugungen, wenn ich meine Lebensgeschäfte kompetent führen will? Könnte es nicht sein, dass sowohl die Manipulierbarkeit als auch der Starrsinn in die Irre führen? Mir ist ganz so, als ob es auch in der Heiligen Schrift eine Warnung davor gibt, „hin-und her geworfen zu werden von den Windzügen der verschiedenen Lehren."

Wenn wir einmal für einen Moment in aller Ruhe darüber nachdenken, werden wir erkennen, dass das vernünftige Maß an Aufgeschlossenheit doch sehr variieren muss, je nachdem welcher Art die strittige Frage ist. Wenn es sich um Tatsachen handelt, die leicht nachzuweisen sind, zeugt es natürlich nicht von besonderer Klugheit, wenn Voreingenommenheit und Vorurteile uns daran hindern, die Wahrheit zu sehen. Solche Fragen sind im Allgemeinen allerdings nur selten ein Anlass zur Diskussion. In der modernen Welt, so mein Eindruck, ist die Religion die einzige Macht, die Menschen dazu bewegen kann, sich beweisbaren Tatbeständen oder Aussagen von überwältigender Wahrscheinlichkeit zu verschließen. Nur betreffen die meisten der wichtigen Fragen im Leben überhaupt keine Fakten. Und bei anderen Fragestellungen ist die Beweisführung derartig unverständlich, vielschichtig oder komplex, dass es unmöglich ist, einen letzten Beweis anzutreten. Ist es nicht ausgesprochen sinnlos über Fragen des Geschmacks zu streiten, da doch das Vergnügen aus dem Verhältnis des Wahrnehmenden zu der wahrgenommenen Sache entsteht? Wie, so frage ich, wollte man ein solches Verhältnis mit Verstandeskräften oder durch Argumentation begründen? Wenn wir uns im Theater „Salome" oder im Museum eine post-impressionistische Ausstellung ansehen, dann sollten wir dies mit Aufgeschlossenheit tun. Daran besteht kein Zweifel. Als starrsinniger Philister oder in einer Stimmungslage, die die Dinge nur mies machen will, ist ein Museums- oder Theaterbesuch nur überflüssig. Und auch bei den möglichen Diskussionen im Anschluss sollten wir unsere Aufgeschlossenheit bewahren. Aus den engen Grenzen unseres Denkens sollten wir wahrlich kein Gesetz machen. Jemanden, der in der Malerei nach Manet oder in der Musik nach Wagner weit mehr entdecken kann, als wir es vielleicht können, sollten wir wirklich nicht der Heuchelei oder gar der Dummheit bezichtigen. Aber auch hier könnte Aufgeschlossenheit ihre Grenzen haben, gibt es in der Kunst doch viel Affektiertheit und viel Scharlatanerie. Es wäre nur dünne Leichtgläubigkeit, die Werke von „Hinz und Kunz" so zu beurteilen, wie sie sie selbst sehen. „Eine Spielzeugpistole bleibt eine Spielzeugpistole, auch wenn die Weisen und Ehrenwerten dieser Welt uns glauben machen wollen, dass sie den Weltuntergang bedeutet.", sagt Emerson. Und es gibt noch weitere zahllose Qualitäts-und Wertefragen, bei denen niemand aufgeschlossen bleiben kann, der einigermaßen bei Verstand ist.

Nun zu politischen Fragen, wie sie von Mr. Alexander zur Illustration in seinem Beispiel angeführt worden sind. In aller Regel handelt es sich dabei nicht um Fragen zu nachweisbaren Fakten. Es geht um Spekulationen und Mutmaßungen über mögliche Ergebnisse bestimmter, vorgegebener Handlungsabläufe. Die Zusammenhänge sind im Allgemeinen jedoch so komplex, dass im Vergleich dazu die gegenwärtigen Probleme zwischen den beiden Kammern des Parlaments als einzigartig einfach beschrieben werden könnten. Nicht nur jede Frage für sich genommen ist komplex, sie ist auch untrennbar verwoben mit anderen Fragen gleicher Komplexität. Können wir dann wünschen oder vernünftigerweise erwarten, dass einer der Kontrahenten in einer einzigen Diskussion zu einem so schwierigen Thema, wie es etwa die Tarifreform ist, sein ganzes Gedankengebäude einreißen lässt? Wenn es tatsächlich soweit kommt (und ich nehme an, dass dies zuweilen geschieht), sollte man dann die Aufgeschlossenheit des Umfallers als lobenswert einschätzen? Oder ist es eher zu bedauern, dass sein Verstand im Seichten gründet? Seine neue Überzeugung kann doch wohl kaum tiefer verwurzelt sein als seine alte, oder? Die politischen Meinungen eines Menschen, sofern sie Substanz haben und konsequent sind, sollten wie Mosaiksteine in einem Rahmen grundlegender Prinzipien sein. Das ist meine tiefe Überzeugung. Man kann das Mosaik ja durchaus verändern, indem die Mosaiksteine in mühevoller Kleinarbeit einer nach dem anderen herausgenommen und neu angeordnet werden, aber doch nicht dadurch, dass man mit einem einzigen Wisch das Mosaik zerstört. Sind die politischen Diskussionen folglich müßige Zeitverschwendung? Keineswegs! In politischen Diskussionen sind wir nämlich gezwungen, unsere Gedanken neu zu ordnen und sie bewusst und klar in Beziehung zu unseren jeweiligen Grundprinzipien zu halten. So werden unsere Argumente sozusagen durch ein Sieb gefiltert. Wenn wir bei anderen nach einem Trugschluss suchen, werden wir uns nicht selten unserer eigenen Fehleinschätzungen bewusst. Dann kann es durchaus sein, dass sich in Folge einer Diskussion eine lange Gedankenkette entwickelt oder dass eine Gefühlslage entsteht, wodurch letztendlich doch ein wirklich lebendiges Gespräch in Gang gebracht wird. Nach außen hin lässt uns vielleicht die Argumentation unseres Gegenübers vollkommen unberührt, aber es mag eine Wirkung im Unterbewusstsein zurückbleiben, die sich zu gegebener Zeit Bahn brechen kann. Ohne es gemerkt zu haben, haben sich ein oder zwei Steine unseres geistigen Mosaiks gelöst. Mehr kann man wohl kaum von einer politischen Diskussion zu einer komplexen politischen Frage erwarten. Zweifellos ist es durchaus wünschenswert, zu gegebener Zeit mit vollkommener Aufgeschlossenheit zu Werke zu gehen, wenn es z. B. darum geht, Fragen wie die einer Tarifreform zu beurteilen. Viele von uns tun dies auch. Und für meine Person kann ich ehrlich sagen, dass ich den traditionellen und wenig durchdachten Charakter meiner Vorstellungen vom Freihandel klar erkannt habe, als Mr. Chamberlain das erste Mal den Apfel der Zwietracht in unsere Mitte geworfen hat. Ich hatte sehr wohl eingesehen, dass ich voller Vorurteile gegenüber dem freien Warenaustausch war und war schließlich zu der Erkenntnis gelangt, dass meine

Ideen zum Freihandel Fehleinschätzungen waren. Dass ich letztendlich nicht für ein Freihandelsabkommen eingetreten bin, mag an einer ungenügenden und nicht gerade sehr klugen Beurteilung der Sachlage gelegen haben, aber ganz sicher nicht an einem ursächlichen Mangel an Aufgeschlossenheit.

Zum Schluss will ich noch auf eine weitere Einschränkung des Ideals der Aufgeschlossenheit hinweisen. Es gibt bestimmte Fragestellungen, denen können wir gar nicht gefahrlos mit Aufgeschlossenheit begegnen, weil wir wissen, dass auf diesem Weg Verrücktheit liegt. Einmal habe ich einen ganzen Tag mit einem Freund, der sich der Astrologie verschrieben hatte, eine lange Diskussion geführt. Er wollte mein Horoskop erstellen und es mir deuten. Dagegen hatte ich nichts einzuwenden, aber ich kann doch in dieser Situation nicht so tun, als ob ich seine Analysen auch nur für einen Moment für bare Münze nehme. Mit der Shakespeare/Bacon-Theorie ist es etwas schwieriger. Ist Francis Bacon nun der Autor der Werke von William Shakespeare oder ist er es nicht? Ist Aufgeschlossenheit an dieser Stelle angebracht? Ich bin geneigt mit einem „Nein" zu antworten. Wenn wir nämlich erst einmal den Zugriff zu der Tatsache verlieren, dass die ganze Sache ein Irrsinn ist, besteht die große Gefahr, dass wir in einem Strudel untergehen. Der Ursprung und die psychologischen Bedingungen für die Täuschung sind ganz offensichtlich. Diese Theorie ist wahrlich ein sehr merkwürdiges und lehrreiches Ereignis in der Geschichte der Irrtümer. Nur unter diesem Gesichtspunkt ist es lohnenswert, überhaupt darüber zu reden. Der arme Bacon wurde nämlich in eine Position des Tichborne Antragstellers [A)] der Literatur gedrängt und das aus Gründen, die er nicht zu verantworten hatte. Was würde wohl Bacon davon halten, wenn er von der Rolle hören würde, die ihm die Onslows, Whalleys und Keneals zuschustern wollen, wenn sie vertreten, dass er den Namen Shakespeare als Pseudonym benutzt hat. Aufgeschlossenheit gegenüber dieser Frage ist, mit Verlaub gesagt, ein Symptom einer überbordenden Hinwendung zum Wunderbaren und es ist ein Fehlgriff auf die Wirklichkeit der Dinge. Es gibt Themen, bei denen kein Geist unvoreingenommen bleiben kann, wenn die Balance im Denken nicht verloren gehen soll.

AUFGESCHLOSSENHEIT

an den Herausgeber des „Morning Leader"

Sehr geehrter Herr,

Wenn es allein darum ginge, dass Mr. William Archer in seinem Artikel meinen Standpunkt gründlich missverstanden hat, würde ich Ihnen meine Gegenrede nicht aufdrängen wollen. Der ein oder andere Leser von Mr. Archers maßvoller und dem Anschein nach sehr logischer Argumentation mag vielleicht geneigt sein, dieses Thema einfach zu den Akten zu legen. Ich bin jedoch der Meinung, dass in der angesprochen Fragestellung die Wurzel vieler körperlicher Gebrechen zu suchen ist. Wir sollten deshalb nicht einfach zur Tagesordnung übergehen. Die Schlussfolgerungen von Mr. Archer sind zwar durchdacht und schlüssig, sie basieren jedoch auf falschen Voraussetzungen, denn er hat mich gründlich missverstanden. Ohne Zweifel ist es mein Versagen, wenn es mir nicht gelungen ist, mich verständlich zu machen.

Zu Anfang will ich frank und frei zugeben, dass die ganze Frage relativ ist. Mr. Archer gebraucht das Bild eines Mannes, „der sein Fähnlein in den Wind immer neuer Ideen hängt." Dieses Bild ist jedoch, von meinem Standpunkt aus betrachtet, weniger ein Beispiel für Anpassungsfähigkeit als für Steifheit, ist ein solch neurotischer Mensch doch fast vollständig von seinen unterbewussten Prozessen abhängig. Sie sind es nämlich, die den Gebrauch seiner bewussten Denkzentren beschränken. Auf diese Weise entstehen Denkgewohnheiten, die sich fast vollständig der Verstandeskontrolle entziehen, wenn sie sich erst einmal verfestigt haben. In extremen Fällen ergreifen sie sogar von dem Besitz, was einmal die Intelligenz gewesen ist. Sie werden zu einer fixen Idee oder tendenziell zu Zwangsvorstellungen. Wir sprechen auf medizinischer Ebene dann von hysterischer Neurose.

Lassen wir diese Extremfälle einmal außer Acht und durchleuchten stattdessen ein Beispiel aus dem normalen Leben. Wir können dafür die von Mr. Archer benutzte Bacon/Shakespeare-Kontroverse durchaus verwenden. Der Gegenstand sei dafür geeignet, so die Meinung von

Mr. Archer, unseren klaren Verstand zu verwirren, wenn wir mit Offenheit und Aufgeschlossenheit dem Fall begegnen wollten.

Der Entwurf aufgeschlossenen Denkens, den Mr. Archer uns hier anbietet, ist aber tatsächlich ein Denken, dass sich durch fadenscheinige Argumentation pervertieren lässt. Und in diesem speziellen Fall wäre dies wohl eher die richtige Einstellung für aufgeschlossenes Denken: „Ich habe mir all die Argumente angehört, die Bacon zum Autor der Schriften Shakespeares machen wollen. Ich habe sie gewogen und bewertet. Sie haben mich jedoch nicht überzeugt. Deshalb werde ich, solange es keine neuen und überzeugenderen Argumente gibt, bei meiner bisherigen Sicht der Dinge bleiben."

Die starre Einstellung, die ich in diesem Zusammenhang beklage, führt dazu, dass man niemals seine Meinung ändern wird, ganz gleich welche frischen Beweise auf den Tisch kommen. Wenn wir aber so oder ähnlich argumentieren wie in dem Beispiel oben, gelangen wir zu einem Urteil, weil uns die Beweislage überzeugt hat. Der Verstand ist bemüht worden und behält die Oberhand. Gefahr entsteht erst, wenn die Einstellung zu dem Thema unterbewusst und fixiert wird. Wenn es so weit gekommen ist, würde jemand, der einmal seine Meinung zu der Urheberschaft der Schriften von Shakespeare festgelegt hat, durch kein neues Argument überzeugt, ganz gleich wie stark es auch sein mag. Hat irgendjemand, der mit offenen Augen durch die Welt geht und der sich seine Offenheit im Denken bewahrt hat, einen Zweifel daran, dass die große Mehrzahl der Meinungen, die der Durchschnittsmensch äußert, zu unterbewussten Denkgewohnheiten geworden sind?

Meine Berufserfahrung hat mir gezeigt, welch ein großes Hindernis das voreingenommene Denken ist, will man eine vollständige körperliche Unversehrtheit wiederherstellen. Mit meinem Buch, aus dem Mr. Archer zitiert, will ich den Denkanstoß dafür geben, dass der Mensch im Verlauf der Evolution die bewusste Kontrolle über seinen Körper erhalten hat. Zudem weise ich darin nach, dass dies auch das einzige Mittel ist, mit dem wir die künstlichen Beschränkungen überwinden kön-

nen, die die Zivilisation mit sich gebracht hat und die für die Funktionstüchtigkeit des Körpers oftmals Gift sind. Ich kann Ihnen eindeutig versichern, dass das Ideal bewusster Kontrolle auf keinen Fall von jemandem realisiert werden kann, der von diesen unterbewussten Denkgewohnheiten gesteuert und begrenzt wird. In der Konsequenz ist er nämlich nahezu unfähig, frei von seiner Intelligenz Gebrauch zu machen.

Die Aufgeschlossenheit im Denken soll dazu führen, dass der Verstand richtig gebraucht und eingeübt wird. (Ich glaube, dass mich Mr. Archer an dieser Stelle wirklich nicht ganz verstanden hat.) Ein solcher Gebrauch ist nämlich immer noch die seltene Ausnahme einer sehr begrenzenden Regel."

Mit freundlichen Grüßen
F. M. ALEXANDER

Auf diesen Brief gab es keine Antwort. Meiner Meinung nach bildet diese kurze Korrespondenz aber sehr gut die öffentliche Kritik an einer Aufgeschlossenheit im Denken und dem ab, was ich zu einer solchen Kritik zu sagen habe.

Ich wende mich jetzt wieder meinem therapeutischen Fachgebiet zu und es bedarf wohl kaum eines besonderen Beispiels, um meinen Standpunkt deutlich zu machen. In den letzten Jahren hat man dem Verhältnis von Krankheit und der Geisteshaltung, die mit der Krankheit einhergeht, viel Beachtung geschenkt. Zwar hat sich daraus kein deutlich beschriebenes Heilverfahren entwickelt, aber die Verhältnisse sind zumindest analysiert und definiert worden. „Fixe Idee", „Halluzination" oder „Manie" sind Begriffe, die in der Absicht gebraucht werden, einen krankhaften Zustand zu benennen. Aber wir müssen diese Begriffe sehr viel weiter fassen und uns der Tatsache öffnen, dass sie auch auf die kleinen und oft nicht beachteten Geistesgewohnheiten, wie auf die gut definierten Übel, die ihr Entstehen kennzeichnet haben, angewendet werden können. Die Denkgewohnheit des X, die aus seiner Einschätzung entstanden ist, er könne seine Lippe nicht nach oben ziehen, bevor er zu sprechen beginne, war unter diesem Gesichtspunkt nur ein anderer Aspekt der Denkmuster der beiden Politiker in ihrer Diskussionsrunde. Es besteht in der Tat kein Unterschied. Diese Denkgewohnheit hat in manchen Fällen sehr charakteristische Züge, die sehr auffällig sind. So ist es auch leicht nachzuvollziehen, wie es zu dem Trugschluss kommen konnte, dass man eine eigenständige Einheit für das unterbewusste Selbst angenommen hat. In letzter Analyse aber besteht dieses unterbewusste Selbst aus den erworbenen Gewohnheiten und aus anderen, die teilweise mit dem Etikett Instinkte versehen sind. Diese Instinkte sind uns mit unserer Geburt mitgegeben. Ihr Ursprung reicht bis zum ersten schwachen Auftauchen von aktivem Leben zurück. Sie sind uns bis zum heutigen Tag in einer langen Kette von Vorfahr zu Vorfahr weitergereicht worden. Es ist ein riesiges Glück für uns, dass es nicht eine Denkgewohnheit mit der dazugehörenden Körpergewohnheit gibt, die nicht geändert werden könnte. Dazu bedarf es einzig und allein dieses: Den Menschen sind die Prinzipien zu vermitteln, die die richtige Körperbalance betreffen. Ich habe dafür den Ausdruck *Prinzipien für den mechanischen Vorteil* [15)] gewählt. Wenn dieser mechanische Vorteil zur Herstellung der Körperbalance in Zusammenarbeit mit der Energie zur Hemmung und den Willenskräften des Verstandes benutzt wird, können die problematischen Denkgewohnheiten auf die Ebene einer bewussten Kontrolle gehoben werden. Aus falschen Denk- und Körpergewohnheiten entstehen nämlich allgemeine Schwäche, Krankheit und vorzeitiger Tod. Die falschen Posen und Körperhaltungen, die falschen schwerfälligen Atemgewohnheiten sind die Ursachen für sehr viele unserer Probleme, da sie sehr oft negative Auswirkungen auf Herz und Lunge haben. Das Muskelsystem degeneriert. Viele der lebenswichtigen Organe verlieren teilweise ihre Funktionstüchtigkeit. Krankhafte Fettleibigkeit zerstört das Erscheinungsbild des Kranken in einer Weise, dass es nicht länger dem eines normalen Menschen entspricht. Wenn aber die erste behindernde Denkgewohnheit erst einmal aus dem Weg geräumt ist, die zwischen uns und einer bewussten Kontrolle steht, kann es gelingen, falsche Denk-und Körpergewohnheiten in richtige und nützliche zu verwandeln.

Mit dem, was ich zuletzt geschrieben habe, biete ich all jenen eine Angriffsfläche, die eine kritische Grundhaltung zu dem Thema haben. Ich gebe ihnen Gelegenheit, mit dem Finger auf meinen letzten Abschnitt zu zeigen und darauf hinzuweisen, dass ich nur eine Gewohnheit durch eine andere ersetzen wolle. Wenn die Denkgewohnheit an sich schlecht sei, was von mir ja wohl angedeutet worden sei, warum dann überhaupt die Bildung von Gewohnheiten befürworten, auch wenn die Gewohnheiten richtig und nützlich seien?

Ich will nun auf diesen sehr wichtigen Kritikpunkt eingehen. Zunächst einmal ist es wesentlich zu verstehen, dass es einen Unterschied macht, ob eine Gewohnheit als solche erkannt und verstanden worden ist oder ob sie es nicht ist. Eine Gewohnheit, die erkannt und auch verstanden worden ist, kann nämlich über den Willen geändert werden, die andere nicht. Wenn erst einmal die Fähigkeit zur bewussten Kontrolle erworben worden ist, ist es nicht zwingend, dass eine „Gewohnheit" überhaupt starr wird. Sie ist dann eigentlich gar keine Gewohnheit mehr, sondern eher ein Befehl oder eine Kette von Befehlen, die an die untergeordneten Stellen zur Körperkontrolle übermittelt werden. Diese Befehle werden nun solange befolgt, bis neue Befehle erteilt werden. Man kann sich sehr leicht vorstellen, dass es für das Wort „Gewohnheit", wie es allgemein verstanden wird, keinen Platz mehr in dem neuen Fachgebiet geben wird, das ich in dem gewöhnlich unterbewussten Bereich unseres Seins etablieren möchte. Dafür gibt es zwei Begründungen:

1. Wenn die bewussten Steuerungsbefehle auf eine intelligente Weise umgesetzt werden, können sie für alle Zeiten Bestand haben. Mit den Jahren werden sie immer effektiver, bis sie sich als die wirkliche und grundlegende Steuerung und Kontrolle erweisen, die für das notwendig ist, was wir mit den Worten Wachstum und Evolution verbinden.
2. Die Reize, die Besorgnis auslösen oder die die Angstreflexe erregen, werden durch ein Vorgehen ausgeschaltet, das den Schüler

lehrt, keinen Gedanken darauf zu verschwenden, ob das, was er „Übung“ nennt, *richtig* oder *falsch* ist.

Diese zweite Aussage sollte ich allerdings etwas näher erläutern. Eine Beschreibung, die einer meiner Schüler in aller Unschuld geäußert hat, kann das Problem einem Leser, der nicht in mein System eingeweiht ist, viel deutlicher darstellen als es ein technokratischer Zugang tun könnte. Der nun folgende Abschnitt ist ein Auszug aus einem Brief, den Reverant W. Pennyman, M. A., geschrieben hat.

Es ist ein großartiges Merkmal von F. M. Alexanders System, dass auch das letzte bisschen Druck und Belastung verlorengeht. Dies erlebt man in der Praxis beständig. Die Bewegungen werden „geschmeidig“. Der Körper arbeitet wie eine gut geölte Maschine und alles Schwere und alle Spannungen verschwinden. Und genauso hat sein System ein Ergebnis auf das Denken des Patienten. Wie ein Reflex kommen Vergnügtheit und Freiheit, ja und auch Fröhlichkeit in seine Seele. Sie treten an die Stelle des alten Zustands geistiger Erschöpfung. Es ist so, wie es sein muss, wenn neuer Wein abgefüllt wird. Die Schläuche, in die er gefüllt wird, müssen ebenso neu sein, denn die alten sind allzu porös geworden oder drohen zu zerreißen. Das ist es, was mit Mr. Alexanders Behandlung gelingt: Es nicht mehr nur „neuer Wein in alten Schläuchen.“ [A)] Sein Bouquet kann sich voll entfalten, er kann reifen und mit den Jahren immer besser werden.“

Dieses Zitat beschreibt allerdings nur ein Ergebnis. Den Weg, um es zu erzielen, kann man nur beschreiten, wenn ganz bestimmte Bedingungen erfüllt sind. Zunächst einmal muss in dem Schüler die klare Erkenntnis gereift sein, dass bei ihm ein oder mehrere Defekte vorhanden sind, die beseitigt werden müssen. Dann ist es Aufgabe des Lehrers, diese Defekte auf eine verständliche Weise zu analysieren und über die Mittel-und-Wege zu entscheiden, wie mit den Defekten umzugehen ist. In einem dritten Schritt muss dann ein Einverständnis zwischen Schüler und Lehrer über den gegenwärtigen Zustand des Schülers und die vorgeschlagenen Mittel zur Heilung hergestellt werden.

Diese drei Vorbedingungen zeigen, welch herausragende Bedeutung die Geisteshaltung eines Schülers für sein Denken und seinen Körper hat. An jedem Anfang steht das aufrichtige Eingeständnis des Schülers, dass die unterbewussten Faktoren, die seinen Organismus als geistig-körperliche Einheit steuern, nur äußerst unzuverlässig und beschränkt sind. Der Schüler akzeptiert auch, dass er in Bezug auf seine Körperhandlungen geistigen Täuschungen unterliegt und dass seine Sinneswahrnehmung, oder genauer, seine kinästhetische Wahrnehmung fehlerhaft und irreführend ist. Mit anderen Worten erkennt er an, dass er ein falsches und schädliches Gefühlsverzeichnis besitzt, um die Größe der benötigten Muskelspannung abzuschätzen, wenn er nur die einfachsten Handlungen des Lebens ausführt. Er akzeptiert auch, dass seine geistige Vorstellung von Entspannung und Konzentration in der Praxis hier keine Verwendung finden kann.

Daran kann wohl kein Zweifel bestehen: Zur Steuerung seiner geistig-körperlichen Mechanismen verlässt sich der Mensch auf unterbewusster Ebene heute zu sehr auf einen verdorbenen Gefühlssinn oder auf eine verdorbene Sinneswahrnehmung. So gerät er allmählich emotional mehr und mehr aus dem Gleichgewicht, mit all den schädlichen und weitreichenden Folgen.

Und diese negativen Folgeerscheinungen sind nur allzu offensichtlich. Trotzdem ist anzunehmen, dass der Einzelne sich darum bemüht hat, *das Richtige* zu tun und nicht *das Falsche*. Wer würde sich jedoch nach einer Uhr richten, von der man genau weiß, dass sie unzuverlässig funktioniert, wenn man einen Zug erreichen will? Würde jemand, der nicht verrückt ist, sich auf ein Fieberthermometer verlassen, das offensichtlich defekt ist? Nein, natürlich nicht. Also müssen wir nicht nur akzeptieren, dass es ein Versagen bei der genauen Wahrnehmung der Sinneseindrücke gibt, sondern auch, dass dieser Fehler uns gar nicht bewusst ist. Das ist auch der Grund dafür, dass sich in einem Schüler ein fehlerfreies und neues Steuerungs- und Kontrollzentrum aufbauen muss, bevor man auch nur daran denken kann, ihn eine

Handlung auf der Basis einer eigenständigen Vorstellung und Beurteilung ausführen zu lassen, ganz gleich wie einfach sie auch sein mag.

Ein gewisses Verständnis dieser technisch-praktischen Einzelheiten ist notwendig, um sich eine klare Vorstellung von dem machen zu können, was mit dem einfachen Wort „Gewohnheit" gemeint ist. Gewohnheit war der Ausgangspunkt der letzten Überlegungen und in Teil II dieses Buches werde ich mit einer Methodenanalyse in diesem Zusammenhang darauf zurückkommen. Was ich aber an dieser Stelle zunächst betonen will, ist dieses: Die schlechte, störende Gewohnheit, die gelöscht werden muss, ist erfahrungsgemäß sowohl sehr hartnäckig als auch unentdeckt. In einigen Fällen kann eine schlechte Gewohnheit ursprünglich durchaus oberhalb der Ebene der Vernunft entstanden sein, anschließend wird sie jedoch ausnahmslos auf der Ebene des Unterbewusstseins beibehalten. Und auf der anderen Seite ist die Funktionsweise, die ersetzt wurde, für die wir aber immer noch ziemlich richtig denselben Begriff „Gewohnheit" verwenden können, wie die Routinearbeit in einem gut organisierten Büro: Man hat zwar bestimmte Regeln für die ganz normale Geschäftsführung erlassen, aber der Geschäftsführer muss die Freiheit haben, sich über sie hinwegzusetzen und er muss auch das Recht haben, sie sogar verändern zu können, wenn er es für klug hält. Wenn man nach anderen Maßstäben die Geschäfte führt, wird der wirtschaftliche Erfolg ganz sicher und auch beständig ausbleiben.

Ich kann dieses Prinzip mit einem Beispiel aus meiner eigenen Praxis gut veranschaulichen. Nehmen wir einmal an, ein Patient kommt mit einer fehlerhaften Atemgewohnheiten zu mir, die er im Laufe der Zeit erworben hat. Wir nehmen weiter an, dass er flexibel genug und auch bereit ist, sich auf die neuen Methoden einzulassen. Er lernt zunächst die neuen Regeln im Zusammenhang mit meiner Methode zur bewussten Steuerung und mit ihnen lernt er auch sehr schnell, auf bewusste Weise die Mechanismen der Muskulatur geschickt zu gebrauchen, mit denen die Bewegungen des Atemapparates gelenkt werden. Es wäre jetzt wirklich absurd anzunehmen, dass der Patient im Wachzustand jeden einzelnen Arbeitsgang seiner Lungen mit Bedacht durchlebt, genauso wenig wie wir erwarten können, dass der viel beschäftigte Geschäftsführer beständig die Routinearbeiten seines gut organisierten Personals überwacht. Der Patient hat zwar die bewusste Kontrolle über den Atemvorgang erlangt, aber wenn ihre Kontrolle erst einmal seiner Herrschaft unterliegt, werden die tatsächlichen Bewegungen, die daraus folgen, in die Verantwortung des „unterbewussten Selbst" gegeben, allerdings immer unter dem Eingeständnis, dass ein Gegenbefehl zu jeder Zeit erteilt werden könnte, wenn es notwendig wäre. Bis jedoch ein solcher Gegenbefehl erteilt wird, wenn es überhaupt so weit kommen sollte, ist das Arbeiten der Lungen in jeder denkbaren Hinsicht unterbewusst, wenngleich es jederzeit auf die Ebene des Bewusstseins gehoben werden könnte. Der Unterschied zwischen der neuen und der alten Gewohnheit zeigt sich darin, dass die alte unser Herr und Meister war und uns regierte, während die neue unser Diener ist, der gerne bereit ist, unseren geringsten Wunsch ohne Murren auszuführen. Der Diener arbeitet ruhig und unaufdringlich zu unseren Gunsten und immer in Übereinstimmung mit unseren zuletzt gegebenen Befehlen.

Ich fasse zusammen: Wenn Unbewusstheit so verwendet wird, ist sie aus meiner Sicht nur ein Synonym für eine starre Routine, auf die wir schließlich als Gewohnheit zurückgreifen. Sie wird zum Stolperstein für eine rasche Anpassungsfähigkeit, für die Verwendung neuer Ideen und für Kreativität. Bewusstheit ist hingegen ein Synonym für eine Beweglichkeit des Geistes, die die unterbewusste Kontrolle überprüft und in Schach hält und die uns zu körperlicher Erholung verhilft. Sie eröffnet uns eine geistige Perspektive, die es uns ermöglicht, neuen und größeren Genuss aus all den Kräften zu ziehen, die wir alle in uns haben, die wir aber so oft absichtlich vernachlässigen oder gar behindern.

In Kapitel 2 habe ich über John Doe geschrieben. Auch auf seinen Fall trifft das zu, worüber wir gerade diskutiert haben. Wenn John Doe nämlich seine geistige Einstellung verändert hätte, hätte er lernen können, seine Muskeln bewusst zu gebrauchen. Anstatt automatisiert eine Reihe Muskel verspannender Übungen auszuführen, hätte er sich vielmehr dem Erlernen der Kontrolle und der Koordination seiner Muskeln widmen sollen. Dann hätte er diese neuen Erkenntnisse auf alle Bereiche und alle Handlungen in seinem Leben übertragen können. Und auch bei seinen Beschäftigungen, die er meistens sitzend erledigte, hätte er sein Muskelsystem benutzen und gut trainieren können. So hätte er auf die Gewalt ausübenden Verrenkungen an den Fitnessgeräten oder bei gymnastischen Übungen verzichten können, wenn er mit seinen Beinen um sich trat oder mit seinen Armen herumfuchtelte. Er hätte seine Zeit wirklich besser genutzt, wenn er einen Spaziergang an der frischen Luft gemacht oder sich in anderer Form auf natürliche Art bewegt hätte. Selbst wenn in seinem Fall bestimmte milde Trainingsformen für eine gewisse Zeit notwendig waren, hätten diese Übungen nur seine geistigen und körperlichen Kräfte anregen sollen. Auf diese Art und Weise sollte er lernen, seine Muskelmechanismen so zu gebrauchen, dass er auch bei einfachsten Handlungen, wenn er sich hinsetzte, beim Aufstehen oder wenn er am Schreibtisch arbeitete, seine Geistes- und Körperkräfte bewusst einsetze. Ohne Frage wäre es dann nicht zu dem gekommen, was ich „Bürgerkrieg in seinem Körper" genannt habe. Alle seine Körpermechanismen wären koordiniert worden und hätten sich den Abläufen in seinem Leben angepasst.

In einem vorangehenden Abschnitt habe ich gezeigt, dass John Doe gewissen geistig-körperlichen Täuschungen erlegen war. Ich habe aufgezeigt, wie diese Täuschungen seine gesundheitliche Genesung bekämpft haben. Jetzt, da die richtige Methode skizziert ist, komme ich noch einmal darauf zurück. Mit seinem Fall kann ich gut ein weiteres Anwendungsfeld meiner Methode beschreiben. Was John Doe fehlte, war eine bewusste und genaue Kenntnis über die richtigen Gebrauchsweisen der Teile seines Muskelmechanismus'. Solange er die Teile falsch benutzte, würden die Defekte sich nur verschlimmern, wenn er die Übungen machte, die seine Fitness verbessern sollten. Wenn er eine beliebige Fitnessübung ausführt, ist sie nur die Ausführungskopie einer anderen Person. Allerdings kopiert er nur das, was er an der Oberfläche sieht. Sein eigenes Bewusstsein von der ausgeführten Handlung wie auch das über die Mittel und Gebrauchsweisen der Muskelmechanismen bleibt weiterhin unverändert. Bevor er auch nur einen ersten Versuch unternehmen kann, seinen Körper in irgendeiner Form zu bilden, muss er deshalb zunächst seine Fehler in seinen Gebrauchsweisen erkannt haben. Oder er muss jemanden finden, der ihm zeigt, was seine Fehler sind. Wenn dies geschehen ist, muss er als nächstes die Empfindungen hemmen, die ihn steuern und die die Ursache dafür sind, dass er seinen Muskelmechanismus nur unzulänglich gebraucht. Er muss verstehen und einsehen, dass es bestimmte „Positionen mit mechanischem Vorteil" gibt. Wenn er dann die neuen und richtigen Befehle zur Steuerung verwendet oder sich von den entsprechenden Empfindungen leiten lässt, wird er bald in der Lage sein, den angemessenen Gebrauch seiner Muskelmechanismen mit wunderbarer Leichtigkeit zu ermöglichen. Wenn das mechanische Prinzip, das zur Anwendung kommt, richtig ist, wird jede Bewegung mit geringstmöglicher Anstrengung ausgeführt und man spürt nicht die geringste Anspannung. Man wird in der Folge und zu gegebener Zeit den neuen und richtigen Gebrauch der Mechanismen wiedererkennen, der zunächst nur vorläufig etabliert ist. Dann wird er aber für die Handlungen des täglichen Lebens beständig zur Verfügung stehen.

Wenn wir uns z.B. dazu entschließen, eine Schwäche loswerden oder eine Handlungsweise verändern zu wollen, werden wir ohne eine Ausnahme daran scheitern. Die Gründe dafür sind einleuchtend. Wenn es bei einem Menschen Schwächen in den Körperstellungen und im Gebrauch der Muskelmechanismen und wenn es Probleme mit dem Gleichgewicht gibt, sind diese Schwächen und Probleme das Ergebnis von *übermäßiger Verhärtung* in einigen Bereichen der Muskelmechanismen bei gleichzeitiger *nicht angemessener Erschlaffung* in anderen Bereichen. Eine solche unangemessene Verhärtung der Muskulatur findet man immer in den Bereichen der Muskelmechanismen, die gezwungen werden, Aufgaben zu verrichten, für die sie von ihrer Natur her nicht vorgesehen und für die sie logischerweise schlecht angepasst sind.

Wie schreibt doch Herbert Spencer:
„Jede Fertigkeit erlangt die Qualität für die Bewältigung ihrer Aufgabe, während sie ihre Aufgabe erfüllt. Wenn die jeweilige Aufgabe aber durch eine nicht dafür vorgesehene Fertigkeit erledigt wird, dann kommt es auch nicht zu den notwendigen Anpassungsprozessen der betreffenden Fertigkeit, sondern die Qualität der Fertigkeit verformt sich so, dass sie den aufgesetzten und nicht den natürlichen Bedingungen genügt."

Leider führt jede bewusste Anstrengung, die die große Mehrzahl der Menschen heute bei ihren Bewegungsversuchen unternimmt, zu so starken Verspannungen des betroffenen Muskelsystems, dass die bereits vorhandenen Probleme eher noch verstärkt werden, als dass sie beseitigt würden. Deshalb ist es zu Beginn einer neuen Ausbildung äußerst wichtig, dass zunächst die Teile der Muskelmechanismen entspannt werden, die übermäßig verhärtet sind. Dann erst kann es möglich gemacht werden, dass die unzureichend eingesetzten und falsch koordinierten Teile der Muskelmechanismen richtig gebraucht werden.

Da ist z. B. der Fall eines Mannes, der beim Gehen, beim Sitzen oder bei anderen normalen Tätigkeiten seinen Hals aus Gewohnheit anspannt und versteift. Diese Versteifung zeigt an, dass er bemüht ist, mit den Muskeln des Halses Aufgaben zu erledigen, für die eigentlich andere Muskeln seines Körpers vorgesehen sind, hauptsächlich die Muskeln seines Rückens. Wenn man ihn jetzt auffordert, die angespannten Muskeln zu lösen, und er dieser Aufforderung auch nachkommt, dann ist dieser Akt der Entspannung nur auf Wirkung bedacht. Das Bewusstsein für den Einsatz der richtigen Mechanismen, die er anstelle der jetzt entspannten benutzen sollte, ist jedoch nicht geweckt worden. Der Wunsch, den Hals überhaupt anzuspannen, müsste deshalb vorbereitend zunächst unterdrückt werden können. (Wenn ich den Befehl zur Entspannung der Muskeln direkt gebe, ist das etwas anderes!) Erst danach können die richtigen Gebrauchsweisen der Muskelmechanismen vermittelt werden. Dafür müssen zunächst die mechanisch vorteilhaften Positionen analysiert und der Körper muss dann in eine dieser Positionen gebracht werden. Ganz natürlich wird auf diese Weise die Arbeit den Muskeln übertragen, die tatsächlich dafür vorgesehen sind. Und der Hals entspannt sich dann so ganz nebenbei. Wenn wir so vorgehen, dienen die bewussten Befehle der Vorbeugung. Sie werden genau den Muskeln erteilt, die die Arbeit auch leisten sollen. So wird die richtige Reihenfolge von Ursache und Wirkung eingehalten.

John Doe ist zwar nur eine Phantasiegestalt, steht aber repräsentativ für einen großen Teil der Menschen. Und es gibt noch einen weiteren Punkt, den ich an seinem Beispiel diskutieren möchte: die Problematik der Energiespeicherung und der Energiereserve. Aus mechanischer Sicht ist es die Frage nach der Wahrnehmung von Muskelanspannung. Da ist eine riesige Hantel aus Pappmache', die den Eindruck erweckt, zu schwer zu sein, um sie hochzustemmen. Wenn man nun jemanden dazu auffordert, sie hochzuheben, und wenn man zu verstehen gibt, dass er oder sie dazu nicht in der Lage sein wird, wird diese Person ihre ganze Kraft aufbieten, um etwas zu vollbringen, was eigentlich doch mit größter Leichtigkeit zu schaffen wäre. Bei einer breiten Mehrheit der Sportstudenten, aber auch bei praktisch jedem, wenn er die Tätigkeiten des täglichen Lebens erledigt, ist dieser so unnötige Kraftaufwand das Normale, wenn auch in geringerem Ausmaß. Das kinästhetische System hat nämlich keine Schulung erhalten, die Muskelspannung richtig zu registrieren. Es hat mit anderen Worten nicht gelernt, die Höhe des Muskeleinsatzes für die jeweilig auszuführende Tätigkeit richtig abzuschätzen: Der Aufwand wird immer größer sein als erforderlich. Hier haben wir ein ausgezeichnetes Beispiel dafür, wie sich das harmonische Miteinander der einzelnen Teile im ungeschulten Organismus gestört zeigt. Dieses Phänomen kann mit etwas Mühe leicht ausgetestet werden. Bitten sie einen Freund, einen

Stuhl oder einen anderen Gegenstand hochzuheben, dessen Gewicht kein allzu großes Hindernis darstellt, der aber doch so schwer ist, dass man eindeutig dafür Muskelkraft einsetzen muss. Es ist sofort zu erkennen, dass der Freund mit einer ganz genauen Vorstellung, was die notwendige Muskelanspannung angeht, an seine Aufgabe herangeht. Sein Denken dreht sich ausschließlich um die Frage des Kraftaufwandes. Mit der eigentlich gestellten Aufgabe und den besten Mitteln und Wegen zu ihrer Bewältigung setzt er sich gar nicht auseinander. Bevor er auch nur den Stuhl berührt hat, wird er die Muskeln seiner Arme, seines Rückens, des Halses u.a. anspannen. Wenn er dann den Stuhl hochhebt, wird dies aus einer Position geschehen, die tatsächlich einen mechanischen Nachteil für ihn darstellt. Nicht nur, dass all diese Vorbereitungen ziemlich unnötig sind, auch seine ganze Einstellung zu der Aufgabe ist falsch. Denn in Situationen wie diesen ist jede Voreinstellung in Bezug auf das erforderliche Spannungsmaß tatsächlich nicht angebracht. Wenn uns die Aufgabe gestellt wird, ein Gewicht mit dem geringstmöglichen Energieaufwand zu heben, sollten wir das Gewicht zunächst mit gelösten Muskeln ergreifen und dabei eine Position einnehmen, die einen größtmöglichen mechanischen Vorteil verspricht. Erst dann steigern wir allmählich unseren Muskeleinsatz soweit, bis die Energie ausreichend genug ist, dass der Widerstand des Gewichts überwunden werden kann.

Werfen wir jetzt noch einmal einen Blick auf jenes Vorurteil, bzw. jene einengende Denkgewohnheit, die uns so oft scheuen lässt, wenn wir an einem Anfang stehen, und die die seltsamsten Formen annehmen kann. Manchmal zeigt sie sich eindeutig sachlich und führt zu einer Aussage wie: „Ich glaube zwar nicht an all das, aber ich kann es ja einmal versuchen.“ Bei dieser Form des Vorurteils genügt normalerweise ein einziges unerwartetes Ereignis, um die Ungläubigkeit in Gutgläubigkeit zu verwandeln. Ich benutze hier das Wort „Gutgläubigkeit“ in voller Absicht, denn ich will damit andeuten, dass diese Reaktion bei einer bestimmten Haltung des Geistes nur wenig besser ist als die Bekundung von Ungläubigkeit, wenn sie überhaupt besser ist. Was nötig ist, ist nicht ein Vorurteil in diese oder jene Richtung, sondern eine besonnene, klare Urteilsfähigkeit mit offenen Augen und eine Einstellung, die schnell und anpassungsfähig ist und die man auf keinen Fall mit einer Beliebigkeit in der Zielsetzung und genauso wenig mit einer Unbeständigkeit der Entschlusskraft assoziieren kann. Das können sie mir wahrlich glauben.

Es gibt eine andere Form der Einengung, die aus einer Schwächung des Antriebs entsteht. Die Denkgewohnheit, die hinter diesem Zustand steht, ist nur sehr schwer zu beseitigen, umso schwerer, wenn die anfängliche Schwäche zu einer Form der Hypochondrie oder gar zu einer Nervenstörung geführt hat, die dann nur mit der üblichen Missachtung des Grundübels behandelt worden ist. Eigentlich ist es ja für den meist oberflächlich Untersuchenden nicht schwer zu verstehen, dass jede Methode die ursprünglichen Probleme in Fällen wie diesen nur verstärkt, wenn sie den zu Behandelnden davon abhält, selbst die Initiative zu ergreifen. Und es gibt viele solcher Methoden. Ruhekuren sind nur eine davon. In solchen Kuren wird der Antriebsschwäche nicht nur nachgegeben, sie wird sogar noch verstärkt. Nach drei- bis sechswöchiger Behandlung kommt der Patient zurück zu seinen Pflichten und Aufgaben des Alltags und er ist noch weniger in der Lage, sich ihnen zu stellen. Lebenswille oder Selbsterhaltungstrieb eines Menschen finden bei solchen Methoden keine Berücksichtigung. Dabei sind sie doch die wahren Triebfedern des Lebens. Diese Kräfte werden durch die Routinen unserer schützenden Zivilisation leider immer schwächer, bis die Maschinerie Gefahr läuft, den Dienst ganz einzustellen. Sie sollte dann aber besser wieder aufgezogen werden, als dass man sie vollständig zum Stillstand kommen lässt.

Antriebsschwäche ist das unmittelbare Ergebnis unserer Erziehungsmethoden. Sie ist über alle Klassenschranken hinweg sehr oft anzutreffen, allerdings häufiger bei Menschen, die ohne Beschäftigung sind oder bei den Menschen, deren Arbeit nur eine mechanische Routine bedeutet, die den Einsatz von Eigeninitiative nicht erfordert. Das Seltsame an dieser gar nicht einmal so kleinen Gruppe ist, dass sie ei gentlich gar nicht geheilt werden will. So sehr diese Menschen auch unter den vielen körperlichen Gebrechen oder unter den tatsächlichen Schmerzen leiden und so sehr sie auch ernsthaft protestieren würden, dass sie sehr wohl davon befreit werden wollten, die Wirklichkeit zeigt etwas anderes. Es mag den objektiven Wunsch dafür wohl geben, aber er ist nur so schwach ausgeprägt, dass er für jegliche praktische Nutzung nicht zur Verfügung steht. In vielen Fällen ist die Haltung, sich der Krankheit zu ergeben, das Ergebnis einer starken, subjektiven Gewohnheit: Das Problem, was immer es sein mag, wird zunächst einmal ausgehalten. Man betrachtet es vielleicht als ein Ärgernis, aber als eines, das man tolerieren kann. Um das Problem loszuwerden, wird erst einmal nichts unternommen. Und so wächst es sich Stufe um Stufe aus, bis es dann als ein notwendiges Übel akzeptiert worden ist. Erst wenn das Problem so groß geworden ist, dass dadurch eine Unterbrechung jeglicher normaler Beschäftigung droht, sucht der Leidende endlich nach Linderung. Allerdings ist die Gewohnheit, sich zu fügen, bereits zu stark geworden ist. So wird dann doch nichts unternommen, um die Krankheit wirklich zu bekämpfen, solange sie einigermaßen in Schach gehalten werden kann.

Eine allgemeine Erfahrung der in Heilberufen Tätigen ist diese: Ein Patient wird behandelt. Ihm geht es besser und er scheint auf dem Weg zu vollkommener Genesung zu sein. Dann kommt der Rückfall. Eine der ersten Fragen, die der Arzt stellt, lautet: „ Haben Sie befolgt, was ich Ihnen aufgetragen habe?“ Wenn der Patient dann ehrlich ist, kommt oft die Antwort: „Daran habe ich nicht mehr gedacht“ oder „Das hat ich mich nicht mehr gekümmert“. Einer meiner Freunde, Mediziner von Beruf, erzählte mir erst kürzlich von dieser Erfahrung, die genau dies belegt: Ein Patient hatte einen Rückfall erlitten. Danach hatte er das Haus wochenlang nicht mehr verlassen. Nun hatte mein Freund ihm aber so viel frische Luft wie nur möglich verschrieben, was auch vorher positive Wirkung gezeigt hatte. Wir erkennen daran, dass die persönliche Gewohnheit des Patienten, sich der Krankheit zu fügen, sich so stark entwickelt hat, dass sein Sachverstand, der in seinen Steuerungsfunktionen genauso vernachlässigt worden war, nicht mehr in der Lage war, diese Gewohnheit zu bekämpfen. Bei einem solchen Patienten kann keine Verschreibung oder Behandlung irgendeine Wirkung haben, solange diese persönliche Gewohnheit nicht unter eine bewusste Kontrolle gebracht worden ist.

Bei anderen Fällen hat offensichtlich das Bedürfnis nach Gesundheit keinen so hohen Stellenwert mehr, weil man von einer liebgewonnen Gewohnheit nicht lassen will oder kann, die jedoch aufgegeben werden muss, wenn die Körperfunktionen wieder richtig arbeiten sollen. Die Gewohnheit selbst kann eine Belanglosigkeit sein, sie kann aber sehr wohl den Zusammenbruch lebenswichtiger Prozesse bewirken. Das Festhalten an der lieb gewonnenen Gewohnheit ist auf jeden Fall so stark, dass der eingeschränkte Sachverstand es vorzieht, an der Gewohnheit festzuhalten und lieber den Tod zu riskieren, als eine Anstrengung zu unternehmen, um sich der Gewohnheit zu widersetzen. Und in Fällen, bei denen man eine Schädigung durch eine Gewohnheit trotz deutlichem Einfluss nicht direkt nachweisen kann, gibt es immer noch die allgemeine Gewohnheit der Energielosigkeit und der Trägheit, die alles durchdringt. Welche Behandlung auch immer verschrieben wird, sie wird vehement abgelehnt, wenn dann zwangsläufig Kräfte zum Einsatz kommen müssten, die man so lange nicht mehr benutzt hat.

Der Platz reicht an dieser Stelle nicht aus, um weitere Beispiele dieser Gewohnheit anzuführen, für die man so leicht empfänglich ist. Es gehört jedoch nicht viel Selbstbeobachtung dazu, damit der Leser seine eigenen persönlichen Denkgewohnheiten feststellt. Sie zu diagnostizieren, ist ein erster Schritt, um von ihnen loszukommen. Es muss aber immer auch die Tatsache berücksichtigt werden, dass die große Mehrzahl der Menschen ein Leben in engen Grenzen führt: Tag für Tag tun sie dasselbe und haben die gleichen Gedankengänge. Diese Tatsache allein macht es schon notwendig, dass wir eine bewusste Kontrolle über die geistigen und körperlichen Fähigkeiten im Ganzen erlangen. Anderenfalls besteht die große Gefahr, dass wir unsere Vielseitigkeit verlieren, die ein so wesentlicher Faktor für die Entwicklung dieser Fähigkeiten ist.

Wenn jetzt der Leser bereit ist, seine eigenen Gewohnheiten zu analysieren und er sich auch daran macht, eine Kontrolle darüber zu erlangen, gebe ich ihm vorsorglich einen guten Ratschlag:

„Hüten Sie sich vor dem, was landläufig *Konzentration* genannt wird!"

Dieser Ratschlag hat für das gesamte Prinzip eine so große Bedeutung, dass es sich wirklich lohnt, genauer darauf einzugehen. Bitten Sie jemanden, den Sie gut kennen, sich auf ein beliebiges Thema zu konzentrieren. Jedes Thema ist dafür geeignet: eine Person, eine Sache oder ein Ort. Wenn der Freund bereit ist mitzuspielen und sich auch ernsthaft darum bemüht, sich in seinem Denken auszurichten, wird er vielleicht seine Stirn runzeln, seine Hände wringen und entweder seine Augen schließen oder ganz fest auf einen Punkt starren. Das Ergebnis davon wird sein, dass sein Denken ganz mit diesen ungewöhnlichen Verhaltensweisen seines Körpers beschäftigt ist. Kurzum, der Bekannte benutzt seinen Verstand nicht, um sich mit dem ihm gestellten Thema auseinanderzusetzen, auf das er sich konzentrieren sollte. Vielmehr setzt er sich mit dem ungewöhnlichen Körpergeschehen auseinander, das er „Konzentration" nennt. Dies gilt auch, wenn man den Kindern in der Schule *Aufmerksamkeit* abverlangt. In Wirklichkeit spaltet sie das Gehirn anstatt es zu versammeln. Ich persönlich glaube nicht, dass sich Konzentration in irgendeiner Weise lohnt. Es ist der Wunsch, der bewusst gewordene Wille, eine Sache zu tun oder etwas zu denken, der allein zu einer angemessenen Handlung führt. Hätte Herbert Spencer seine *„First Principles"* oder Charles Darwin seine *„Die Entstehung der Arten"* je schreiben können, wenn man sie zu einengendem, strengem Bemühen gezwungen hätte, nur um das Denken auf das aktuelle Thema gerichtet zu halten? Ich bestreite ja gar nicht, dass es Arbeiten gibt, die unter Bedingungen erledigt werden können, die eine solch beschwerliche Mühe erfordern, aber ich bestreite, dass so die beste Arbeit gelingt. So wie wir das Wort „Konzentration“ verwenden, kennzeichnet es einen Konflikt, der eine Form von Krankheit und ein morscher Zustand ist. Wenn man gleichzeitig seinen Arm beugen und strecken will, kommt es zu beträchtlicher Aktivierung der entsprechenden Muskeln und doch kann man das Vorhaben ja gar nicht in die Tat umsetzen. Analog gilt dies auch, wenn man sich bemüht, mit Hilfe von Konzentration die Kräfte des Gehirns auf bestimmte Bahnen zu begrenzen und gleichzeitig die Geisteskräfte in vollem Maße genau dazu einsetzt. Ein derartiges Unterfangen ist der Ausdruck des Konflikts zwischen den beiden Postulaten „Ich muss“ und „Ich kann nicht“. Dieser Kampf geht unendlich weiter und es kommt zu einer beständigen Vergeudung fehlgeleiteter Energie. Wenn aber die Denkgewohnheit, dass eine solche Anstrengung notwendig ist, erst einmal ausgelöscht ist und wenn erst einmal ein „Ich will“ formuliert und seine Bedeutung auch verstanden worden ist, wenn dann dieses „Ich will“ jenen vorherigen Widerspruch ersetzt hat, wird einfach, was schwierig war und Vergnügen tritt dann an die Stelle von Leid. Kurz gesagt müssen wir die absichtliche Gewohnheit entwickeln, jede Tätigkeit bei vollem Verstand aufzunehmen und jede Handlung mit einem lebendigen Willen für ein erfolgreiches Gelingen auszuführen. Und dieser Wille zwingt dann jede einzelne Aufmerksamkeitsfaser ins Spiel. Mit dem Gebrauch des Willens wächst auch die Fähigkeit zu wollen. Bald schon ist es dann genauso einfach, eine krankhafte Vorliebe zu verändern, die vielleicht schon ein Leben lang vorhanden war, wie man die kleinste der erst kürzlich erworbenen Gewohnheiten ändern können wird.

Das Folgende beschreibt eine interessante Erfahrung mit einer Schülerin, die fest an den Wert und an die Kraft der Konzentration geglaubt hat. Sie widersetzte sich vehement meinen Angriffen auf das, was sie über Konzentration glaubte und wie sie Konzentration auf ganz orthodoxe Weise einsetzte. Natürlich hat sie auch die üblichen Argumente vorgebracht und fast wäre es mir nicht gelungen, ihre geistige Haltung in der leidigen Frage zu erschüttern. Aber kurz nach unserer ersten Begegnung bekam ich doch noch Gelegenheit dazu. In unserer Diskussion ging es nicht direkt um Konzentration. Wir sprachen aber über ein verwandtes Thema. Bald schon begann meine Schülerin, über die Einstellungen zu sprechen, die die Menschen im Leben zu Dingen einnehmen, die sie gerne tun oder die sie nicht so gerne tun. Nicht ohne Stolz sagte sie, dass ihr eigenes Handlungsmuster es immer gewesen sei, das Denken aus Gewohnheit auf andere und angenehmere Themen zu lenken, wenn sie sich mit einer Aufgabe konfrontiert sah, die ihr nicht sympathisch war. [A)] Bis jetzt habe sie so viel Erfolg damit gehabt, dass sie negative Empfindungen nicht wieder erlebt habe, wenn sie unangenehme Aufgaben zu erledigen hatte. Ich stellte ihr ein paar Fragen und erinnerte sie auch an ihren Bericht, dass sie jahrelang nicht in der Lage gewesen sei, sich beim Lesen zu „konzentrieren" und dass dieses Problem mit der Zeit immer noch schwerwiegender geworden sei. Endlich hatte ich sie packen können, aber es war einfach nur ein glücklicher Umstand, dass dieses Beispiel jene verschlossenen Areale ihrer Intelligenz öffnete, die ich mit allen meinen Argumenten nicht hatte erreichen können. Ich konnte ihr nachweisen, dass sie eine Geisteshaltung entwickelt hatte, die äußerst schädlich war. Diese hatte dazu geführt, dass sie Konzentration auch für die Lebensaufgaben als eine Notwendigkeit ansah, die die ihr viel Freude bereiteten. Sie hatte sozusagen eine geheime Kammer in ihrem Gehirn eingerichtet, die genauso schädlich für ihr allgemeines Wohlbefinden war, wie es ein nicht diagnostizierter Tumor für ihren Körperzustand gewesen wäre. Sie hat meine ursprüngliche Position schließlich als wahr akzeptiert. Und ich war wirklich froh, dass es so weit gekommen ist. Seitdem hat sie sich verstärkt bemüht, das tatsächlich umzusetzen, was ich ihr vorgeschlagen habe, um ihre schlechte Gewohnheit zu korrigieren.

Bei allen unseren Bemühungen, unsere mentalen Gewohnheiten zu verstehen und auch zu kontrollieren, besteht die erste und einzig wirkliche Schwierigkeit darin, die anfängliche Trägheit im Denken zu überwinden. Wenn dies erst einmal gelungen ist, kann die jeweilige persönliche Gewohnheit bekämpft werden. Das Gehirn ist es gewohnt, in ganz bestimmten Bahnen zu denken. Das Denken spurt sozusagen das Gehirn, so wie man die Loipe beim Skilanglauf spurt. Wenn das Gehirn dann aktiviert wird, benutzt es die gewohnten, bestens eingefahrenen Pfade. Wenn es aber gelingt, das Denken aus der gespurten Loipe zu heben, ist es doch äußerst erstaunlich, wie einfach es gelenkt werden kann. Am Anfang gibt es noch die Tendenz, durch eine unbedachte, mechanische Handlung in die alte Arbeitsweise zurückzukehren. Aber bald ist die alte Spur verschüttet. Wir können danach durchaus noch den alten Pfad benutzen, wenn wir uns dafür entscheiden, aber es geschieht nicht länger zwangsläufig.

Bevor ich jetzt diesen kurzen Abschnitt über die Gewohnheiten des Denkens beende, will ich mich noch an die vielen Menschen wenden, die sagen: „Ich bin ganz zufrieden mit dem, wie es ist." Ihnen sage ich zu allererst: „Wenn Sie damit zufrieden sein wollen, ein Sklave oder eine Sklavin Ihrer Gewohnheiten anstatt der Herr oder die Herrin über Ihren eigenen Geist und Körper zu sein, werden Sie nie die Erfahrung dieses wunderbaren Vermächtnisses gemacht haben, das zu Ihrem Erbe gehört, allein aufgrund der Tatsache, dass Sie als denkender, intelligenter Mensch geboren wurden." Und zweitens sage ich, und dies ist nicht nur für einen kleinen, intimen Personenkreis von Bedeutung sondern für die weitere Welt: „Was ist mit den Kindern? Sind Sie zufrieden damit, dass Sie ihnen ihr Erbe vorenthalten, so wie vielleicht schon Ihre Eltern Sie Ihres Erbes beraubt haben? Wollen Sie Ihre Kinder schlecht ausgerüstet in die Welt hinausschicken? Wollen Sie sie in der Abhängigkeit von Prinzipien und veralteten Gewohnheiten lassen, nicht in der Lage, ihre eigenen Begierden zu kontrollieren und schon allzu früh auf einem Weg zu körperlichem Verfall?" Ich glaube und es stimmt mich froh, dass die Mittel bereitgestellt sind, um das Träge und Schlaffe in Schwung zu bringen.

Ernsthafte Wissenschaftler diskutieren seit geraumer Zeit Fragen der Eugenetik. Und in der öffentlichen Diskussion spielt das gesamte Problem des körperlichen Verfalls eine immer größere Rolle. Der Verfall des Körpers ist das Problem, das auch mich seit vielen Jahren angetrieben hat und das im Wesentlichen der Grund für die Herausgabe dieses Buches ist.

Im nächsten Kapitel werde ich den körperlichen Verfall in Verbindung mit meiner Theorie einer zunehmenden bewussten Kontrolle behandeln, wie ich sie auf den vorigen Seiten skizziert habe.

Kapitel 7

Die Kultur des Menschen und die Ausbildung unserer Kinder

„Wie gehen wir mit unserem Körper um? Wie setzen wir unseren Verstand ein? Wie regeln wir unsere Angelegenheiten? Wie verhalten wir uns als Bürger? Wie nutzen wir die Quellen, die uns die Natur zur Verfügung gestellt hat, um glücklich zu sein? Wie können wir alle unsere Begabungen am vorteilhaftesten einsetzen? Wie können wir ein Leben führen, das vollständig ist? Das sind die wirklich wichtigen Dinge, die es zu lernen gilt. Auf diese Fragen muss auch Erziehung konsequenterweise Antworten finden. Die Menschen darauf vorzubereiten, das Leben bis zum Letzten auszuschöpfen, das ist die Aufgabe, der Erziehung nachkommen muss."

- HERBERT SPENCER, *Education*

Jedes Kind wird mit einer Veranlagung für bestimmte Gewohnheiten in diese Welt hineingeboren. Außerdem kommen die heutigen Kinder nicht mehr mit demselben Instinktniveau zur Welt, mit dem unsere Vorfahren noch vor hundert, ja sogar noch vor fünfzig Jahren ausgestattet waren. Viele der Kinder unserer modernen Welt werden z. B. mit deutlich erkennbaren Defiziten geboren. Diese Defizite sind das direkte Ergebnis einer allmählichen Verschlechterung der Atemfunktionen und der lebenswichtigen Systeme im Vergleich zu unserer Vorfahren.

Viele Monate lang bleiben die lebenswichtigen Prozesse und Bewegungen nach der Geburt von einer bewussten Kontrolle für jegliche praktische Nutzung ausgeschlossen. Die Zeitspanne variiert je nach Geschlecht und Begabung des Einzelnen. Viel länger als jedes andere Säugetier verbleibt das Menschenkind in diesem hilflosen, abhängigen Zustand. Die Gewohnheiten, die bei einem Kind während dieses langwierigen Zeitraums zu Tage treten, sind diese vererbten Veranlagungen, die sich dann mehr oder weniger ausprägen, je nach den Umständen und der Umgebung. Es sind dies Gewohnheiten im muskulären

Gebrauch, bei den Vitalfunktionen und in der Anpassungsfähigkeit. Wenn es uns möglich wäre, schon im Alter von, sagen wir, zwölf Monaten die Tendenzen eines Kindes zu analysieren, könnten wir schon bald die Fragen zur Vererbung gelöst haben, die die Wissenschaft gegenwärtig noch so vorläufig und ungewiss in ihren Auswirkungen beantwortet. Jedoch liegt das Potenzial der Kinder versteckt in geheimnisvoller Anordnung und Gruppierung von Zellen und Gewebe, außerhalb der Reichweite jeglicher Analyse. Das Kind ist unser Material. Innerhalb gewisser weitgesteckter Grenzen können wir es formen und in die Gestalt bringen, die für uns wünschenswert ist. Aber schon bei der Geburt unterscheidet sich jedes Kind von den anderen Kindern. Zwar sind unsere Grenzen ziemlich weitgesteckt, aber es gibt sie. Innerhalb dieser Grenzen ist unser Einfluss allerdings sehr groß, zum Guten wie auch zum Schlechten.

Es gibt für ein Kind zwei Methoden des Lernens. Lernen durch Imitation ist die Methode, die in den frühen Entwicklungsjahren vorherrschend ist. Die zweite Methode ist eine direkte Unterweisung oder Vermittlung von positiven oder negativen Grundsätzen.

Was das Lernen durch Imitation angeht, werden wohl alle Eltern nicht nur die Tatsache bestätigen, dass Kinder diejenigen nachahmen, die sie in den ersten Lebensjahren der Formbarkeit umgeben, sie werden sicherlich auch bestätigen, dass die ersten Bemühungen des Kindes, sich an die sie umgebenden Verhältnisse anzupassen, ausschließlich auf der Basis der Imitation geschehen. Die Zivilisation besteht jetzt schon seit vielen tausend Jahren in unterschiedlichen Ausprägungen. Trotzdem ist noch kein Kind in diese Welt mit vererbten Instinkten hineingeboren worden, die es tendenziell an eine bestimmte Gesellschaft angepasst hätten. So werden Sprache und Verhalten des Kindes z. B. vollständig nach der Sprache und den Gewohnheiten derjenigen modelliert, die das Kleine versorgen. Ein Kind, dessen Vorfahren hundert Könige waren, wird trotzdem die Sprache des sozialen Brennpunkts East End sprechen und das Verhalten der Menschen dort annehmen, wenn es unter diesen Verhältnissen aufgezogen worden ist.

Und der Sohn eines australischen Ureinwohners würde mit englischer Zunge sprechen und sich, mit gewissen Einschränkungen, wie ein Kind dieser Zivilisation verhalten, wenn er unter Engländern aufgewachsen wäre.

Diese Tatsache ist vollkommen unbestritten. Sie ist erwiesen und wird auch allgemein akzeptiert. Aber wie oft ziehen wir einen praktischen Nutzen aus unserem Wissen? Die Vererbungslehre ist zwar immer noch vorläufig und relativ unbestimmt, trotzdem wird kein vernünftiger Mensch wirklich bezweifeln können, dass der Einfluss der Vererbung praktisch in nahezu allen Fällen, die den hier beschriebenen ähneln, ausgeschlossen werden kann. Aus meiner eigenen Beobachtung der Dinge sehe ich eines sehr deutlich: Wenn man die Charaktereigenschaften der Eltern analysiert hat, wenn man ihre Fehler und Tugenden aufgedeckt hat, kann man durch eine geeignete Erziehung der Kinder verhindern, dass sie die Fehler der Eltern kopieren. Eine solche Erziehung kann die Kinder dazu ermutigen, die Tugenden ihrer Eltern zu übernehmen.

Wir können den wirklichen Trainingseffekt auf die Kinder erst ermessen, wenn wir uns klarmachen, dass die Entwicklung der ersten Vorlieben, der ersten Abneigungen oder der ersten Geschmacksempfindungen bereits zwei oder drei Tage nach der Geburt beginnt. Lange bevor das Kind einen Monat alt ist, haben sich Gewohnheiten ausgebildet, die das Zeug zu einer Fixierung haben. Wenn diese Gewohnheiten nicht schädlich sind, ist alles gut. Wenn doch, haben wir ein Problem!

Der erste Sinn, der sich entwickelt, ist der Geschmackssinn. Es ist ein Sinn, der sich auch sehr schnell ausbildet und dem deshalb besondere Beachtung geschenkt werden muss. Füttern anstelle von Stillen ist an sich schon eine Gefährdung, die in der Tat nicht zu unterschätzen ist. Wenn das Füttern dann noch in den Händen von sorglosen und unwissenden Personen liegt, steigert sich die Gefährdung um ein Vielfaches. Ein Beispiel dafür ist die geläufige Vorstellung, dass Zucker der

Milch zugesetzt werden sollte, und das nicht zu wenig. Sehr oft wird dies gemacht, um das Kind zu animieren, Nahrung zu sich zu nehmen, obwohl es gerade kein Bedürfnis danach hat, weil es vielleicht momentan an einer eher leichten inneren Störung leidet. Das Mittel, das die Natur für diesen Fall vorgesehen hat, ist nun einmal Appetitlosigkeit, einfach um dem Magen Ruhe zu gönnen. Dann kommt die gedankenlose Mutter und verführt das Kind mit Zucker, wodurch dann alle möglichen inneren Probleme entstehen können. Durch ein solches Verhalten wird die Geschmacksvorliebe für einen bestimmten Stoff, hier für den Zucker, verstärkt. Dies kann durchaus auch zu einer direkten Schädigung führen, aber wesentlicher ist, dass eine Gewohnheit Herrschaft über das Kind erlangt, die es sein ganzes Leben lang dann in Abhängigkeit hält. So wird das Kind als ein Sklave seines Geschmacksempfindens in die Welt geschickt. Es ist ein großes Unglück, dass 99 % der Kinder bis zu ihrem 6./7. Lebensjahr ausgeprägte Geschmacksvorlieben für Dinge entwickeln durften, die schädlich sind. Es gibt keine Ausbildung zur Mutterschaft. Gegenüber diesen Dingen ist man gedankenlos. Man schenkt ihnen nicht die nötige Aufmerksamkeit. Und so erfahren die Mütter die elementarsten Prinzipien nicht, die das Wohlergehen ihres Nachwuchses in Bezug auf Ernährung und Entwicklung der Sinne betreffen. In der Folge wird Kindern nicht beigebracht, den Geschmack von vollwertigen und nahrhaften Lebensmitteln zu schätzen. Sie werden vielmehr durch Zusatzstoffe wie den Zucker, auf den ich schon ausdrücklich hingewiesen habe, verführt. Die Gewohnheitsmuster, deren Bildung sich noch im Anfangsstadium befindet, sind nur allzu gern bereit, der Verführung nachzugeben.

So habe ich gerade die Bekanntschaft eines Kindes gemacht, das kaum fünf Jahre alt ist. Seine Geschmacksempfindung ist bereits durch die skizzierte Methode oder durch fehlendes methodisches Vorgehen pervertiert worden. Es verweigert Lebensmittel wie Milchbrei [A)] oder Vollkornbrot und es hat eine starke Abneigung gegenüber Sahne. Es ist nahezu unmöglich, es dazu zu bringen, Gemüse zu essen, ganz gleich welches. Immer jedoch ist das Kind für Süßigkeiten, für Fleisch und Wurstwaren zu haben. Es gibt schon einige Anzeichen von Fehlernährung und da sind auch bereits schwerwiegende innere Störungen. Diese Probleme könnten wohl weitgehend mit kleinen Mengen Olivenöl, täglich eingenommen, behoben werden. Das Kind kann allerdings nur mit sehr großem Aufwand dazu gebracht werden, das Mittel zu nehmen. Wenn dieser Junge noch zehn Jahre oder länger bei seinen Eltern wohnt, wird aus ihm ein schwacher und kränkelnder Mann geworden sein und er wird unter schwersten Verdauungsstörungen und an Funktionsstörungen der inneren Organe leiden.

Zu diesem Thema passt sehr gut die Frage, die ein Londoner Spezialist einem meiner Freunde, Dr. Clubbe aus Sydney, gestellt hat: „Dr. Clubbe, was ist Ihrer Meinung nach bei einem Kind die Hauptursache für die Störung der natürlichen Arbeitsweise der Muskelmechanismen und des Atemsystems?" Die Antwort kam, wie aus der Pistole geschossen: „Vergiftung aufgrund falscher Ernährung." Auch dem Laien wird sich die Logik dieser Antwort sehr leicht erschließen, wenn er sich klar macht, dass alle Teile eines Systems voneinander abhängig sind. Und was diesen Fall angeht, werden die Atemprozesse auch von den Nervenzentren kontrolliert, die für den Wahrnehmungsapparat der Verdauungsorgane und der Harnstoffausscheidung zuständig sind. Wenn diese Nervenzentren in ihrem Wirken nun durch Giftstoffe geschwächt werden, kommt es in der Konsequenz bei den Vorgängen der Atmung auch zu einem Aktivitätsverlust, was dann wiederum zu negativen Anpassungsvorgängen jener Teile führt, die von dieser Aktivitätsreduzierung näher betroffen sind. Auf diese Weise wird die ganze Maschine aus dem Takt gebracht.

An solchen Beispielen wird deutlich, dass die Misslichkeiten schon sehr früh im Leben eines Kindes beginnen können. Mit jedem Entwicklungsschritt werden sie dann mitgeschleppt und noch verstärkt. Schon im Babyalter sollten deshalb Prinzipien, ja und auch Zwang ins Spiel kommen. Wenn ein Kind schreit, wird im Normalfall keine große Anstrengung unternommen, um dafür die Ursache herauszufinden. Oftmals wird es beruhigt, indem man es im Zimmer hin- und herträgt. Es ist schon verwunderlich, wie schnell ein Kind anfängt, in Grundzügen

Ursache und Wirkung in Verbindung miteinander zu bringen. Ein Kind, dem viel zu leicht nachgegeben wird, lernt sehr bald, dass es schreien muss, wann immer es den Wunsch hat, gewiegt oder geschaukelt zu werden. Auf diesem Wege wird dann ganz schnell der Grundstein dafür gelegt, dass den Gefühlen nachgegeben wird. Wenn das Kind dann in das Alter kommt, in dem es anfängt, genau zu beobachten, beginnt es auch, seine Gewohnheiten schneller auszubilden. Wir waren uns ja bereits einig, dass ein Kind seine Eltern oder die Personen, die es aufziehen, in ihren Verhaltenseigenarten und im Sprachgebrauch imitiert. Wenn wir noch etwas genauer hinschauen, sehen wir, dass auch ihre Körperhaltung, die Ausführung ihrer Bewegungen und sogar ihre Art und Weise zu atmen nachgeahmt werden. Diese Fähigkeiten zur Imitation und zur Anpassung sind wunderbare Kräfte, die uns gehorchten, wenn wir uns nur die Mühe machen würden, darüber nachzudenken, wie wir sie auf richtige Art und Weise benutzen können. Bei weitem die Mehrzahl der falschen Gewohnheiten, die die Kinder angenommen haben, ist entstanden, weil fehlerhafte Modelle imitiert worden sind, mit denen sich die Kinder konfrontiert sahen. Aber wie viele Eltern haben den Willen, ihren Kindern ein richtiges Modell vorzusetzen und versuchen es auch? Welche Eltern lernen, ihre eigenen Haltungs- und Bewegungsfehler abzustellen, damit sie ihren Kindern ein besseres Beispiel sein können? Welche Eltern machen sich die Mühe, eine Tagesmutter danach auszusuchen, ob sie es gerne sehen würden, dass ihr Kind diese Person imitiert? Sehr, sehr wenige! Und die Gründe sind offensichtlich. Zuallererst ist den Eltern gar nicht bewusst, dass das schlechte Beispiel einen schädlichen Einfluss hat. Zum Zweiten sind den meisten Eltern die Gesetzmäßigkeiten dieses Sachverhalts so wenig einsichtig, dass sie gar nicht in der Lage wären, eine Tagesmutter oder Kinderfrau danach auszusuchen, ob sie ein gutes Beispiel eines koordinierten Menschen darstellt. Und sie haben auch überhaupt keine Ahnung davon, wie krumm und schief sie selbst sind und welche Defekte sie haben.

Leider akzeptieren Kinder die Defekte ihrer Eltern als normal und manchmal sogar als bewundernswert. Dem 12 bis 14-jährigen Jungen fällt z. B. im Traum nicht ein, dass der ausladende Bauch seines Vaters etwas anderes sein könnte als der normale Zustand für jemanden in diesem Alter. Mehr noch, er zählt sogar oft die Jahre, bis er selbst den gleichen Stand erreicht haben wird. Aber die Zeit wird kommen, wenn solche Dinge wie die Abnormität des Vaters eine Schmach sein werden. Was können wir also von Eltern erhoffen, die selbst so unfit sind, die nicht in der Lage sind, ihren eigenen Kindern die Grundprinzipien für ein gutes Körperleben zu vermitteln? Und ich sollte an dieser Stelle darauf hinweisen, dass diese Fragestellung nicht nur für die Kleinkinderziehung relevant ist, sondern auch in einem weiteren Rahmen Gültigkeit hat. Die Frage gilt auch für das Körperbeispiel, das die Lehrer in den Grund- und Hauptschulen und in den weiterführenden Einrichtungen abgeben. Ich will das Thema hier nicht vertiefen. Aber es ist eigentlich ein Skandal, dass man Lehrern erlaubt, Kindern Sportunterricht zu erteilen, die selbst offensichtlich körperlich nicht fit sind.

Die Krux der gesamten Problematik ist, dass wir die Bedeutung des Fortschritts noch nicht vollständig verstanden haben, der in Richtung einer bewussten Kontrolle führt. Je weiter sich nämlich die Zivilisation als Normalzustand etabliert, umso weniger sind in einer solchen Gesellschaft die Kinder mit ursprünglichen Instinkten ausgestattet. Wenn dann die Entwicklung dieser Kinder auf einer unterbewussten Ebene stattfindet, sind sie im frühen Stadium des Lebens mit zwei Problemen konfrontiert: Wenn sie nach den alten Methoden erzogen worden sind, geraten sie mehr und mehr in Abhängigkeit derer, die sie versorgen. Wenn sie jedoch nach den neueren Methoden des *„Freien Ausdrucks“* [A)] erzogen werden, werden sie allein gelassen mit einer launenhaften Steuerung der unterbewussten Mechanismen, die fehlerhaft und unzureichend ist. Und diese Steuerung entwickelt sich weiter negativ, weil sich allmählich die Funktionsweisen des gesamten Organismus weiter verschlechtern. (Zu den Methoden des *Freien Ausdrucks* komme ich unten noch ausführlicher.)

Unter derartigen Bedingungen ist es für ein Kind unmöglich, die kinästhetische Steuerung und die kinästhetische Energie so zu beherrschen, wie es für eine freie Ausdrucksweise unerlässlich wäre, oder sie so zu beherrschen, dass das Kind sein latent vorhandenes Potenzial ausschöpfen könnte. Genauso gut könnte man von einem Auto erwarten, seine Stärke vollständig auf die Straße zu bringen, obwohl wesentliche Teile so manipuliert worden sind, dass entsprechende Impulse an die Maschinerie fehlgeleitet und reduziert werden. Dieser kleine Vergleich sei mir an dieser Stelle erlaubt.

Niemand ist plastischer und anpassungsfähiger als ein Kind unserer Zeit, wenn es erst einmal die erste Lebensphase der absoluten Hilflosigkeit hinter sich gelassen hat und bevor es durch Erziehung zu bestimmten Denk- und Körpergewohnheiten gezwungen worden ist. Das vollständige Potenzial der bewussten Kontrolle steht in jener Phase zur Verfügung. Das Kind kann sich aber nur weiterentwickeln, wenn ganz bestimmte angeborene Tendenzen oder Neigungen ausgelöscht werden. Normalerweise geschieht leider etwas anderes: Bestimmte Gewohnheiten werden dem Kind aufgedrängt, ohne dass man sich Gedanken darüber macht, was sie verursachen und bewirken. Es wird solange darauf beharrt, bis diese Gewohnheiten unterbewusst geworden und so aus dem Bereich verschwunden sind, wo man sie mit dem Intellekt hätte steuern können.

Als Beispiel soll ein Fall dienen, bei dem das Problem der Linkshändigkeit eine zentrale Rolle spielt. Ausgangsthese ist, dass ein Kind lernen müsse, die rechte Hand zu benutzen, weil die linke Hand „unsauber“ sei. Dieser Aberglaube ist so alt, dass es unmöglich ist, etwas über seine Herkunft zu sagen. Er ist durch ständige Wiederholung so tief in unser Denken eingedrungen, dass er sich in der Sprache widerspiegelt: Jemand, der „link“ ist, dem kann man wohl nicht trauen. Wenn etwas „recht“ ist, dann ist es gut. Auch heute noch finden sich ignorante Menschen, die einem Linkshänder „nicht weiter trauen, als sie sehen können“. So ist die Anzahl der beidhändigen Menschen auf die wenigen begrenzt, die vielleicht aufgrund eines Unfalls ihre linke Hand bevorzugt benutzen mussten und dann hinterher zur Rechtshändigkeit umerzogen worden sind. Das ist das Ergebnis einer Einstellung und einer absoluten Regel, die festlegte, dass ein Kind lernen muss, nur mit der rechten Hand zu schreiben und ein Messer nur mit dieser Hand zu benutzen. So groß meine Erfahrung auch ist, kann ich mich nicht daran erinnern, dass ich jemals einen Vater oder eine Mutter habe sagen hören: „Unser Kind soll einmal ein Pianist oder ein anderer Künstler werden, deshalb wollen wir seine Empfindungsfähigkeit und Kraft zur Manipulation in beiden Händen entwickeln, in der linken und in der rechten.“ Aber ich kenne etliche Fälle, wo viel Zeit und Mühe darauf verwandt werden musste, um den fähigen Einsatz der linken Hand später im Leben zu erwerben, wenn z. B. ein Schriftsteller, der mit seiner Fähigkeit einen Stift zu führen, seinen Lebensunterhalt verdienen musste, unter Schreibkrämpfen der rechten Hand litt.

Ich habe dieses Beispiel der Rechts/Linkshändigkeit ausgewählt, weil es belegt, dass die Mechanismen des Körpers im frühen Lebensalter äußerst fügsam sind. Und die Problematik ist ein Beispiel für die Art und Weise, wie wir uns an Arbeitsmethoden binden, ohne zu überlegen, ob die eingesetzte Methode an sich richtig ist oder ob sie den Lebensbedingungen entspricht, in denen ein Kind aufwachsen wird. Stattdessen drängt man den Kindern rigide Regeln zur Geisteshaltung und für das Körperleben auf. Man ist gar nicht davon überzeugt, dass diese Regeln die besten sind, noch nicht einmal davon, dass es überhaupt gute Regeln sind. Oft erkennt man, dass diese Regeln in den eigenen Körpern auch nicht besonders gut funktioniert haben; oder man würde es erkennen, wenn man sich die Zeit nähme, die Sache genau zu durchdenken. Aber diese Regeln hat man uns nun einmal beigebracht. Entweder geben wir sie nun aus Prinzip weiter oder wir machen ein Ideal aus unseren Unzulänglichkeiten. Wenn diese Unzulänglichkeiten dann imitiert werden, können wir uns gar nicht vorstellen, was die Ursache für die aktuellen körperlichen Probleme ist!

Was wird mit solchen Erziehungsmethoden beabsichtigt? Nun, die an sich logisch korrekten Lehren, die aus den Erfahrungen der Vergangenheit gezogen worden sind, sollen wohl weitergereicht werden. Sie unterscheiden sich je nach Religion, politischer Richtung oder sozialer

Prägung der Eltern und Lehrer. Trotzdem wäre die Intention stimmig genug, wenn man von der Grundannahme ausgehen könnte, dass jede Generation vom selben Punkt aus startet, dass ein Neugeborenes also konkret mit den gleichen Anlagen, mit den gleichen geistigen Fähigkeiten und nachweislich mit dem gleichen physischen Organismus zur Welt kommt, ob es nun im 16. oder im 20. Jahrhundert geboren worden ist.

Noch vor weniger als hundert Jahren wäre man mit dieser Hypothese auf dem Erkenntnisstand der Zeit gewesen. Denn die Veränderungen waren so minimal und haben sich so langsam entwickelt, dass sie gar nicht aufgefallen sind. Die Unterschiede zwischen einem Kind des 17. Jahrhunderts und einem des 18. Jahrhunderts waren kaum zu bemerken, wenn wir einmal ähnliche Bedingungen bei Eltern und Erziehung voraussetzen. Nur stimmt diese Aussage nicht mehr für ein Kind von heute. Jahrelang schon hatte es Unruhe und Unzufriedenheit in der Welt der Erziehung gegeben. Beständig hat man neue Methoden ausprobiert, die meistenteils aber nur auf die alten draufgesattelt wurden. Und auf der anderen Seite sind auch mutige Experimente gewagt worden, die darauf aus waren, die alten Traditionen in Bausch und Bogen über Bord zu werfen. Meiner Meinung nach sind all diese Versuche bis jetzt jedoch gescheitert. Und ein Grund für das Scheitern ist der Tatsache geschuldet, dass die Pädagogen eine offensichtliche Wahrheit auf breiter Front nicht erkannt haben: Ein Kind des 2o. Jahrhunderts kann nicht nach den alten Maßstäben beurteilt werden.

Der Wahrheitsgehalt dieser Aussage ist so offensichtlich, dass ich Zweifel daran habe, ob ich dies nachweisen soll. Es erscheint mir unglaublich, dass jemand aus meiner Generation nicht die außergewöhnlichen Unterschiede zwischen den Kindern der gegenwärtigen Zivilisation und denen, die damals mit ihm groß geworden sind, wahrnehmen könnte. Ich könnte für diese Unterschiede Dutzende von Beispielen aufzählen. An dieser Stelle soll jedoch eines genügen. Es ist allerdings ein sehr typischer Fall. Ich denke dabei an die Leichtigkeit, mit der die Kinder in meiner Generation noch gelernt hatten, mit den normalen

Werkzeugen umzugehen. Meine Erfahrungen damit decken sich vollkommen mit denen vieler anderer. In gewissem Sinne könnte man sogar sagen, dass die Gewandtheit im Umgang mit solchen Gegenständen wie Hammer, Zange, Messer oder Säge zum Erbe der Kinder gehört hat. Heute, eine Generation später, sind viele Eltern vollkommen überrascht, wenn ihr zwischen drei und sechs Jahre altes Kind eines dieser Werkzeuge nicht nur benutzen kann, sondern darin auch ein beträchtliches Geschick zeigt. Ich kenne Väter und Mütter, die so verblüfft sind, wenn ihre eigenen Kinder geschickt mit Werkzeugen umgehen, dass sie damit vor Freunden und Verwandten prahlen. Diese Eltern sind für die heutige Zeit durchaus repräsentativ.

Es ist nur leider so, dass die tatsächlichen Unterschiede noch viel tiefer gehen, als es die oberflächlichen Wirkungen zunächst anzudeuten scheinen. Die ersten Versuche des modernen Kindes, seine Körperbegabung bei normalen und notwendigen Tätigkeiten wie gehen, laufen, sitzen oder sprechen einzusetzen, liegen weit unter dem Fähigkeitsniveau der vorigen Generation, was ich aus meiner eigenen Erinnerung bestätigen kann. Das kinästhetische Potenzial ist gesunken. Bestimmte Elemente haben in den letzten dreißig Jahren auf das Erstaunlichste in die Dinge eingegriffen, von denen ich gar nicht erst den Versuch unternehme, sie näher zu skizzieren, weil ich mich dann in den faszinierenden Tiefen der Evolutionstheorie verlieren würde. Das augenfälligste Ergebnis dieser Eingriffe ist eine starke Veränderung der unterbewussten Leistungsfähigkeit des modernen Kindes.

Heute stellen sich deshalb mit der Geburt andere pädagogische Probleme als bisher. Dieser angeborene wesentliche Unterschied in der unterbewussten Leistungsfähigkeit zwischen den Kindern zweier Generationen wurde und wird dann in den Kindergärten und den Vorschulen noch verstärkt, und das ganz unabhängig von der Klassenzugehörigkeit, in England wie auch in Amerika.[15] Bei reichen Eltern gibt es weiterhin die Tendenz, ihren Kindern jegliche Verantwortung abzunehmen und ihre Eigeninitiative zu unterdrücken. Zuerst die Ammen, später dann die Gouvernanten sind dafür da, alle Probleme vom Kind fernzuhalten. Man erlaubt noch nicht einmal, dass die Kinder ihre eigenen Spiele erfinden. Immer wieder neue Spielzeuge, so teuer wie überflüssig, werden bereitgestellt. Sie sind so ausgeklügelt, dass es keiner Phantasie mehr bedarf, sie in die reduzierten Modelle von Motoren, Zügen, Schiffen, Tieren, in was auch immer zu verwandeln: Sie sind es ja als Produkt schon. Und dann gibt es immer noch einen Erwachsenen, der das Kind „bespaßt" und ihm zeigt, *wie man richtig spielt.* Ich habe diesen Satz mit Absicht hervorgehoben, um die Absurdität dieses Handelns zu unterstreichen. Denn was sonst könnte dieses Handeln bedeuten, als dass der Erwachsene nur einen Versuch unternimmt, seine Vorstellung vom Spielen auf das Kind übertragen zu wollen? Noch in meiner Kindheit hüpfte jeder alte Ziegelstein in die Rolle einer Lokomotive oder eines Pferdes. Der Denkprozess, der erforderlich war, um eine neue Realität hinter einer unmissverständlichen Gestalt zu sehen, schulte dann die Phantasie. So wuchsen die Kinder meiner Zeit und auch ich auf und waren zwar unzufrieden mit den armseligen Ersatzstücken, aber unsere angeregte Phantasie fand ihren Ausdruck darin, dass wir mit zunehmender Erfahrung die Realitäten unserer kindlichen Welt immer besser nachbildeten, indem wir Neues erfanden und die Dinge verbesserten. Und wir wuchsen mit Einübung auf. Wir hatten unsere kleinen Verantwortungsbereiche und brachten uns selber bei, wie man spielen musste und wie unser Spiel in den großen Bereich des sozialen Umgangs miteinander zu integrieren war. Aber welche Kompetenzen erlangt ein Kind, das in seiner Laufbahn der beständigen Überbetreuung keine Zeit mit sich selbst verbringt? Wie kann man darauf hoffen, dass ein solches Kind sein Leben erfolgreich bestreiten wird, wenn das Finanzvermögen, das man von den Eltern zu erben hofft, plötzlich verloren oder verteilt ist? Die Antworten kennt jeder. Wir können die Resultate in jeder beliebigen Großstadt der modernen Zivilisation sehen, in den vielen Slums von London genauso wie in den Elendsvierteln von New York. Wenn wir noch ein paar Generationen mit dieser Art von Erziehung weitermachen, wird sich eine andere Gesellschaft entwickelt haben und wir werden genauso hilflos geworden sein wie diese Ameisen, die „Sklaven" für sich arbeiten lassen.

Zwar wird diese Angst einjagende Lehr- und Überwachungsmethode noch praktiziert, aber es gibt bereits eine Gegenbewegung, die sich sowohl in England als auch in Amerika in Stellung gebracht hat. Leider schießt diese Gegenbewegung weit über das Ziel hinaus, so wie es üblicherweise bei Reaktionsbewegungen der Fall ist. Von dem einen Extrem, in dem einem Kind keine Möglichkeit gelassen wurde, unabhängiges Denken und Handeln einzuüben, ist man in das andere Extrem gefallen, als man das zum Erziehungsprinzip gemacht hat, was man mit dem Etikett „Freier Ausdruck" versehen hat. Ich kann aber zeigen, dass dieses Prinzip genauso schädlich ist wie grenzenlose Überwachung. Und wenn es um den Bewegungsausdruck des Kindes geht, sind die Methoden dieser Schule der Pädagogik sogar noch gefährlicher.

In England steckt die Bewegung des „Freien Ausdrucks" zwar noch in ihren Kinderschuhen, trotzdem gibt es bereits zahlreiche Eltern, die versuchen, dieses Prinzip bei der Erziehung ihrer Kinder anzuwenden. Unerfahrenheit hat sie für das Gedankengut anfällig gemacht. Im Vorwort zu seiner Komödie „Falsch verbunden" verwirft G. B. Shaw die Theorie dieser Methode mit sehr klaren und überzeugenden Argumenten. Seine Gedankengänge beginnen mit der Frage: *„Was ist ein Kind? – Ein Experiment. Ein neuer Versuch, den perfekten Menschen zu schaffen; will heißen, das Menschsein göttlich zu machen. Und man beeinträchtigt dieses Experiment, wenn man auch nur den leisesten Versuch unternimmt, das Kind zu missbrauchen, weil man eine Edelvariante der eigenen Person herstellen will (...)."* Hieraus spricht natürlich eine idealistische Grundhaltung und Eltern mit einer idealistischen Einstellung, die dieses Vorwort lesen, sind vielleicht sofort geneigt, Shaws Theorie in die Tat umzusetzen. Wenn man sie aber konsequent befolgt, können die Ergebnisse nur katastrophal sein. Zwar erkennen viele Eltern ihren Irrtum im Laufe ihrer Erziehungserfahrungen in vielen Fällen, noch bevor das Kind um die sieben Jahre alt geworden ist, aber bis dahin ist schon viel Unheil angerichtet worden: Schlechte Gewohnheiten und Schwächen haben sich schon so weit gefestigt, dass es manchmal wirklich schwer ist, sie zu beseitigen. Ich habe mehr als einen Fall erlebt, der dies nur allzu deutlich demonstriert.

Und in Amerika verstärkt sich diese unheilvolle Strömung noch. Sogenannte „freie“ Schulen sind eingerichtet worden, die sich in ihren Methoden im Detail wohl unterscheiden, denen aber allen die gleichen Prinzipien zugrunde liegen. Ich habe die Theorie und die Praxis dieser Schulen analysiert und dabei dies herausgefunden: Ziel ist es, erstens das Kind von äußerer Einmischung und Beschränkung so weit wie möglich zu befreien und ihm zweitens das geeignete Umfeld zu schaffen, ihm Materialien an die Hand zu geben und ihm Möglichkeiten zur Aktivität einzuräumen, so dass es sich „frei“ ausdrücken kann.

Nun, zuerst einmal setzt dies voraus, dass ein Kind, das sich selbst überlassen ist, auch die Fähigkeit hat, sich angemessen und frei auszudrücken. Und es setzt zweitens voraus, dass es mittels des freien Ausdrucks sich auch selbst erziehen kann. Inwieweit diese beiden Grundannahmen Trugschlüsse sind, wird schon jetzt jeder einsehen können, der meiner Argumentation und meinen Beispielen realer Fälle bis hierhin gefolgt ist. Die Angelegenheit ist nur so dringend, dass ich keinen Moment zögere, weitere Belege aufzuführen, die meine Einwände gegen diese gefährliche und neue Methode stützen sollen.

Zunächst will ich die praktische Seite der Methode durchleuchten. Tanzen und Zeichnen sind zwei der Kanäle, auf die ganz besonderer Wert in den Schulen gelegt wird, die sich den „Freien Ausdruck“ auf die Fahnen geschrieben haben. Einer meiner Freunde nennt sie sehr plakativ „T + Z“, wenn vom Freien Ausdruck die Rede ist. Wenn ***T***anzen und ***Z***eichnen aber als Fundament in der Erziehung eingesetzt werden, werden sie zu Formen, die Unheil bringen.

Zunächst zum „T“. Die Methode des Freien Ausdrucks setzt dabei natürlich Musik ein. Nun wissen wir alle, dass Musik und Tanzen Impulse sind, die auf primitive Kulturen emotional stärker wirken als auf höher entwickelte. Kein noch so Betrunkener in unserer Zivilisation wird jemals die Ebene eines Trancezustandes und eines so vollkommenen Kontrollverlusts erreichen, die ein Mitglied eines wilden Stammes unter dem Einfluss der beiden Stimuli Musik und Tanz erreichen kann. Aber in den Schulen, an denen ich Zeuge von derartigen Tanzaufführungen der Kinder geworden bin, habe ich erste Anfänge einer Verrücktheit erlebt, die der Tanzekstase der wilden Urvölker gleichkommt. Und Musik ist in diesem Zusammenhang ein zusätzlicher Stimulus, und zwar ein sehr starker. Zusätzliche Stimuli können bei bestimmten Formen der Vergnügungen durchaus ihre Berechtigung haben, wenn sie von vernünftigen, erfahrenen Erwachsenen eingesetzt werden. Wenn man sie aber bei der Erziehung eines sechsjährigen Kindes verwendet, werden sie zu allgemein gefährlicher Aufwiegelung.

Wenn jetzt immer noch Zweifel daran bestehen, dass Musik ein unechter und mächtiger Stimulus ist, dann dies! Es gibt Berichte, dass die Deutschen in diesem Krieg auf die Wirkung von Alkohol und Drogen setzen, um ihre Soldaten zum Angriff zu treiben. Wir wissen jedoch von früheren Kriegen, dass noch größere Wirkungen durch den Einsatz von Musik erzielt werden konnten. Die Kämpfer gerieten in Raserei und es kam zu Exzessen der Brutalität. Und daran besteht wirklich kein Zweifel: Wenn es möglich gewesen wäre, Musik in dem fürchterlichen Getöse eines Trommelfeuers, das einem Sturmangriff vorausgeht, hörbar zu machen, hätten die Deutschen sicherlich den alten Stimulus dem Einsatz von Drogen vorgezogen. Wie man hört, werden in der Tat Musikkapellen auch eingesetzt, wann immer es möglich ist. Auch werden Männer und Frauen in ihrem besten Alter zugeben müssen, dass sie von Musik „trunken" werden können. Und mit „trunken" meine ich, dass die Gefühlszentren ihres Unterbewusstseins dermaßen erregt werden, dass diese die Kontrolle über das rationale Denken erlangen, bis sie es schließlich vollständig dominieren. Alkohol erzeugt einen solchen Zustand dadurch, dass die Flimmerhärchen, die für das Gleichgewicht zuständig sind, teilweise ausgeschaltet werden. Musik und Tanzen bewirken diesen Zustand durch eine überschwängliche Reaktion des ganzen kinästhetischen Systems. Nur können im Fall von Tanz und Musik grundsätzlich keine nachteiligen Auswirkungen produziert werden, es sei denn, der Betroffene ist ganz bewusst darauf aus oder er lässt sich absichtlich gehen. Wie die Naturvölker haben es *die kleinen Kinder aber noch nicht gelernt, bewusst die Entscheidung zu treffen, sich den Verlockungen zu widersetzen.*

Alles in allem werden sich die Tanzbemühungen der Kinder, so hemmungslos und ungesteuert wie sie sind, als extrem schädlich erweisen, ganz zu schweigen von den Rauschzuständen, für die übrigens jeder Einzelne von uns genauso anfällig ist. Ich habe die Kinder beim Tanzen beobachtet. Die Musik wurde auf dem Piano gespielt. Man achtete darauf, dass die Tänze sich in Rhythmus und Geschwindigkeit abwechselten. Auf diese Weise sollte jeder Tanz andere Bewegungsformen stimulieren. Es war überraschend, wie sehr es den Kindern gelungen ist, darauf einzugehen, allerdings nur im Rahmen ihrer kinästhetischen Möglichkeiten, die ihnen mehr oder weniger beschränkt zur Verfügung standen. Aber ich erkannte gleichzeitig eines auch ganz deutlich: Alle diese kleinen Tänzer waren schlecht koordiniert, die einen etwas mehr, die anderen weniger. Die Bewegungsvorstellungen, die das ideomotorische Zentrum aussandte, wirkten bei der Ausführung ihrer Bewegungen vollkommen richtungslos. Die unterbewussten Anstrengungen der Kinder führten dazu, dass Aufgaben von den kleinen Hälsen übernommen wurden, die eigentlich die kleinen Rücken erledigen sollten. Die Kehlköpfe wurden beständig in schädlicher Weise niedergedrückt, so dass die Kinder durch den geöffneten Mund ein- und ausatmeten und nicht durch die Nase. Die jungen und noch biegsamen Rückgrate wurden allmählich so ins Hohlkreuz verbogen, dass sich die Statur der Kinder verkürzte. Das genaue Gegenteil ist aber für ein zufriedenstellendes ästhetisches Ergebnis erforderlich.

Wir müssen uns auch vor Augen führen, dass die Lehrer, die diese Tanzstunden anleiten, von den idealen körperlichen Verhältnissen, die für Kinder auch angemessen sind, keinerlei Kenntnisse haben. Deshalb sind sie sich auch nicht der gefährlichen Schäden bewusst, die mit diesen Tanzbemühungen vorbereitet werden. So wie diese besondere

Form des „Freien Ausdrucks" praktiziert wird, übertrifft der angerichtete Schaden bei weitem einen vielleicht durchaus möglichen Nutzen.

Diesen beispielhaften Fall konnte ich hautnah verfolgen: Ein kleines sechsjähriges Mädchen wurde zu mir gebracht. Ich sollte ihre Kinästhesie untersuchen: Das Mädchen war in einer wirklich ausgezeichneten körperlichen Verfassung. Als sie in die Schule kam, entwickelte sie dort Interesse am Tanzen. Leider hatte sich diese Schule den „Freien Ausdruck" an ihre Fahnen geheftet und so wurden die Kinder beim Tanzen dazu angehalten, ohne Anleitung ihre eigenen Bewegungen zu kreieren. Die verschiedenen Tänze erforderten von dem Kind sehr unterschiedliche Umsetzungen in Bewegung. Das Mädchen, deren Fall wir hier besprechen, hatte wirklich großes Vergnügen an diesem Teil des Unterrichts und sie investierte viel Zeit dafür. Eines der Grundprinzipien der Schulen des „Freien Ausdrucks" war es, den Kindern zu erlauben, ihre gewählte Ausdrucksaktivität so lange zu betreiben, wie sie selbst es wünschten. Schließlich war man in der Schule zu der Meinung gelangt, dass der freie Ausdruck des Mädchens in der Kunstform, die sie gewählt hatte, den Ausdruck der anderen Kinder in deren Kunstform deutlich übertraf.

Die Mutter war aber mit der allgemeinen Verfassung ihrer Tochter mit der Zeit immer unzufriedener geworden. Es hatten sich seltsame und irgendwie alarmierende Entstellungen des Körpers herausgebildet. Am auffälligsten war, dass das Mädchen dazu neigte, seinen Kopf auf einer Seite zu tragen und es nicht in der Lage war, dies zu berichtigen. Schließlich brachte die Mutter das Kind wieder zu mir, um es erneut untersuchen zu lassen.

Es war nicht einmal ein Jahr her, dass ich dieses Kind als ein ungewöhnlich gutes Beispiel für richtige Körperkoordination beurteilt hatte. Als es jetzt wieder zu mir kam, war es in einem Zustand, der nur wenig besser war als der eines von Geburt an Behinderten. Die flüssige Muskelkoordination der Mechanismen seines Körpers war verschwunden. Ich fand stattdessen starre Sehnen und verhärtete Muskeln vor. Das schlimmste allerdings waren falsche Steuerungs- und Kontrollgewohnheiten. Eine davon war die üble Gewohnheit, die Muskeln des Rumpfes und der Beine einzusetzen, indem es die an sich unbeteiligten Muskeln des Halses anspannte.[16)] Eine weitere auffällige Schädigung war eine Versteifung und Verkürzung der Muskeln der Oberschenkel dort, wo sie am Rumpf befestigt sind. Diese Schädigung führte dazu, dass die Gestalt des Kindes allmählich verzogen und verbogen wurde. Als letztes die wichtigste Veränderung von allen: Das Kind, das vor einem Jahr noch offen, ohne Angst und klar in seiner Aussprache gewesen war, war jetzt verschüchtert und ängstlich. Und es nuschelte seine Worte so schlecht, dass es Mühe bereitete, es zu verstehen.

Das war also der Fall eines Kindes, das in bester körperlicher Verfassung war, bevor es in eine Umgebung gebracht wurde, von der man annahm, sie sei die richtige für das Kind, und in der man ihm erlaubte, frei und unkontrolliert zu handeln.

Soweit zum „T“. Jetzt zum „Z“, zum Zeichnen. Im Zusammenhang mit dem freien Ausdruck gehört Zeichnen in eine andere Kategorie des Unheils. Es sind eher die geistigen als die körperlichen Auswirkungen, die Unheil anrichten. Es gibt zwar durchaus auch körperliche Auswirkungen: Da sind die schädlichen und fehlerhaften Körperhaltungen, die die Kinder einnehmen, wenn sie an ihren Zeichenbrettern sitzen; da sind die falschen Impulse der ideomotorischen Zentren; zudem kommen nur wenige von ihnen überhaupt bei den für das Zeichnen so wesentlichen Fingern an, die doch den Zeichenstift halten und führen sollen, die sich aber allzu oft eher grotesk an ihn klammern. Und wenn ein Kind versucht, seinen Zeichenstift durch die Bewegungen der Zunge zu lenken, mag es für den Laien eine Nebensächlichkeit sein, der Fachmann erkennt in dieser Verwirrung der Aufgaben aber riesige unterbewusste Probleme.

Ich beschreibe jetzt, wie in einer typischen Zeichenstunde nach dem Prinzip des freien Ausdrucks praktisch vorgegangen wird. Stifte, Papier und das übliche Zubehör liegen auf den Tischen des Klassenzimmers in der Hoffnung, dass die Kinder dazu angeregt werden, sie auch zum Zeichnen zu benutzen. Irgendwann nimmt ein Schüler dann einen Bleistift in die Hand und unternimmt einen Zeichenversuch. Andere Schüler folgen dem Beispiel, bis sich alle Schüler irgendwie daran versucht haben.

Nun ist aber Zeichnen als Handlung in letzter Konsequenz ein mechanischer Prozess, bei dem es darum geht, die Finger richtig zu verwenden, sowie Hand- und Unterarmmuskeln als Reaktion auf die visuellen Bilder, die das Gehirn empfangen hat und die aus der Vorstellung auf das weiße Papier gebracht werden sollen, richtig zu koordinieren. Das Funktionsniveau der Finger und der Hand des Menschen ist in diesem Zusammenhang gänzlich von dem Maß der kinästhetischen Entwicklung von Arm, Torso und Gelenken abhängig, eigentlich vom Koordinationsniveau des gesamten Organismus. Es ist deshalb keine sehr große Überraschung, dass kaum eines dieser Kinder, die durch die Bank weg schlecht koordiniert sind, eine Vorstellung davon hat, wie man einen Stift so hält, dass er frei, kraftvoll und kontrolliert das zu Papier bringt, was den Ansprüchen eines jungen Zeichners einigermaßen gerecht wird.

Wenn ein Beobachter, der wirklich aufmerksam und verständig ist, die Bewegungen und die Stellungen von Handgelenk, Fingern, Hand, Arm, Hals und Körper im Ganzen dieser Kinder bei ihren variantenreichen Versuchen, gerade oder gebogene Linien zu zeichnen, verfolgt, muss er zwangsläufig den Koordinationsmangel zwischen diesen Teilen bemerken. So kann es sein, dass die Finger Aufgaben der Arme übernehmen. Oder die Schultern machen einen Buckel. Der Kopf ist zu einer Seite hin verdreht. Um es kurz zu machen: Es wird Energie für Teile des Körpermechanismus‘ bereitgestellt, die eigentlich für die Ausführung der gewünschten Zeichnung wenig oder gar keine Bedeutung haben. Allein schon die bloße Energieverschwendung macht den beabsichtigten Zweck zunichte.

Eigentlich habe ich schon genug gesagt, um zu belegen, dass mit diesen Mitteln kein wirklich freier Ausdruck erzielt werden kann. Ein entsprechender Impuls kann für einen solchen Ausdruck wohl im Kopf des Kindes sein, aber der kleine Zeichner hat gar nicht die körperlichen Voraussetzungen, um diesen Impuls auch in die Tat umzusetzen. Nicht ein Kind der Moderne unter zehntausend wird mit einem solchen Zeichentalent geboren, dass von ihm gesagt werden könnte, „das Licht der Natur führe seine Hand“. Und selbst diesem einen außergewöhnlichen Kind würde man seine Aufgabe leichter machen, wenn man es bei seinen ersten Versuchen klug anleitete.

Mein Haupteinwand gegen diese Art des Zeichenunterrichts ist es jedoch, dass so das Kind zum unergiebigen Träumen ermutigt wird. Zeichnen ist eine Kunst! Und wir kennen einige der Eigenschaften, die man dem Charakter der Künstler im Allgemeinen zuordnet: Sie seien oft exzentrisch; ihnen fehle die innere Balance; sie neigten zur einer gewissen Irrationalität; sie seien in der Lage, sich selbst zu hypnotisieren.[17)] Eines kann jedoch nicht stark genug betont werden: Der Künstler ist trotz, nicht wegen seiner Behinderungen im Ausdruck erfolgreich. Die Charakteristika, von denen ich oben gesprochen habe, sind nämlich die Kehrseite des künstlerischen Genies. Sie entstehen, wenn der Künstler Vorstellungen bei einer bestimmten kreativen Aktivität entwickelt, die fehlerhaft sind. Sie entstehen, wenn er bei der Umsetzung seiner Vorstellungen zu sehr konzentriert ist. In der Geschichte der Welt sind Menschen mit wirklichem Genie immer wieder von diesen negativen Seiten blamiert, handlungsunfähig gemacht und auch ruiniert worden.

Trotzdem werden die Kinder durch eine solche Form des freien Ausdrucks dazu ermutigt, Exzentrizität einzuüben, weil es ein Weg sei, ihr Zeichentalent zu entwickeln. Vom Prinzip her entspricht dieser Ansatz dem folgenden Vorgehen: Ich züchte absichtlich Rennpferde mit schwachen Lungen, weil man herausgefunden hat, dass einige der schnellsten Pferde schwache Lungen gehabt haben. Wie absurd! Exzentrizität zu fördern, heißt aber bestimmt nicht Genialität hervorzubringen! Und ein genialer Geist ist freier und kreativer, wenn er nicht durch Exzentrizität gestört wird. Man sollte nicht Ursache und Wirkung verwechseln.

Meine generelle Kritik an dem Experiment des „Freien Ausdrucks" endet jedoch nicht mit der Kritik an „T + Z". Es war ein Schock für mich, als ich gesehen habe, wie in diesen Schulen gearbeitet wird. Ich habe dort Kinder verschiedenen Alters erlebt, die sich in vielen Fällen irgendwie hölzern und ungelenk mit Tanzen, mit Zeichnen, mit Werken und Ähnlichem beschäftigt haben. Ich habe jedoch in fast keinem einzigen Fall ein Beispiel dafür gesehen, dass eines dieser Kinder seine Körpermechanismen auf eine richtige und *natürliche* Art und Weise gebrauchte. Ich benutzte das Wort *natürlich* mit Bedacht. Obwohl es hier in Verbindung mit Tätigkeiten steht, die wie das Zeichnen und das Werken relativ abgehoben sind, gibt es eine richtige Art und Weise, einen Stift oder ein Werkzeug zu halten und zu benutzen, eine Art und Weise mit bester Effektivität. Die Kinder, die ich gesehen habe, saßen oder standen im Allgemeinen in Positionen, denen jeglicher mechanischer Vorteil fehlte, sogar in Positionen mit den schlimmsten mechanischen Nachteilen. Und die Art und Weise, wie sie den Stift oder das Werkzeug hielten, machte eines ganz deutlich: Sie konnten solange nicht hoffen, in ihrem Bemühen mehr als nur die plumpsten Ergebnisse zu erzielen, bis ihnen der richtige Umgang mit den Werkzeugen beigebracht worden war. Diese Kinder hatten Körpergewohnheiten entwickelt, die sich bei den meisten der Fälle zu körperlichen Gebrechen ausprägen würden, was die Sache noch verschlimmerte. Wenn ein Kind nämlich versucht, seinen Stift mit unsinnigen Bewegungen von Kopf, Zunge und Schulter zu begleiten, kann der Weg für Krankheiten gebahnt werden, die erst dann akut werden, wenn man ihre Ursache schon lange nicht mehr im Blick hat.

Ein fast vierjähriger Junge kann als Beispiel dafür dienen. Seinen Fall hatte ich erst kürzlich zur Behandlung. Er litt unter starken Angstphobien. Wenn ein Fremder das Zimmer betrat, in dem sich das Kind befand, hat es angefangen zu weinen und sich an seine Mutter geklammert. Wenn der Junge am Meer war, bat er um die Erlaubnis, mit den anderen Kindern ins Wasser gehen zu dürfen. In der Folge hatte er aber schreckliche Angst, wenn er auch nur in die Nähe des Wassers kam. Und bei vielen anderen Gelegenheiten entwickelte er Panik. Man nahm an, dass das Kind im Ganzen stark zurückgeblieben war. Dies war in solchen Fällen eine allgemein durchaus gebräuchliche Diagnose. Und seine Sprachfähigkeiten seien ein weiterer, sehr auffälliger Hinweis auf seine Zurückgebliebenheit, denn das Kind war in der Tat nicht in der Lage, mehr als ein paar Wörter zu artikulieren, und diese auch nur fehlerhaft.

In meiner ersten Untersuchung stellte ich bei ihm fest, dass er seine Lippen und seine Zunge nicht richtig kontrollieren konnte. Auch hatte er, hauptsächlich in der Nacht, seine Blase nicht unter Kontrolle. Dass der Kontrollverlust an diesen Stellen die direkte Ursache für seinen Geistes- und Körperzustand war, konnte ich durch meine Behandlung eindeutig nachweisen. Das Kind wurde auf der methodischen Basis einer bewusster Steuerung und Kontrolle behandelt. Die Körpermechanismen wurden koordiniert. Viele Dinge musste es neu lernen. Es machte rasche Fortschritte. Der Zustand verbesserte sich so, dass der Junge sich mehr und mehr dem annäherte, was man normal nennen könnte, zumindest im Verhältnis zu dem, was er seit seiner Geburt erlebt hatte. Seine Angstzustände wurden weniger und er geriet auch viel weniger in Panik. Es war schwerer, ihn aus der Fassung zu bringen. Er hatte seine Wut besser unter Kontrolle und seine Weinkrämpfe wurden viel seltener.

Ich habe diesen Fall beschrieben, weil ich darauf hinweisen will, welche unangenehmen psychischen Wirkungen aus anscheinend rein körperlichen Ursachen entstehen können. Tatsächlich ist es aber so, dass der Doppelbegriff „geistig-körperlich“ eine Einheit bildet und es unmöglich ist, die Komponenten zu trennen und sie der einen oder der anderen Ebene zuzuordnen. Die Hauptursache für seine Probleme war im Falle des Jungen wahrscheinlich eher angeboren. Aber ähnliche und auch schwerwiegendere Probleme können aus viel kleineren Anfangsdefekten entstehen, wenn eine anfängliche Gewohnheit verstärkt wird und sich durch Gebrauch verfestigt. Ich befürchte, dass genau das passieren wird, wenn die Entwicklung des Kindes durch die Richtlinien des freien Ausdrucks beeinflusst wird. Ganz gleich, an wie vielen „freien" Aktivitäten solch ein Kind auch teilnimmt, es könnte solange nicht von seinen Behinderungen erlöst werden, wie der Einfluss seiner fehlerhaften Koordination fortbesteht.

Ich hoffe, ich habe jetzt genügend Belege angeführt, um meine Einwände gegenüber neuesten Entwicklungen in der Erziehung ausreichend zu begründen. In einer idealen Welt, wenn die Kinder mit idealen Anlagen in sie hineingeboren würden, könnte die These von G. B. Shaw [A)] durchaus Gewicht haben. In einer Welt aber, die sich so rapide verändert, wie es gerade im 20. Jahrhundert geschieht, brauchen wir mehr denn je ein Erziehungssystem, das die Kinder durch ihre ersten Jahre führt. Dies bedeutet wahrlich auch keinen Widerspruch zu dem, was ich zuvor über die Erziehungsmethode der beständigen Überwachung gesagt habe. Es ist nämlich ein riesiger Unterschied, ob ich den Körpergebrauch und das mentale Verhalten korrigiere, weil es notwendig ist, oder ob ich versuche, ein Kind in eine bestimmte vorgefasste Form zu pressen. Ich bin zum Wohle des Kindes ein ausgesprochener Verfechter des ersteren. Ich muss darauf bestehen, dass die Kinder der heutigen Zeit, die nur noch mit sehr schwachen Fähigkeiten zur Kontrolle durch den Instinkt ausgestattet sind, gewisse genau definierte Anweisungen erhalten, die es ihnen ermöglichen, sich selbst zu steuern, bevor man sie mit freier Aktivität konfrontieren kann. Die betreffenden Anweisungen müssen auf einem Prinzip basieren, das dem Kind hilft, seine unterschiedlichen Mechanismen so zu benutzen, dass sie bei allen Aktivitäten des täglichen Lebens in höchst vorteilhafter Weise funktionieren. Diese Anweisungen führen bei dem Kind keineswegs zu Einschränkungen bei seinen Lebensäußerungen. Sie steigern und entwickeln aber die *Mittel, mit denen* das Potenzial des Kindes angemessen und zur vollen Befriedigung freigesetzt werden kann.

So ist es nun einmal: Die obigen Prinzipien müssen und werden bestimmte Verbote durchaus mit einschließen. Wenn wir aber sofort die wesentlichen Faktoren auswählen, die die Wurzel des Übels sind, anstatt uns bloß mit ihren Wirkungen zu beschäftigen, werden dafür die beständigen Ermahnungen und die Meckerei unnötig, die ein Laster des alten Systems waren. Auch das ist ein Thema der neuen Erziehung, die Kinder von ständiger Ermahnung und Nörgelei zu befreien.

Auf einen Aspekt der Kindererziehung will ich aber noch näher eingehen. Die Methoden der alten Pädagogen mit ihren Verboten und ihren genauen Anweisungen waren im Großen und Ganzen viel weniger schädlich als die Extreme in den modernen Schulen, die ihre Ausbildungspläne nach den instinktiven Reaktionen der Kinder aufstellen. Ich gebe zu, die alten Methoden haben auch versagt, weil das System von Verbot und Regelsetzung zum einen zu sehr ausgereizt wurde und weil die Verbote und Anordnungen zum anderen nur auf Tradition, Vorurteil und Unwissen beruhten und nicht auf einem wissenschaftlichen Prinzip, das von Vernunft diktiert worden wäre. Aber die neuen Methoden versagen, weil sie eine vollkommen irrsinnige Annahme zur Grundlage haben, die nachweislich ein Trugschluss ist. Kann man aber eine Methode verteidigen, der man einen solchen Vorwurf machen kann?

Gib einem Kind bewusste Kontrolle und man gibt ihm Balance und Geschmeidigkeit. Dies ist ein ausgezeichneter Ausgangspunkt für Erziehung. Ohne Geschmeidigkeit und Balance wird das Kind sehr bald von seiner Umwelt eingeengt und entstellt. Weder die alten noch die neuen Erziehungsmethoden haben sich je darum gekümmert. Es gibt zwar einige Eltern, die eine gute Kinderkrippe oder eine gute Schule für die Erziehung ihrer Kinder wählen können, im Großen und Ganzen sind es wohl nur wenige, die eine Wahlmöglichkeit haben. Wenn ein Kind jedoch Geschmeidigkeit und Balance besitzt und wenn es eine vernunftgesteuerte Kontrolle über sein körperliches Sein hat, ist es gerüstet für jede nur denkbare Lebensweise. Es besitzt dann wundersame Kräfte, um sich jeder möglichen Umwelt anzupassen, in die es geraten könnte. Und wenn wir es dann noch mit einem der außergewöhnlichen Individuen zu tun haben, das durch eine seltene Gabe der Natur oder durch eine starke innere Kraft seiner Persönlichkeit in der Lage ist, das Leben nach seinen Bedürfnissen zu beugen, dann wird man jene Fähigkeiten in ihm gestärkt und vervollkommnet haben, die es dem Genie ermöglichen, das Beste und das Größte in sich zu entwickeln. Und das ist bei weitem mehr als das, was das Kind erhalten würde, wenn es den Weg über die Möglichkeiten des freien Ausdrucks hätte nehmen müssen.

Es gibt noch einen letzten Vorwurf an die Verfechter des freien Ausdrucks. Sie sind selber nicht frei! Viele ihrer Befürworter und Lehrer zeigen ein Maß an Intoleranz gegenüber den Vertretern des alten Erziehungssystems, das durch nichts zu rechtfertigen ist. Sie sind so sehr in ihrer eigenen geistigen Haltung eingeengt, dass sie ihre Phantasie einschnüren. Aus dem einen Extrem sind sie in das andere Extrem gefallen. Sie haben den Mittelweg nicht finden können, der breit genug gewesen wäre, um den Schattierungen aller möglichen Meinungen Raum zu geben.

Zum Abschluss dieses Exkurses über eine neue Methode will ich eines klar betonen: Ich selbst bin ein starker Befürworter einer richtig verstandenen freien Entfaltung, wie es jeder andere ihrer Verfechter in den Vereinigten Staaten von Amerika auch ist. Aber Beobachtungen, die wirklich in die Tiefe gegangen sind, und Erprobungen haben mich davon überzeugt, dass das nicht geschulte Kind gar nicht die Befähigung zu einem freien Ausdruck hat. Es gibt nämlich Gesetzmäßigkeiten, mechanischer und auch anderer Art, die sich aus den Erfahrungen des Menschen in unzähligen Jahrhunderten abgeleitet haben und die nur in den allerseltensten Fällen von einem natürlichen Kind der heutigen Zeit auf unterbewusste Weise noch befolgt werden können.[18)]

Ich habe schon vor über 22 Jahren in Australien das unterrichtet, was der wahren Bedeutung des freien Ausdrucks entspricht, so meine Überzeugung. Damals kamen die Schüler zu mir, um im Unterricht ihren stimmlichen und schauspielerischen Ausdruck zu entwickeln. Nach den alten Methoden hätte man ihnen jetzt beigebracht, ihren Lehrer im stimmlichen Ausdruck, im Gesichtsausdruck, in der Art der Stimmproduktion und in der Gestik exakt zu imitieren. Und jedermann würde dann sofort erkennen können, wer der Lehrer gewesen ist, sofern er mit den Eigenarten und Methoden des Lehrers vertraut war. Schülern, die nach dieser Methode ausgebildet worden sind, wurde genauso beigebracht, jede Szene oder jede Passage eines Theaterstücks, oder jedes Gedicht so zu interpretieren, wie es ihr geschätzter Lehrer vorgesehen hatte.

Bei meiner Methode, die zu jener Zeit als radikal, ja als umstürzlerisch eingestuft wurde, erhielten meine Schüler auf der Basis einer bewussten Steuerung und Kontrolle ganz bestimmte Lektionen, um sich zu koordinieren und Tätigkeiten neu zu erlernen. Auf diesem Wege wurden einem Rezitator, einem Schauspieler oder einem zukünftigen Künstler genau die Mittel zur Verfügung gestellt, die es ihnen ermöglichten, die Kräfte für den stimmlichen Ausdruck, für Mimik und Gestik oder für den schauspielerischen Ausdruck zu ihrem besten Vorteil einzusetzen. Dem Künstler oder der Künstlerin konnte im Anschluss daran problemlos erlaubt werden, eigene charakteristische Ausprägungen zu entwickeln. Manchmal waren einige wenige Hinweise zur Interpretation notwendig, aber es blieb im Großen und Ganzen seine oder ihre individuelle Darstellung. Man konnte keinen meiner Schüler einer bestimmten einengenden Ausdrucksschule zuordnen, aber die meisten von ihnen waren gut an ihrem Selbstvertrauen und an ihrer Gelöstheit beim Auftritt zu erkennen.

Auch das Folgende dürfte in diesem Zusammenhang für meine Leser von Interesse sein. Ich hatte mich entschlossen, die von mir vertretenen Prinzipien auszutesten. Dazu organisierte ich 1902 Aufführungen von Shakespeares „Hamlet“ und dem „Kaufmann von Venedig“. Junge Männer und Frauen, die vorher noch nie auf irgendeiner Bühne gestanden hatten, erhielten von mir spezielle Trainingslektionen entsprechend der Richtlinien, die ich oben erläutert habe. Diese jungen Leute wurden nach den Prinzipien einer bewussten Steuerung und Kontrolle geschult, die ich damals schon entwickelt und ausprobiert hatte. Kritiker und auch meine Freunde erwarteten natürlich am Abend der ersten Aufführung, dass sie vor allem eine Zurschaustellung von „Lampenfieber" sein würde. Wie sehr sie sich getäuscht hatten! Keiner meiner jungen Studenten hatte auch nur einen Anflug dieser panischen Reaktion. Als es endlich soweit war, auf die Bühne zu treten, erschien ihnen die Vorstellung von „Lampenfieber" als eine blanke Absurdität. Man kann sogar sagen, dass sie gar nicht verstanden haben, was mit einem solchen Zustand gemeint sein könnte, obwohl ich an den Aufführungsabenden selbst keinen Souffleur zugelassen habe! Für mich war dies eine der überzeugendsten, jemals von mir gemachten Demonstrationen dieser wunderbaren Kontrolle und Selbstbeherrschung, die man erreichen kann, wenn man meine Prinzipien konsequent umsetzt.

Beachtenswert war auch, dass diese blutigen Anfänger tatsächlich in der Lage waren, ihre Persönlichkeiten auszudrücken, als sie auf die Bühne geschickt wurden. Wenn man sie durch eine endlose Reihe von „Tu das nicht, tu dies nicht!" eingeschränkt oder auch in Schubladen gesteckt hätte, wenn ihr Auftritt von einem rigiden Regelwerk eingeengt worden wäre, wäre die Mehrzahl von ihnen wahrscheinlich in den ersten zwei Minuten zusammengebrochen. Und auf der anderen Seite brauche ich wohl nicht das Chaos näher zu beschreiben, das entstanden wäre, wenn ich die Schauspieler ohne irgendein Training auf die Bühne geschickt hätte. Sie wären bloß arme, hilflose, unwissende Beispiele für das gewesen, was ein freier Ausdruck hätte sein sollen.

Es handelt sich hierbei um ein Beispiel für Erziehung in einem Bereich der Kunst. Es ist jedoch auch bestens dafür geeignet, um die wesentlichen Erfordernisse in der Kindererziehung ganz allgemein aufzuzeigen. In der Erziehung müssen wir dem heutigen Kind und dem Kind der Zukunft eine so vollständige Befehlsgewalt über sein kinästhetisches System als Grundstock mitgeben, wie man sich es nur vorstellen kann. Auf diese Weise könnte in jedem Lebensbereich und bei allen Formen des menschlichen Handelns das höchstmögliche Niveau im freien Ausdruck erreicht werden. Die „Maschine Mensch“ muss demnach so aufgebaut, koordiniert und eingestellt werden, dass sie wieder *rund läuft*. Bei einem Auto sind wir bestens mit dem Ausdruck „*Tuning*“ vertraut und wir machen beim „*Tuning up*“ Gebrauch vom Können des Automechanikers, wenn wir das Beste aus der Maschine herausholen wollen. Und wie Huxley sagt, ist der menschliche Organismus auch nur eine Maschine. Also muss uns klar werden, dass auch der menschliche Organismus „*getun*t“, eingestellt werden muss, wenn wir wollen, dass seine Potenziale angemessen ausgeschöpft werden. Ein so „*getunter*“ Organismus ist dann die zufriedenstellende Abbildung des kinästhetischen Systems eines Kindes. Ein solcher Organismus ermöglicht es ihm, sich frei und angemessen auszudrücken. Dieser Organismus stellt dann die „Mittel“ für einen freien und vollen Ausdruck, für eine Anpassungsfähigkeit an eine in ständiger Veränderung begriffene Umwelt, wie es das Leben in der Zivilisation mit sich bringt, und für all das bereit, was mit diesen beiden zusammenhängt.

Bis jetzt habe ich mich in diesem Kapitel über die kulturellen Entwicklungen in einer zivilisierten Gesellschaft und über die Ausbildung ihrer Kinder fast ausschließlich mit den frühen Jahren der Kindheit befasst. Das heißt aber nicht, dass es zu gegebener Zeit nicht auch viel zu Problemen der Grundschulerziehung und zur Ausbildung in den weiterführenden Schulen zu sagen gäbe. Und es soll niemand behaupten, der bis hierhin den Text wirklich aufmerksam gelesen hat, der auch ernsthaft den Versuch unternommen hat, meinen Standpunkt nachzuvollziehen, dass die Erziehungsfragen, seien sie weltlich oder religiös, nicht in meinen Kompetenzbereich fallen. Denn das Geistige und das Körperliche sind dermaßen unlösbar miteinander verbunden, dass das eine wirklich nicht ohne das andere diskutiert werden kann. Ich werde mein Anliegen noch einmal unter diesem Gesichtspunkt kurz zusammenfassen, auch auf die Gefahr hin, dass man mir Wiederholung vorwirft.

Meine logischen Schlussfolgerungen lauten:

Bewusste Steuerung und Kontrolle muss in allumfassender Weise zur Grundlage einer zukünftigen Erziehung werden.

Der Zivilisation und der Erziehung, so wie sie sich bis heute darstellen, kann man mit Bestimmtheit nicht nachsagen, die Menschheit in ihrer Entwicklung zufriedenstellend von den niederen zu den höheren Ebenen der Evolution gebracht zu haben. Man könnte nämlich nur dann von einer zufriedenstellenden Entwicklung sprechen, wenn die überragenden Veranlagungen des Menschen unter beliebigen Umständen oder als Reaktion auf einen beliebigen Stimulus nicht von seinen animalischen Instinkten beherrscht würden und wenn durch diese Instinkte nicht die Verbindung zu seiner Vernunft gekappt würde.

Die Menschheit sollte sich durch langsame, aber stetige Prozesse von der einen Stufe der Evolution zur nächsten entwickeln. Langsamkeit und Stetigkeit sind in den Phasen besonders gefragt, in denen der Mensch von seiner unterbewussten, animalischen Stufe zu den höheren Stufen eines vernunftgesteuerten Bewusstseins aufsteigen soll. Im Laufe dieses Prozesses wird der Mensch nämlich ein neues Unterbewusstsein entwickeln, das aber vom Bewusstsein gesteuert sein wird. Und dieses neue Unterbewusstsein ist dann nicht vererbt, sondern es ist erworben. Und auch die Kontrollfähigkeiten nehmen zu, mit der die animalischen Schwächen in Schach gehalten werden.

Der Entwicklungsverlauf von der Kindheit durch die Phase des Heranwachsens und weiter durch die dann folgenden Launen des Schicksals wird von dem Prozess der Entwicklung eines neuen Unterbewusstseins geprägt sein. Ideal wäre es, wenn das Verhältnis des Entwicklungsfortschritts des neuen Unterbewusstseins proportional zu dem Wirkungsniveau dieses Prozesses wäre. Dieses Evolutionsprinzip gilt im selben Maße für das Individuum und für die Entwicklung einer ganzen Nation.

Mechanismen, die unterbewusst entwickelt worden sind, wie die unterbewusste Steuerung und Kontrolle, funktionieren nur auf den Entwicklungsstufen zur vollen Zufriedenheit, die mehr oder weniger der animalischen Ebene nahekommen.

Die alten, eher gemäßigten Erziehungsmethoden sind durchaus nicht unvereinbar mit einer Entwicklung und Förderung auf unterbewusster, animalischer Ebene.

Die Prinzipien des freien Ausdrucks können solange keine zufriedenstellenden Ergebnisse erbringen, wie die Mechanismen des Menschen von einer vererbten und unterbewussten Steuerung und Kontrolle betrieben werden. Das ist auch der Grund, warum jegliche Unterstützung für die weitere Entwicklung mit dem folgenden Prinzip im Einklang stehen muss: Die Steuerungsbefehle und die Kontrollen müssen in die richtigen Richtungen gehen und gleichzeitig müssen mechanisch vorteilhafte Positionen zum Einsatz kommen, ungeachtet dessen, ob sie objektiv korrekt sind, und ohne Rücksicht auf das unmittelbare Ergebnis. Heute und morgen mag dies noch wenig zufriedenstellend sein, vielleicht auch noch in der nächsten Woche. Wenn aber eine Position eingenommen wird, die mechanisch von Vorteil ist, und wenn die Befehle und Kontrollen in die richtige Richtung gehen und auch im Gedächtnis bleiben und wieder und wieder erteilt werden, wird früher oder später ein neues und korrektes Gefüge das alte und heimtückische ersetzen. Dieses neue Gefüge wird dann auch beständig erhalten bleiben.

Bewusst kontrollierte Mechanismen (durch bewusste Steuerung und Kontrolle) sind für eine zufriedenstellende Entwicklung und den Fortschritt der Menschheit hin zu seinen höheren Evolutionsstufen ganz entscheidend. Dafür ist es notwendig, dass der gesamte Organismus fortdauernd angemessen und lebendig funktioniert, mental und körperlich. Eine sich schnell entwickelnde Zivilisation erfordert dringend eine schnellere Anpassungsfähigkeit an eine sich beständig verändernde Umwelt und sie erfordert zwingend die Fähigkeit, *die neuen Ideen zu sehen und zu verstehen.*

Bewusst kontrollierte Mechanismen sind die Voraussetzung dafür, dass das Prinzip des freien Ausdrucks und alles, was damit in der Erziehung zusammenhängt, überhaupt erfolgreich umgesetzt werden kann. Eine bewusste Steuerung und Kontrolle, als Grundprinzip in der Erziehung, hat dann den Oberbefehl über die Grundprinzipien des freien Ausdrucks. Erst dann erhalten die Worte *frei* und *Freiheit* ihre wahre Bedeutung, die sie in ihrer normalen Verwendung nicht unbedingt haben müssen. Es geht mir um eine Sichtweise, die jemanden fragen lässt: „Gibt es so etwas wie wirkliche Freiheit überhaupt?“ Eines wissen wir sehr genau: Freiheit gibt es nicht ohne Beschränkung, genauso wie geistig-körperliche Harmonie nicht ohne Widerstreit zu haben ist.

Man sagt, dass sich die Trennungslinie zwischen Tragödie und Komödie der Mehrzahl der Menschen nicht so leicht erschließt, und so verhält es sich auch mit der üblichen Verwendung von Freiheit und Erlaubnis.[19)]

Ich gebe zu, dass ich beim Thema Erziehung ein Bilderstürmer bin. Es ist mir ein aufrichtiges Bedürfnis, die Ideale der Tradition zu zerbrechen, um neue Konzepte zu erstellen. Nirgendwo sonst sieht man die schädlichen Wirkungen starrer Konventionen deutlicher als in der

Erziehung und im Unterricht. Landläufig spricht man davon, den Geist der Kinder er*ziehen* zu wollen. Von seinem Ursprung her ist dieser Begriff eigentlich ein glücklicher Ausdruck. Wir erfassen seine wahre Bedeutung, wenn wir dieses Wort in den Angelegenheiten des Gartenbaus verwenden: Der Gärtner *zieht* wahrlich die jungen Gewächse. Er *zieht* sie ins Licht und in die Wärme, führt sie in Verhältnisse, die für die Entwicklung der Pflanzen besonders gedeihlich sind.

Deshalb sollte es auch oberstes Prinzip in der Erziehung sein, die geistig-körperlichen Gebrauchsweisen zu entwickeln. Sehr oft ist es jedoch so, dass das Instrumentarium des Denkens und des Verstandes vernachlässigt wird, indem man feste Regeln aufstellt, über deren Wert man sich noch nicht einmal Gedanken gemacht hat. Und dort, wo sich schon Vorstellungen im Kopf eines Kindes gebildet haben, die offensichtlich falsch sind, sollte der Lehrer nicht den Aufwand scheuen, diese festen Vorstellungen aufzudecken. Im Umgang mit ihnen sollte er auch nicht versuchen, sie zu überlagern oder zu überschreiben. Vielmehr sollten die falschen Vorstellungen so weit wie möglich ausgelöscht werden, bevor die neuen und richtigen Vorstellungen dann gelehrt oder vielmehr angeboten werden. Ich benutze hier „lehren“ und „anbieten“, und vielleicht trifft „anbieten“ den Kern meiner Meinung tatsächlich besser. Ich verstehe Unterricht nämlich so: In ihm werden dem Schüler die Fakten vorgestellt. Ihr Für und Wider wird besprochen. Und das geschieht in einer Weise, dass Urteilsfähigkeit und latente Kreativität des Schülers gefördert werden. Denn der Schüler sollte selbst denken dürfen. Er sollte nicht von den Ideen anderer Leute oder durch einseitige Darstellung eines kontroversen Themas eingeengt werden. Warum sollte man nicht auch die Kräfte der Intelligenz im Kind ausbilden? Warum sollten sie unterentwickelt bleiben, weil wir das Kind dazu zwingen, vorgefasste Ideen und Traditionen zu akzeptieren, die schon ewig von Generation zu Generation überliefert worden sind, ohne sie zu hinterfragen, ohne sie zu verstehen und *ohne ihren Wahrheitsgehalt oder ihren Ursprung zu ergründen?* Der Verstand des Menschen von heute wird durch eine Methode teilweise gelähmt, die antiquierte und unbegründete Prinzipien einer jungen und leicht formbaren Intelligenz aufzwingt.

Das Erziehungssystem selbst ist vollkommen unzulänglich und voller Nachteile. Das wissen auch alle vernünftigen Pädagogen. Trotzdem werden noch weitere Übel den Schulen aufgebürdet, wie die Entscheidung zeigt, „Tief-Atmung“ und Körperschulung zwingend in den Fächerkanon aufzunehmen. Ich möchte hier in aller Deutlichkeit betonen, dass die Körperschulungssysteme, die gewöhnlich Verwendung finden, in fast schon krimineller Weise rationale Methoden unberücksichtigt lassen. Auch finden Untersuchungen keine Berücksichtigung, die einwandfrei belegen, dass die Praxis der Körperschulung ungesund und schmerzlich ist. Schon vor einigen Jahren habe ich das Folgende in der *Pall Mall Gazette* geschrieben:

Ich möchte darauf hinweisen, dass in unseren Schulen und in der Armee die Menschen durch Atemschulung und Körpertraining aktuell so verändert werden, dass Missbildungen mehr und mehr anzutreffen sind. Vor mir liegt ein Buch über Atemschulung, das in der Armee Verwendung findet. Jeder, der einigermaßen versiert in Psychologie und Physiologie ist und der weiß, dass diese beiden nicht voneinander zu trennen sind, wird sofort verstehen können, warum daraus so viel Schaden entsteht. Man sieht auf den Bildern, dass der obere Brustbereich übermäßig herausgedrückt wird (Es hat sich ein sogenannter Emphysemthorax gebildet), dass sich steife Nacken und übermäßige Hohlkreuze (Lordosen), versteifte Brustkörbe und andere Körperauffälligkeiten entwickelt haben. So ist es wirklich kein Wunder, dass so oft Herzprobleme, Krampfadern, Emphyseme und Mundatmung in der Armee anzutreffen sind. Und weil diese Probleme von so weitreichender gesellschaftlicher Relevanz sind, will ich gerne die nötige Zeit investieren, um den Autoritäten der Medizin und der Verwaltung, die sich um die Belange der Armee und des Schul- und Gesundheitswesens kümmern, zu beweisen, dass „Tief-Atmung“ und solche körperschulenden Übungen, wie sie gerade in Mode sind, viel mehr Schaden anrichten, als dass sie Gutes bewirken. Mehr noch, es wird damit sogar der Grund-

stein für sehr viel schwerwiegendere Probleme in der Zukunft gelegt. Denn alle Übungen, die mit „Tief-Atmung“ verbunden sind, verursachen eine Verstärkung der vorhandenen fehlerhaften Koordination der Muskulatur. Selbst wenn eine schlechte Gewohnheit ausgelöscht wird, entwickeln sich viele andere, die oft noch schädlicher sind. So sieht die Wahrheit aus!

Zum gleichen Thema ist meine Schrift „Warum wir falsch atmen“ erschienen (Nov. 1909). Ich habe darin u. a. geschrieben:

„Wenn ich den Atemvorgang beschreibe, wird deutlich, was ich meine. Ein Mensch, der falsch und unzureichend atmet, macht dies als unmittelbare und unvermeidliche Konsequenz von unnormalen und schädlichen Verhältnissen bestimmter Körperteile. Jemand, der richtig und ausreichend atmet, tut dies als eine unmittelbare und unvermeidliche Konsequenz von normalen und gesunden Verhältnissen der gleichen Teile. Daraus folgt: Wenn es gelänge, die Verhältnisse, die beim zweiten Menschen bestehen, auf den ersten zu übertragen, würde dieser zu einem ausreichend und richtig atmenden Menschen, und nur dann. Um dies zu erreichen, muss ein Prozess in Gang gesetzt werden, der die Körperteile durch einen neuen und richtigen Gebrauch der Muskelmechanismen auf der Grundlage eines lenkenden Bewusstseins neu justiert. Diese Veränderung erzeugt den entscheidenden mechanischen Vorteil bei allen betroffenen Körperteilen. Weil die dafür relevante Maschinerie jetzt richtig verwendet wird, werden Expansion und Kontraktion des Brustkorbes in einer Weise ermöglicht, die dem atmosphärischen Druck Gelegenheit geben, sein Werk vollständig zu vollbringen. Da ist also zum einen der steuernde Einfluss im Bereich des Bewusstseins und da ist zum anderen der Gebrauch der Muskelmechanismen. Die Kombination von beiden bewirkt bestimmte Expansionen und Kontraktionen und das Ergebnis dieser geordneten Kombination ist das, was wir atmen nennen. Man kann sofort erkennen, dass bei diesem Prozess, bei dem es eigentlich um die Umschulung des kinästhetischen Systems im Zusammenhang mit richtigen Körperstellungen [A)] bei der Atmung geht, der Atemvorgang nicht primärer, auch nicht sekundärer Teil des Prozesses ist. Tatsächlich ist das Atmen ein untergeordneter Vorgang,

der selbständig abläuft. Voraussetzung ist allerdings, dass die Körperteile so perfekt koordiniert sind, wie es durch mein System erreicht werden kann."

Ich stehe weiterhin voll und ganz hinter jedem einzelnen dieser Worte. Jedes Jahr werden aus der britischen Armee hunderte von Soldaten mit Herzproblemen entlassen, weil beim Drill der Soldaten auf die „Hab' Acht-Stellung" mit den sie begleitenden Verspannungen und Versteifungen Wert gelegt wird. Erst kürzlich fand ich ein Foto eines kleinen Jungen im *Punch*: Der junge Adlige macht mit seinem Stallburschen einen Ausritt im Park, dem dann die alles entscheidende Frage gestellt wird: „Und wie würdest du jemandem aus dem Königshaus grüßen?" – „Genauso, wie es die Soldaten machen: Meine Hand an meinem Hut und den Eindruck erwecken, als ob ich platzen müsste!" Das war seine Antwort, die nichts an Deutlichkeit zu wünschen übrig ließ und zeigte, woher der Wind weht.

Diese Soldaten machen dann Gewaltmärsche und halten dabei die Brust „gut ausgerichtet" und steif. Die Verspannungen beim Marschieren bringen sie später unvermeidlich in eine leicht gebeugte Haltung. Und diese Haltung kann dann durchaus weiter bestehen bleiben. Sie kann im schlimmsten Fall bestimmt so schädlich sein wie die Verspannung der „Hab' Acht-Stellung". Man muss nur die freie, lockere, aber so viel gesündere Attitüde der Seeleute an Land mit der gestelzten der Soldaten vergleichen, die wie aufgeblasene Truthähne zur Ehre ihres Regiments durch die Stadt stolzieren. Es ist sicherlich das Korps der Seeleute, das für ihre harte und effektive Arbeit besser vorbereitet ist.

Vor einiger Zeit, es ist wohl schon ein paar Jahre her, sah ich in einer beliebten Tagesillustrierten mit Entsetzen ein wahrlich pathetisches Klassenfoto von Schülern, die sich ebenso nur wenig von aufgeplusterten Truthähnen unterschieden, mit Hohlkreuzen und herausgedrückten Brustkörben. Und der Lehrer wurde sogar noch für sein Engagement belobigt, dass er mit der „Methode Tief-Atmung" so herausragende Ergebnisse erzielt habe.

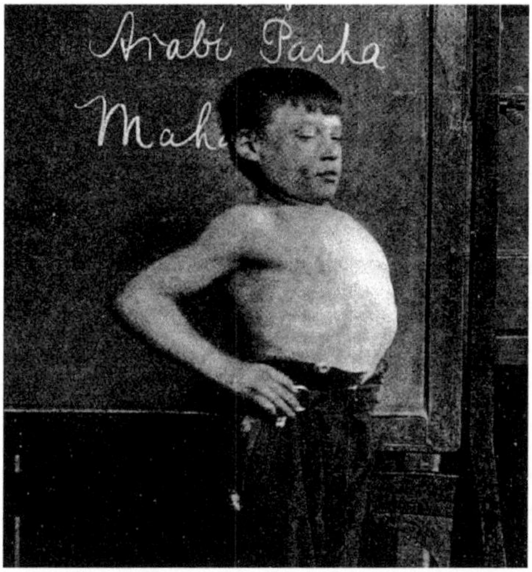

DIESE FOTOGRAFIE WURDE VOR EIN PAAR JAHREN IN EINER TAGESZEITUNG VERÖFFENTLICHT. ES ZEIGT EINEN SCHÜLER DER COUNTY COUNCIL SCHOOL IN LONDON BEI SEINEN ÜBUNGEN ZUR TIEF-ATMUNG.

HIER SEHEN WIR DEN KLEINEN MANN MIT SEINEN KLASSENKAMERADEN. DIE DEFORMATIONEN DER UNGLÜCKLICHEN JUNGEN, DIE SICH HIER ZEIGEN, HABEN SICH MIT DER ZEIT DURCH TIEF-ATMUNG GEBILDET. ES IST WIRKLICH EIN GLÜCK, DASS SEIT KURZEM DER LEHRPLAN ZUM BESSEREN VERÄNDERT WORDEN IST

Bei diesem Foto drängt sich eine Frage förmlich auf: Muss sich auf den Gesichtern der Menschen wirklich eine solch absolute Spannung abzeichnen, wenn man eine richtige Standposition einnimmt, die der Gesundheit zuträglich ist? Das ist doch blanker Unsinn! Wenn derartige Grundsätze eine Verwendung finden, kann gar nichts anderes als Chaos entstehen, Chaos im Körper und Chaos im Denken. Dies ist meine vollste Überzeugung.

Wenn ich jetzt auf meine allgemeine Theorie der Ausbildung des einzelnen Menschen zurückkomme, will ich nicht unbedingt auf einer Sache herumreiten, aber das Beispiel der Links/Rechtshändigkeit hat nun einmal weitreichende Bedeutung. Zum einen lassen wir es zu, dass die Vernunft für eine derartige Tradition oder Übereinkunft auf der Strecke bleibt, und zum anderen wird sie für eine gar nicht erprobte und vielleicht sogar unlogische Idee geopfert. Wenn wir Linkshändigkeit ablehnen, basiert dies im Allgemeinen auf Enthusiasmus oder man ist der Ansicht, nach dem System Versuch und Irrtum vorgehen zu müssen. Was den Enthusiasmus angeht, nehme ich für mich in Anspruch, dass es keinen größeren Enthusiasten gibt als mich selbst. Aber ich lasse es nicht zu, dass mein Enthusiasmus meine Vernunft beherrscht. Wenn ich einmal dazu komme, einen Bericht darüber zu verfassen, wie ich zu den praktischen Erklärungen meiner Prinzipien bewusster Kontrolle gelangt bin, werde ich offen zugeben müssen, dass mein Enthusiasmus eine der größten Gefahren, wenn nicht sogar die größte Gefahr war, die es zu bekämpfen galt. Und die Gefahr ist heute immer noch so lebendig und groß, wie sie vor über zwanzig Jahren war. Wenn ich zugelassen hätte, dass mein Enthusiasmus meine Vernunft dominiert, hätte ich meine Prinzipien aber nie und nimmer herausarbeiten können. Was nun die Argumentation betrifft, die für die Notwendigkeit eines empirischen Vorgehens plädiert, gestehe ich durchaus, dass meine Methoden in gewisser Weise auf Experimenten beruht haben und weiterhin beruhen. Mit Blick auf die Bewegung des freien Ausdrucks behaupte ich aber, dass sich der Irrtum dieser Bewegung in der Praxis schon zur Genüge erwiesen hat. Und da ist noch ein Argument, das noch sehr viel schwerer wiegt: Wir haben wirklich nicht das Recht, an Kindern herumzuexperimentieren. Dies habe ich nie getan und ich bestehe auch auf diesem Grundsatz, weil mir nur allzu klar geworden ist, dass ein Irrtum irreparabel sein kann. Gibt es einen Fehler, der schwerer auf dem Gewissen eines Menschen lasten könnte, als ein Fehler, der das Leben eines anderen Menschen entstellt, auch wenn er in aller Unschuld begangen worden ist?

Deshalb liegt mir das Wohl der Kinder dieser Generation so sehr am Herzen. Sie sind meine wichtigsten Klienten. Ich fordere, dass wir keines der gefährlichen Extreme weiterverfolgen, die das geistige und körperliche Wohlergehen der Kinder bedrohen. Auf der einen Seite muss es vermieden werden, dass man ihnen fixe Ideen aufdrängt, die ihr Denkvermögen einengen. Denn eines weiß ich genau: Wenn wir ihr Denkvermögen beschränken und ihnen absichtlich unsere eigenen Denkgewohnheiten vermitteln, gehen die Auswirkungen viel weiter als das, was wir liebend gerne mit „Charakterformung" bezeichnen. Auf der anderen Seite haben wir aber auch nicht das Recht, die Kinder ganz sich selbst zu überlassen. Sie haben zwar, innerhalb gewisser Grenzen, das Recht zu wählen, nur haben sie unglücklicherweise in ihren frühen Jahren noch nicht die Fähigkeit dazu. Und es besteht auch gar nicht die Notwendigkeit, sie in ihrer Wahl für das eine oder für das andere festzulegen. Wir müssen sie nur so erziehen, dass sie die Fähigkeit zu wählen erwerben. In seinem wunderbaren Werk *„The New Word"*, aus dem ich bereits zitiert habe, schreibt Allen Upward: *„Erlaube dem Kind zu wachsen. Gib dem Kind die Erlaubnis zu leben. Gib ihm die Erlaubnis zu hoffen, wahrlich zu hoffen (...). Das Kind ist sein eigener Richter. Ich sage, dass das Kind schon ganz Mensch ist und dass es von Geburt an ein Recht auf die Wahrheit hat."* Dem möchte ich hinzufügen: Erlaube dem Kind zu lernen. Gib ihm die Möglichkeit, von dem Wissen zu profitieren, das wir aus unseren Erfahrungen gewonnen haben, indem wir es an das Kind weitergeben. Es hat in der Tat ein Recht auf die Wahrheit, aber wir dürfen dem Kind nur dabei helfen, die Wahrheit selbst zu entdecken.

Ich mache mir zu diesem Thema beständig ernsthafte Gedanken. Ich kann in diesem kurzen Abschnitt allerdings wirklich nicht auf alle Bereiche eingehen, die dabei zu beachten sind, wie richtige Ernährung, Kleidung, Körperschulung und viele andere Dinge mehr. So beschränke ich mich einige ausgewählte Punkte.

Das kinästhetische System, das die richtigen und gesunderhaltenden Körperbewegungen und Körperstellungen überwacht, ist von den Gewohnheiten im Klassenraum allzu sehr geschwächt worden: Da wird Bewegungsbeschränkung zu Zeiten erzwungen, wenn der natürliche Bewegungsdrang unterstützt und mit entsprechenden Kenntnissen angeleitet werden sollte. Da gibt es die kauernden Positionen, die bei oft nutzloser und irrationaler Arbeit am Schülerpult eingenommen werden.

In diesen Zusammenhang gehört auch, dass ich von Freunden und auch von unbekannten Briefeschreibern wiederholt nach meiner Meinung zum richtigen Mobiliar gefragt worden bin. Welche Stühle oder Hocker, welche Tische oder Schreibpulte sind die richtigen, um die schlechten Gewohnheiten zu verhindern, von denen man annimmt, dass sie durch das schlechte Schulmobiliar verursacht worden sind? In meinen Antworten weise ich jedes Mal darauf hin, dass dies der falsche Standpunkt ist, um das Problem zu lösen.

Vielleicht sollte dieses Problem einmal im Lichte der Vernunft betrachtet werden. Nehmen wir nur einmal an, es gäbe diesen idealen Stuhl, es gäbe ein solches wundersames Gefüge aus perfekten Winkeln, Wölbungen und Stützpunkten wirklich, das wie durch Zauberhand auch jeden Fehler im Körpermechanismus des Kindes verhindert. Und nehmen wir ruhig weiter an, das Kind fände auch Behaglichkeit und Ruhe, wenn es auf diesem Stuhl sitzt. Wie aber soll verhindert werden, dass es Qualen erleidet, wenn es mit all dem konfrontiert wird, was unbequem ist? Wenn es Auto fährt? Wenn es sich zuhause hinsetzt? Wenn es Freunde besucht? Wenn es am Fluss oder im Wald ein Picknick macht? Ich sehe nur eine Möglichkeit: Wenn es diesen idealen

Stuhl gäbe, müsste ihn unser Kind wohl überall mit hinnehmen, wohin es auch geht.

Dann stellen sich aber weitere Fragen. Wie ist es möglich, dass sich dieser ideale Stuhl wie von Zauberhand auf jedes Alter und jeden Typus eines Kindes anpasst? Sollen wir die Kinder etwa als formbare Lehmklumpen behandeln, die in ein Modell, von dem wir annehmen, dass es dem idealen Stuhl entspricht, eingepasst werden müssen? Sollen wir etwa jeden einzelnen untersuchen und vermessen und dann Jahr für Jahr einen Stuhl nach seinen Maßen bauen, sagen wir, bis ins Erwachsenalter hinein?

Nein! Was wir brauchen, ist nicht eine ideale Konstruktion der Schulmöbel. Was wir brauchen, ist die ideale Ausbildung unserer Kinder. Gib einem Kind die Fähigkeit, sich selbst *im vernünftigen Rahmen* an seine Umwelt anzupassen, und es wird erst gar keine Unannehmlichkeiten erleiden und es wird auch keine schlechten Körpergewohnheiten entwickeln, ganz gleich auf welchen Stuhl es sich setzt. Warum ich den *vernünftigen Rahmen* heraushebe? Nun, es ist doch offensichtlich absurd zu erwarten, dass das Kind eines Riesen einen Stuhl benutzt, der für einen Liliputaner gedacht ist. Warum sollten wir wertvolle Zeit, Erfindungsreichtum oder Gedanken darauf verwenden, Möbel zu konstruieren, wenn wir das Kind mit viel geringerem Einsatz dieser drei Einheiten so gut ausbilden können, dass es eine eigene bewusste Kontrolle erlangt und sich über alle möglichen Einschränkungen hinwegsetzt, die eine normale Schulausstattung provozieren kann.

Das Problem, das in der Erziehung gelöst werden muss, ist das gleiche, das in der Zukunft auch in allen sozialen, politischen, industriellen, wirtschaftlichen, ethischen, ästhetischen, religiösen und auch in manchen anderen Bereichen des menschlichen Handelns eine Lösung erfordert. In jedem dieser Lebensbereiche haben wir jahrelang den *Wirkungen* die Bedeutung von *Ursachen* gegeben. Wir haben an sich lobenswerte Versuche unternommen, um die Dinge auf dieser allerdings ungesunden Basis ins Lot zu bringen. Im Falle der Erziehung sind gewisse Symptome als mehr oder weniger schädlich erkannt worden und man hat den verwendeten Erziehungsmethoden die alleinige Schuld dafür gegeben.

Seit mindestens einem halben Jahrhundert gibt es auch die Methode der Sozialarbeit. Um die Bedingungen der Armen zu verbessern, unternahm man den Versuch mit Geld, Lebensmitteln, Kleidung oder Wohnraum zu helfen. Die Nachteile dieser falschen Politik haben sich in der Praxis sehr deutlich gezeigt. Heute ist der Grundsatz in der Sozialarbeit die Hilfe zur Selbsthilfe. Es werden den Armen die Mittel zur Verfügung gestellt, damit sie aus eigener Anstrengung vorankommen und selbst für Essen, Kleidung und Geld sorgen können.

Und genau dieses Prinzip trägt auch im Umgang mit Kindern so viel besser als die alten Prinzipien. Bisher haben die Pädagogen den Kindern alles gegeben, von dem sie glaubten, dass die Kinder es brauchten. Zukünftig müssen wir anders vorgehen und ihnen die *Mittel-und-Wege* an die Hand geben, mit denen sie ihr eigenes Vorankommen selbst bestimmen, mit denen sie ihre Bedürfnisse selbst befriedigen können.

Wenn neue Methoden anwendet werden sollen, erfordert dies, dass der Gegenstand, die Person oder die Personen genau und eingehend untersucht werden, auf die sie angewendet werden sollen. Eine solche Untersuchung würde wahrscheinlich die wirkliche *Ursache* für die Schwierigkeiten aufgedeckt haben, die sich uns in der Erziehung unserer Kinder heute stellen: Durch den Zivilisationsprozess hat sich nämlich der geistig-körperliche Zustand eines Kindes zum Zeitpunkt der Geburt nach und nach verändert. In diesem Prozess ist viel gewonnen worden, es ist aber auch vieles verloren gegangen. Aus dem Blickwinkel des Erziehers waren die Verluste im Vergleich zu den Vorteilen gewaltig, denn das kinästhetische System ist ruiniert worden, das wahrlich von einer außerordentlichen Bedeutung ist. Der Versuch des Menschen, in Abhängigkeit von seinem unterbewusst kontrollierten Organismus von den niederen (animalischen) Stufen auf die höheren Stufen der evolutionären Ebenen zu gelangen, hat das kinästhetische System in seine Einzelteile zerlegt.

Es bleibt mir immer noch viel zu dem Thema Erziehung zu sagen. Ich hoffe aber sehr, dass ich schon bald eine Gelegenheit finde, meine Methoden soweit auszuarbeiten und zu verbreiten, dass sie weltweit in der Praxis eingesetzt werden können. Wenn es mir jetzt gelungen ist, durch diese nur wenigen Bemerkungen wenigstens ein gewisses Interesse für dieses Menschheitsproblem geweckt zu haben, habe ich vielleicht etwas zu seiner Lösung beigetragen. Zum gegenwärtigen Zeitpunkt brennt das Problem wirklich unter den Nägeln und es wird von Tag zu Tag drängender. Was wir zu seiner Lösung bis jetzt beigetragen haben? Wir haben den Kindern die eine oder andere Regel auferlegt. Weil alle diese Regeln aber starr und steif durchgesetzt werden, obwohl sie doch allzu oft in ihrer Konzeption vollkommen unbegründet sind, sind sie nichts weiter als ein Herumprobieren. Anstelle dieser Regeln schwebt mir ein anderes Ideal vor Augen. Aus meiner Sicht ist es auch relativ leicht zu verwirklichen: Ich bin auf der Suche nach einer Ausbildungsmethode für unsere Kinder, die sie zum Herrn, zur Herrin über ihren eigenen Körper macht, und ich sehe diese Methode auch schon am Horizont. Ich sehe eine Zeit kommen, in der das Kind dazu ausgebildet wird, sich ohne große Anstrengungen an eine neue Umgebung anzupassen. Dabei wird es ganz gleich sein, wie die jeweiligen Umstände aussehen, die es umgeben. Ich sehe eine Zeit, in der die Kinder in die Lage versetzt worden sind, ihr Leben in perfekter körperlicher und geistiger Gesundheit zu verbringen. Der Mensch hat einen Schritt hin zu einem komplexeren und höheren Zivilisationsniveau getan. Er hat seine Lebensgewohnheiten beständig verändert und er wird sie auch weiterhin verändern, weil er noch weit von der höchsten Entwicklungsstufe entfernt ist. Er wird sich weiter und weiter von den urzeitlichen, unzivilisierten Stufen der Evolution entfernen. Dabei wird er immer weniger Gelegenheit haben, seine Körpermaschinerie in den Routinen seines täglichen Lebens einzusetzen, ohne Schaden zu nehmen. Eine Kontrolle auf instinktiver Basis kann nämlich nicht verhindern, dass die Maschinerie schlecht arbeitet. *Bewusste Kontrolle* wird es dem Menschen jedoch ermöglichen, sich schneller und flexibler an die sich beständig verändernden Bedingungen des Lebens anzupassen. Die Veränderungen verlaufen schneller und radikaler als je zuvor in der Geschichte des Fortschritts unserer Welt. Dieser Sichtweise kann sich wohl niemand verschließen, der mit urteilsfähigen Augen auf die Welt unserer Tage blickt.

Mein Blick richtet sich auf den Endpunkt und ich halte es wirklich für ratsam, nach dem Höchsten zu streben und sich nicht mit weniger zufrieden zu geben. Trotzdem ist es notwendig, die praktischen Einzelheiten auf unserer Reise nicht aus den Augen zu verlieren. Was in den Teilen 2 und 3 dieses Buches folgt, mag im Vergleich zu dem, was ich bis hierhin skizziert habe, trivial erscheinen, aber es ist die Trivialität des wesentlichen Details.

Mein Wunsch ist es, die Straße deutlicher zu markieren, und es ist mein Anliegen zu zeigen, wie jeder Mann und jede Frau lernen kann, auf diesem Weg zu gehen.

POST SCRIPTUM ZU KAPITEL 8 [A)]

Es ist an mich herangetragen worden, dass das, was ich in der erweiterten Ausgabe dieses Buches von 1918 in diesem Kapitel zum 1. Weltkrieg geschrieben habe, für die heutige Bedingungen und Ereignisse nur noch bedingt anwendbar sei. Ich bin mir durchaus darüber im Klaren, dass sich die allgemeine Ausgangslage verändert hat. Die weltweiten Geschehnisse haben uns in vielen Lebensbereichen dazu gezwungen. Und trotzdem habe ich das Kapitel bei der Neuauflage des Buches nicht weggelassen. Allerdings habe ich einiges ausgelassen und anderes verändert [A)], um so der veränderten Ausgangslage gerecht zu werden. Ansonsten ist das Buch so wieder gedruckt worden, wie es ursprünglich erschienen ist. Dafür gibt es vor allem zwei Gründe:

- Die Ereignisse der jüngsten Vergangenheit haben gezeigt, dass ich mit meinen Voraussagen genau richtig gelegen habe, die ich in diesem Kapitel gemacht habe. Ich hatte vorausgesagt, dass die Natur des menschlichen Elements in Deutschland und die Art und Weise, wie dieses Deutschland mit dem menschlichen Element anderer Nationen umgeht, unweigerlich zu einer neuerlichen Krise führen musste. Ich will an dieser Stelle auch noch einmal meiner Überzeugung Ausdruck geben: Es steht zu erwarten, dass die gegenwärtigen tragischen Bemühungen des Menschen erneut enttäuscht werden. Es sei denn, wir entscheiden uns für jene Mittel, mit denen eine grundsätzliche Reaktionsveränderung des Individuums in jedem Land in die Wege geleitet werden könnte.
- Schon im 1. Weltkrieg hat eine versklavende Gewohnheit das Denken die Handlungen der Menschheit dominiert, auf die sich sowohl das Individuum als auch die Nationen freiwillig eingelassen haben. Dieselbe Gewohnheit finden wir auch in den Geschehnissen der Jahre 1939/45. Diese Form der Versklavung zeigt sich insbesondere darin, dass bestimmte schädliche Trends fortbestehen. Sie führen auf nationaler und internationaler Ebene zu Versessenheit und

Massenhysterie. Am auffälligsten ist in diesem Zusammenhang vielleicht jedoch, dass in nahezu jedem Handlungsbereich noch so gut gemeinte Bemühungen ins Gegenteil umschlagen, weil Ausrichtung und Urteilskraft schon länger fehlerhaft gewesen sind und wir schlecht beraten waren, wenn es darum ging, den relativen Wert der menschlichen Beziehungen und der Aktivitäten des Menschen im Allgemeinen zu beurteilen.

(Der Leser findet dieses 8. Kapitel im ANHANG)

TEIL II

BEWUSSTE STEUERUNG UND KONTROLLE

ERZIEHUNG

„Nur weil der Körper eine Maschine ist, ist Erziehung überhaupt möglich. Erziehung ist Bildung von Gewohnheiten. Es ist eine künstliche Organisation, die der natürlichen Organisation des Körpers übergestülpt wird, so dass Handlungen, die zunächst eine bewusste Anstrengung erfordern, mit der Zeit unterbewusst und mechanisch werden."

ALDOUS HUXLEY

UMERZIEHUNG

„Weil der Körper eine Maschine ist, ist Umerziehung überhaupt möglich. Umerziehung ist Bildung von NEUEN UND RICHTIGEN Gewohnheiten. Es ist die Wiederherstellung der RICHTIGEN künstlichen Organisation, die der natürlichen Organisation des Körpers übergestülpt wird, so dass Handlungen, die zunächst eine bewusste Anstrengung erfordern, schließlich unterbewusst und mechanisch werden."

EINLEITUNG ZUM ZWEITEN TEIL

Im ersten Teil dieses Buches habe ich das allgemeine Prinzip erläutert, das meiner Arbeit zugrunde liegt. Im zweiten Teil stelle ich meine Aussagen aus einem leicht veränderten Blickwinkel dar. Um sozusagen eine klare Sicht darauf zu gewährleisten, werde ich das Prinzip im Lichte praktischer Anwendung bei den Handlungen des täglichen Lebens beleuchten.

Ich will Männer und Frauen, die sich Gedanken machen, davon überzeugen, dass bewusste Kontrolle für eine Entwicklung des Menschen, die man zufriedenstellend nennen kann, von entscheidender Bedeutung ist. Ich will zeigen, dass der Einsatz einer solchen Kontrolle den Einzelnen in die Lage versetzt, mit einem Aufwand an Lebensenergie zu stehen, zu sitzen, zu atmen, zu verdauen und ja, zu leben, wie er geringer nicht sein kann, vorausgesetzt er geht in die richtige Richtung. Dies befähigt ihn dann auf allerhöchstem Niveau zum Widerstand gegen Krankheit. Wenn erst einmal diese Stufe in unserer Evolution erreicht worden ist, wird sich das Gespenst des körperlichen Verfalls nicht länger zeigen.

Meine Behauptungen und Hauptargumente werde ich so genau, so knapp und so aussagekräftig wie nur möglich formulieren. In einem zusätzlichen Teil habe ich noch weitere Anmerkungen und Kommentare hinzugefügt, von denen ich mir erhoffe, dass sie die Anfragen, die ich zu bestimmten Punkten meines vorherigen Buches [A)] erhalten habe, ausreichend beantworten.

Mit den Aufzeichnungen meiner Krankenakten von mehr als zwanzig Jahren vor mir, fühle ich mich durchaus berechtigt, meine Überzeugungen in einer Art und Weise zum Ausdruck zu bringen, die keine Ungewissheit und keinen Zweifel mehr zulassen. Meine Schlussfolgerungen zu dem dringenden Problem des körperlichen Verfalls sind nicht voreilig. Sie sind Ableitungen aus langen Reihen auffälliger Ergebnisse und beobachteter Fakten, die ich für so wichtig erachte, dass ich nicht zögere, meine Botschaft in einem Ton zu artikulieren, der für einige den Beigeschmack von übertriebenem Selbstvertrauen haben mag. Dann ist das eben so!

Kapitel 1

Katalog der Behauptungen

ICH BEHAUPTE: Die geistig-körperliche Steuerung mittels einer bewussten Kontrolle beugt unfehlbar Körper- und Gemütskrankheiten, Missbildungen und Fehlstellungen vor und sie verhindert den Verlust der allgemeinen Leistungsfähigkeit, wenn sie als ein generelles Lebensprinzip verwendet wird. Allgemein nimmt man an, dass die Ursachen für solche Zustände wie die Beschränkung des Energieflusses in den negativen Seiten unserer Zivilisation zu suchen sind, oder man sucht sie in dem Verlust der sogenannten „natürlichen Bedingungen", was zwangsläufig die Folge in einer zivilisierten Gesellschaft ist.

Es ist mein fester Glaube, dass die Prinzipien, die wesentlich für eine Steuerung durch eine bewusste Kontrolle sind, auch für die vollständige geistige und körperliche Entwicklung der ganzen Menschheit unverzichtbar sind. Dies muss wirklich bedingungslos akzeptiert werden. Bei genauerer Betrachtung wird auch der Skeptiker sich davon überzeugen lassen, dass die Menschheit von diesen Prinzipien gesteuert werden muss, wenn sie sich zu den höheren Ebenen geistiger und körperlicher Perfektion weiterentwickeln soll. Diese Prinzipien allein werden den heutigen Menschen ein Höchstmaß an Wohlergehen bringen. Nur sie werden die Menschen in die Lage versetzen, erfolgreich die täglichen Probleme in der Welt des Denkens und in der Welt des Handelns zu bewältigen. Auf diese Weise wird der Korridor allmählich immer breiter, der die zivilisierte Menschheit vom Tierreich trennt.

Tatsächlich gibt es nicht einen einzigen Bereich des menschlichen Handelns, Fühlens oder Denkens, in dem die Verwendung der Prinzipien bewusster Steuerung und Kontrolle nicht unbezahlbare Vorteile mit sich bringt. Zum gegenwärtigen Zeitpunkt ist der Mensch noch Gefangener vieler unterbewusster Instinkte, die schon die Tierwelt, die Menschen der Urzeitvölker und auch die Menschen, die zwischen Urzeit und Neuzeit gelebt haben, versklavt haben. Ich will dies etwas näher erläutern: Tiere und die Menschen der Urzeit werden sofort aus der Bahn geworfen, wenn sie sich mit dem Unerwarteten konfrontiert sehen, wenn sie z. B. das erste Mal einen Schnellzug dahinrasen sehen. Durch solche neuartigen Erfahrungen würde auch das mutigste Tier dermaßen von Furcht überwältigt, dass die normale Instinktsteuerung auf der Stelle aussetzt. Und nicht anders würde es dem Wilden ergehen. Wie das Tier ist auch der Mensch in den meisten Bereichen seines normalen Lebens abhängig von instinktiven Steuerungsprinzipien und diese funktionieren ja auch unter den gewohnten Verhältnissen in perfekter Ausgewogenheit. Der Mensch ist jedoch im Angesicht des Ungewohnten nicht in der Lage, den Anforderungen einer neuen Situation auf der Stelle gerecht zu werden. Dafür bedürfte es einer durchdachten, bewussten Steuerung. Sie wäre das Resultat einer bewussten Kontrolle, die zur Gewohnheit geworden ist. Tatsächlich markiert eine solche Steuerung die Trennungslinie zwischen dem Tierreich, in dem der Instinkt regiert, und dem Reich der Menschen, in dem ihre Mitglieder in Verbindung mit ihrem Verstand stehen.

Die geistig-körperlichen Unzulänglichkeiten und Einschränkungen der Menschen von heute machen es fast unmöglich, dass sie sich dem Großteil der Anforderungen der heutigen Welt auf eine zufriedenstellende Weise stellen und das wirklich Beste aus ihren Anlagen machen, ganz gleich in welcher Umgebung. Die instinktiven Steuerungsprinzipien sind völlig unzulänglich, um den Bedingungen einer modernen Welt mit den sich beständig verändernden Verhältnissen auch nur annähernd gerecht zu werden. Zudem sind sie noch nicht einmal so perfekt ausbalanciert, wie es bei den Tieren und den Urzeitvölkern der Fall ist. Trotzdem verlassen sich die Menschen auf ihre Instinkte, sehr zum Schaden ihres geistig-körperlichen Leistungsvermögens.

ICH BEHAUPTE: Die Unzulänglichkeiten und Einschränkungen, von denen ich soeben gesprochen habe, wie auch Krebs, Blinddarmentzündung, Bronchitis, Tuberkulose und andere, werden allzu oft nicht an der Wurzel bekämpft oder man lässt es zu, dass sie oft sogar ganz unentdeckt bleiben. Und es wird auch nicht erkannt, dass die wahre Ursache für die Entwicklung dieser Krankheiten die falschen vorgefassten Vorstellungen der unmittelbar betroffenen Personen sind. Es sind diese Vorstellungen, die auf den Organismus dann in einer Weise Einfluss nehmen, wie ich es im ersten Teil dieses Buches beschrieben habe.

Die einzigen Erfahrungen im Gebrauch der verschiedenen Teile seines Organismus hat der Normalbürger über sein Unterbewusstsein erworben. Das Ergebnis ist eine unterbewusste Ausrichtung, die bei einem schlecht koordinierten Menschen auf schlechten Erfahrungen und den zuvor schon erwähnten falschen vorgefassten Vorstellungen basieren. So ist es auch kein Wunder, dass eine derartige Ausrichtung fehlerhaft ist und zu schwerwiegenden Defekten und Mängeln führt. Mit einer solchen falschen Ausrichtung ist schon der bloße Versuch, eine eher einfache Handlung aus unterbewusster Gewohnheit auszuführen, mit Gefahren verbunden. Unweigerlich werden andere Teile des Organismus in Mitleidenschaft gezogen, die eigentlich nichts mit den ursprünglichen Handlungsversuchen zu tun haben. Wenn jemand, der vom Unterbewusstsein kontrolliert ist, den Versuch unternimmt, seinen Hals lang zu machen [A)], geht diesem Versuch ausnahmslos eine Bewegung der Augen nach oben oder unten voraus. Ein falscher Gebrauch der Augen in dieser oder in ähnlicher Art ist aber allzu oft der Vorläufer dafür, dass sich unter Umständen eine feste Gewohnheit einstellt, die zu unnötiger und übermäßiger Augenspannung führt. Die Augen büßen dann beträchtlich an Funktionstüchtigkeit ein. Normalerweise wird dann ein Augenarzt konsultiert, der sich nicht anders zu helfen weiß, als eine Brille zu verschreiben. Dies ist aber doch offensichtlich: Wenn in einem solchen Fall die falschen, vorgefassten Vorstellungen und schlechten Gewohnheiten ausgelöscht werden, wird allmählich die übermäßige und völlig unnötige Spannung der Sehorgane abgebaut und die Sehorgane können so wieder ihr vorheriges Wirkungsniveau erlangen. Es ist sogar wahrscheinlich, dass eine spezielle Behandlung mit den Methoden der Augenmedizin gänzlich überflüssig wird. Tatsächlich bleiben Energien, die in Folge fehlerhafter Steuerung fehlgeleitet werden, nicht auf einen Teil des Organismus beschränkt. Sie haben auch Auswirkungen auf Hände, Arme, Schultern, Brustkorb, Hüfte, Beine, Knie, Fußgelenke und andere Teile des Organismus und führen oftmals zunächst zu Belastungen und dann zu Funktionsstörungen der verschiedenen inneren Organe, um schließlich schwerwiegende Erkrankungen dieser Organe zu verursachen. Ich will meine These, dass Krankheiten nicht an ihrer Wurzel bekämpft werden, noch mit weiteren Argumenten untermauern:

- Man hat dem schädlichen Einfluss fehlerhafter Ausrichtung, der seinen Ursprung im Unterbewussten hat, und dem negativen Einfluss falscher, vorgefasster Ideen und falscher Körperhaltung, die mit diesen Ideen in einem Zusammenhang stehen, auf praktischer geistig-körperlicher Grundlage bis zum heutigen Tag keine oder nur wenig Beachtung geschenkt. Unter solchen Einflüssen kann der Mensch aber gar nicht anders, als eine falsche geistige Einstellung zum Leben im Allgemeinen und hinsichtlich einer geschickten Lebensgestaltung zu entwickeln. Insbesondere ist er nicht in der Lage, die bestehenden oder die sich abzeichnenden Defekte so zu begründen, dass er die wirklichen Ursachen benennen könnte. Und mit dieser falschen geistigen Einstellung bleibt ihm auch das Verständnis der wesentlichen Gesetzmäßigkeiten im Zusammenhang mit der Beseitigung dieser Defekte versagt.
- Ein Mensch, der nicht zwischen unbedachten (unterbewussten oder nur teilweise bewussten) und bedachten (bewussten) Handlungen unterscheiden kann, unterliegt verschiedenen Formen geistiger-körperlicher Täuschungen, ganz besonders hinsichtlich seiner Körperbewegungen, die er ausführt. Und an dieser Stelle sollte ich

auch auf dieses hinweisen: Wenn diese letzte Aussage schon für normale, alltägliche Handlungen gilt, wie viel mehr trifft sie dann für jene Körperhandlungen zu, die notwendig werden, um den Herausforderungen einer neuen, sich verändernden Umgebung zu begegnen? Ein markantes Beispiel für solche Täuschungen bezüglich der Körperbewegungen ist der folgende Fall: *Ein Mann nimmt von sich an, dass er sich im Augenblick nur von einer tiefen Schwäche erholt. Tatsächlich kämpft er aber gegen einen Widerstand, der von einer unmäßigen Muskeltätigkeit seiner Antagonisten ausgeht, die er aber selber aktiviert.* Zudem ist er sich über seinen Widerstand in keinster Weise bewusst. In derartigen Fällen besteht ein fortwährender Konflikt zwischen zwei starken Kräften: Die eine Kraft ist unterbewusst und hat in den frühen Stadien der Menschheitsentwicklung als höchste Steuerungskraft gedient. Die andere Kraft agiert auf bewusster Ebene und ist dafür bestimmt, die primitive Steuerung zu ersetzen, um sich letztlich als eine verlässliche Steuerung für die höheren und höchsten Stufen des großen Plans der Evolution zu erwiesen. Und dieser Evolutionsplan wird dazu führen, dass der Mensch am Ende sein Potenzial voll ausschöpfen und genießen kann. Ich muss an dieser Stelle aber daran erinnern, dass die zuerst genannte Kraft in den vielen Jahrtausenden unterbewusster Lenkung zu einer festen Größe geworden ist, die ohne Einschränkung wirken konnte. Erst als das erste Glimmen einer durchdachten, bewussten Steuerung auftauchte, wurde der Einfluss jener Kraft, in groben Ansätzen zunächst, mehr und mehr gestört, bis er eines Tages einmal ganz ausgelöscht sein wird. Im gegenwärtigen Stadium unserer geistigen-körperlichen Entwicklung schwelt der Konflikt weiter und wird allmählich zunehmend heftiger. Solange er aber nicht ausgetragen ist, steht der Einzelne unter dem Einfluss zweier gegenläufiger Richtungen: Die eine Richtung gehorcht dem Diktat seines Unterbewusstseins und wird von einigen „Instinkt“ und von anderen „Intuition“ genannt. Die andere wird von den gerade erst erwachten bewussten Kräften bestimmt, die der Mensch langsam, aber beständig entwickelt. Leider kann der Mensch die wirkliche Bedeutung dieses Konflikts noch nicht richtig einordnen. Gleichzeitig spürt er zweifelsohne den Kampf dieser beiden Einflüsse als Energien, die im Konflikt miteinander stehen, dies aber nur sehr verschwommen und als ein Mysterium. Einmal wird er von der einen Kraft beherrscht, das nächste Mal von der anderen, ganz so wie es der Fall ist, wenn wir jemanden sagen hören: „Es scheint mir wohl das Richtige zu sein, ich habe jedoch das Gefühl, ich sollte es vielleicht doch nicht tun.“

Tatsächlich handelt der Mensch oftmals nach seinem Gefühl, anstatt das zu tun, was das Richtige zu sein scheint. Dass das erstere oft auch das Richtige ist, macht alles noch sehr viel komplizierter. Und eigentlich ist dies ja auch keine so große Überraschung, wenn man bedenkt, dass der unterbewusste Instinkt in uns immer noch viel weiter entwickelt ist, als es unsere Anlage zum Bewusstsein ist. Wenn wir aber die Leistung des Unterbewusstseins in seiner ganzen Tragweite wirklich genau beurteilen wollen, müssen wir dabei auch seine schwerwiegenden Beschränkungen für unsere Lebensweise berücksichtigen. Unsere zivilisierte Gesellschaft verändert sich nämlich beständig und dies macht es erforderlich, dass sich auch der Mensch beständig anpasst. Und dafür brauchen wir ein Steuerungsprinzip ohne diese Beschränkungen, das es uns ermöglicht, uns schneller an die Bedingungen einer neuen Umwelt anzupassen. Für den Fortschritt der Zivilisation sind derartige Bedingungen zwingend notwendig, wenn die Zivilisation ihrem vorgesehen Endstadium zustreben soll.

Wir brauchen etwas, das mehr der Vernunft gehorcht, etwas Konkreteres als das, was eine unterbewusste Steuerung anbieten kann. Dieses Etwas ist die bewusste Steuerung. Im Sinne einer genau definierten, greifbaren Vorstellung, der ein bewusster Entwurf zu Grunde liegt, erreicht keine unserer Lenkungsformen bis zum heutigen Tag wirklich unseren Verstand. Und das liegt an den grundlegenden Prinzipien, auf denen unterbewusste Steuerung aufgebaut ist. Sie lassen in ihrer Konsequenz die bewusste Steuerung nämlich in einem unterentwickelten Zustand. Und es liegt auch daran, dass der Mensch noch keinen ernsthaften Versuch unternommen hat, diese beiden Kräfte zu analysieren, deren Funktionsweise er bis jetzt nur schwach wahrnehmen kann. Das Grundprinzip, das wir Evolution nennen, verlangt aber gerade, dass jeder Mensch in die Lage gesetzt werden sollte, eine solche Analyse vorzunehmen. Dann erst wird er zwischen den Impulsen, die seinem Unterbewusstsein entspringen und die er nicht unterdrücken kann, und den Vorstellungen, die sein logischer, bewusster Verstand entworfen hat, differenzieren können.

Auf diese Weise wird der Mensch jene Gewohnheit stärken, die es ihm erlaubt, zwischen überlegtem und unüberlegtem Handeln zu unterscheiden. Wenn der Mensch gelernt hat, dies zu unterscheiden, wird er sofort verhindern können, dass er auf irgendeine Weise geistig-körperlich getäuscht wird. Dies gilt insbesondere auch für seine Körperbewegungen sowohl in seiner alten, vertrauten Umgebung als auch unter völlig neuen, veränderten Verhältnissen.

- Im Zustand der Täuschung werden die Handlungen des Menschen weiterhin falsch und fehlerhaft sein. Solange er seine eingeübte Geisteshaltung zu seinen Handlungen nicht verändert, wird er in dem Glauben bleiben, doch alles richtig machen. Diese falsche Wahrnehmung, die von seiner Seite aus vollkommen unerkannt und so auch völlig unabsichtlich ist, bewirkt dann, dass sich viele Fehlstellungen und Leistungsschwächen verfestigen und sich früher oder später dann vielleicht zu ganz konkreter Krankheit entwickeln. Und es ist ein verbreiteter Irrglaube, dass der Einzelne für diese Bedingungen nicht selbst verantwortlich ist. Diese so populäre Missachtung der eigenen Verantwortlichkeit führt dazu, dass dem Menschen ein derartiges Mitleid zu Teil wird, als ob die Defekte unvermeidlich seien. Dies ist jedoch von ganz entscheidender Bedeutung: Wir müssen erkennen, dass die Verantwortung bei jedem Einzelnen selbst liegt, und zwar ganz allein bei ihm selbst! Dem Einzelnen muss klar gemacht werden, dass solche Defekte aufgrund des eigenen Fehlverhaltens entstehen, dass sie das Ergebnis von Ignoranz und vorsätzlicher Vernachlässigung sind.

Wenn sich diese neue Geisteshaltung erst einmal festgesetzt hat, gibt es für den geplagten Menschen Hoffnung. Die Erkenntnis, dass er es ist, der seine Heilung bewirkt, indem er unter praktischen Gesichtspunkten seinen gesunden Verstand gebraucht, wird ihm Genugtuung sein. Mit einer Analyse der tatsächlichen Fehler wird die Heilung angestoßen. Sie wird durch ein Prinzip ermöglicht, mit dem sichergestellt ist, dass die Bemühungen eines normalen Menschen, wie sie besser nicht sein können, unweigerlich in die richtige Richtung gelenkt werden. Das schädliche Mitleid kann man sich dann wahrlich sparen.

- Eines ist ganz wesentlich bei der notwendigen Umerziehung des Individuums nach den Grundsätzen der bewussten Steuerung und Kontrolle: In jedem einzelnen Fall sind die „Mittel-und-Wege" in den Blickpunkt zu nehmen und nicht so sehr das „Ziel". Solange das „Ziel" anstelle der „Mittel-und-Wege" im Focus der Aufmerksamkeit steht, wird jede Muskeltätigkeit in der gleichen Weise ausgeführt, wie sie aus alter Gewohnheit immer schon ausgeführt worden ist. Und dies gilt auch für Muskelbewegungen, die nacheinander ablaufen. Wenn aber jede Phase der Bewegungsabläufe bezüglich der „Mittel-und-Wege" vom Handelnden verstandesmäßig richtig durchdacht worden ist, können die alten Gewohnheiten gebrochen werden und jede Muskeltätigkeit kann bewusst gesteuert werden. Die neuen und richtigen Empfindungen werden dann mit der Zeit zu neuen richtigen Gewohnheiten führen. Wenn diese schließlich ihrerseits unterbewusst werden, geschieht dies tatsächlich auf einer höher entwickelten Ebene.

Diese neuen Gewohnheiten gewährleisten in ihrer Wirkung Verhältnisse, die jedem Körperorgan eine neue Lebendigkeit verleihen und es auf einem hohen Leistungsniveau halten. Die automatischen Funktionen der Organe werden von Energien gespeist, die bewusst kontrolliert werden. In meinem System, werden Positionen mit einem mechanischen Vorteil [14)] eingenommen. Sie stellen ein perfektes System dar, um eine systematische, natürliche Massage zu ermöglichen, wie sie zuvor niemals von irgendeiner orthodoxen Methode erreicht worden ist. Ein solches Massagesystem hat auch deshalb einen außerordentlichen Nutzen, weil damit Giftablagerungen abbaut werden. Auf diese Weise können Schädigungen vermieden werden, deren Ursache Selbstvergiftung ist.

Eine mechanisch vorteilhafte Position kann eine ganz normale Position sein, sie kann aber auch von der Norm abweichen. Es ist eine Position, die dem Lehrer die Möglichkeit gibt, manuell bei einem Schüler schnell koordinierte Verhältnisse herzustellen. Durch eine solche Koordination erhält der Schüler eine Erfahrung für den richtigen Gebrauch des jeweiligen Körperteils oder der jeweiligen Körperteile, deren falscher Gebrauch wahrscheinlich die Hauptursache für akute Defekte ist. Wenn diese Erfahrungen des richtigen Gebrauchs seines Organismus dann oft genug wiederholt worden sind, wird es dem Schüler möglich sein, selbstständig diese Empfindungen zu erzeugen und die gleichen Steuerungsprinzipien im täglichen Leben zu verwenden. Wenn der Schüler in eine Position gebracht wird, die gemeinhin als reichlich unnormal bezeichnet würde, die aber sehr wohl eine Position mit einem mechanischem Vorteil darstellt, eröffnet sich dem Lehrer damit die Möglichkeit, die Prinzipien zur geistig-körperlichen Steuerung in seinem Schüler anzulegen, die es dem Schüler ermöglichen, schon nach kurzer Zeit die koordinierten Verhältnisse mit gleicher Perfektion auch in einer normalen Position zu wiederholen.

In diesem Zusammenhang halte ich daran fest, dass z.B. jeder Fall einer erst beginnenden Blinddarmentzündung erfolgreich mit diesen Methoden behandelt werden kann. Wenn eine solche Position mit mechanischem Vorteil unter Verwendung der Grundprinzipien bewusster Steuerung und Kontrolle installiert worden ist, kann auch die Beweglichkeit eines versteiften Brustkorbs wiederhergestellt werden. Vollständige Expansion und Kontraktion des Thorax können vollkommen unabhängig vom Alter des jeweiligen Menschen hergestellt und mit minimalem Aufwand auch aufrecht erhalten werden. Im Verlauf dieses Lernprozesses werden nach und nach die Elastizität des Brustkorbes und eine größtmögliche Brustkorbkapazität durch den Einsatz in der Praxis herausgebildet. Gleichzeitig wird der Körper des Betroffenen so manipuliert und die mentalen Prinzipien werden ihm so intensiv vermittelt, dass der Schüler in der Lage ist, die sich mehr und mehr einstellenden, verbesserten Verhältnisse in Koordination und Haltung auch zu erhalten. Eine verbesserte Koordination und Haltung ist nämlich die Garantie dafür, dass die notwendige Bauchpresse mit der entsprechenden Zugrichtung normal funktioniert. Die Verdauungsorgane werden so auf eine natürliche Weise massiert, was dann bei unseren normalen Tätigkeiten des täglichen Lebens so ganz nebenbei geschieht.

ICH BEHAUPTE: Ich habe gelernt, die Maschine Mensch mit meinen Händen wieder neu zu justieren, und ich kann dieses auch anderen beibringen. Ich bin in der Lage, den Körper gleichsam wieder in seine richtige Form zu bringen. Wenn ein Schüler sich aufgeschlossen genug zeigt, ist es mir möglich, viele seiner Defekte schon in wenigen Minuten zu beseitigen. So kann z. B. die Stimmproduktion in Qualität und Volumen vollkommen verändert werden.

ICH BEHAUPTE: Wenn ich die Prinzipien zur bewussten Kontrolle und Steuerung empfehle, geht es mir nicht allein darum, die Verbreitung körperlicher und geistiger Entartungen zu bekämpfen. Diese Prinzipien markieren vielmehr auch ein Stadium der Menschheitsentwicklung, in dem der gesamte menschliche Mechanismus nicht länger unterbewusst von Instinkten, sondern mit bewussten und überlegten Befehlen gesteuert werden sollte. Mit anderen Worten ist damit eine Stufe im Zivilisationsprozess erreicht, in der beständig Anforderungen an uns gestellt werden, denen wir nicht mehr zur vollen Zufriedenheit genügen können. Überall und zu jeder Zeit sind die schwerwiegenden Auswirkungen dieser Unfähigkeit zu sehen. Wir können ihnen nur entkommen, wenn wir die primitiven Steuerungsweisen überwinden. Diese unterscheiden sich nämlich noch zu wenig von denen des Tierreichs und lassen das große, latent vorhandene Potenzial des Menschen ungenutzt.

Die vorgeschlagene Übernahme bewusster Steuerung und Kontrolle als ein allumfassendes Prinzip, so wie es hier skizziert wurde, wird es uns ermöglichen, zunächst langsam, aber mit allmählich zunehmender Geschwindigkeit in die höheren geistig-körperlichen Sphären aufzusteigen. Deshalb wird sich nach und nach ein tiefer Graben zwischen dem Reich des Menschen und dem Tierreich auftun und die Menschheit wird die Ernte einfahren können, die das natürliche Ergebnis ihres voll entwickelten Potenzials ist.

Kapitel 2

AUSEINANDERSETZUNG MIT DER GEGENWÄRTIGEN SITUATION

Es fällt auf, dass sich die körperlichen Verhältnisse bei den Männern und Frauen in allen zivilisierten Gesellschaften zusehends verschlechtern. Seit langem schon ist diese Tatsache ein Dauerthema bei Physiologen, Therapeuten und bei anderen Spezialisten. Für das Phänomen gibt es zahllose Erklärungsversuche und die vorgeschlagenen Behandlungsmethoden, um die Körpermängel zu beseitigen, sind kaum noch zu zählen. Wenn es um die Verschreibung einer Medizin oder die Durchführung einer Operation geht, neigt der Mensch im Allgemeinen in seinem Denken allerdings dazu, eher die Wirkungen in den Blick zu nehmen als die Ursachen, eher die weitverbreiteten Symptome zu behandeln und bei der Diagnose und der Behandlung der individuellen Symptome eher eine vage Generalisierung vorzunehmen. Dabei kann sich das Wort „individuell" auf einen bestimmten Kranken oder eine mit bestimmten Symptomen verbundene Krankheit beziehen.

Als Reaktion auf das lange Zeit akzeptierte Verfahren, mit einer undifferenzierten Behandlung auf individuelle Symptome zu reagieren, sind mit der Zeit vermehrt sogenannte spirituelle Heiler verschiedenster Couleur aufgetaucht. Ihre Methoden und ein fehlendes, klar entworfenes System, mussten ihre Bemühungen zwangsläufig in Misskredit bringen. So lagen die Dinge, als ich vor zwanzig Jahren angefangen habe, mich mit diesen Problemen rational auseinander zu setzen. Ich glaubte und glaube weiterhin, dass die gesamte Menschheit in ihrer Geschichte an einem großen, geistig-körperlichen Wendepunkt steht; ich bin der Ansicht, dass es möglich ist, die wahre Natur dieses Evolutionsstadiums zu verstehen, und dass es mit einem solchen Verständnis möglich ist, den körperlichen und geistigen Fortschritt des Menschen zu beeinflussen und auf diese Weise Tausende von Gebrechen zu bekämpfen und mit der Zeit auszurotten, für die es augenscheinlich in der niederen Tierwelt nur in wenigen Ausnahmefällen eine Entsprechung gibt. Als ich diese Untersuchung in Angriff nahm, war mir von Anfang an klar, dass die vorgefundenen Verhältnisse keine weltweite Epidemie, sondern eine neue Stufe des Fortschritts darstellten. Deshalb sah ich mich gezwungen, sofort alle Theorien zu verwerfen, die sich explizit oder implizit für eine Rückkehr zu früheren Verhältnissen einsetzten. Die Evolution kennt nämlich keine Rückkehr zum bereits Untergegangenen. Die Arten müssen sich bis zu ihrer triumphalen Perfektionierung weiterentwickeln oder sie müssen Platz machen für einen Typus, der noch dominanter, noch vollständiger und mit noch mehr Selbstkontrolle ausgestattet ist.

Nun hat sich der Mensch als eine Gattung der Natur, ausgestattet mit einem Körper, der sich in seiner anatomischen Struktur nur wenig von den anderen Primatenfamilien unterscheidet, aber differenziert, was die Anfälligkeit für Krankheiten und was den Körperverfall angeht. Weil es in der niederen Tierwelt keine oder wenig Parallelen für diese Differenzierung gibt, müssen wir herausfinden, was die Hauptursache dafür ist. Die üblicherweise vorgeschlagenen Lösungen für das Problem, die durch die Gruppe der „Eugenisten" in England und in den Vereinigten Staaten starke Unterstützung gefunden haben, kann wahrlich nicht als ein allgemeiner Lösungsansatz akzeptiert werden. Denn in der Hauptsache beruht diese Theorie auf den Kernaussagen, dass sich der körperliche Existenzkampf im Gemeinwesen der Menschen nicht mehr auswirkt; dass es so dem Geeigneten genauso wie dem Ungeeigneten erlaubt ist, Nachkommen zu zeugen und dass deshalb die natürliche Selektion, die das Schwache durch die Lebensumstände tötet, durch eine Selektion per Schiedsgericht ersetzt werden müsse, wenn beim Typus Mensch das hohe Leistungsniveau erhalten werden soll.

Mit den ersten beiden Aussagen könnte ich mich durchaus anfreunden. Ich muss die Theorie aber im Ganzen zurückweisen, weil ihre Schwächen grundsätzlicher Art sind. Die Theorie steht im Widerspruch zu dem großen und ermutigenden Ideal, wonach die Menschheit ihrer geistig-körperlichen Perfektionierung zustrebt. Wenn wir daran glauben, dass es einen ZWECK gibt, der dem Leben innewohnt, der sich in jeder nachfolgenden Generation immer wieder neu entfaltet und sich in den Bedingungen der menschlichen Erfahrung ausdrückt, wenn wir mit anderen Worten an einen Fortschrittsplan, an eine wissenschaftliche Entwicklungstheorie glauben, dann ist es unmöglich, eine Theorie zu akzeptieren, die davon ausgeht, dass der Mensch unfähig zur Anpassung sei; dass sein physischer Körper nicht unter den Bedingungen gedeihen könnte, die um ihn herum gewachsen sind oder dass er den echten und natürlichen Zustand perfekter Gesundheit nicht erreichen könne.

Wenn gar reklamiert wird, dass ein Drittel der zivilisierten Weltbevölkerung genetisch nicht für eine Reproduktion des Menschen geeignet sei, dann müsste man in der Konsequenz daraus schließen, dass der Mensch insgesamt sich als ein Fehlschlag der Evolution erwiesen hat und dass er letztendlich zum Untergang verdammt ist. Bei genauer Betrachtung ist es zudem vollkommen unvorstellbar, dass der primäre Trieb zur Reproduktion bei irgendeiner Gruppe der Menschen unterdrückt werden könnte, auch nicht durch ein Diktat. Und es ist auch unvorstellbar, dass eine solche Methode, selbst wenn sie möglich wäre, Ergebnisse hervorbringt, die auch wirklich wünschenswert wären.

Deshalb stehe ich fest auf dem Boden der Tatsache, dass der Körper des zivilisierten Menschen nicht nur die Fähigkeit besitzt, den täglichen Existenzkampf erfolgreich zu bestreiten, sondern dass er dabei auch ein höheres Fähigkeitsniveau erreichen wird. Wenn wir jetzt noch einmal zu dem Punkt zukehren, dass es zu einer Differenzierung zwischen der Menschen- und Tierwelt, was die Anfälligkeit für Krankheit und Körperverfall angeht, gekommen ist, so bin ich heute davon überzeugt, dass wir die Ursache für die physische Degeneration nicht in dem Druck der neuen Lebensbedingungen suchen dürfen, sondern vielmehr darin, wie es uns gelingt, von der einen Zivilisationsstufe zur nächsten zu gelangen. Ich vertrete die Theorie, dass vor allem drei Dinge für eine Lösung des Problems, das aus den zwei Seiten Krankheit und Heilung besteht, zu beachten sind:

- Das Bewusstsein ist aufgetaucht.
- Die Kräfte des Verstandes und der Vernunft haben sich enorm verstärkt
- und die Mittel stehen zur Verfügung, mit denen die gewünschten Wirkungen erzielt werden können.

Tiere und die Frühformen des Menschen haben nicht unter Beteiligung von Vernunftprozessen gehandelt und handeln noch nicht danach. Sie sind noch Diener dieses seltsamen lenkenden Gesetzes, das die Blume bei ihrem auf eine Art genialen Verfahren so steuert, dass sich Kreuzungen bei der Befruchtung durchsetzen. Es ist das gleiche Gesetz, das bei den höher entwickelten Säugetieren die Regeln in den Herdengesellschaften bestimmt und für das wir keinen besseren Begriff gefunden haben als INSTINKT. Dieser Instinkt steuert alle nervösen Muskelmechanismen der anatomischen Struktur des Tieres und er ist nachweislich die treibende Kraft bei allen seinen funktionalen Prozessen. In der Körperökonomie des Menschen ist dieser Instinkt allerdings derzeit im Kriegszustand mit der bewussten, steuernden Vernunft. Letztendlich wird er aber von der Vernunft kontrolliert und besiegt werden.

Es sind zwei Gründe, die mehr und mehr die Anzahl der Instinkthandlungen einschränken. Erstens kommt es zu einer vollständigen Veränderung der Gewohnheiten und zweitens sieht sich der Mensch als Ergebnis seiner geistigen Entwicklung merklich dazu veranlasst, beständig nach Begründungen für sein Handeln zu suchen und die geheimen Triebfedern des Lebens zu analysieren und auch zu verstehen.

Mit ihren vielschichtigen Lebensproblemen und durch das ständige Zusammenspiel verschiedener Persönlichkeiten erfordert es die Zivilisation bis ins letzte Detail des körperlichen Tuns, sich ständig Gedanken zu machen und sich klug und relativ schnell an neue Umgebungen anzupassen. Der Instinkt ist nur bedingt in der Lage, dies zu leisten. So ist der gesamte Körper des Menschen wie ein Gemeinwesen, das von zwei Präsidenten regiert wird, deren jeweilige Verfügungen sich aber nicht unbedingt decken. Oftmals verlangt die Verfügung des einen Präsidenten den Ungehorsam gegenüber dem anderen und umgekehrt. Die Tatsache wird mit dem Bild des Präsidenten durchaus deutlich. Wir müssen aber ebenso die möglichen Folgen beachten. Es gibt in dieser Situation drei Alternativen. Die Rückkehr zur Instinktsteuerung als erste Alternative ist einfach undenkbar. Die zweite, wir machen mit der Doppelregierung einfach so weiter, hat ja erst zu den Problemen geführt, die es zu beseitigen gilt. Es bleibt die dritte Alternative: Die physische Entwicklung des Menschen schreitet auf dem Weg überlegter, bewusster Steuerung und Kontrolle voran. Es war dieser letzte Lösungsansatz, der mich jetzt schon mehr als zwanzig Jahre lang angetrieben hat,

- die *Mittel* herauszufinden und auch auszuprobieren, *mit denen* eine bewusste Steuerung und Kontrolle erreicht werden kann,
- wie mit bewusster Steuerung und Kontrolle Krankheiten verhindert und behandelt werden können
- und wie der Körper des Menschen mit einer solchen Kontrolle auf einem hohen Perfektionsniveau gehalten werden kann.

Kapitel 3

DIE PROZESSE BEWUSSTER STEUERUNG UND KONTROLLE

In der Praxis ergibt sich das methodische Vorgehen beim Aufbau des bewussten Steuerungs- und Kontrollprozesses jeweils daraus, dass der betreffende menschliche Organismus hinsichtlich der Unzulänglichkeiten seiner körperlichen und geistigen Mechanismen eingehend untersucht wird. Nun habe ich oben bereits nachgewiesen, dass eine bewusste Steuerung und Kontrolle zwingend notwendig ist, und mit Einschränkungen wird eine solche Kontrolle ja auch von den Menschen in einer zivilisierten Gesellschaft schon verwendet, wenn auch nur wenig effektiv. Dies macht es erforderlich, dass ihre Prinzipien sehr genau verstanden werden. Die Methode basiert nämlich erstens auf einem solchen Verständnis der koordinierten Gebrauchsweisen der Muskelmechanismen. Und zum Zweiten muss ohne Einschränkung die Hypothese akzeptiert werden, dass wirklich jede Bewegung *bewusst* gesteuert und kontrolliert werden kann.

Deshalb muss auch das erste Augenmerk auf die Schulung des *Bewusstseins* gerichtet sein, wenn es darum geht, ein Individuum umzuschulen. Die Begriffe „Schulung“ und „Umschulung“ haben hier eine spezifische Bedeutung. In einem normalen Schulungsprozess zum Gebrauch anatomischer Strukturen wird der Einzelne unterbewusst angeleitet: manche Funktionen werden von bestimmten Instinkten reguliert und es gibt andere Funktionen, die absichtlich ausgeführt werden. Die Auswirkungen dieses zufälligen Prozesses müssen entweder aufgearbeitet oder beseitigt werden, je nachdem, zu welchen Defekten der Fehlgebrauch der Mechanismen geführt hat. Bei einer Umschulung zu einer bewussten Kontrolle besteht nun der erste Schritt darin, dem Schüler den Zusammenhang bewusst zu machen, der bei wirklich jeder Funktion des menschlichen Körpers zwischen Ursache und Wirkung besteht.

Bei der Ausführung jeder beliebigen Muskeltätigkeit nach der Methode der bewussten Steuerung und Kontrolle gibt es vier wesentliche Stufen:

1. Es muss eine Vorstellung von der Bewegung entwickelt worden sein.
2. Die falschen, vorgefassten Vorstellungen, die unterbewusst die Art und Weise bestimmen, wie eine Bewegung oder eine Reihe von Bewegungen ausgeführt werden, sind zu hemmen.
3. Die bewussten und neuen mentalen Befehle werden bereitgestellt, die die Muskelmechanismen für die richtige Ausführung der Bewegung in Gang setzen.
4. Es kommt zu den Muskelbewegungen (Kontraktionen und Expansionen), die eine Umsetzung der mentalen Befehle sind.

In dem Umschulungsprozess geht es nun darum, diesen Prinzipien Gestalt zu verleihen. Zur Anschauung kann uns der typische Fall eines Patienten dienen, der noch keinerlei Erfahrung mit diesen Prinzipien hat.

Wir haben es mit einem gut gebauten, durchtrainierten Mann in der Blüte seines Lebens zu tun. Seine Arbeitstätigkeiten führt er im Sitzen aus. In seiner Freizeit zieht er ein mehr oder weniger heftiges Fitnessprogramm durch. Er bekommt jedoch chronische Verdauungsstörungen mit all ihren Begleiterscheinungen und er muss feststellen, dass ihm die Fitnessübungen in der Sporthalle nicht mehr gut tun. Es kommt ihm in den Sinn, dass er sich wohl erholen würde, wenn er seine Büroarbeit ganz aufgeben würde. Nur ist ihm das nicht möglich, weil er auf seinen Broterwerb angewiesen ist.

Angenommen nun, dieser Mann wird aufgefordert, sich gerade hinzustellen und einen „tiefen Atemzug“ zu nehmen. Dann könnte man sehen, dass er im selben Moment Bewegungen macht, die den angemessenen Vorgang der Atemprozesse eher bremsen, als dass sie sie unterstützen. Wenn er sich „gerade hinstellt, um tief einzuatmen", wird er so sicher, wie das Amen in der Kirche, seine Halsmuskulatur versteifen, seinen Kopf zurückwerfen, ins Hohlkreuz fallen, den Bauch nach vorne schieben und einatmen, indem er hörbar die Luft in seine Lungen *einsaugt*. Alle Muskeln an der Oberfläche seines gesamten knöchernen Brustkorbs werden zu sehr angespannt und führen tendenziell zu seiner mehr oder weniger schädlichen Versteifung, wenn es gerade eines Maximums an Beweglichkeit bedarf. Wie könnte das Ergebnis auch anders sein? Wenn ein Lehrer einem Schüler sagt, er solle „tief einatmen", geht er wohl davon aus, dass der Schüler das auch tun kann. Ist diese Annahme aber berechtigt? Welche Anleitung hat der Schüler, wenn er der Aufforderung nachkommen will, außer seiner eigenen Anleitung, die aber fehlerhaft ist, wie er es ja „eingestanden" hat? Der Zustand des Schülers und die Tatsache, dass Lehrer und Schüler es für notwendig erachten, diesen Zustand zu verändern, kommen nämlich in der Tat einem Eingeständnis gleich. Und die Reaktionen auf die Aufforderung, tief einzuatmen, sind so weitverbreitet, ja nahezu universell, dass sie sich bei jedem Durchschnittsmenschen leicht überprüfen lassen und sich als wahr erweisen. Es sind genau diese fehlerhaften Reaktionen, mit denen wir uns nun an dieser Stelle auseinandersetzen müssen. Sie liefern nämlich hinreichende Erklärungen für die organischen Verdauungsprobleme, wie es jeder einzelne Fall aus meinem Erfahrungsbereich belegt hat. Wenn man den Kranken untersucht, wird man ein Hohlkreuz und die damit einhergehende Verschiebung der Bauchmuskelwand nach vorne feststellen. Dies führt dann dazu, dass die Bauchmuskeln nicht mehr die Energie und Spannung erzeugen, die notwendig sind, um die Effektivität der Verdauungsorgane zu gewährleisten. Um einen solchen Fall zu behandeln, muss man dafür sorgen, dass die Teile des Organismus wieder in die richtige Lage gebracht werden: Die Wirbelsäule muss gestreckt und gelängt werden; die zu geringe Brustkorbkapazität muss erhöht und dann beständig hoch gehalten werden, um den inneren Organen zu freier Beweglichkeit zu verhelfen, und die feste Angewohnheit, beim Atemvorgang die Luft in die Lungen *aktiv einzusaugen,* muss ausgelöscht werden.

Ich will an dieser Stelle noch einmal betonen, dass, was diese Fehler betrifft, kein System von Körperübungen in der Lage wäre, den gegenwärtigen Zustand des Kranken zu verbessern. Wenn diese Übungen ausgeführt werden, geschieht dies nämlich unter falschen, grundlegenden Vorstellungen in Bezug auf den Gebrauch der Muskeln, die an einer Neujustierung und Koordination des Organismus beteiligt sind.

Wir wollen jetzt unseren Kranken durch die vier Stufen der Methode zur Vermittlung der bewussten Steuerung und Kontrolle begleiten und dabei zusehen, wie ihm deren Prinzipien nahegebracht werden. Zuallererst ist es notwendig, dass er ein klares Verständnis für die Fehler entwickelt, die beseitigt werden sollen. Prozesse, die er nicht versteht, werden nicht den geringsten Wert haben. Auf keinen Fall wird es genügen, nur stillschweigend die Behandlung zu erdulden. Vielmehr muss der Schüler das Prinzip vollständig bis ins letzte Detail akzeptieren. In einem nächsten Schritt muss ihm beigebracht werden, seine falschen Vorstellungen zu erkennen, die seine fehlerhaften Bewegungen zum Ergebnis haben, ganz gleich ob seine Vorstellungen nun bewusst oder unterbewusst sind. Ihn muss auch gelehrt werden, diese vorgefassten Ideen und den geistigen Impuls oder die geistigen Impulsserien, die aus diesen Vorstellungen entstehen, zu unterdrücken und schließlich ganz auszuschalten. Erst dann kann er die richtigen Steuerungsbefehle, so wie ich es als nächstes beschreibe, erteilen.

Als Drittes muss der Schüler also lernen, den betroffenen Mechanismen die richtigen geistigen Impulse zu erteilen. *Dabei muss er in seinem Denken klar differenzieren zwischen der Erteilung des Befehls und der Ausführung der Aktion, für die der Befehl erteilt worden ist und die mittels des Mediums der Muskeln ausgeführt wird.* Zwischen Befehlserteilung und Befehlsausführung unterscheiden zu können, hat weitgehend mit dem Einsatz von Willens- und Entsagungskraft (Hemmung) zu tun. Ich komme jetzt wieder auf unseren Fall zurück. Nehmen wir also an, dass ich den Schüler nur aufgefordert habe, *einen Befehl zu erteilen*, um seine Wirbelsäule zu längen und um den Hals zu entspannen. Wenn er nun versucht, diese Handlungen tatsächlich physisch auszuführen, anstatt dieser Forderung bloß als einem Gedanken Gestalt zu geben, wird er unweigerlich seine Halsmuskulatur versteifen und sein Rückgrat verkürzen, weil das die Bewegungen sind, die er gewohnheitsmäßig *in seinem Denken* mit einer Verlängerung der Wirbelsäule in Verbindung bringt. Und seine Muskeln werden wieder so mit Kontraktion reagieren, wie es in seinen alten Assoziationen gespeichert ist. Einen Punkt will ich an dieser Stelle herausstreichen: In diesem Fall, wie auch in allen anderen Fällen, müssen die *Mittel* im Focus der Aufmerksamkeit stehen, nicht das *Ziel.* Solange das Ziel das Denken bestimmt, suchen Instinkt und schon langwährende Gewohnheiten das Ziel immer mit den herkömmlichen Methoden zu erreichen. Die Handlung vollzieht sich dann auf einem Niveau unterhalb der unterschiedlichen Abstufungen des Bewusstseins. Sie wird aber nur dann auf die Ebene des Bewusstseins gelangen können, wenn das Ziel im gesamten Verlauf mit den richtigen *Mitteln* verfolgt wird.

Erst wenn die richtigen Steuerungsbefehle im Denken des Schülers verankert und eingeübt worden sind, was mit Aufmerksamkeit und unter Anleitung durch einen Lehrer erreicht wird, kommen im vierten Schritt die beteiligten Muskeln in unterschiedlicher Kombination unter der Kontrolle bewusster Steuerung ins Spiel und die Serie gewohnter, unbedachter Bewegungen, die die Deformation des Körpers bewirkt hatten, kann durch überlegtes Handeln ersetzt werden. Eines müssen wir uns aber deutlich vor Augen führen: Die Bewegungen einer gesamten alten Bewegungsreihe, die in einer Wechselbeziehung zueinander stehen, haben sich zu einer unteilbaren und starren Abfolge verdichtet, die ohne Ausnahme von dem einen mentalen Befehl in Gang gesetzt wird, der z.B. lauten könnte „Stell dich gerade hin!"

Ich komme jetzt zur Diskussion der allgemeinen Prinzipien, die der Methode bewusster Steuerung und Kontrolle zugrunde liegen. Zunächst werfe ich einen Blick auf die Unterrichtsmethoden.

Es gibt zahlreiche Methoden und Systeme, Atmen, Sprechen, Singen, Golf spielen, Fitnessübungen oder Fechten u. a. zu vermitteln. Jedem, der schon einmal persönliche oder vielleicht indirekte Erfahrungen mit ihnen gemacht hat, muss doch aufgefallen sein, dass es nur relativ wenige Erfolge gibt, dass die Misserfolge dieser Methoden aber zahlreich sind. Die wenigen Erfolge kann man eher einer außergewöhnlichen Begabung zuschreiben, wenn auch die Lehrer für die Erfolge lieber Erklärungen anführen, die ihnen schmeicheln. Sie ziehen es auch vor, die Fehlschläge nicht zu genau zu beurteilen. Fest steht aber, dass alle diese Systeme schlicht versagen, weil der Schüler auf die unterbewusste Steuerung zurückgreifen muss, wenn er sich müht, die Anforderungen des Systems umzusetzen. Er ist einfach gezwungen, sich allzu sehr auf das zu verlassen, was man eine natürliche Begabung nennt. Wir werden aber erst in der Lage sein, unsere Möglichkeiten voll auszuschöpfen, wenn die Instinktsteuerung durch die Steuerung über eine bewusste Kontrolle und über den Verstand ersetzt worden ist.

Leider sind meine Analysen zu diesem Thema eher ernüchternd. In der Regel sind die Lehrmethoden vollkommen falsch. Sie sind falsch, weil sie grundsätzlich falsch konzipiert sind und weil eine unsachgemäße Analyse zu falschen Prämissen geführt hat. Wenn es um die Mängel der Schüler geht, werden im Allgemeinen nicht die Ursachen behandelt, sondern die Auswirkungen der Mängel. Es bleibt völlig unberücksichtigt, dass jede fehlerhafte Handlung das Ergebnis einer falschen, bewussten oder unterbewussten Vorstellung des Handelnden und der Impulse ist, die direkt oder indirekt aus seiner Vorstellung folgen. Und man versteht nicht, dass ein Schüler, der unter dem Einfluss solcher fehlerhafter, unumstößlicher Vorstellungen steht, solange keinen wirklichen Fortschritt machen kann, bis es gelungen ist, in ihm die Erkenntnis zu wecken, dass er selbst es ist, der in Wirklichkeit die fehlerhafte Handlung verursacht. Auch schenkt der Lehrer der Tatsache nicht genügend Beachtung, dass der Schüler oftmals seine eigenen Handlungen vollkommen falsch einschätzt und der Illusion erliegt, eine Sache zu tun, wenn er das genaue Gegenteil davon tut.

Bei der Überwindung von Fehlern kann es solange aber keinen wirklichen Fortschritt geben, bis der Schüler **bewusst** aufgehört hat, jene Dinge zu wollen oder zu tun, die er in der Vergangenheit gewollt oder getan hat und die ihn ja erst in die Lage gebracht haben, die Fehler zu begehen, die jetzt beseitigt werden sollen. Wenn nun der Lehrer „Tu nicht dies, sondern tu das" sagt, geht es ihm um *Wirkungen*. Er nimmt mit anderen Worten an, dass die fehlerhafte Handlung seines Schülers dadurch korrigiert werden kann, dass dieser „etwas anderes tut". Der Lehrer akzeptiert diese Doktrin und predigt sie, ohne jemals den Defekt bis zu der eigentlichen Wurzel des Übels analysiert zu haben, dem menschlichen Willen, der der Motor des gesamten Mechanismus ist. Er vergisst dabei, dass der Schüler, dieselbe nicht perfekt arbeitende Maschinerie benutzen muss, wenn er „etwas anderes tut". Er vergisst, dass dieselben falschen Vorstellungen über das, was richtiges und falsches Tun ist, ihn immer wieder bei seinem Handeln steuern müssen. Weder Lehrer noch Schüler scheinen zu beachten, dass ein genaues Urteilsvermögen erforderlich ist, wenn man wissen will, ob eine Praxis richtig oder falsch ist. Nun ist das Urteilsvermögen das Ergebnis von Erfahrung. Fehlerhafte oder falsche Erfahrung bedeutet dann auch schlechtes und fehlerhaftes Urteilsvermögen. Andererseits bedeutet richtige Erfahrung ein gutes Urteilsvermögen.

Dass sich bei dem Schüler Defekte entwickelt hatten und er Hilfe brauchte, allein schon beweist, dass seine kinästhetischen Erfahrungen nicht richtig, ja sogar schädlich waren. Und weil sein kinästhetisches Urteilsvermögen auf solchen falschen Erfahrungen beruht, wird es sich in der Praxis auch als äußerst irreführend und ungesund erweisen.

Deshalb sind wir vorläufig gezwungen, auf den Gefühlssinn als die steuernde Kraft in den alten Assoziationsbereichen prinzipiell zu verzichten. Es ist ja nicht zu bestreiten, dass sich Defekte entwickelt haben. Und selbst wenn ein Weg zu ihrer Beseitigung bereitet ist, können wir diesen Weg nicht in unserer gewohnten Weise beschreiten. Unsere Sinneswahrnehmung, unsere allgemeine Erfahrung und unser Urteilsvermögen, die uns als Führung dienen sollten, sind nämlich unser Vertrauen nicht mehr wert. Zwar wird es uns gelingen, einige spezielle Defekte zu beseitigen, am Ende wird sich jedoch zeigen, dass wir unter ihrer Führung eine Anzahl anderer Defekte entwickelt haben, die genauso schlimm sind, wenn sie nicht sogar noch schlimmer sind als die ursprünglichen.

Es scheint mir auch ganz allgemein so zu sein, dass vor der sogenannten Praxis nur sehr selten eine vernünftige Analyse und ein überlegter Plan stehen. Und so unterrichtet und analysiert der Lehrer auch nicht mit der nötigen Sorgfalt. Von seinem Schüler verlangt er kein bewusst durchdachtes Handeln, sondern Nachahmung. Für jemanden, der nicht ausreichend koordiniert ist, erweist sich die Praxis dadurch oft als wertlos und der Unterricht ist voller Stolpersteine und wenig angemessen.

Was das Lernen durch Imitation angeht, musste ich meine Stimmschüler des Öfteren auf das Folgende hingewiesen: Bei mir haben sich bestimmte Wirkungen und Eigenschaften, die sie in nur wenigen Unterrichtsstunden zu erwerben hofften, aus meiner profunden Kenntnis der *Mittel, wodurch* die Stimme produziert wird, entwickelt. Und ich habe diese Mittel auch bewusst eingesetzt. Um zu erreichen, was die Schüler erreichen wollen, müssen sie folglich die gleichen Grundlagen erlernen und sie dann auch beherrschen. Dies kann aber nicht durch Nachahmung geschehen. Sie können Bewegungsabfolgen nicht einfach imitieren, ohne dass sie Kenntnis von den beteiligten Prozessen haben und ohne dass sie die Fähigkeit entwickelt haben, diese Prozesse auch einzusetzen. Es gibt keinen Königsweg für irgendetwas, das sich zu besitzen lohnt und die Methode der Imitation hat für mich den Anschein reiner Scharlatanerie.

Solange sich die Standpunkte von Lehrern und Schülern auf unterbewusster Ebene befinden, kann man ihre Lage nur als hoffnungslos bezeichnen. Und wenn wir die geistig-körperlichen Verhältnisse unserer Zeit im Licht der Unterrichtsmethoden betrachten, die in der Vergangenheit zum Zuge gekommen sind, sind sie mehr als genug Beweis dafür.

Meine Leser können aus unserer gegenwärtigen Situation, die ich getreulich dargestellt habe, durchaus Profit ziehen. Diese enormen Kräfte verlangen es nämlich, dass die unterbewusste Ebene animalischen Wachstums und animalischer Entwicklung unbedingt verlassen werden muss, wenn sich die Menschen weiterentwickeln wollen. Jeder Einzelne kann sich darauf freuen, endlich auf die durchdachte, bewusste Steuerungs- und Kontrollebene zu gelangen. Und so kann sich die Menschheit zu jenen hohen Entwicklungsebenen aufschwingen, für die ihre latent vorhandenen, aber noch unterentwickelten Möglichkeiten geschaffen worden sind.

Als nächstes werde ich die Lehrmethode skizzieren, die wir einsetzen müssen, wenn wir erfolgreich von der unterbewussten zur bewussten Steuerung und Kontrolle gelangen sollen, um die Defekte und die Selbsttäuschungen zu beseitigen und die richtigen Steuerungszentren und Sinne zu entwickeln und einzustellen. Die Basis für die bewusste Steuerung und Kontrolle, für die ich hier eintrete, ist allgemein und weit und nicht spezifisch. Eine bewusste Kontrolle, die nur spezifisch eingesetzt wird, ist an sich undenkbar. So ist z.B. die bewusste Kontrolle der Bewegungen eines bestimmten Muskels oder der Bewegungen eines Körperteils für die Bewältigung der Lebensprobleme nur von geringem praktischem Wert, außer auf dem Rummelplatz vielleicht. Die spezielle Kontrolle eines Fingers, des Halses oder der Beine sollte zuallererst das Ergebnis einer bewussten Steuerung und Kontrolle des Mechanismus' des Torsos sein. Insbesondere sollte die Muskeltätigkeit der Antagonisten des Torsos bewusst kontrolliert werden, die die richtigen und übergeordneten koordinierten Verhältnisse bewirken. Diese übergeordneten koordinierten Verhältnisse kontrollieren dann den Hals, die Bewegungen der Gliedmaßen, den Atemmechanismus und auch die allgemeine Aktivität der inneren Organe.

Ich beschreibe nun die Unterrichtsmethode, die in diesem Zusammenhang notwendig ist, indem ich zeige, wie ich vorgehe, wenn ich einem Schüler helfen will. In diesem Fall wird der Kopf des Schülers durch eine übermäßige Muskelspannung auf der einen Seite des Halses zu dieser Seite nach unten gezogen. Auf herkömmliche Weise würde man dem Schüler gesagt haben, er solle sich entspannen und er solle seinen Hals strecken. Beide, Lehrer und Schüler sind vollständig auf dieses Ziel fixiert. Man wird das Ziel vielleicht mit mehr oder weniger Erfolg erreichen, meistens mit weniger Erfolg. Wenn es wirklich einmal gelingen sollte, die speziellen Probleme zu beseitigen, kann man nahezu sicher sein, dass sich während des Prozesses neue Defekte entwickelt haben. Auf jeden Fall ist die Anweisung des Lehrers, den Hals zu entspannen und ihn zu strecken, nicht richtig und ist vor allem das Ergebnis einer falschen Annahme. Am Anfang stand eine falsche Prämisse, die dann zu falschen Ableitungen geführt hat. Schüler und Lehrer hatten sehr wohl erkannt, dass etwas nicht stimmen konnte, und waren zu der Meinung gelangt, dass deshalb etwas Spezielles unternommen werden müsste, damit dies korrigiert werden könnte. In erster Linie standen das *Ziel* im Vordergrund und nicht die *Mittel-und-Wege*.

Der richtige Blickwinkel wäre jedoch ein anderer gewesen: Ausgangspunkt ist, dass im Gebrauch des geistig-körperlichen Mechanismus‘ eines Menschen etwas nicht in Ordnung ist. Liegt jetzt der Mangel oder der Defekt nun direkt oder indirekt an der eigenen Ausrichtung und am eigenen Handeln der jeweiligen Person oder ist er das Ergebnis eines Einflusses von außen und liegt somit nicht in ihrer Macht, ihn zu kontrollieren? Diese Frage kann eindeutig beantwortet werden: Seine Mängel und Defekte sind ausschließlich aus Gründen entstanden, die direkt oder indirekt mit dem eigenen Handeln und den eigenen Vorstellungen zu tun haben. Und dies kann auch bewiesen werden.

Dann ist es aber nur folgerichtig, dass die richtige Reihenfolge in der Methode für Lehrer und Schüler so aussehen muss:

1. Zuerst lernt der Schüler, wie er verhindern kann, dass er weiterhin die falschen Dinge tut, die die Mängel und Defekte verursacht haben.
2. Im zweiten methodischen Schritt kann er dann die richtige Art und Weise des Gebrauchs der betreffenden geistig-körperlichen Mechanismen erlernen.

Wenn nun in irgendeinem Teil des Halses unangemessene Zugverhältnisse vorzufinden sind, ist dies fast ausschließlich auf eine mangelhafte Koordination im Gebrauch der Wirbelsäulen- und Rückenmuskulatur und der Muskeln des Torsos allgemein zurückzuführen. Wenn dieser Koordinationsmangel korrigiert worden ist, ist damit die wirkliche Ursache für das Problem beseitigt.

Dieses Prinzip kann bei der Beseitigung aller Defekte und aller fehlerhaften Gebrauchsweisen der geistig-körperlichen Mechanismen bei allen Tätigkeiten des täglichen Lebens eingesetzt werden. Es funktioniert bei den Sportspielen wie Kricket, Fußball, Billard, Golf, Basketball usw., und es funktioniert nicht weniger beim Klavier-, Geige-, Harfe- oder Cello spielen Es funktioniert tatsächlich generell, wenn mit einem Instrument oder Werkzeug geschickt umgegangen werden soll.

Wir dürfen dabei eines nicht außer Acht lassen: unsere mentalen Vorstellungen sind die Stimuli für das ideomotorische Zentrum. Das ideomotorische Zentrum leitet nämlich die bewussten oder unterbewussten Steuerungsbefehle weiter an den jeweiligen Mechanismus. Wenn Defekte und Mängel des Menschen behandelt werden sollen, müssen deshalb sowohl seine ererbten, unterbewussten Vorstellungen im Zusammenhang mit den beteiligten Mechanismen ins Visier genommen werden, als auch die Vorstellungen, die zu Wegbereitern der ideomotorischen Steuerungsbefehle im Zusammenhang mit dem neuen und danach richtigen Gebrauch der verschiedenen Mechanismen werden sollen.

Damit sich jemand nun überhaupt für die richtigen Vorstellungen erfolgreich öffnen kann, muss er zuallererst von seinen bisherigen falschen Vorstellungen Abstand nehmen, er muss sie hemmen. Dann erst können die neuen und so ganz anderen Steuerbefehle vom ideomotorischen Zentrum ausgesendet werden. Diese sollen dann die beteiligten Bereiche beeinflussen, wodurch die Neigung, die falschen Vorstellungen zu gebrauchen, nach und nach abnimmt, und beständig jene Vorstellungen gestärkt werden, die verlässlich und richtig sind. Wenn wir unsere alten Vorstellungen auslöschen, die wir zusammen mit unseren Defekten und Mängeln entwickelt haben, bedeutet dies eigentlich, dass wir unser ererbtes Unterbewusstsein und alle fehlerhaften Gebrauchsweisen unseres geistig-körperlichen Mechanismus, die damit verbundenen sind, auslöschen.

Anfangs sind wir mit der Schwierigkeit geistiger Unbeweglichkeit konfrontiert, wenn wir uns auf den Weg machen, unsere alten, vorgefassten Vorstellungen abzulegen. Diese festen Vorstellungen und unsere Denkgewohnheiten in Bezug auf die Gebrauchsweisen der Muskelmechanismen sind tatsächlich der erste, wenn nicht sogar der einzige Stolperstein auf dem Weg zu einer bewussten Kontrolle. Viele dieser festen Vorstellungen sind das Vermächtnis des Instinkts. Andere entstehen, weil zu Beginn einer praktischen Gewohnheit ein fehlerhaftes Verständnis für die Gebrauchsweisen des Mechanismus gestanden hat. Und wieder andere entstehen, weil die Fehler anderer Menschen bewusst oder unterbewusst imitiert werden. Was diesen letzten Fall angeht, möchte ich das Folgende anmerken: Wir beklagen uns beständig darüber, wie degeneriert die Menschen in unserer zivilisierten Welt sind. Die Menschen aber, die unsere Kinder auf unseren Rat hin bewusst oder unterbewusst imitieren sollen, sind fast immer kein sehr gutes Beispiel. Deshalb müssen diese festen Vorstellungen und Denkgewohnheiten gebrochen werden. Da die Reaktionen des Denkens auf den Körper und die Reaktionen des Körpers auf das Denken so eng miteinander verzahnt sind, ist es oftmals notwendig, die festen Vorstellungen im Denken des Schülers dadurch zu brechen, dass der Lehrer Muskelhandlungen stellvertretend für ihn ausführt. Dies sieht dann so aus, dass der Lehrer die in Frage kommenden Teile bewegt, während der Schüler sich allein darum kümmert, jede **aktive** Muskelbewegung seinerseits zu hemmen. Es ist jedoch nicht möglich, die Methode an dieser Stelle bis ins letzte Detail näher zu beschreiben, denn die Vielfalt der Fälle ist in der Praxis nahezu unbegrenzt. Es gibt keine zwei Fälle, die sich wirklich gleichen. Es kommt darauf an, dass der Lehrer zunächst nur grob die Fehler im Gebrauch des Schülers diagnostiziert. Dann kann es sehr viel Einfühlungsvermögen und Geduld seitens des Lehrers verlangen, die Fehler zu korrigieren. Im Laufe dieses Prozesses ersetzen die richtigen mentalen Befehle den einen allgemeinen Befehl, der gewohnheitsmäßig die so heimtückischen alten Bewegungsabläufe in Gang gesetzt hat. Zunächst muss die alte Denkgewohnheit angegangen werden, die in aller Regel unterhalb der Bewusstseinsebene liegt. Aber wir können an sie herankommen, indem wir uns selbst beobachten, analytisch vorgehen und die gewohnten Bewegungen nicht mit den uns vertrauten Methoden ausführen. Dies verlangt von uns, dass wir unsere Körperhandlungen ganz bewusst als das Ergebnis einer bewussten Vorstellung und einer bewussten Ausrichtung des Denkens ausführen.

Im Normalfall wird man aber feststellen, dass ein Schüler gar nicht in der Lage ist, seine eigenen Bewegungen zu analysieren. Wenn man einem jungen Golfer sagt, dass er seinen Ball nicht im Auge behalten hat oder dass sein Körper geschwankt hat, wird er sich falsch beurteilt fühlen. Jemand, der nicht im Gleichgewicht ist, kann nämlich gar nicht richtig beurteilen, was er wirklich tut. Haltungs- und Gleichgewichtsfragen erscheinen auf den ersten Blick als ein einfaches Thema. Trotzdem stelle ich in neun von zehn meiner Fälle eine schädliche mentale Unbeweglichkeit [22)] fest, die oftmals unbewusst angenommen worden ist. Wenn diese Menschen darauf hingewiesen werden und man es ihnen auch praktisch demonstriert, werden sie es in aller Regel abstreiten und sind oft auch noch beleidigt. Ich fordere einen neuen Schüler auf, seine Schultern zurück- und seinen Kopf nach vorne zu nehmen: Er wird beständig beides entweder nach vorne oder nach hinten führen! Ich erzähle einem neuen Schüler, dass er seine Wirbelsäule verkürzt:

Bei dem Versuch, sie lang zu machen, wird er sie ohne Ausnahme noch weiter verkürzen! Er hat nämlich niemals gelernt, diese Bewegungen auch nur ansatzweise zu kontrollieren, noch hat er eine solche Kontrolle jemals eingeübt. Er wird von seinen Empfindungen einfach geblendet und ist deshalb unfähig, diese Bewegungen zu steuern. Deshalb lasse ich im Unterricht einen Schüler niemals seine Wirbelsäule lang machen, indem ich ihn auffordere, dies oder das zu tun. Vielmehr lasse ich ihn die richtigen Steuerungsbefehle durchgehen und bringe ihn in eine Position mit mechanischem Vorteil. Dann kann ich direkt oder indirekt, je nach Lage der Dinge, die gewünschte Flexibilität und Streckung mit meinen Händen bewirken.

Dieser Prozess wird solange wiederholt, bis der Schüler ein neues kinästhetisches Gefühl für den neuen und richtigen Gebrauch der Teile entwickelt hat und bis sich gute koordinierte Verhältnisse gebildet haben. Er wird solange wiederholt, bis sich die richtige Gewohnheit gefestigt hat. Dann wird es dem Schüler tatsächlich nicht mehr leicht fallen, seine Körpermaschinerie wieder so arbeiten zu lassen, wie sie es tat, bevor der Fehler auf wirkungsvolle Weise beseitigt worden war.

Es kommt nicht selten vor, dass ich Fälle angeborener oder erworbener Lähmung und Entstellung behandeln muss. Ich protestiere an dieser Stelle gegen eine Geisteshaltung, die solche Leiden hinstellt, als ob sie unheilbar seien und der Patient keine Kontrolle über sie erlangen könnte. Aus einer solchen Geisteshaltung heraus sagt jemand „armer Teufel“ zu einem betroffenen Menschen. Der Mensch greift diese betäubende Formulierung auf und wird von ihr dann dominiert. Tatsächlich bleibt sein Zustand aber nur deshalb unverändert, weil er falsche Vorstellungen in Bezug auf „Ursache“ und „Wirkung“ und in Bezug auf die Arbeitsweise seiner eigenen Mechanismen hat. So verursacht er unterbewusst, aber sehr effektiv selbst zusätzliche Probleme und hält an ihnen fest. Bei meiner Methode steht eine genaue Untersuchung am Anfang. Dann werden verschiedene Tests eingesetzt, um herauszufinden, was die wirkliche Ursache oder die wirklichen Ursachen für die Behinderung sind und insbesondere welche vorgefassten, falschen Vorstellungen der Schüler hat. Und ich will auch herausfinden, welche minimale Kontrolle noch vorhanden ist. Ausgehend davon soll durch eine einfache und praktische Vorgehensweise ein gesunder Zustand des gesamten Organismus entwickelt werden. Die gewünschten physischen und mentalen Veränderungen kommen dabei Schritt für Schritt zur Wirkung. Wie ein spiritueller Heiler lege auch ich viel Wert auf die mentale Einstellung des Patienten. Aber anders als jener, der die Existenz des Übels verneint, begleite ich den Schüler bei der Suche nach der Ursache des Übels. Ich erkläre ihm, dass allein sein eigener Wille und nicht mein oder irgendein höherer Wille die gewünschte Veränderungen bewirken kann. Nur muss sein Wille zuerst auf einen Weg gebracht werden, der der Vernunft gehorcht, damit der Körper reagieren kann. Und seinem Willen muss durch ein einfaches mechanisches Prinzip und durch den geschickten Einsatz der Lehrerhände eine gewisse Hilfestellung gegeben werden. Auf diesem Wege baut sich ein dauerhaftes Selbstvertrauen im Schüler auf, das auf dem Verstand beruht. Es ist nicht zu vergleichen mit einem falschen, krankhaften Selbstvertrauen, das so plötzlich versagen wird, wie es entstanden ist. Was die mentale Einstellung der Schüler angeht, bestehe ich darauf, dass sie während ihrer Arbeit die Augen nicht schließen, auch wenn sie immer wieder einwenden, sie könnten besser „denken" oder sich besser „konzentrieren", wenn sie die Augen geschlossen halten. Ich habe nämlich festgestellt, dass sich daraus in aller Regel ein Versuch mit Selbsthypnose entwickelt. Stattdessen sollen die Schüler trainieren, die ganze Zeit über sich in Gedanken die jeweiligen Steuerungsbefehle aufzusagen. Ich halte weiterhin daran fest und ich bin auch darauf vorbereitet, dies zu beweisen, dass die Mehrzahl der Körperdefekte deshalb entstanden ist, weil es der eigene Wille des Patienten gewesen ist, der genau dies veranlasst hat. Dieser Wille operiert nämlich unter dem Einfluss von falschen, vorgefassten Vorstellungen und daraus folgenden Selbsttäuschungen, seien sie bewusst oder, wie viel öfter, unterbewusst. Und ich halte auch daran fest, dass es der gleiche Wille ist, der diese Bedingungen verändern kann, vorausgesetzt er wird von ei nem richtigen Konzept angeleitet, das von einem Lehrer eingepflanzt worden ist [A)].

In diesem Zusammenhang sind einige Besonderheiten aus einem interessanten Fall erwähnenswert. Ein sehr bekannter Schauspieler war während der Proben gefallen und hatte sich seinen Arm so schwer verletzt, dass er nicht mehr in der Lage war, ihn ohne starke Schmerzen mehr als 15 bis 20 Zentimeter zu heben. Er hatte deshalb schon mehrere Ärzte konsultiert, trotzdem war keine Besserung festzustellen. Mehr als sechs Wochen war er bereits in seiner Beweglichkeit eingeschränkt, als er zu mir geschickt wurde. Meine Diagnose lautete in diesem Fall, dass sein unterbewusster Wille die Behinderung verursacht hatte. (Das Letzte, was ich damit sagen will, ist, dass sie „vorgetäuscht“ worden ist, so wie man vortäuschen allgemein versteht. Der Charakter des Patienten und alle seine Interessen machten dies zu einer Unmöglichkeit.) Ich habe ihn nun aufgefordert, seinen Arm zu heben. „Das kann ich nicht.“ „Aber, bitte versuchen Sie es.“ Jetzt tat er es und die Ursache für sein Problem sprang sofort ins Auge: Er benutzte die Muskelmechanismen von Hals und Arm so, dass er den verletzten Muskel äußerst stark belastete. Eine solch enorme Belastung wäre sogar für einen normalen Arm schädlich gewesen und sie war die Ursache für seine starken Schmerzen. Er setzte Kräfte ein, die ausgereicht hätten, einen Sack Mehl hochzuheben. Und er *sah auch so aus*, als ob ihm eine solche Aufgabe gestellt worden sei! Er versteifte all die Muskeln, die er hätte loslassen sollen. Er agierte, wie ein Mensch, der vollkommen vom Unterbewusstsein kontrolliert ist, aus Gewohnheit eben handelt, wenn Außergewöhnliches passiert. Sein Handeln wurde, um den Sachverhalt in den Begriffen meiner Theorie darzustellen, von einer unterbewussten Steuerung beeinflusst, die schon lange das Genauigkeitsniveau des Instinkts verloren hatte, das sie noch bei unseren frühen Vorfahren hatte. Dem Menschen ist aber nichts an die Hand gegeben worden, um diesen Verlust auszugleichen. Und der Mensch selbst hat dafür in seinem zivilisierten Leben auch keine Fähigkeit erworben. Im konkreten Fall war seine „Heilung“ dann so einfach, dass es fast schon den Anschein des Lächerlichen hatte. Ich hatte ja diagnostiziert, dass die Ursache für seine Probleme unterbewusst versteifte Muskeln waren. Deshalb legte ich mein Augenmerk darauf, bei ihm die richtige Armbewegung unter minimaler Muskelanspannung zu erreichen. Dies gelang durch meine Manipulationen und dadurch, dass ich ihm die notwendigen Steuerungsbefehle vermittelte, die den richtigen Gebrauch der entsprechenden Teile bewirken konnten. Es dauerte keine zehn Minuten und er war in der Lage, seinen Arm wieder zu heben, mit nur geringen Schmerzen. Sofort hat er seine Arbeit wieder aufgenommen und es gab auch keinen Rückfall.

Auffällig sind dabei zwei Aspekte:

- Die Entspannung wurde eben nicht dadurch bewirkt, dass der Patient zu Beginn aufgefordert wurde, sich zu entspannen. Entspannung beinhaltet nämlich Prozesse, die ihm nicht wirklich bewusst waren. Deshalb konnte er über sie auch keine Kontrolle haben.
- Eine praktische Demonstration der Bewegung ist weitaus effektiver als die hypnotische „Suggestion", dass der Schmerz nur eingebildet sei.[23)] Wenn später ähnliche Fälle auftreten und behandelt werden müssen, ist die praktische Demonstration, die jemand erfahren hat, eine Hilfe. Und sie ist auch für seine allgemeinen Weiterentwicklung und Kontrolle dienlich.

Ich will ja gar nicht bestreiten, dass auch Heiler in der Lage sind, Schmerzen zu beseitigen. Dies wäre augenscheinlich ein Widerspruch zur Realität. Aber abgesehen von der Gefahr, nur Symptome zu beseitigen, die die Natur als ein Alarmsignal eingerichtet hat, und die eigentliche Gefährdung eher unberührt zu lassen, sind ihre Methoden ganz offensichtlich dadurch beschränkt, dass sie vielen Menschen zuwider sind. Tatsächlich sind sie bei all jenen in Misskredit geraten, die kompetent und vielseitig gebildet sind und die erst einmal überlegen, bevor sie handeln.

Äußerst interessant war auch der Fall eines Mannes, der gestottert hat und sich an mich wandte, um Hilfe zu finden. Nun haben alle Menschen, die stottern, zusätzlich zu ihrem eigentlichen Defekt ihre speziellen, kleinen, individuellen Begleiterscheinungen. Dieser Mann hatte die schädliche Angewohnheit, seinen Arm vom Ellenbogen aus auf und ab zu bewegen, wenn er sprechen wollte. Ich fragte ihn, warum er das täte, und er antwortete, er habe das *Gefühl*, dass es ihn beim Sprechen unterstütze. Ich erklärte ihm, dass dies nur eine Selbsttäuschung sei und dass die Bewegung seines Armes in Wirklichkeit ein Hindernis und nicht eine Hilfe für ihn darstellte, was ich ihm auch demonstrierte. Es war ihm durchaus einsichtig, dass eine beträchtliche Menge an geistiger und körperlicher Energie auf ein Körperteil umgeleitet wurde, das ebenso gut amputiert sein könnte, ohne dass es irgendeinen Einfluss auf die mentalen und mechanischen Prozesse hätte, von denen seine Fähigkeit zu sprechen vollkommen abhängig sind. Diese Energie könnte viel besser für die Mechanismen des Sprechens und die Sprechorgane selbst verwendet werden. Diese Argumentation konnte ihn dann tatsächlich überzeugen. Er gab zu verstehen, dass er jetzt gewillt sei, meine Anweisungen zu befolgen. Mit meiner Unterstützung konnte eine arbeitsfähige Basis für eine bewusste Kontrolle geschaffen und seine Koordination ganz allgemein verbessert werden.

Dann forderte ich ihn auf, das Folgende zu tun:

„Ich möchte, dass Sie sich zu diesen Koordinationsbedingungen die wir neu entwickelt haben, Selbstbefehle erteilen! Dies wird Sie daran hindern, ihre Arme als Sprechhilfe einzusetzen. Und es wird Ihnen eine große Hilfe sein, wenn Sie für sich selbst Versuche mit bewusster Steuerung anstellen. Wenn Sie jedoch unter Menschen sind, möchte ich, dass Sie sich an das folgende Verfahren halten:

> Jedes Mal, wenn jemand mit Ihnen spricht, wenn jemand eine Frage stellt oder wenn jemand versucht, mit Ihnen ein Gespräch zu führen, muss es für Sie das oberste Prinzip sein, zunächst einmal nicht zu antworten und sich im Geiste ein *NEIN* zu sagen! Es wird die alten unterbewussten Befehle und auch Ihre schlechte Gewohnheit, den Arm zu bewegen, im Zaum halten. Die alten Fehler werden so unterdrückt, bevor Sie ansetzen zu sprechen. Dann erteilen Sie sich die neuen und richtigen Befehle in Bezug auf die all-

gemeine Koordination Ihrer Mechanismen und setzen die erworbenen „Mittel-und-Wege“ für den Vorgang des richtigen und kontrollierten Sprechens ein. Machen Sie sich diese Vorgehensweise wirklich zu einem Lebensprinzip!“

Dies sollte ich vielleicht an dieser Stelle hinzufügen: Ich hatte ja diesen Schüler durch praktische Demonstration davon überzeugt, dass die Energie, die er in seinen Arm leitete, fehlgeleitet und vergeudet war. Und auch dies hatte ich ihm erfolgreich vermittelt: Wenn diese Energie zu den richtigen Koordinationsstellen geleitet werden würde, die die Mechanismen des Atmens und des Sprechens lenken, dann würde dieser Prozess den Unterschied ausmachen zwischen seinen richtigen und falschen Versuchen, eine Atem- und Sprachkontrolle zu erlangen, die mehr als nur zufriedenstellend sein würde. Im vorliegenden Fall wurde das gewünschte Ergebnis schon nach wenigen Wochen erreicht.

Einem aufmerksamen Beobachter dürfte es nicht entgangen sein, dass die Körperkontrolle, die ein durchschnittlicher Erwachsener außerhalb des engen Bereichs seiner täglichen Routinen ausübt, nur eine äußerst kleine Reichweite hat. Aus dem Sportbereich soll uns der Golfschwung als ein Beispiel dienen. Anfänger oder Spieler mit einiger Erfahrung „sprechen den Ball“ durchaus sorgfältig an. Sie sind auch darin unterwiesen worden, den *Auf- und den Durchschwung in der gleichen Bahn* zu führen, ohne den Körper mitschwingen zu lassen und ohne den Kopf zu bewegen. Und die Profis haben diese Haltung bereits verinnerlicht. Für sie scheint der Golfschwung eine eher einfache Bewegung zu sein. Trotzdem misslingen auch ihnen mehr Schläge, als ihnen lieb sind. Und in neun von zehn Fällen haben die Spieler *nicht die geringste Vorstellung* davon, weshalb ein Schlag misslungen ist.

Dies ist ein Beispiel für das häufige Versagen jener Menschen, die ein gewünschtes Ergebnis ansteuern und sich dabei allein von ihrem Unterbewusstsein leiten lassen. Selbst ein kompletter und erfahrener Golfer hat Phasen, in denen er zugeben muss, dass er „nicht im Spiel“

oder „nicht in Form“ ist. Dann lassen ihn seine Fähigkeiten vollkommen im Stich. Er kann sich nämlich an die Methode *einfach nicht mehr bewusst erinnern,* die ihn in die Lage versetzt, gut zu spielen, wenn er sie instinktiv benutzt hat.

Wenn wir es mit einem Anfänger zu tun haben, müssen wir der harten Tatsache ins Auge sehen, dass es für jemanden mit einer normalen Begabung praktisch unmöglich ist, solche Hinweise wie *„Führe Rück-, Ab- und Durchschwung auf der gleichen Bahn aus“* mit Sorgfalt und Genauigkeit umzusetzen. Rein zufällig könnte der Schüler bei seinem ersten Versuch sogar Erfolg haben. Und auch der zweite, der dritte Schlag und weitere könnten erfolgreich sein. Aber solche Fälle sind sehr selten. Es könnte aber auch sein, dass der Schüler schlecht beginnt und nach ein paar Tagen eine ganze Serie von Erfolgen zu verzeichnen hat. An dieser Stelle möchte ich darauf hinweisen, dass dies auch für die große Mehrzahl der erfahrenen Golfspieler gilt. Wir alle wissen, dass Leben Veränderung heißt. Es sollte aber nicht so einen tiefen Graben zwischen unserem besten und unserem schlechtesten Schlag geben. Aus dem Blickwinkel der Psychologie ist eine solche Streubreite ein ernstes Problem. Sie erschüttert unser Selbstvertrauen bis in die Feste unserer geistigen und körperlichen Grundmauern. Zudem haben derartige Erfahrungen einen schlechten Einfluss auf unsere Gefühlslage im Allgemeinen: Der jeweilige Mensch entwickelt Reizzustände, schlechte Laune und andere negative Züge. Gerade zu Zeiten der Erholung und der Freude sind diese schädlichen Bedingungen doch vollkommen unerwünscht. Der Mensch sollte seine Freizeit so verbringen, dass sie freudvoll ist und damit die Gesundheit fördert. Dies wird jeder von uns ohne ein Zögern unterstreichen wollen.

Aber zurück zu den Stolpersteinen auf dem Weg zur richtigen Ausführung eines Golfschwungs. Bei seiner Ausführung ist es ja erforderlich, dass „Rück-, Ab- und Durchschwung auf der gleichen Bahn geführt werden“. Die Stolpersteine erwachsen, weil die große Mehrzahl der Menschen tendenziell die natürliche Wölbung der Wirbelsäule über die Maßen verstärkt, auf diese Weise die Wirbelsäule verkürzt [24)] und auf andere Weise bei der Ausführung bestimmter Körperhandlungen in die richtigen Verhältnisse der Muskelsysteme des Rückens, der Wirbelsäule und des Brustkorbs eingreift. Diese Tendenzen sind ganz besonders ausgeprägt, wenn es sich um den Armeinsatz bei Bewegungen wie dem vorbereitenden Rückschwung und dem dann folgenden Durchschwung beim Golfabschlag handelt. Nicht einer von tausend Golfern ist aufgrund dieser Tatsachen in der Lage, die Verhältnisse des Rückens und der Wirbelsäule, die während des *Rück*schwungs geherrscht haben, so auch beim *Durch*schwung zu erhalten. Wenn *„auf der gleichen Bahn zurück- und durchgeschwungen"* werden soll, ist es nämlich ganz entscheidend, dass die Lage der Wirbelsäule, ganz besonders im Hinblick auf ihre natürliche Länge und ihren natürlichen Aufbau, während des Rück- und Durchschwungs erhalten bleiben muss. Dies geht aus der genauen Analyse des Vorgangs hervor. Zu einem erfolgreichen Golfabschlag gehören natürlich noch andere Faktoren, die ich aber hier nicht alle aufzählen und behandeln kann.

Um zu gewährleisten, dass man die Arme und die Beine richtig gebraucht, ist es notwendig, dass sie mental richtig gesteuert und kontrolliert werden. Natürlich muss eine solche Steuerung und Kontrolle auf der Ebene des Bewusstseins ablaufen. Sie muss auch koordinieren, dass die Wirbelsäule die richtige Lage und die richtige Länge hat, und sie muss den damit verbundenen Muskeleinsatz des gesamten Rumpfes bei der Steuerung und Koordination der Arme und Beine koordinieren. Eine Koordination und Steuerung, die dies beachtet, ist dann jederzeit und in einem vernünftigen Rahmen der Befehlsgeber für einen angemessenen Arm- und Beineinsatz.

Wir erkennen hier einige der grundsätzlichen Schwierigkeiten, mit denen sich ein Golflehrer und sein Schüler auseinanderzusetzen haben. Diejenigen, die schon einmal Golfstunden genommen haben, werden sofort zugeben, dass herkömmliche Methoden bei diesen Schwierigkeiten versagen. Sie erfassen den Kern der Probleme nur unzureichend. Tatsächlich gelangen diese Probleme noch nicht einmal im Fokus der Betrachtung. Die orthodoxe Unterrichtsmethodik hat nämlich das

„Ziel“ und nicht die „Mittel-und-Wege“ im Auge. Sie gehorcht den Prinzipien des „Zielstrebens“, wenn Anweisungen erteilt werden. Beispielsweise hat die Anweisung „Führe die Aushol- und die Schlagbewegung auf einer gleichen Bahn aus!“ die Mittel gar nicht im Blick, mit denen dies bewerkstelligt werden kann. Sie fragt nicht danach, ob der Schüler überhaupt die Fähigkeit besitzt, die geeignete Position der Wirbelsäule und des Rückens aufrechtzuerhalten und die Gliedmaßen auch richtig zu gebrauchen, während er eine derartige Körperbewegung ausführt. Positiv ausgedrückt heißt das: Der Lehrer muss zunächst einmal herausfinden, ob sein Schüler in jenen Muskelbereichen seines Organismus, die für die richtige Ausführung bestimmter Instruktionen relevant sind, auch in einem vernünftigem Maß koordiniert ist. Instruktionen sind nämlich notwendig, wenn genau umrissene Körperbewegungen ausgeführt werden sollen, die beim Gebrauch des menschlichen Körpers und seiner Glieder eine Koordination erfordern.

Wenn diese Untersuchungen nicht vorgenommen werden, wird ein Anfänger seine Energien verschwenden, viel Zeit vergeuden und nutzloses Kopfzerbrechen und Spannungen erfahren. Sein Versuch, auch nur ein sehr bescheidenes Niveau im Golfspiel zu erreichen, wird von überflüssiger Angst begleitet sein. Und das gleiche gilt auch für jedes andere Spiel, dem er sich vielleicht verschreibt.

Wenn wir allerdings als Unterrichtsgrundlage die Prinzipien bewusster Steuerung und Kontrolle auf der Basis von Umschulung und allgemeiner Koordination verwenden, ergeben sich daraus mehrere Vorteile:

1. Dem Schüler werden seine speziellen Defekte zu Bewusstsein gebracht, die er macht, wenn er seinen geistig-körperlichen Organismus bei seinen Körperaktivitäten verwendet.
2. Wenn er sich erst einmal dieser Defekte bewusst ist, kann ihm beigebracht werden, seine fehlerhaften Bewegungen zu unterbinden. Sein Lehrer kann ihn dann dabei unterstützen, langsam aber fehlerfrei die notwendigen Erfahrungen beim richtigen Gebrauch je-

ner Muskelmechanismen zu erlangen, die er für sein Golfspiel und auch für andere körperliche Aktivitäten braucht. Früher oder später wird er dann auch in der Lage sein, sie ohne Hilfe eines Lehrers richtig zu beherrschen und er wird sie mit großer Präzision einsetzen können.

3. Beim Golfabschlag müssen dem Schüler als Erstes die richtigen Erfahrungen im Gebrauch der Muskelmechanismen von Rumpf und Beinen vermittelt werden. Die Arme bleiben zunächst unberücksichtigt und sollen nur ganz natürlich an der Seite herabhängen.
4. Dann erst sollten die korrekten Erfahrungen für den Gebrauch der Arme in der *Ausholphase* des Abschlags vermittelt werden. Erst wenn die Ausholbewegung ausgeführt werden kann, ohne dass der Schützling in die zufriedenstellenden Verhältnisse von Torso und Beinen eingreift, dürfen die korrekten Erfahrungen zur eigentlichen *Schlagphase* vermittelt werden. Dies geschieht noch „trocken", ohne dass der Schüler *den Ball tatsächlich zu spielen versucht.* Mit dieser letzten Phase des gesamten Bewegungsablaufs dürfen wir erst beginnen, wenn der Schüler wirklich mit den verschiedenen Teilbewegungen so vertraut ist, wie sie unter den Punkten 1-4 beschrieben worden sind.
5. Wenn dann endlich die Zeit reif dafür ist, den Ball wirklich abzuschlagen, muss dieser Schlag von der Vorstellung getragen sein, dass *die zuvor gemachten Erfahrungen als eine Einheit wiederholt werden.* (Mit anderen Worten werden also die „Mittel-und-Wege" wiederholt.) Die Vorstellung, wirklich einen Abschlag zu machen, muss aus dem Denken verbannt werden. Wenn der Schüler nämlich das „Ziel" im Auge behält, den Schlag auszuführen, wird er sofort zu allen seinen früheren unterbewussten Gewohnheiten im Gebrauch seines geistig körperlichen Organismus zurückkehren. Wenn er aber die „Mittel-und-Wege", wenn er seine neuen und

richtigen Erfahrungen, auf dem Radarschirm hat, wird er sie früher oder später auch richtig in die Praxis umsetzen und er wird seine Schläge mit einer Beständigkeit und Präzision ausführen, die ihm ein Höchstmaß an Zufriedenheit und Freude bereiten werden.

Ich kenne einen Erwachsenen, der das erste Mal überhaupt ein Fahrrad bestiegen hatte und dann ganz problemlos einen Berg hinuntergefahren ist. Schon am zweiten Tag ist er neunzig Kilometer durch den ganz normalen Verkehr geradelt. [A)] Und als er das erste Mal ein Florett in die Hand nahm, war er nicht weniger in der Lage, ganz passabel zu fechten. Er konnte all dies, weil er die Prinzipien der bewussten Kontrolle, für die ich eintrete, angewendet hat. Ich habe ihm die jeweils beteiligten Prinzipien genau erläutert und er hat anschließend die Bewegungsmuster dazu sorgsam studiert. Zuerst hat er die einzelnen Teilbewegungen und ihre dazu gehörigen „Mittel-und-Wege" analysiert, um sie dann in einem wohl überlegten Plan umzusetzen. Und dies sollte meiner Meinung nach auch die ganz normale und nicht eine außergewöhnliche Vorgehensweise des Menschen sein. Instinktiv kann eine Katze schon bei ihrem ersten Sprungversuch ihre Kräfte und die Entfernungen präzise abschätzen. Wenn der Mensch anstelle des Instinkts seinen vom Bewusstsein kontrollierten Verstand und die damit zusammenhängenden Erfahrungen einsetzt, wird auch er in der Lage sein, mit größerer Leichtigkeit und klüger seine Kräfte zielgerichtet zu verwenden, mit viel weniger Körperanstrengung und ohne die häufigen Wiederholungen, ohne das aufwändige *Üben.*

In diesem Zusammenhang: Ich bin oft nach dem Unterschied von Instinkt und Intuition gefragt worden. So wie ich den Instinkt definiere, ist er das Ergebnis von unterbewussten geistig-körperlichen Erfahrungen, die sich im Menschen auf allen Stufen seiner Entwicklung angesammelt haben. Und diese Erfahrungen, ob sie nun kollektiv oder individuell sind, verbleiben solange beim Menschen, bis er auf der Stufe bewusster Kontrolle angelangt ist. Demgegenüber ist Intuition das Ergebnis geistig-körperlicher Erfahrungen, die der Mensch im Laufe des

Evolutionsprozesses gesammelt hat und die er zudem auch *bewusst durchdacht* hat.

Das Wort „Unterbewusstsein“ ist nichts anderes als eine andere Formulierung für unsere Lebensgewohnheiten. Ich glaube fest daran, dass sich ein neues und richtiges Unterbewusstsein etabliert haben wird, wenn wir das Stadium bewusster Kontrolle in unserem Zivilisationsprozess erreicht und sich auf diese Weise auch neue und richtige Gewohnheiten ausgebildet haben werden.

Ich will an dieser Stelle noch einmal meine Sichtweise unterstreichen, dass eine bewusste Kontrolle gar nicht hoch genug eingeschätzt werden kann. Tatsächlich ist sie zwingend erforderlich, wenn wir den Anforderungen unserer komplexen Umwelt genügen wollen. In unserer schnell voranschreitenden Zivilisation versagt nämlich der Instinkt auf breiter Front. Ohne bewusste Kontrolle weiß der Mensch vielleicht, dass sich Defekte entwickelt haben. Er weiß vielleicht auch, welcher Art die Defekte sind. Ja, er kann sogar wissen, welche konkreten Verbesserungen es zu erreichen gilt. Und doch ist er ziemlich unfähig, die gewünschten Veränderungen durch Imitation oder mit den orthodoxen und traditionellen Methoden der Unterweisung herbeizuführen.

Auf der anderen Seite sind mit einer bewussten Kontrolle wahre Entwicklung, Entfaltung, Erziehung und Evolution möglich, auf intellektuellem Wege und gegen die alten, orthodoxen und trügerischen Leitlinien. Die Mittel dafür sind wohl durchdachte Prozesse, die analysiert und verstanden worden sind und eine eindeutige Richtung haben. Bewusste Kontrolle versetzt einen Menschen in die Lage, einen Prozess ausfindig zu machen, der Heilung verspricht, und sie versetzt ihn in die Lage, diesen Prozess schnell in die Wege zu leiten, wenn ein Mangel erst einmal aufgedeckt worden ist.

Mehr als zwanzig Jahre Forschung und praktische Erfahrung haben mich in meinem Glauben bestätigt, dass *das Vermächtnis der Evolution an die Menschheit von unschätzbarem Wert*, dass also eine bewusste

Steuerung und Kontrolle in der Reichweite all derer liegt, die bereit sind, die Schwierigkeiten auf sich zu nehmen, die die Entwicklung dieser Fähigkeit mit sich bringt. Und dies ist keine esoterische Doktrin, es ist auch kein mystischer Kult. Sie ergibt sich aus vollkommen rationalen Erkenntnissen, deren Richtigkeit mit einer sauberen theoretischen Argumentation zu beweisen ist und deren Gehalt in der Praxis überprüft werden kann.

Ich werde nun einen charakteristischen Fall etwas ausführlicher beschreiben. Auf diese Weise können die verschiedenen Punkte der Theorie und der Praxis recht gut verdeutlicht werden.

Ein bekannter Halsspezialist hatte den vierzehnjährigen M. H. zu mir geschickt. Zwei Knoten an den Stimmbändern des Jungen waren entfernt worden und eine einmonatige Spezialbehandlung in einem Genesungszentrum hatte zu keiner wesentlichen Verbesserung geführt. Die Mutter brachte den Jungen zu mir und blieb während der Behandlung bei ihm. Ich erkannte, dass das Ergebnis seiner Versuche zu sprechen nur ein heiseres Flüstern war. Er verdrehte dabei krampfartig verschiedene Körperteile und sein Gesicht wurde verzerrt. Alles dies wurde hervorgerufen durch seine falschen Vorstellungen darüber, wie viel Energie aufzuwenden ist, wenn man sprechen wollte. Diese falschen Vorstellungen hatte der vorherige Lehrer völlig außer Acht gelassen. In seinen bisherigen Unterrichtsstunden sollte der Junge versuchen, einfache Laute und Worte zu vokalisieren, in der Hoffnung sie dabei zu verbessern. Weder war eine Analyse der falschen Mittel vorgenommen worden, mit denen er die Lautproduktion bisher bewerkstelligt hatte, noch war mit ihm überhaupt über dieses Problem gesprochen worden. Seine Bemühungen, die Anweisungen seines Lehrers umzusetzen, beruhten einzig und allein auf seinen ursprünglichen Vorurteilen und bisherigen Erfahrungen. Und seine Muskelmechanismen verwendete er weiterhin auf eine falsche Weise. Seine bewusste Haltung im Ganzen und seine ausgesprochenen und unausgesprochenen Selbstbefehle waren ganz genau die gleichen geblieben wie vorher.

Aus Gewohnheit öffnete er seinen Mund immer nur unvollständig. Sein Lehrer hatte ihn zwar beständig dazu aufgefordert, nur war dem Schüler überhaupt nicht klar, dass er dies nur unvollständig tat. Seitens des Lehrers gab es auch keine Analyse darüber, warum es dem Schüler nicht gelang, den Mund weiter zu öffnen, oder warum es zu den begleitenden Verzerrungen und den automatischen Reaktionen kam. An sich ist ja das Öffnen des Mundes eine einfache Sache, aber sie war es eben nicht für diesen Patienten. Hier genügte es nicht, einfach zu sagen: „Du sprichst nicht richtig. Jetzt sprich endlich ordentlich.“ Das kann man nicht Unterricht nennen! Es ist nämlich nicht das „Ziel“, auf das Lehrer und Schüler hinarbeiten müssen, es sind die „Mittel-und-Wege“, die erarbeitet werden müssen. Diese „Mittel-und-Wege“ können nicht in eine allgemeine Formel gepresst werden, denn sie können bei den verschiedenen Schülern wirklich sehr unterschiedlich sein. Eine geschulte Beobachtungsfähigkeit, eine sorgfältige und geduldige Untersuchung und Erfahrung decken auf, welche „Mittel-und-Wege“ einzusetzen sind. Viele der Unterrichtsstunden des Schülers waren in der Tat weitestgehend nutzlos, weil nichts unternommen worden war, um seine falschen Vorstellungen vom Sprechen zu beseitigen. So blieb seine Angst zu sprechen erhalten. Und diese Angst hatte weiterhin die gewohnte Kette irrelevanter und störender Bewegungen in Gang gesetzt.

Meine Behandlungsweise sieht so aus: Am Anfang stehen eine genaue Beobachtung und Analyse. Dann muss erst einmal ganz allgemein die Maschinerie des Menschen dazu gebracht werden, einigermaßen gut zu funktionieren. Die Natur arbeitet nämlich nicht in Teilen, sondern als ein Ganzes. Im nächsten Schritt stelle ich den ersten Steuerungsbefehl oder die ersten Steuerungsbefehle vor, die der Schüler ins Spiel bringen muss. In diesem Fall sollen sie die Spannung der Muskeln hemmen, die an den Bewegungen des Unterkiefers beteiligt sind. Dem Schüler muss zu der klaren Einsicht verholfen werden, dass dafür von seiner Seite kein wie auch immer geartetes Handeln verlangt wird. Er muss allein die richtigen Befehle zur Hemmung der Muskelspannung memorieren und sie in Übereinstimmung mit ganz bestimmten Anweisungen verwenden. Wenn er dies wirklich tut, führt dies sofort zu einer Lösung seines Unterkiefers. So wird es dem Lehrer ermöglicht, den Unterkiefer für seinen Schüler mit der Hand zu bewegen. Dem Schüler wird auf diese Weise das erste Mal das richtige kinästhetische Empfinden für die Funktionsweise seines Unterkiefers vermittelt und dies macht ihm ein für alle Mal klar, dass die gewünschte Bewegung mit Perfektion und Leichtigkeit möglich ist. Jede einzelne der unterbewussten Verzerrungen und Zuckungen, auf die der Schüler nacheinander hingewiesen wird, sind von ihm geduldig zu hemmen. Manchmal gelingt ihm das direkt. Meistens sind dafür jedoch explizite Steuerungsbefehle notwendig, zu denen ich ihn anleite und die das gesamte fehlerhafte System der muskulären Handlungen des Schülers ganz allmählich koordinieren und in Ordnung bringen. Falsche Handlung für falsche Handlung, falsche Reaktion für falsche Reaktion werden so gehemmt: das Versteifen seines Halses, das Zurückwerfen seines Kopfes, seine Verspannung des Unterkiefers, der tiefe, die Luft einsaugende Atemzug, die Zuckungen seiner Glieder, seine Grimassen. Auf der positiven Seite werden danach Schritt für Schritt die richtigen Handlungen aufgebaut. Dazu gehören das freie und kontrollierte Öffnen des Mundes, eine gleichmäßige Atmung, die die Luft einfließen lässt [25)], eine aufrechte, ausbalancierte Haltung, eine klare Artikulation und die richtige Stimmbildung.

Der Verstand von Schüler und Lehrer sind im Dauereinsatz. Nicht Hypnose oder Selbstsuggestion werden eingesetzt, um die innere Unruhe, die Unbestimmtheit und die daraus folgende Vergeudung mentaler und physischer Energien zu beseitigen. Es sind die geschickten, ruhigen, prägnanten und Vertrauen erweckenden Anweisungen des Lehrers, die dies bewirken sollten.

Auch wenn man nur einfachste Prozesse analysiert, stellen sie sich oftmals als unverhältnismäßig komplex heraus. So brauchte ich bei diesem Fall allein zwanzig Unterrichtsstunden, um die schlechten Gewohnheiten des Schülers aufzubrechen und noch einmal zwölf, um sie vollständig und dauerhaft positiv zu verändern.

Wenn wir eine so einfache Tätigkeit wie das Öffnen des Mundes analysieren, sind zwei oder drei Faktoren besonders herauszustreichen.

- Es gibt die Tendenz, auf fehlerhafte, vorgefasste Vorstellungen zurückzugreifen.
- Es gibt Selbsttäuschungen des Schülers hinsichtlich dessen, was er denkt und was er tut.
- Es gibt bei dem Schüler eine höchst schädliche Abhängigkeit von Empfindungen, die sich ausschließlich auf die Erfahrung von fehlerhaften Handlungen stützen.

So gibt es nur wenige Menschen, die nicht den Kopf zurückwerfen, wenn sie aufgefordert werden, ihren Mund zu öffnen. Sie haben sehr oft die Vorstellung, dass dazu der Oberkiefer vom Unterkiefer weggehoben werden müsse. Sie bedenken nicht und ziehen nicht in Betracht, dass es genügt, die unterbewussten Befehle zu hemmen, die die Mechanismen veranlassen, den Mund verschlossen zu halten. Eine solche Hemmung führt dann zu einer Verringerung der Muskelspannung, die den Unterkiefer einfach herunterfallen lässt. So ist es normalerweise bei den Schwachsinnigen, die die meiste Zeit mit geöffnetem Mund dastehen, tatsächlich ein bloßes Fallenlassen. Ebenso wissen wir, dass beim Boxen ein Kopftreffer den Unterkiefer des verletzten Boxers herunterfallen lässt, wenn der Schlag so schwer war, dass das Kontrollsystem ausgeschaltet wurde. Es dauert dann auch seine Zeit, bis der Unterkiefer in seine normale Position zurückkehrt.

Wenn ich nun einen Schüler bitte, für ihn seinen Unterkiefer vom Oberkiefer fortbewegen zu dürfen, vergrößert er normalerweise noch instinktiv die Spannung, die den Unterkiefer dort belässt, wo er ist. Solche beständigen und irrationalen Spannungen sind mit einer enormen Energievergeudung verbunden. Darauf habe ich schon an verschiedenen Stellen hingewiesen.

Aber erst richtig schädlich wird die Sache bei derartigen Tätigkeiten wie Singen oder Sprechen. Wenn wir nämlich den Mund mit einem solchen unbewussten und absurden Kraftaufwand öffnen, wird der Hals übermäßig versteift, der Kopf wird zurückgeworfen, der Kehlkopf wird übermäßig und auf eine sehr schädliche Weise heruntergedrückt und gelangt so in eine Position, die für eine gute Stimmbildung äußerst ungünstig ist. Schon seit Jahren weise ich darauf hin und demonstriere es auch in der Praxis, dass aus diesen wenig beachteten Spannungen verschiedenste Formen von Hals- und Ohrproblemen entstehen können, die heutzutage so allgegenwärtig sind und die sich oft einer allgemeinen und auch einer speziellen Behandlung widersetzen. Wenn aber die richtige Vorstellung im Schüler darüber entwickelt wird, was die richtige Methode für das Öffnen des Mundes ist, können bei dem Patienten derartig freie Verhältnisse geschaffen werden, in denen der Kehlkopf aus Prinzip tendenziell leicht gehoben und entspannt und nicht versteift und heruntergedrückt wird. Und noch wichtiger ist, dass meine Methode den Schüler lehrt, diese Verhältnisse selbständig herbeizuführen. Außerdem wird mit Sicherheit eine viel größere Beweglichkeit der Gesichtsmuskeln, der Lippen- und Zungenmuskulatur die Folge sein. Eine solche Beweglichkeit ist in der Tat für einen guten und klaren Ausdruck ganz entscheidend. Und all dies geschieht mit minimalem Kraftaufwand.

In der kürzesten Zusammenfassung ist dies die Methode, mit der der Prozess für eine bewusste Kontrolle der Muskelmechanismen vermitteln werden kann. Als nächstes beschreibe ich ebenso knapp die Wirkungen dieser Methode. Wie ich feststellen konnte, sind die ersten unmittelbaren Auswirkungen eine allgemeine Anregung und eine verbesserte Leistungsfähigkeit des gesamten Organismus. Dies ist auch leicht nachzuvollziehen. Offensichtlich werden im täglichen Leben der heutigen Zivilisationsmenschen so wenige Anforderungen an alle Muskeln gestellt, dass sich daraus eine allgemeine Erschlaffung entwickelt hat. Eine Ausnahme bilden allein die Muskeln, die häufig zum Einsatz kommen. Aber auch sie werden verhältnismäßig nur gering belastet. So entsteht Stagnation. Daraus resultieren dann Effekte der Selbstvergiftung, wie sie so oft zu beobachten sind. Wenn es aber gelingt, die alten motorischen Gewohnheiten aufzubrechen, können die Muskelmechanismen wieder vollständig ins Spiel gebracht werden. Die angesammelten Gifte werden aus dem Gewebe herausgelöst und ausgeschwemmt. Daraus folgt eine verbesserte Lebenskraft. Man fühlt sich wieder stark und leistungsfähig. Die Widerstandskräfte gegen die Angriffe der Infektionskrankheiten werden gestärkt. Aber die wahrscheinlich wichtigste Wirkung der Methode ist die Fähigkeit, die schleichende Entwicklung einer schlechten mentalen oder muskulären Gewohnheit zu erkennen. Mit einer solchen Fähigkeit wird garantiert, dass die hervorgebrachten Veränderungen nachhaltig sind. Gerade diese Fähigkeit hat meiner Meinung nach den allerhöchsten Stellenwert, demonstriert sie doch die Macht des Einzelnen, Herrscher seines eigenen Körpers zu sein, wenn er erst einmal die Prinzipien der bewussten Steuerung und Kontrolle beherrscht.

Ich will die Beschreibung der speziellen Wirkungen, die durch die Anwendung dieser Methoden erzielt werden können, nicht übermäßig in die Länge ziehen. Aber ich kann eine Liste mit von mir behandelten Fällen erstellen. Bei einigen der Fälle war ich selbst von dem Heilungserfolg überrascht. Darunter waren Krankheitsfälle, die von hervorragenden Ärzten in England, Australien und den U.S.A. diagnostiziert worden sind: Asthma, Lungenentzündung, Krampfadern, Verwachsung der Lungen, Hämorriden, motorische Lähmung, angeborene und andere Missbildungen, Veränderungen durch Kinderlähmung, viele unterschiedliche Beschwerden von Hals, Nase und Ohren, Heuschnupfen, chronische Verstopfung, Dickdarmentzündung und Blinddarmentzündung, wenn sie noch im Anfangsstadium war. Wenn es zu einem Rückfall kam, führten einige zusätzliche Unterweisungen zu den Prinzipien meiner Technik in jedem einzelnen Fall, den ich überwacht habe, dann doch noch zu einer Heilung. In Bezug auf die zukünftige Entwicklung und Ausarbeitung dieser Methode sehe ich voraus, dass die Teile der Menschheit, die entsprechend der Richtlinien ausgebildet worden sind, die ich BEWUSSTE STEUERUNG UND KONTROLLE genannt habe, ganz ausgezeichnet darauf vorbereitet sein werden, jeglichen Verhältnissen gerecht zu werden, die ihnen eine Zivilisation in der Zukunft abverlangt. Geist und Körper werden gleichermaßen anpassungsfähig genug sein, ganz gleich, welche Bürde ihnen auferlegt sein sollte. Für die Menschen, die nach diesen Prinzipien ausgebildet worden sind, ist eine schwere körperliche Anstrengung kein Notfall, denn es gibt in dem System keine stehenden Verwirbelungen, in denen sich Gifte ansammeln könnten. Die Menschen werden eine vollständige und vollkommene Befehlsgewalt über ihren Organismus haben. Ich bin wirklich sehr zuversichtlich, dass meine praktische Psychotherapie, die keine Vision mehr ist, weil sie erprobt ist, die beschränkten und provisorischen Methoden der Somato-Therapie [A)] mit der Zeit ersetzen wird. Es ist meine aufrichtige Hoffnung, dass auf der Welt niemand von den Wohltaten ausgeschlossen sein wird, die diese Prinzipien bewirken. Die wunderbaren Verbesserungen der gesundheitlichen Verhältnisse Erwachsener wirken für den nicht Eingeweihten oftmals wie Zauberei. Sie lassen aber erahnen, welche Möglichkeiten sich ergeben, wenn meine Methode bei unseren Kindern in einer neuen Gesellschaft angewendet wird.

Es ist wesentlich, dass die Völker der zivilisierten Welt den Wert ihres Erbes begreifen. Nach einem langen Prozess der Evolution werden sie endlich in der Lage sein, den Gebrauch ihrer eigenen Körpermechanismen zu beherrschen. Mit dem Einsatz von Bewusstsein und logischer Intelligenz kann der Mensch sich über die Mächte von Krankheit und Körpergebrechen erheben. Dieser Triumph kann nicht im Schlaf erreicht werden, nicht im Trancezustand, nicht durch Gehorsam, nicht durch Lähmung und nicht durch Betäubung. Er kann allein erzielt werden durch ein klares, weitsichtiges, logisches, gründliches Bewusstsein und ein Verständnis der wunderbaren Möglichkeiten, die die Menschheit besitzt: das Vermächtnis eines Grenzen sprengenden, bewussten Geistes.

Kapitel 4

Bewusste Steuerung und Kontrolle an praktischen Beispielen

Mit einer unterbewussten Steuerung kann sich die Menschheit nicht so prompt an die sich schnell und beständig verändernden Bedingungen anpassen, wie es in unserer Zivilisation erforderlich wäre. Ein dafür geeignetes Niveau körperlicher und geistiger Perfektion würde von den Menschen eine Anpassungsfähigkeit verlangen, die es ihnen leicht machte, von einer Tätigkeit mit bestimmten Anforderungen an die Muskulatur problemlos zu Tätigkeiten mit vollkommen anderen Muskelanforderungen zu wechseln. Unter der gegenwärtigen unterbewussten Steuerung kommt eine solche Transferleistung aber äußerst selten vor, um es einmal ganz vorsichtig auszudrücken.

Zu Demonstrationszwecken nehmen wir einmal das Folgende an: Jemand, der ein halbes Leben lang im Büro gearbeitet hat, ist jetzt gezwungen, mit Feldarbeit seinen Lebensunterhalt zu verdienen. Er wird zunächst nur auf Probe beschäftigt und muss in kurzer Zeit nachweisen, dass er erfolgreich seine Aufgaben erledigen kann. Zugegeben, dies ist ein extremes Beispiel, aber die Argumentation gilt auch für weniger extreme Fälle. Nun war dieser Mann bislang von seinem Unterbewusstsein gesteuert. Er wird also seine Probleme auf der Gefühlsebene angehen und sich direkt mit Gespür daranmachen, sein angestrebtes „Ziel“ zu erreichen. Und er wird sich über die „Mittel-und-Wege“, mit denen er erfolgreich sein könnte, keine großen Gedanken machen. Es kommt ihm überhaupt nicht in den Sinn, zunächst einmal die besonderen Anforderungen zu analysieren, die das Pflügen an die verschiedenen Teile seines Organismus stellt. Genauso zieht er auch die elementaren Gesetzmäßigkeiten bei der Verwendung eines Pfluges nicht in Betracht. Er weiß nichts darüber, dass und wie der Pflug als Werkzeug bei der vorgesehenen Arbeit kontrolliert werden muss. Von

Anfang an ist sein Denken auf das fixiert, was er mit dem Pflügen erreichen will. Sein Blick ist einzig und allein auf sein angestrebtes Ziel gerichtet.

Er wird also den Pflug an den Griffen festhalten und die Pferde in Bewegung setzen. Und er wird sich darüber freuen, wie der Pflug sich recht oder schlecht durch die Erde wühlt, meistens eher schlechter. Er wird aber Schwierigkeiten haben, den Pflug in der Furche zu halten und überhaupt eine gerade Furche zu ziehen. Wenn ihm dies doch gelingen sollte, wird er von den Bewegungen des Pfluges mit ziemlicher Sicherheit hin und her geschüttelt. Und diese hängen von der Bodenbeschaffenheit ab, auf die der Pflug trifft, wenn er durch die Furchen ackert. An der einen Stelle ist der Boden weich, an einer anderen Stelle ist er hart. Unser Mann hat dafür in seinem Denken aber keine Steuerungsprinzipien parat, die er bewusst bedacht hätte. Seine Anstrengungen sind vollkommen unterbewusst und seine Aktivitäten, das Ziel zu erreichen, das er im Blick hat, sind mehr oder weniger zufällig.

Es ist äußerst wahrscheinlich, dass er genau die Muskeln anspannt, die er nicht anspannen darf, um das Gleichgewicht zu halten und den Pflug effizient zu bedienen. Und umgekehrt wird er die Muskulatur entspannt lassen, die die meiste Arbeit verrichten sollte. So wird die Spannung der Armmuskulatur mit hoher Wahrscheinlichkeit unnötig groß sein. Der allgemeine Gebrauch der falschen Muskeln wird eher das notwendige Gleichgewicht weiter zerstören als es zu stützen. Insgesamt sehen wir also, dass unser exemplarischer Büroangestellter bei seiner neuen Arbeit als Bauer von Anfang an neue und schädigende Gewohnheiten in seiner täglichen Routine zu entwickeln beginnt. So wie er auch im Büro schlecht koordiniert und schlecht gesteuert war, wird er nun zu einem schlecht koordinierten und schlecht gesteuerten Feldarbeiter. Wenn aber die Prinzipien einer durchdachten, bewussten Kontrolle Verwendung finden, wird ein Mensch, der eine Tätigkeit im Sitzen ausgeübt hat, in der Lage sein, den Beruf des Bauers aufzunehmen, ohne dass er Sorge haben muss, schädigende Gewohnheiten zu entwickeln. Mehr noch, er wird innerhalb kürzester Zeit zu einem Profi in seinem Metier. Ein unterbewusst gesteuerter Mensch hingegen bringt es darin in einem weitaus längeren Zeitraum nur zu einer teilweisen Beherrschung.

Jetzt schauen wir uns die Situation einmal aus dem Blickwinkel durchdachter, bewusster Steuerung und Kontrolle an. Wenn der ehemalige Büroangestellte nach den Steuerungsprinzipien einer bewussten und durchdachten Kontrolle vorgeht, wird er zunächst mehr die „Mittel-und-Wege" bedenken, mit denen er seine Sache erreichen will, als dass er die Sache selbst ins Auge fasst. Er wird sich alle Zeit der Welt nehmen, um die Faktoren zu analysieren, die es zu bewältigen gilt. Jeder, der sich die Mühe macht, einen Mann beim Pflügen zu beobachten, wird sofort erkennen, dass sehr viel manuelles Geschick notwendig ist, um den Pflug so in der Spur zu halten, dass eine gerade Furche gelingt. Unter äußerst beschwerlichen Bedingungen muss der Bauer dafür erst einmal sein Gleichgewicht erhalten. In einer Analyse der Bewegung wird ihm klar werden, dass sein Körper relativ stabil bleiben und Armen und Beinen Halt geben muss, so wie auch der Stamm des Baumes die Äste hält. Sein Körper muss so genau wie möglich der Linienführung der Furche folgen und dabei senkrecht zur Furche bleiben. Leicht wird sich ihm dann auch erschließen, dass Arme und Beine in den Gelenken nachgeben müssen. Gerade dieser Faktor ist extrem wichtig, weil er so dem beständigen Auf und Ab der Griffe des Pfluges entsprechen kann. Wenn seine Wahrnehmung für die Steuerung gut ausgebildet ist, wird er es nicht erlauben, dass irgendein Teil seines Muskelsystems unter einer größeren Spannung steht, als es unbedingt notwendig ist. Und er wird nur die Muskeln ins Spiel bringen, die am besten dafür geeignet sind, sowohl den Pflug als auch sein Gleichgewicht zu kontrollieren. Spielen wir als Beispiel eine Situation durch: Der linke Griff des Pfluges wird nach oben gezwungen, der andere nach unten, so dass der Pflug droht, nach rechts wegzukippen. Der linke Arm des pflügenden Bauern wird dann im Hand-, Ellenbogen- und Schultergelenk nachgeben. Der rechte Arm wird gestreckt, um die allgemeine Kontrolle und das Gleichgewicht zu behalten, ohne dass die normale Stellung des Torsos mehr als nötig belastet und gestört wird.

Natürlich sollte der linke Arm einen Gegendruck nach unten auf den linken Griff ausüben und der rechte Arm sollte tendenziell den rechten Griff aufwärts ziehen, um den Pflug wieder so auszurichten, dass er bestmöglich in der Furche steht. Das linke Bein sollte im Knie nur leicht gebeugt werden, während das rechte Bein gestreckt und fest bleiben sollte. Auf diese Weise wird der Bauer ein Maximum an Kontrolle in die korrekte Richtung ausüben können, und das bei minimaler Anstrengung und frei von schädlichem Stress. Dieses Beispiel macht eines ganz deutlich: Männer und Frauen werden im bewusst kontrollierten Stadium ihrer geistig-körperlichen Entwicklung in der Lage sein, sich sofort an alle ungewöhnlichen oder unbekannten Situationen anzupassen, in die sie jemals geraten können, ohne dass sie Angst vor körperlichem oder seelischem Schaden haben müssten. Wenn sie auf Unerwartetes oder Ungewohntes treffen, werden sie den Anweisungen ihres bewussten, logischen Verstandes folgen, bevor ihr Unterbewusstsein sie zu irgendwelchen Spontanreaktionen verleitet. Genauso werden sie in der Lage sein, durch bewusstes, logisches Denken ihre Gewohnheiten nach ihrem Willen zu verändern. Es wird ihnen möglich sein, heute im Büro als Angestellter zu arbeiten und morgen ein kluger Bauer zu sein. Unerwarteten Überraschungen werden sie mit einem logischen und genauen Urteilsvermögen begegnen. Und dieses Urteilsvermögen ist ein Produkt ihres bewussten, logischen Verstandes. Ich habe bereits mehrfach auf das Verhalten der Tiere und der Menschen auf den niedrigeren Evolutionsstufen hingewiesen: Wenn sie sich mit einem Phänomen konfrontiert sahen, an das sie nicht gewöhnt waren, erstarrten sie vor Schreck in Bewegungslosigkeit und haben sich so selbst geschadet. Ein derartiger Geisteszustand enthält nicht einen Funken Kontrolle oder Verstand. Es muss an dieser Stelle wohl nicht besonders betont werden, wie wichtig es ist, die zivilisierte Menschheit so umzuerziehen, dass Verstand und Kontrollfähigkeit zu den Hauptfaktoren ihres Verhaltens werden. Überall sieht man die Zerstörung, die Vergeudung, die Einbußen an Lebensenergie und den Verlust an Lebenskraft. All das ist das Ergebnis einer Zivilisation, deren Basis unterbewusstes Handeln ist.

Es ist jetzt unsere Aufgabe, eine neue Zivilisation durchzusetzen, die sich auf den Verstand stützt und nicht so sehr auf Stimmungen und verworrene Gefühle, die auf eine bewusste Steuerung und Kontrolle setzt und nicht so sehr auf den Instinkt. Der frühe Mensch ist vor Entsetzten erstarrt, wenn sich die Sonne verfinstert hat. Vor einem Stückchen Holz oder einem Steinsplitter hat er sein Haupt in Ehrfurcht geneigt, zitternd vor Angst, wenn seine Götzenbilder in irgendeiner Weise geschändet wurden. Er hat sich allem, was in seinem begrenzten Erfahrungsbereich keinen Platz fand, mit Instinkt genähert. Auf diese Weise fühlte er sich vielleicht geschützt, aber viel eher hat er sich so hintergehen lassen. Bei dem größeren Teil der Menschheit werden auch heute noch die normalen Lebensvorgänge von den gleichen wenig effektiven Kräften gesteuert. Die Menschen können inzwischen zwar viele Dinge deuten, die für den frühen Menschen noch völlig undurchschaubar waren. Aber auch heute noch reagieren wir wie immer schon mit dem gleichen Mangel an Kontrolle, wenn wir uns mit dem Unbekannten konfrontiert sehen. Bei einem Wutanfall fallen Worte, wie sie scharfzüngiger nicht sein können. Wenn die Menschen dann aber nachgedacht haben, erscheint ihnen das Gesagte als sehr unangebracht und dumm. So etwas geschieht tagtäglich. Wenn der Wüterich sich nach einiger Zeit beruhigt hat, kommen ihm die Dinge in den Sinn, die er stattdessen hätte sagen oder tun können. Dieses Phänomen des „Treppenwitzes" weist auf die Tatsache hin, dass Menschen in aufgeheizten Situationen von ihren Gefühlen beherrscht werden und ihre Kontrollfähigkeit und ihr Verstand außer Kraft gesetzt sind. Jemand, der von seinem Unterbewusstsein kontrolliert wird, gerät sofort in Panik, wenn er einer Situation gegenübersteht, die für ihn eine Gefahr darstellt. Unter diesen Umständen wirken viele Menschen wie gelähmt durch ihre Selbsthypnose. In einem solchen Zustand ist die Kommunikation mit ihrem Verstand vollständig gestört. Es gibt Menschen, die verlieren bei Feuer z. B. völlig ihre Fassung. Bei dem Versuch ein paar ihrer Habseligkeiten zu retten, bevor sie fliehen, werfen sie Dinge aus dem Fenster, die in tausend Stücke zerbrechen, wenn sie auf den Boden fallen. Der Mann, der die Standuhr seines Schreibzimmers aus dem Fenster geworfen, dafür aber seinen Kaminvorleger die Treppe heruntergetragen hat, ist keine Erfindung. Sein Handeln symbolisiert eine Verhaltensweise, die man von jemandem erwarten könnte, der in einer Notsituation seine Kontrolle verloren hat. In diesem Zusammenhang passt auch das folgende Geschehen, das ich selbst erlebt habe.

Ich kam spät abends in der bekannten Bergarbeiterstadt in den Kolonien an und wollte in einem großen Hotel übernachten. Man sagte mir, dass es kein freies Zimmer mehr gebe. Aber wenn es mir nichts ausmache, könne ich mit den beiden kleinen Söhnen des Besitzers ein Zweibettzimmer teilen und so die Nacht doch noch angenehm verbringen. Wer jemals Erfahrungen mit einer „Goldgräberstadt" gemacht hat, kann sich mein ungeheures Glück vorstellen. In jener Nacht schliefen allein acht müde Seelen auf dem Billardtisch und ich erinnere mich nicht mehr, wie viele ein Bett auf dem harten und zugigen Boden des Hotels fanden. Wie es der Zufall wollte, wohnte in dem Hotel auch ein guter Freund von mir. Er war allgemein anerkannt als ein Mann großen Wissens. Man kannte ihn als einen feinen Gelehrten mit scharfem Intellekt. Bevor wir uns zurückzogen, erhielten wir vom Besitzer noch eine letzte Mahnung: „Schließen Sie ihre Tür wirklich ab!" Mein Freund und ich haben uns noch lange unterhalten. Erst spät gingen wir zu Bett. Ich erinnerte mich an die Mahnung unseres Gastgebers und verriegelte die Tür, löschte das Licht und fiel fast augenblicklich in einen gesunden Schlaf. Kaum war eine Stunde vergangen, als mich das Knacken brennenden Holzes und Feuerprasseln weckte. Mir wurde schnell klar, dass das Hotel in Flammen stand. Schon fanden die ersten von ihnen ihren Weg durch den oberen Teil der Holzwände in mein Zimmer und leckten noch vorsichtig an der Decke des Schlafraums.

Mein erster Gedanke galt den beiden kleinen Kindern, die mit mir im gleichen Zimmer schliefen. Ich entriegelte die Tür, nahm eines der Kinder unter meinen linken Arm und machte mich daran, das andere Kind zu suchen. Schon drang erster Rauch in das Zimmer. Deshalb brachte ich zunächst den einen Jungen aus dem Schlafraum und kehrte dann noch einmal zurück, um den anderen im dichter werdenden

Qualm weiterzusuchen. Ich fand ihn unter dem Bett. Im Halbschlaf war er offensichtlich aus dem Bett gesprungen. Mit beiden Jungen im Schlepptau rannte ich die Treppe hinunter zum Schlafzimmer ihres Vaters. Dieser stürmte heraus, rief seine männlichen Servicekräfte und ergriff sofort die nötigen Maßnahmen, um das Feuer zu löschen. Als nächstes eilte ich natürlich zum Zimmer meines Freundes, um ihn zu wecken. Ich zündete seine Zimmerkerze an und wartete, bis er wirklich das Bett verlassen hatte, um dann allgemein Alarm zu schlagen und denen zu helfen, die die Flammen bekämpften. Es dauerte auch nicht lange, bis das Feuer gelöscht war. Aus diesem Bericht kann der Leser selbst beurteilen, wie viel Zeit bis zum vollständigen Löschen des Brandes vergangen sein mag, nachdem ich meinen Freund vor dem Feuer gewarnt hatte. Als endlich alles vorbei war, wollte ich ein paar Worte mit meinem Freund wechseln, aber ich war sehr überrascht, ihn nicht unter den Anwesenden zu finden. Ich ging zurück zu seinem Zimmer und war mehr als erstaunt, ihn vollständig angekleidet dort anzutreffen. Als ich den Raum betrat, knöpfte er sich gerade in aller Ruhe seine Weste zu, so wie er es an jedem anderen Morgen getan hatte, als ob es in der Tat nichts zu befürchten gegeben hätte. Durch Selbsthypnose hatte er die Möglichkeit vollständig ausgeblendet, dass er bei lebendigem Leib verbrennen könnte. Er hatte sich sogar rasiert.

Es gibt tausende Fälle ähnlich irrationaler Verhaltensweisen in ungewohnten Situationen. Die Liste der Fälle soll die Geschichte von Mr. Carlyle beschließen. Sie ist zurzeit in aller Munde, weil sie ein Beispiel dafür ist, dass jemand nicht mit seinem Verstand kommuniziert. Henry Taylor, ein Freund von Mr. Carlyle, war krank. Als Mr. Carlyle davon hörte, wollte er unbedingt seinem Freund helfen. Wir können nur vermuten, dass er unter der Herrschaft seines Unterbewusstseins stand, als er nach Sheen mit einem Rest Medizin in einer Flasche eilte. Diese Medizin hatte seiner Frau schon geholfen. Nur wusste Carlyle nichts darüber, wie man sie verwenden musste. Genauso war ihm nicht bekannt, was seinem Freund eigentlich fehlte.

Der Direktor eines der größten Geschäftshäuser in Amerika und Großbritannien war von seinen Ärzten zu mir überwiesen worden. Im Laufe der Behandlung haben wir oft darüber diskutiert, welche psychologischen Neigungen und charakteristischen Eigenarten junge Menschen haben müssten, um in der Geschäftswelt ihren Weg machen zu können. Wir zeigten beide ein reges Interesse an diesem Thema. Einmal wies er darauf hin, dass für einen jungen, begabten Mann, der wüsste, worauf es ankomme, immer ein Platz in seinem Unternehmen frei sei. Und er ließ durchblicken, dass er erfreut wäre, wenn ich jemanden kennen würde, der diesen Ansprüchen genügen könnte. Ich solle nicht zögern, ihn vorbeizuschicken. Nun hatte man mich schon einige Wochen vorher gebeten, mich für einen jungen Mann zu verwenden, den ich allerdings noch nie vorher getroffen hatte. Dies erwähnte ich gegenüber meinem Patienten und er sagte, ich solle den jungen Mann bitten, ihm eine Bewerbung zu schreiben. Er wolle dann ein Bewerbungsgespräch mit ihm führen. Gesagt, getan. Es folgt nun der Bericht des jungen Mannes über dieses Vorstellungsgespräch: „ Ich habe Mr. Miller aufgesucht und er hat mich beleidigt, um es einmal ganz vorsichtig auszudrücken. Als ich sein Büro betreten hatte, bat er mich, Platz zu nehmen, während er noch einen Brief beendete. Nach wenigen Minuten sprang er plötzlich von seinem Stuhl auf, kam herüber zu mir, donnerte energisch seine Faust vor mir auf den Tisch und schrie mich an: > Zum Teufel mit Ihnen, was wissen Sie eigentlich über die Geschäftswelt? <“ In seinem Bericht heißt es dann weiter: „Natürlich war ich so durcheinander, dass ich keinen klaren Gedanken mehr fassen konnte. Ich konnte vor Aufregung keine seiner weiteren Fragen beantworten. Zum Schluss teilte er mir dann mit, dass er für mich keine passende Stelle habe.“ Später führte ich dann mit dem jungen Mann das folgende Gespräch: „Mein lieber, junger Mann, warum haben Sie es zugelassen, dass Mr. Miller Sie beleidigt? Warum haben Sie ihm gegenüber nicht protestiert und sehr deutlich zu Verstehen gegeben, dass Sie es auf keinen Fall erlauben können, dass jemand auf diese Weise mit Ihnen spricht?“ - „Ich war so geschockt über seinen plötzlichen Angriff. Und ich hatte auch gar nicht damit gerechnet, dass mich jemand so behandelt.“ Ich erwiderte ihm: „Sie wurden also vom Unerwarteten überrascht. Aber ich hoffe, dies wird Ihnen eine große Lehre gewesen sein. Mr. Miller wollte sie nur auf die Probe stellen. In seinem Geschäftsbereich braucht er Männer, die in der Lage sind, mit unerwarteten Ereignissen und Situationen fertig zu werden. Wenn Sie sich sofort über sein beleidigendes Verhalten beschwert hätten, hätten Sie jetzt in seinem Unternehmen eine Stelle, weil Sie dann den Test bestanden hätten."

In jenem Stadium der Entwicklung, das man als rein animalisch definieren könnte, sind die Fähigkeiten des Instinkts in gewohnten Umständen tatsächlich sehr bemerkenswert. Instinktiv gelingt es dem Tier in bestimmten Gefahrensituationen genau das Richtige zu tun, um der Gefahr zu entkommen. Wir brauchen aber nur auf das Beispiel des Vogel Strauß zu blicken, um einen Beweis dafür zu erhalten , wie begrenzt der Instinkt auf der anderen Seite ist: Der vom Unterbewusstsein kontrollierte Strauß, so listig er auch in seinen Bewegungen ist, so klug in vielerlei Richtung, weiß sich doch nicht anders zu helfen, als den Kopf in den Sand zu stecken, wenn er sich mit einer mehr als normalen Gefahr konfrontiert sieht. So ist es dann ein Leichtes für die Verfolger, ihn zu töten. Zweifellos sind die Möglichkeiten des Instinkts im Reich der Tiere, beim noch nicht zivilisierten Menschen wie auch in allen Stadien der Entwicklung, in denen unterbewusste Kontrolle das Steuerungsprinzip ist, begrenzt. Diese Tatsache erklärt vielleicht mehr als alles andere, warum es zu Aufstieg und Fall von Nationen und Kulturen gekommen ist. Bis zum heutigen Tag hat noch keine Gemeinschaft jemals ein nationales Bewusstsein entwickelt und gefördert, das gekennzeichnet wäre von Verstand und Vernunft. Die Psychologie der Nationen ist ein viel zu weites Feld, um sich hier damit ausführlich auseinanderzusetzen. Zumindest dies will ich aber anmerken: Wenn die Prinzipien einer bewussten Steuerung und Kontrolle, so wie ich sie in ihrer Anwendung für den Einzelnen beschrieben habe, auch auf eine aufstrebende Nation übertragen werden, ist es völlig undenkbar, dass diese Nation jemals zerfallen könnte. In allen Krisen würde sie in strikter Übereinstimmung mit den Geboten der Vernunft handeln. Sie würde von einer Urteilskraft gelenkt, die sich aus erprobten Erfahrungen speist. Sie wäre wirklich alles überragend.

Kapitel 5

Bewusste Steuerung und Kontrolle

Sich-Sorgen-Machen und Umlernen dieser Verhaltensweise

Der Durchschnittsmensch mag durchaus seine Nerven vollständig unter Kontrolle haben und ausgeglichen sein, solange er mit den gewohnten Erfahrungen und den unterschiedlichen geistigen und körperlichen Anforderungen eines ganz normalen Lebensablaufs konfrontiert ist. Wenn er aber plötzlich etwas Unerwartetem oder Unbekanntem gegenübersteht, zeigt er übermäßige Besorgnis und verliert seine Kontrolle, auch wenn die jeweilige neue Erfahrung keinen wirklichen Schrecken für ihn bereithält. Tatsächlich wird er sogar panisch auf die Wirkungen der neuen Erfahrung reagieren. Er ist mental nicht in der Lage, die Fakten der neuen Situation in aller Ruhe zu analysieren, denn Vernunft und Verstand sind bei ihm durch das Ungewöhnliche vollständig außer Kraft gesetzt. Er ist auf das Niveau eines erschreckten Tieres oder das eines Wilden zurückgeworfen. Daraus wird eines nur allzu ersichtlich: Wir haben noch nicht das Entwicklungsstadium erreicht, auf dem es uns möglich sein sollte, Notsituationen, welcher Art auch immer, mit Ruhe und Kontrolle zu begegnen und in diesem psychologischen Moment das Richtige zu tun, indem wir die Fähigkeiten unseres Verstandes einsetzen. Ein wirklich gewiefter Rechtsanwalt zieht aus genau dieser menschlichen Schwäche seine Vorteile. Beim Kreuzverhör bringt er den Zeugen aus dem Gleichgewicht, indem er einen unerwarteten Angriff zu einem neuen Aspekt des Falles fährt. Wenn es der Rechtsanwalt klug anstellt, wird er bei der Zeugenvernehmung erreichen, was er erreichen wollte, es sei denn, der Zeuge hat gelernt, mit einer außergewöhnlichen Argumentation umzugehen. Andernfalls wird der Zeuge die Nerven verlieren. Dann dürfte es für den Rechtsanwalt ein Leichtes sein, den Zeugen noch weiter aus der Fassung zu bringen.

Der Rechtsanwalt kann aber in die gleiche Falle tappen, wenn der Zeuge seinerseits eine Vorgehensweise auswählt, die neu für seinen Befrager ist. Es ist nur die Frage, wer als erster in das neue Horn bläst. So hat sich in einer Gerichtsverhandlung, die ich persönlich verfolgt habe, folgendes zugetragen. Ich sollte noch erwähnen, dass Rechtsanwalt und Zeuge einen gemeinsamen Freund hatten. Bevor sie sich im Gerichtssaal gegenüberstanden, hatten sie sich über ihn Nachrichten zukommen lassen, die sich allerdings nicht aufeinander bezogen. Natürlich waren beide auf der Hut. Der Rechtsanwalt eröffnete das Verhör: „Mr. Smith, dürfte ich vorschlagen, -“ Er machte nun den nicht sehr glücklichen Fehler, ein zweites Mal zu wiederholen, dass er einen Vorschlag machen wolle. Daraufhin stellte der Zeuge lapidar fest: „Darf ich Sie daran erinnern, dass Sie hier sind, um mir Fragen zu stellen und nicht um mir etwas vorzuschlagen?“ Für den Moment war der Rechtsanwalt überrumpelt. Er hatte seine gewohnte Kontrolle verloren. Seine Emotionen hatten freie Bahn, sein Urteilsvermögen zu dominieren. Während des restlichen Prozessverlaufs konnte er sein inneres Gleichgewicht nicht wiederfinden. Er verwendete so viel Aufmerksamkeit darauf, mit dem Zeugen wieder gleich zu ziehen, dass er viele Punkte nicht vorbrachte, die für den Fall von größter Bedeutung gewesen wären. Es war somit die Gegenpartei, die den Prozess gewann.

Ein anderes Beispiel dafür, wie man das Wissen über die Schwächen der Menschen für seine Zwecke in der angedeuteten Richtung ausnutzen kann, ist der Diebstahl des Hunt-Club-Pokals vom Stand des Clubs beim Rennen von Ascot. Zur Sicherung des Pokals waren Polizei und Sicherheitsleute des Pokalherstellers anwesend. Der Stand war zudem durchgängig von einer Menschentraube stark umlagert. Kein normaler Mensch hätte es je für möglich gehalten, dass man einen solch großen Gegenstand entfernen könnte, ohne entdeckt zu werden. Und doch wurde der Pokal aus der Vitrine genommen und vom Ascot-Clubgelände gebracht. Einer der Diebe, die diesen Plan so erfolgreich ausgeführt haben, muss ein ganz ausgezeichneter Psychologe gewesen sein. Er muss die Schwachstellen seiner Mitmenschen nur allzu gut gekannt haben. Er wusste vermutlich, dass etwas plötzlich Unerwartetes passieren musste, um Polizeibeamte und Sicherheitspersonal, die den Pokal bewachten, für einige Zeit in ihrer Aufmerksamkeit abzulenken. In dieser Zeit würde es dem Dieb wohl gelingen, sich mit dem Pokal weit genug zu entfernen, bevor der Diebstahl entdeckt würde. Im Polizeibericht steht, dass eine Gruppe von Männern einen Tumult verursacht hatte. Es wurde geschrien und auch die Fäuste flogen. Zweifellos war die ganze Sache arrangiert. Der Dieb vertraute auf die psychologische Tatsache, dass die Polizisten wahrscheinlich nicht ihren Verstand gebrauchen und ihre Selbstkontrolle erhalten würden. Sie würden angesichts der unerwarteten Geschehnisse ihre eigentliche Aufgabe vernachlässigen und den Pokal nicht im Auge behalten. So war es auch: Die Polizisten ließen sich ablenken und der Dieb konnte zuschlagen.

Dies muss doch für jedermann zu sehen sein: Wir vergeuden beständig auf eine gefährliche Weise die wunderbare Kraft des Verstandes. Stattdessen setzen wir unser Vertrauen auf ein automatisiertes Unterbewusstsein, das es erlaubt, dass unser gesunder Menschenverstand ausgeschaltet wird, dass wir unser Gleichgewicht verlieren und wir auf diese Weise den Bereich stark einschränken, in den wir uns nützlich einbringen könnten.

Wenn wir in der Zukunft wirklich vorankommen wollen, müssen wir die unterbewusste durch eine bewusste Steuerung ersetzen. Nur mit ihr kann uns unser Verstand in den ungewöhnlichen und kritischen Situationen beschützen. Denn davon können wir mit Sicherheit ausgehen: Die kritischen Momente und die ungewöhnlichen Umstände werden im Zuge eines wirklichen Fortschritts auf einer gesunden Basis beträchtlich zunehmen. Wir müssen uns deshalb auf Bahnen entwickeln, die uns befähigen, den kritischen Augenblicken mit Ruhe und Verstand zu begegnen und dann auch das zu tun, was unser Verstand uns vorschlägt. Unabhängig vom Bildungsniveau versagen zurzeit noch sehr viele, wenn es darum geht, Vernunft gesteuert zu handeln. Es ist ein Hauptanklagepunkt gegen das gegenwärtige Bildungssystem, dass es hierbei nicht Abhilfe schaffen kann. So wie es sich derzeitig darstellt, bietet es keine wirkliche Lösung für die Probleme, die sich den Menschen in der Zukunft stellen werden.

Nehmen wir als ein Problembeispiel eine sehr markante Form der menschlichen Schwäche: unsere Geisteshaltung in Bezug auf einfache Sorgen, ob sie nun real oder nur eingebildet sind. Dies ist nämlich eine hochinteressante psychologische Tatsache: Millionen hochgebildeter Menschen haben eher unfreiwillig ein Verhalten entwickelt, dass man als eine Angewohnheit, sich Sorgen zu machen, bezeichnen könnte. Diese Angewohnheit zum Sich-Sorgen-Machen ist eine direkte Folge davon, dass wir die Fähigkeiten unseres Verstandes nicht wirklich ausnutzen. Dies hat sich in den vielen Jahren meiner Berufserfahrung erwiesen, wenn ich auf Menschen getroffen bin, die diese Gewohnheit angenommen hatten. Sie haben sich Sorgen gemacht, ganz gleich ob die Ursache ihrer Sorge ausgeräumt war oder ob sie weiterhin Bestand hatte. Allein schon diese Tatsache ist ein Beweis dafür, dass sie ihren Verstand nicht eingesetzt haben. Und ich höre schon meine Leser sagen: „Vielleicht war ja derjenige auch nicht davon überzeugt, dass es keinen Anlass mehr zur Sorge gab.“ In all den Fällen aus meiner Erfahrungswelt, auf die ich mich hier beziehe, waren sie sehr wohl davon absolut überzeugt. Ich hoffe sehr, dass sich in meinem nächsten Buch die passende Gelegenheit findet, ausführlich den geistigen Zustand zu erklären, der hier so außergewöhnlich und unverständlich erscheint.

Dies ist nämlich einer der geistigen Defekte, den ein Lehrer nur unter größten Mühen beseitigen kann. Dieser Defekt zeigt, dass die jeweilige Person von einem Unterbewusstsein dominiert wird, das weitgehend auf Täuschung und unwirklichen Vorstellungen beruht, ohne Bezug zum Verstand oder zu den Tatsachen. Ein weiteres Beispiel für die Missachtung rationaler Beurteilung erlebe ich immer wieder in der Geisteshaltung meiner Schüler, wenn sie das erste Mal zum Unterricht kommen. Wenn sie eine bestimmte Handlung ausführen sollen, so einfach sie auch sein mag, zeigen viele Schüler ein solches Maß an Besorgnis, das an dieser Stelle vollkommen überzogen ist. So wird ein Fortschritt fast unmöglich gemacht und es verursacht auch beträchtliche Probleme. Es ist nicht meine Absicht, all die komplexen Beispiele zu besprechen, die sich mir in meiner tagtäglichen Arbeit mit intelligenten und gebildeten Menschen offenbart haben. Ich will aber einige einfache beispielhafte Schwierigkeiten aufzählen, die einen Fortschritt der Schüler ernstlich verzögern. Obwohl sie es nur gut gemeint hatten, haben sie mit ihrer Sorge jeden Lernprozess unterbunden.

Ganz am Anfang eines jeden Unterrichtsprozesses ist ein Lehrer natürlich auch gezwungen darauf hinzuweisen, dass dieses oder jenes falsch ist. In der Folge offenbart ein Schüler dann sofort allzu häufig deutliche Anzeichen von unnötiger Besorgnis. Es ist dieser Zustand der Besorgnis, der die Unterrichtsarbeit tatsächlich am meisten verzögert. Deshalb habe ich diesem Schülerverhalten jahrelang eine besondere Aufmerksamkeit bei meiner Arbeit geschenkt. Bei seinem ersten Auftreten habe ich sofort Maßnahmen ergriffen, um dieses Verhalten zu unterbinden, indem ich den Schüler anhielt, seinen Verstand zu benutzen. Gerade im Anfangsstadium einer Umschulung gibt es dafür zahlreiche und recht unterschiedliche Mittel und Wege. Ihre Beschreibung könnte leicht ein ganzes Buch füllen. An dieser Stelle soll es aber genügen, nur allgemein über sie zu sprechen. Ich beginne mit dem Hinweis, dass wir ja inzwischen verschiedene Dinge angesprochen haben und wir davon ausgehen müssten, dass sie falsch seien. Ich erkläre dem Schüler, dass dies aber kein Anlass für Sorge und Befürchtung sei und dass diese Dinge mit Sicherheit korrigiert werden könnten. Es sei doch wohl offensichtlich so, dass ein Schüler zu mir zum Unterricht komme, weil etwas nicht in Ordnung sei. Das müsse doch Grundvorstellung sein, weil ansonsten die Hilfe des Lehrers überflüssig sei. Dann stelle ich die Frage, warum man sich Sorgen mache, wenn doch endlich die Defekte und die Schwachstellen aufgedeckt und bekannt gemacht worden sind. Das müsse doch wohl eher ein Anlass zur Freude sein und nicht zur Besorgnis. Mit anderen Worten: Wenn wir Fehler und Mängel haben, suchen wir Hilfe, weil wir uns ihrer bewusst geworden sind und weil wir uns wünschen, genau zu erfahren, um was es sich dabei handelt. Und wir haben die Hoffnung, dass sie beseitigt werden können. Es ist doch nur vernünftig, einen Lehrer aufzusuchen, der die

Fehler aufdecken kann und der zudem in der Lage ist, ihre Ursachen zu diagnostizieren. Wenn dies vollbracht ist, hat der Schüler wahrlich allen Grund, sich zu beruhigen. Er könnte wirklich zufrieden sein, wenn der Lehrer ihm versichern kann, dass es gelingen wird, seine Fehler zu beseitigen. Dies sollte eigentlich seine geistige Einstellung sofort verändern. Aber leider haben viele Schüler die Verbindung zu ihrem Verstand gekappt. Es bedarf dann tagelanger Umschulung, bis es gelungen ist, eine zufriedenstellende Arbeitsbasis herzustellen.

Nach den Prinzipien meines Unterrichtssystems ist es für eine richtige Ausführung einer beliebigen Handlung zu Beginn nicht notwendig, dass dem Schüler abverlangt wird, sich aktiv körperlich einzusetzen. Diese Tatsache allein schon sollte sofort jeglichen Grund zu Sorge und Befürchtung beseitigen. In vielen Fällen aber geschieht dies nicht. Wenn diese Situation eintritt, ist es Aufgabe des Lehrers, dem Schüler zu erklären, warum er nicht in der Lage ist, die entsprechende Handlung auszuführen: Er glaubt nämlich, dass es für ihn körperlich etwas zu tun gibt. Tatsächlich erforderlich ist aber das ganze Gegenteil. Denn das, was er *tut*, ist das Falsche! Es ist so offensichtlich: Zunächst sollte er aufhören, das zu tun, was falsch ist, anstatt blind das tun zu wollen, was er für das Richtige hält. Im Schüler läuft der Prozess etwa so ab: Ganz besorgt versucht er zu tun, was der Lehrer seiner Meinung nach von ihm erwartet. Nur verlaufen die alten, unterbewussten Befehle auf ihren gewohnten Bahnen und bevor er sich versieht, führt er die Handlung wieder in der alten, falschen Art und Weise aus. Deshalb muss er zunächst lernen, diese falschen, unterbewussten Befehle zu hemmen, die den wenig perfekten Muskelgebrauch und die übermäßige Körperspannung erzeugen. Aber anstatt das Prinzip der Hemmung anzuwenden, fügt er seinen Schwierigkeiten noch weitere hinzu, wenn er auf der alten Basis das richtig stellen will, von dem ihm gesagt worden ist, dass es falsch sei. Tatsächlich wird er nämlich zusätzliche Kraft aufwenden, so wie er den Krafteinsatz eben einschätzt, der für die Ausführung der Handlung benötigt wird. Und warum das alles? Ein Hauptgrund ist, dass der normale Mensch die Fähigkeit zur Hemmung verloren hat. Und zweitens wird er an dieser Stelle von einem Gefühlssinn geleitet, der in diesem Zusammenhang der bei weitem unzuverlässigste Ratgeber ist.

Wenn nun einem solchen Schüler erklärt wird, dass der erste Schritt zu seiner Umschulung die Hemmung seiner Reaktion ist; wenn ihm erklärt wird, dass seine tiefe Besorgnis, er könne etwas falsch machen und sein innigster Wunsch, alles richtig machen zu wollen, das Geheimnis seines Scheiterns sind, wird er sich ohne Ausnahme bemühen, jegliches Tun zu unterbinden. Auf diese Weise wendet er normalerweise noch zusätzliche Energie in eine Richtung auf, die kontraproduktiv ist. Er erzeugt so eine zweite schädliche Kraft, die in Verbindung mit der ersten bewirkt, dass die übermäßige Körperspannung noch größer wird und dass der vorher schon übertriebene Zustand der Besorgnis sich weiter ausprägt. Das Grundprinzip in der Ausbildung eines Menschen, der sich so verhält, muss zunächst sein, die übermäßige und total unnötige Besorgnis zu verhindern. Dieser Mensch darf gar nicht erst den Versuch unternehmen, irgendeinen Fehler abstellen zu wollen, indem er „etwas körperlich tut“, das von seiner sinnlichen Wahrnehmung geleitet wird. Seine fehlerhaften, vorgefassten Vorstellungen und seine falschen geistig-körperlichen Erfahrungen bestimmen nämlich, wie er die Dinge sinnlich wahrnimmt. Und in Bezug auf sein geistig-körperliches Selbst wird auch sein logisches Denkvermögen von seinem Gefühlssinn überlagert. Wenn er erwartet, dass das, was er tun will, sich richtig *anfühlen muss*, ist jeder Versuch, eine körperliche Handlung auszuführen von vornherein zum Scheitern verurteilt. Inzwischen weiß er doch aus praktischer Erfahrung und durch logisches Denken, dass sein Gefühlssinn ihn in die Irre führt, weil dieser das Ergebnis von fehlerhaften, vorgefassten Vorstellungen ist. Deshalb ist in ihm das tiefe Verständnis dafür zu wecken, dass die richtige Art und Weise, eine Handlung auszuführen, sich während einer Umschulungsphase sehr oft so *anfühlt*, als ob es die falsche Art und Weise ist. Es gibt nur einen Weg aus dieser Schwierigkeit:

- Der Schüler muss zu der Erkenntnis gelangen, dass eine Steuerung gefährlich falsch ist, die von seiner alten Sinneswahrnehmung geleitet wird.
- Ihm muss beigebracht werden, seine verloren gegangene Fähigkeit zur Reaktionshemmung [A)] wiederzuerlangen und ihn muss gelehrt werden, eine Steuerung zu entwickeln, die bewusst ist.
- Der Lehrer muss anstelle des Schülers dessen Körper mit seinen Händen bei der betreffenden Handlung bewegen und ihm dabei die richtigen kinästhetischen Erfahrungen vermitteln, die für die Durchführung der Handlung relevant sind.

Für jemanden, der sich mit der Materie nicht auskennt, mag es den Anschein haben, dass dies eine einfache Sache ist. Wenn ein Leser es dann aber auf einen Test ankommen lässt, wird es von meiner Seite oft nicht notwendig sein, ihn davon zu überzeugen, dass es in den meisten Fällen das ganze Gegenteil davon ist. Und das ist auch nicht eine so große Überraschung, wenn man sich das Folgende klar macht: Sobald der Lehrer den Schüler mit seinen Händen berührt und versucht, ihn zu bewegen, steht der Schüler sofort im Kontakt mit seinem fehlerhaften und täuschenden Gefühlssinn. Unter solchen Umständen ist dieser nämlich der dominierende Sinn für jemanden, der unterbewusst kontrolliert wird. Wenn ich für den Schüler eine Handlung ausführen will, so hat mich die Erfahrung dieses gelehrt: Der Schüler wird sich genauso verhalten, als ob ich ihn gebeten hätte, die Handlung ohne meine Unterstützung auszuführen. Sowohl die eine als auch die andere Aufforderung erregen in ihm die gleiche Besorgnis. In diesem Zustand der Besorgnis kann man unter Umschulungsgesichtspunkten aber nicht auf seinen Körper und Geist einwirken. Vor seinem geistigen Auge eröffnen sich alle möglichen Befürchtungen, er könne dies oder jenes falsch machen. Wenn ich nur erwähne, er habe dies oder jenes getan, als meine Hände ihn berührt haben, wird er beim nächsten Mal alle Anstrengungen unternehmen, genau das zu verhindern. Dies ist natürlich einer der schlimmsten Fehler, den ein Schüler begehen kann.

Normalerweise führt es nämlich zu einem weit höheren Spannungszustand und zu zusätzlichen Befürchtungen, wenn er wieder jene Handlungen ausführen soll, denen meine Bemerkung gegolten hatte. Genau an dieser Stelle beginnt die eigentliche Umschulungsarbeit. Tatsächlich dauert es manchmal mehrere Wochen, ja mehrere Monate, den Koordinationszustand des Schülers so zu verändern, bis er wirklich wieder in Verbindung zu seinem Verstand steht.

Angesichts dieser Tatsachen wird der Leser mit mir bestimmt die Notwendigkeit einsehen, dass Prinzipien vertreten werden müssen, die neue und richtige Gewohnheiten schaffen und nutzlose Besorgnis und Angst von den Seelen der Menschen verbannen. Dafür müssen die Ketten gesprengt werden, die die Menschen schon so lange auf einer geistigen Lenkungsebene halten, die zu den sehr frühen Stadien ihrer Evolution gehört. Wir müssen uns jetzt eine bewusste Steuerung und Kontrolle aneignen. Denn dies ist *das Vermächtnis der Evolution an die Menschheit von unschätzbarem Wert*. In der Folgezeit wird sich eine Menschheit entwickelt haben, die ihre Vorfahren in jedem nur denkbaren Bereich bei Weitem übertrifft. Wir werden neue Felder betreten, von denen die große Mehrheit der zivilisierten Völker unserer Zeit noch nicht einmal zu träumen gewagt hat. Die Welt wird so in einem Jahrhundert einen größeren Entwicklungsfortschritt hin zu einer wirklichen Zivilisation gemacht haben als in den letzten drei Jahrhunderten. [A)]

Kapitel 6

Irrtum, Täuschung und Einbildung des Individuums

Ich habe schon verschiedentlich darauf hingewiesen, dass Einbildung, Irrtum und falsche Vorstellung des Individuums schädlich für seine geistigen und körperlichen Bemühungen sind, den jeweiligen Anforderungen des täglichen Lebens zu genügen. In diesem Kapitel will ich die Aufmerksamkeit auf solche Irrtümer, Einbildungen und falschen Vorstellungen richten, von denen man sagen könnte, dass sie eher eine persönliche Tragweite haben, als die bisher besprochenen. Man hat sie lange verkannt, obwohl sie Wegbereiter ungewöhnlich schädlicher und auch ungewöhnlich beständiger, schlechter Gewohnheiten sind. Die falschen Vorstellungen, Irrtümer und Einbildungen, die ich in den nun folgenden Fallbeispielen beschreibe, sind ein Beleg dafür. Hinter ihnen steht oft das durchaus lobenswerte Bestreben, etwas vollbringen zu wollen, was man für das eigene Wohlergehen im Leben als unbedingt notwendig erachtet, etwas, von dem man das Gefühl hat, dass es so wichtig ist, dass man es ohne Wenn und Aber erreichen muss. Dazu zähle ich die folgenden Beispiele:

- Da ist das Bestreben, seine Körpergestalt oder den Gebrauch eines Teils oder mehrerer Teile seines Körperorganismus zu verändern, weil man tatsächliche oder auch nur angenommene Eigenarten, Mängel oder Schwächen seines Körpers und seines Geistes verdecken oder verändern will.
- Da ist das Festhalten an abwegigen Überlegungen bei der Beurteilung, wie man vorgehen sollte, um unannehmbare oder schmerzliche Erfahrungen und Krankheitsattacken zu verhindern oder gar zu „heilen“, obwohl es unwiderlegbare Beweise dafür gibt, das die Überlegungen falsch sind.

- Da ist das Bestreben, das heilen zu wollen, was gemeinhin fehlende Konzentrationsfähigkeit genannt wird.
- Da ist der Versuch, sich einen Vorteil zu verschaffen, indem man sich entspannt, wenn man bei sich Verspannungen in den Muskelmechanismen wahrgenommen hat. Man glaubt dann, dass es hilfreich ist, spezielle Fitnessübungen zu machen, sich auf einen Stuhl oder Sessel zu „fläzen“, um sich auszuruhen, sich aufs Bett zu legen oder sich auf eine Couch zu „lümmeln“.
- Da entdeckt jemand an sich plötzlich Symptome, von denen er immer schon angenommen hat, dass sie schwerwiegende Folgen haben müssen. Deshalb hält er es für erforderlich, sie sofort zu beseitigen und zukünftig überhaupt zu verhindern. Seine ursprüngliche Vorstellung in diesem Zusammenhang wird beeinflusst von verzerrten und falschen unterbewussten Erfahrungen. Diese Erfahrungen führen in der Konsequenz dazu, dass dann auch ein verengter und verzerrter Blick auf die gegenwärtigen Zustände geworfen wird.
- Und da ist das „Einbahnstraßendenken“. Jemand, der Scheuklappen vor seinem geistigen Auge hat, geht von falschen Voraussetzungen in seinem Handeln aus. Symptome werden zu Ursachen. Und was genauso negativ ist: Sein Hauptanliegen ist es in der Praxis, sein gewünschtes „Ziel“ zu erreichen und es ist nicht eine angemessene und gut durchdachte Analyse der *Mittel-und-Wege, mit denen* das Ziel auch wirklich garantiert werden könnte.

Wenn Sie nun die folgenden Fallgeschichten lesen, richten Sie bitte ihre Aufmerksamkeit auf eine wenig beachtete, aber umso wichtigere Tatsache: Die Versuche der Menschheit, sich in den aufgezeigten Bereichen auf *unterbewusster Basis* selbst helfen zu wollen, sind die Ursache dafur, dass sie in einer Gefahrenzone lebt, die sie selbst geschaffen hat. Allmählich und unvermeidlich weitet sich diese Zone aus. Mit jeder neuen Erfahrung in den geistig-körperlichen Aktivitäten, die das Ziel verfolgen, Vorsorge zu treffen und Heilung herbeizuführen, vergrößert sie sich noch.

Dies alles trifft auf eine außerordentlich lange Reihe schlechter Gewohnheiten zu, die im gesamten Organismus zu Tage treten. Ich zähle vier von ihnen auf:

1. In der Folge von fehlgeleiteter Energie und von Wahnvorstellungen entwickeln sich schädliche Gewohnheiten, die dann Augen-, Hals-, Nasen-, und Ohrenbeschwerden verursachen.
2. Es entwickelt sich die gefährliche Gewohnheit, Meinungen, Ratschläge, Argumente oder Belehrungen zu überhören und nicht in die Praxis umzusetzen, wenn sie im Gegensatz zu einer unterbewussten geistig-körperlichen Gewohnheit stehen, die einen Fehler, eine Eigenart oder einen anderen abnormen Zustand betrifft.
3. Es entwickeln sich Ausgleichshandlungen in der einen oder anderen Richtung. Eine Idee wird überstrapaziert. Man „übertreibt“.
4. Man wird von einer fixen Idee dominiert. Diese fixe Idee führt dazu, dass man bedingungslos alles daran setzt, sein „Ziel“ zu erreichen, ohne auf angemessene Weise und vernünftig die richtigen „Mittel-und-Wege“ zu berücksichtigen. Und man beachtet auch die möglichen persönlichen Konsequenzen nicht, wenn in diesem Prozess Defekte entstehen.

FALL 1

Ein Versuch, seinen dünnen Hals zu verstecken.

Eine Ehefrau hatte gegenüber ihrem Mann angedeutet, dass sein dünner Hals ihn um Jahre älter erscheinen ließ. Diese Andeutung beschäftigte ihn schon eine geraume Zeit und sie bereitete ihm mehr und mehr Sorgen. Er hatte das Gefühl, er müsse endlich eine praktikable Lösung für das Problem finden. Sein Plan war es nun, seinen Hals zu verstecken, von dem er seitdem angenommen hatte, er sei ein wenig ansehnlicher und ungenügender Teil seiner Anatomie. Nur war sein Augenmerk leider allein auf das „Ziel“ gerichtet und so war es seine erste Idee, so hohe Kragen wie nur irgend möglich zu tragen. Mit dem Ergebnis war er ganz und gar nicht zufrieden. Sein nächster Schritt in seinem Versteckspiel war dann allerdings äußerst schädlich. Er entwickelte nämlich die Gewohnheit, seinen Hals absichtlich soweit zu verkürzen, dass die Unterseite seines Unterkiefers auf dem Kragenrand ruhte. Gleichzeitig zog er seinen Kopf zurück, bis sich der untere Rand seines Hinterkopfes auf den hinteren Kragen presste. Endlich hatte er es geschafft: Der Hals, den sein Ehefrau denunziert hatte, wurde den Blicken entzogen. Von seinem Standpunkt aus hatte er eine durchaus zufriedenstellende Lösung des Problems gefunden.

Diese Art des Gebrauchs seiner Halsmuskulatur, ich sollte vielleicht besser sagen diese Art des Missbrauchs, wurde schnell auch beim Stehen, beim Sitzen und beim Gehen zu einer festen Gewohnheit. Dazu entwickelte sich eine allgemeine Tendenz, den Hals zu verkürzen und die Wirbelsäule zu stauchen. Mit der Zeit wurde die Koordination der Muskeln des gesamten Organismus auf schädliche Weise beeinflusst.

Dies sind einige der Eindrücke, die ich bei unserer ersten Therapiesitzung gewonnen habe:

- Es gab eine übertriebene Rollbewegung seines Körpers beim Gehen.
- Der untere Teil des Kieferknochens und der obere Teil seines Halses oder der untere Teil seines Hinterkopfes pressten sich auf den Kragenrand.
- Die Kurve seiner Wirbelsäule bildete ein sehr deutliches Hohlkreuz. Damit verbunden waren eine hervortretende Bauchwand und eine entsprechende Verkürzung seiner gesamten Statur. Die Bauchmuskeln waren schädigend erschlafft, das Bindegewebe der Bauchwand leblos.

- Die Fußgewölbe waren eingefallen. Von Zeit zu Zeit verursachte einer der Füße nicht unerhebliche Schmerzen beim Gehen oder Stehen.
- Hautfarbe und Zustand der Augen zeigten, dass es ernsthafte Störungen von Dick- und Dünndarm gab.
- Er erinnerte an einen aufgeblasenen Truthahn, da er den oberen Teil des vorderen Brustkorbs ungewöhnlich hoch hielt. Überhaupt war der gesamte Brustkorb auf eine schädliche Weise versteift.
- Er zeigte sich grundsätzlich besorgt bei seinen persönlichen Angelegenheiten und bei den praktischen Dingen des Lebens.

Seine Ärzte waren sich darüber einig, dass seine Nerven angegriffen seien und er Verdauungsstörungen habe. Trotz jahrelanger Behandlung war aber keine Besserung eingetreten. Wie er selbst sagte, sei er über die Jahre vom Schlechten zum noch Schlechteren gekommen. Am Ende war sein Nervenkostüm so angegriffen, dass er selbst bei nur normalem Verkehr keine Straße mehr überqueren konnte. Seine Ängste wurden noch durch Schwindelattacken gesteigert und sein Gleichgewichtssinn ging fast vollständig verloren. Nach dem Essen beklagte er sich über schmerzhafte Blähungen und er litt sehr an Schlaflosigkeit.

FALL 2

Ein Versuch, seine Körpergröße zu verbergen und sich kleiner zu machen, als man tatsächlich ist.

In Schauspielerkreisen ist allgemein bekannt, dass ein Casting-Manager die Schauspieler für seine Produktion ganz oft nach der Größe auswählt. Das Kriterium dabei ist, dass kein Künstler größer als der Manager selbst sein dürfe. Nun hatte der Schauspieler, der mir hier als Beispiel dient, herausgefunden, dass er das eine oder andere lukrative Engagement in der Tat nicht bekommen hatte, nur weil er größer war als der jeweilige Regisseur, der die Rollen besetze. An dieser Stelle sollte ich erwähnen, dass der Darsteller einen feinen Körperbau hatte und zu dieser Zeit auch noch eine ausgezeichnete Gesundheit besaß. Nun ist es allzu offensichtlich, dass ein Schauspieler in seinem Beruf Einsatz zeigen muss, wenn er verhindern will, dass er bei guten Engagements leer ausgeht. So wie er die Dinge sah, war seine Körpergröße der einzige Stolperstein für das, was er wollte und brauchte. Allerdings betrachtete er sein Problem allein unter diesem Gesichtspunkt. So kam es ihm nie in den Sinn, dass er aus der Art, wie er das Problem lösen wollte, körperlichen oder geistigen Schaden nehmen könnte. Seine eindimensionale Sichtweise ließ in ihm den Entschluss reifen, er müsse lernen, seine Mechanismen so zu gebrauchen, dass er seine Körperstatur verkleinern konnte, wenn er für ein Engagement vorsprach. Es ist nur leider so, dass einer unterbewussten Steuerung und Kontrolle die „Mittel-und-Wege", die benutzt werden, vollkommen egal sind. Er war sich auch nie wirklich der Mittel bewusst, die er letzten Endes einsetzte. Seine Vorstellung war es nur, seine ganze Energie für das „Ziel" einzusetzen, das er sich gesteckt hatte. So entwarf er eine Vorstellung, wie er stehen müsse, um beim Vorsprechen genauso klein, wenn nicht sogar noch kleiner als sein Gegenüber zu erscheinen. Was dabei wirklich mechanisch bei ihm ablief, war ihm vollkommen unbewusst. Auch hat er nie die Notwendigkeit gesehen, sich über diese so überaus wichtigen Abläufe kundig zu machen. Vier oder fünf Jahre waren inzwischen vergangen, seit er angefangen hatte, seine besondere Art des Stehens während des Vorsprechens für eine Rolle zu verwenden. Jetzt kam er zu mir, weil er meine Hilfe brauchte. Er hatte schon seit längerem wiederholt seine Stimme verloren und er litt an allgemeiner Erschöpfung. Seine Nerven waren stark angegriffen und auch seine Verdauung war gestört. Einmal durchlebte er eine geistig-körperliche Krise, die seine Ärzte als einen „Nervenzusammenbruch" diagnostizierten.

Schon nach wenigen Sitzungen konnte ich u.a. diese Probleme feststellen:

- Er hatte ein übermäßiges und schädliches Hohlkreuz mit dem entsprechenden Bauchinnendruck. Ein solcher Bauchdruck ist immer eine Begleiterscheinung eines Hohlkreuzes ist.
- Sein Kehlkopf und das ihn umgebende Gewebe wurden auf eine schädliche Weise und übermäßig heruntergedrückt.
- Wenn er sprach oder wenn er Theater spielte, hat er die Luft beim Atemholen übertrieben eingesogen.
- Sein Brustkorb hatte sich über die Maßen versteift und sein Brustkorbinnenraum war verkleinert.
- Wenn er geistig-körperlich etwas umlernen sollte, hatte er keinerlei Kontrolle darüber und er hatte in diesen Situationen Koordinationsprobleme.
- Er hatte eine pessimistische Grundhaltung und wiederholt Anfälle von Depression.
- Im Stehen und beim Gehen schob er seine Hüfte zu weit nach vorne, seine Knieegelenke drückte er zu sehr nach hinten durch und der Winkel zwischen Torso und Hüfte war auf das Schädlichste nach hinten geöffnet, so dass er tendenziell seinen Rücken verengte, wie ich es nenne.

FALL 3

Jemand hatte eine Woche lang krank im Bett gelegen und daraufhin die fixe Idee entwickelt, geistige und körperliche Aktivität schade bei Krankheit.

Eine Dame hatte das erste Mal bestimmte Krankheitssymptome entwickelt. Sie hatte sich entschlossen, damit auf praktische und vernünftige Weise umzugehen und auf lange Sicht wäre dies sicherlich das Richtige gewesen. Allerdings hörte sie am ersten Tag nach den ersten Maßnahmen in dieser Richtung auf ihr Gespür, das ihr sagte, dass es ihr bedeutend schlechter gehe. Tatsache war, dass sie wirklich sehr krank war und dass die jüngsten Symptome schlimmer waren als die, von denen sie sich eigentlich erhofft hatte, dass sie sie hätte beseitigen und letztendlich sogar verhindern können. Für sie war klar, dass das Heilverfahren, das sie ausprobiert hatte, die Ursache für ihre zusätzlichen Probleme war und dass sich auch ihre ursprünglichen Symptome nicht im Geringsten abgemildert hatten. Das ihrer Meinung nach fehlgeschlagene Heilverfahren war es, geistig und körperlich aktiv zu bleiben. So kam sie zu dem Schluss, dass ihre neue Krankheitsphase dadurch ausgelöst worden ist, dass sie ihre Symptome mit der einfachen Methode, aktiv zu sein, bekämpfen wollte. Diese irrige Schlussfolgerung wurde dann zu einer *fixen Idee* bei ihr.

Ich habe die Angelegenheit mit ihr diskutiert und sie gewährte mir Einblick in die Tatbestände, die ich gerade beschrieben habe. Sie habe sich die Dinge lange und reiflich überlegt. Sie könne aus ihren Erfahrungen in der Konsequenz nur schließen, dass es das Beste sei, wenn man sich ins Bett lege und der Krankheit einfach ihren Lauf lasse. Ihre unglückliche Erfahrung brachte sie dazu, in der Folgezeit an ihrer Vorstellung festzuhalten. Sie glaubte, sie müsste sich sofort ins Bett legen, sobald sie Symptome verspürte, die auf den Beginn einer Krankheit hindeuteten. So könnte sie verhindern, dass „die Krankheit möglicherweise einen ernsten Verlauf nimmt", wie sie es ausdrückte. Es war ihre feste Überzeugung, dass sie keine geistige oder körperliche Anstrengung unternehmen dürfte, um die Störung zu beseitigen oder sich ihr zu widersetzen, so wie sie es getan hatte, bevor sie sich die Gedanken zum Thema Krankheit gemacht hatte. Sie entschied sich für den bequemen Weg: keine Aktivität und kein Widerstand. Als ihr Gewissen erst einmal die Ausrede aufgegriffen hatte, wonach sich ihr Körper und ihr Geist angeblich wirklich sehnten, war sie verloren. Und dieser unterbewusste Hang beeinflusste ihre Schlussfolgerungen stark. Es war auch überhaupt keine Überraschung, dass sie, ein halbes Jahr nachdem sie diesen so fehlerhaften Kurs eingeschlagen hatte, trotz der medizinischen Behandlung immer häufiger und schwerer krank geworden ist. Die Perioden, zu denen sie an ihr Bett gefesselt war und die sie für notwendig hielt, um sich zu erholen, wurden länger und länger. Aber das in ihrem Fall gravierendste Merkmal war ihre wachsende Unfähigkeit, sich wirklich um Gesundung zu bemühen. Sie ließ es zu, dass die Dinge einfach ihren Lauf nahmen. Sie entwickelte die unsägliche Gewohnheit, sich von dem steuern und kontrollieren zu lassen, was sie fühlte, und nicht von dem, was der Verstand ihr riet. Am Ende kamen ihre Verwandten zu dem Schluss, dass ihr geistig-körperlicher Zustand sehr Besorgnis erregend war und ich wurde gebeten, meine Meinung dazu zu äußern.

Gleich zu Beginn vermutete ich eine Geisteshaltung, die nicht nur nicht richtig sondern auch schädlich war. Es gelang mir im Laufe einiger Unterrichtsstunden, sie dazu zu bringen, dass sie diese Tatsache akzeptierte. Es könnte sich als interessant und von großem Wert für einen Leser erweisen, ihr geistiges Konzept noch einmal unter die Lupe zu nehmen. Solange sie an diesem Konzept festhielt, waren die Chancen nämlich gleich null, ihre Symptome ein für alle Mal zu beseitigen. So wie sie an die Sache heranging, führte dies zu einer Schwächung jener geistigen und seelischen Kräfte, die für einen Zustand des Organismus, den wir gute Gesundheit nennen, absolut notwendig und von einem solchen Zustand nicht zu trennen sind. Diese Frau litt an Funktionsstörungen der inneren Organe, die für eine gute Verdauung und Ausscheidung wichtig sind. Dies wurde einwandfrei von den Ergebnissen belegt, die sich aus einer Methode geistig-körperlicher Behandlung ergeben haben. Nachdem das Gedankengebäude, das ich oben beschrieben habe, zum Einsturz gebracht worden war, führte diese Behandlung dazu, dass das Verdauungs- und Ausscheidungssystem wieder ihre Funktion angemessen aufgenommen haben.

Die Lage stellte sich also folgendermaßen dar:

Bestimmte Symptome waren erkannt worden. Sie waren das Ergebnis davon, dass Organe ruhig gestellt worden sind, die für ihr gutes Funktionieren vermehrte Bewegung benötigen. Ein täglicher Spaziergang von anderthalb oder zwei Kilometern oder Entsprechendes wäre für diesen Zweck schon erforderlich gewesen. Sich aber tagelang ins Bett zu legen, hatte im besten Fall den Effekt, dass die Schmerzen gelindert wurden. Als nun die Kranke Bewegung als eine Maßnahme für ihre Heilung einsetzte, wurden die ersten Eindrücke von ihrem verdorbenen Gefühlssinn gefiltert. So traf sie die endgültige Entscheidung, in Zukunft auf jeden Fall Bewegung zu vermeiden. Sie war wirklich nicht bereit, einen zweiten Versuch mit der Methode Bewegung zu wagen. In den Phasen, in denen sie frei von Krankheit war, behielt sie steif und fest diese eine Idee im Kopf, dass sie sich sofort ins Bett legen und auch dort bleiben müsste, sobald sie auch nur die leisesten Anzeichen eines Krankheitssymptoms wahrnahm. Jede andere Vorgehensweise betrachtete sie als schädlich. Ihre Vorstellungen wurden zur Besessenheit. Die Verbindung zu ihrem Verstand wurde immer öfter unterbrochen. Sie gab zwar zu, dass die Krankheitsattacken sich häuften und dass die Symptome ernster wurden, dies brachte sie aber nicht dazu, ihre Behandlungsmethode, sich sofort ins Bett zu legen, für eine andere aufzugeben. Tatsache war, dass ihre verdorbenen Gefühle und Stimmungen sie vollständig unter Kontrolle hatten. Dabei sollte es aber genau andersherum sein: Der Verstand sollte die Oberherrschaft über die Gefühle und Stimmungen haben.

Man könnte problemlos hunderte derartiger Fälle anführen und immer ist die Ursache für die jeweiligen ernsten Probleme das Prinzip, wonach man nur der *einen vorgefassten Idee* folgt, um den Schwierigkeiten des Lebens zu begegnen. Werfen wir z. B. noch einmal einen Blick auf Fall 1: Wenn bei dem Versuch, den Hals zu verbergen, den „Mitteln-und-Wegen" Beachtung geschenkt worden wäre, wenn man zudem die Wirkung dieser speziellen Bemühungen auf den gesamten Organismus genau beobachtet hätte, wäre man sicherlich zu der Erkenntnis gelangt, dass der in diesem Fall von Natur aus dünne Hals all den Übeln vorzuziehen war, die der Mann mit dem dünnen Hals dann unterbewusst entwickelt hatte. Aber weder er noch seine Ehefrau haben überhaupt die zahlreichen Defekte erkannt, die sich im Laufe des Prozesses des Halsversteckens entwickelt hatten. Wohl sahen beide deutlich, dass sein Gesundheitszustand allmählich schlechter wurde und ein Stadium erreicht hatte, den seine Ärzte für äußerst bedenklich hielten. Zu keiner Zeit aber wurde der Einfluss jenes Prozesses, der den Hals verkürzte, in eine Verbindung zu seinen wachsenden Problemen und Störungen gebracht. Der Verstand des Mannes war allein darin geschult, auf ein „Ziel" hinzuarbeiten. Er war aber nicht darin geschult, die „Mittel-und-Wege" im Auge zu behalten. Ein solches Denkmuster könnte man „Einbahnstraßendenken" nennen.

Nicht einen Augenblick hatte der Mann es in Betracht gezogen, dass die sinnliche Wahrnehmung bezüglich seines Organismus' fehlbar sein könnte. Er war fest davon überzeugt, dass er von dem Augenblick an, da er sich dafür entschieden hatte, eine Veränderung seines Körperaufbaus herbeizuführen, er diese Veränderung auch lenken könnte, indem er seine unterbewussten Steuerungsprinzipien verwendete. Es war ihm aber nicht bewusst, dass diese instinktiven Faktoren als Wegweiser unzuverlässig und eine Täuschung waren.

Wenn ich jetzt beim Leser das Interesse für diese Zusammenhänge wecken konnte, wird ihm das bis in die einfachsten Bereiche des täglichen Lebens hinein von großem Nutzen sein können. Und er wird auch die schwereren Lebensprobleme einfühlsam durchleuchten können, ohne Furcht vor den verheerenden Folgen, die heute bei der Problembewältigung so allgegenwärtig sind.

Kapitel 7

Anmerkungen und weitere Fallbeispiele

Seit dem ersten Erscheinen dieses Buches in England ist die Flut der Briefe von interessierten Lesern nicht abgerissen. Es schreiben sowohl Laien als auch Fachleute. Diese Zuschriften haben für mich einen großen Stellenwert. Drei Fragen tauchen in ihnen wieder und wieder auf. Sie zwingen mich zu der Annahme, dass diese Punkte zum einen von einem besonderen Interesse für meine Leser sind und dass es mir zum anderen bis jetzt noch nicht gelungen ist, die allgemeinen Prinzipien, die ich aufgestellt habe, so ausreichend zu erklären, dass sie leicht angewendet werden können. Deshalb will ich gerne diese Fragen und auch verschiedene andere Probleme, die sich aus diesen Fragen ergeben, in dieser amerikanischen Ausgabe meiner Arbeit zum Nutzen zukünftiger Leser diskutieren.

Die drei wichtigsten Fragen in den Briefen, die ich erhalten habe, sind die folgenden, wobei zwei davon in 80 % aller Zuschriften gestellt wurden:

1. Was ist die richtige Standposition und was ist eine Position mit mechanischem Vorteil?
2. Wie kann der Leser die Prinzipien der bewussten Kontrolle, so wie sie hier vorgestellt worden sind, bei schlechten Gewohnheiten wie den übermäßigen Genuss von bestimmten Lebensmitteln, von Alkohol und von Tabak anwenden? Wie soll er sie anwenden, um Krankheiten wie Asthma, Tuberkulose, Verstopfung oder Blinddarmentzündung zu heilen? Wie soll er sie anwenden, um die Bildung eines Hohlkreuzes zu verhindern?

3. Was sind äußere Anzeichen für eine Verbesserung, die man im Laufe der Behandlung erkennen kann? Können die Ergebnisse aus Sicht der Wissenschaft begründet werden? In diesem Zusammenhang wurde ich auch des Öfteren aufgefordert, auf Einzelheiten besonders beispielhafter und auffälliger Fälle einzugehen.

Ich werde die Fragenkomplexe nun der Reihe nach beantworten und jeder einzelnen Frage so viel Raum wie eben möglich geben.

„Was ist die richtige Standposition und was ist eine Position mit mechanischem Vorteil?"

Meiner Meinung nach neigt der durchschnittliche Mensch in diesem Zusammenhang dazu, etwas Wesentliches aus dem Blick zu verlieren: Er kann solange nicht eine Position stabilen Gleichgewichts einnehmen, die auch eine perfekte Beweglichkeit garantiert, wie die Füße nicht so gestellt sind, dass sie einen stabilen Stand gewährleisten und gleichzeitig Angel- und Drehpunkt sind. Unter diesem Gesichtspunkt ist ein Winkel von 45°, den die Füße zueinander bilden sollen, eine Basis, wie sie perfekter nicht sein kann. Alle anderen aufrechten Positionen werden in der Tendenz dazu führen, dass man ein Hohlkreuz ausbildet, den Bauch herausstreckt und den Rücken verkürzt. Und die Defekte werden umso gravierender, je weiter sich der tatsächliche Winkel vom Ideal entfernt. Wenn man sich darum bemüht, diese schwerwiegenden Haltungsfehler zu vermeiden, ohne dass man die Füße in die richtige Ausgangsposition gebracht hat, wird dies nur zu einer steifen, instabilen und wenig angenehmen Haltung führen. Allerdings ist es nicht möglich, mit Worten allein die richtige Stellung der Füße und Beine in einer idealen Standposition wirklich zu beschreiben. Ich füge deshalb vier Fotografien bei, die ganz speziell zu diesem Zweck aufgenommen worden sind und die nicht nur sehr deutlich die richtige Fußstellung, das Hauptproblem, zeigen, sondern auch, wie der gesamte Körper der betreffenden Person auf diese Weise sich gut ausrichtet.

Wenn es dann gelungen ist, diese ideale Standposition tatsächlich zu realisieren, stellt sich dem Einzelnen immer noch die Aufgabe, sie auch zu erhalten. Zu diesem Punkt kann ich nichts Besseres tun, als aus meinem Artikel vom Juli 1908 zu zitieren. Er trägt den Titel *Warum Tiefatmung und Fitnessübungen mehr schaden als helfen*. Aus dem Zitat wird ersichtlich, dass die ideale Fußstellung leicht variieren kann, je nachdem welche Eigenarten ein Mensch hat. Die Passage, die ich zitiere, hat den folgenden Wortlaut:

> „Wenn es einem Schüler erlaubt wird, eigenständig ohne Hilfe eine bestimmte Standposition einzunehmen, bedeutet dies, dass die Aufgabe, die koordinierten Verhältnisse herzustellen, auf der eine solche Position beruht, einzig und allein den Wahrnehmungen und Empfindungen des Schülers übertragen wird. Für diese Aufgabe sind sie wahrlich nicht mehr geeignet.
>
> Die Wahrnehmungen und Empfindungen von allen Menschen, die einer Atemschulung und einer Umschulung im Gebrauch des Körpers bedürfen, sind nämlich absolut unzuverlässig. Aus diesem Grunde sollte nicht der Schüler, sondern der Lehrer die Verantwortung für bestimmte detaillierte Anweisungen übernehmen, die dann gewährleisten, wenn sie Wort für Wort umgesetzt werden, dass der Schüler *die für ihn in diesem Moment richtige Standposition einnimmt*. Ich muss diesen letzten Satzteil betonen, weil es die eine stereotype Standposition für alle Schüler nicht geben kann. Wenn jemand aber seine verschiedenen Körperteile so benutzt, dass man von einer schädlichen Haltung beim Stehen und Gehen sprechen muss, kann schwerer Schaden nur abgewendet und können zufriedenstellende Ergebnisse nur erzielt werden, wenn die Körpermaschinerie dazu gebracht wird, ihr harmonisches und richtiges Arbeiten allmählich wieder aufzunehmen. Dies möchte ich an dieser Stelle ganz klar betonen: Wenn der Schüler sofort am Anfang versucht, die „richtige Standposition“ einzunehmen, wird er unweigerlich starken Druck auf seine Kehle ausüben. So wird dann der Weg für Hals-, Ohren- und Augenprobleme geebnet.“

Nehmen wir als Beispiel diesen Jungen: Er hat im Laufe der Zeit einen starken Buckel entwickelt und sinkt auch oberhalb und unterhalb seiner Schlüsselbeine ein. Dies ist damit verbunden, dass seine beiden Schulterblätter auf nicht normale Weise herausstehen. Wenn ihm gesagt würde, „er solle sich gerade hinstellen", würde er sich wohl sofort bemühen wollen, diese grobe Anweisung umzusetzen, aber seine körperlichen Bemühungen wären vollkommen ungeeignet. Seine Schultern würden weiter zurückgeworfen und nach oben gezogen. Seine Schulterblätter würden noch weiter heraustreten. Die vorderen und oberen Teile seines Brustkorbs würden auf eine unangemessene Weise gehoben und geweitet. Auch käme es auf der Rückenseite des Thorax zu Verengung, Erschlaffung und Einfall im dorsalen Bereich. Dies wiederum würde dazu führen, dass die vordere Brustwand herausgestreckt und versteift und die lumbale Wirbelsäule unangemessen verbogen werden, dass sich der Körper insgesamt verkürzt, dass Arme und Hals sich schädlich versteifen und dass der Teil des Brustkorbs, in dem sich die Lungenflügel befinden, sich in Relation zu den Armen vor ihnen und nicht, wie es sein sollte, hinter ihnen befindet, wenn die Arme einfach nur hängen gelassen werden, und all das anstelle eines vollen, festen und breiten Rückens, anstelle einer freien Beweglichkeit der Brustkorbwände. Eine solche Beweglichkeit des Brustkorbs würde aber dazu führen, dass die Wirbelsäule im lumbalen Bereich normal gebogen ist und so ihre normale Länge erhält. In einer Position der Verengung, der Erschlaffung und des Einfalls im dorsalen Bereich fühlt sich der Junge jedoch hilflos und ermüdet sehr schnell. Der Grund dafür ist seine schlechte Koordination. Jeder Versuch, ihn auf die Schnelle an diese aufrechte Haltung zu gewöhnen, wird letztendlich eher in Verwirrung enden und nicht mit einer Verbesserung.

Die Verengung und die übermäßige Lordose des Rückens, von denen wir schon gesprochen haben, sind das genaue Gegenteil von dem, was von der Natur gefordert wird. Sie sind ebenfalls das ganze Gegenteil von dem, was mit einer Umschulung, mit einer Koordinierung und einer Neuanpassung erreicht werden soll: *Eine Weitung des Rückens und eine normalere und gestreckte Lage der Wirbelsäule*. Wenn sich diese Bedingungen im Bereich des Rückens erstmalig eingestellt haben, werden überdies Hals und Arme nicht länger versteift und auch alle anderen Fehler werden beseitigt sein.

Um die negativen Auswirkungen abzuwenden, die ich in den beiden letzten Abschnitten bereits beschrieben habe, muss der Lehrer den Schüler in eine für ihn mechanisch vorteilhafte Position bringen. Aus dieser Stellung kann der Schüler dann in eine Haltung gelangen, *die in seiner augenblicklichen Situation für ihn richtig ist*, allein dadurch dass er die Anweisungen, die ihm der Lehrer vordiktieren wird, mental durchgeht. Und er wird in eine solche Haltung gelangen, obwohl ihm bis jetzt gar nicht bewusst ist, wie diese Haltung aussehen könnte.

In meiner Schrift *Warum wir falsch atmen* (November, 1909) habe ich diesen Sachverhalt genauer herausgearbeitet. Daraus zitiere ich im Folgenden ebenfalls eine Passage, die sich auf einige wichtige Punkte bezieht, die damit im Zusammenhang stehen.

> „Es kann so etwas wie eine richtige Standposition, die für alle Personen gleich wäre, nicht geben. Die eigentliche Frage ist nicht die nach der richtigen Position, sondern die nach einer richtigen Koordination der beteiligten Muskelmechanismen. Mehr noch: Jeder, der die Fähigkeit erlangt hat, eine richtige Koordination herbeizuführen, kann die Teile seines Körpers so anpassen, dass sie den Erfordernissen nahezu jeder Position genügen. Und zur gleichen Zeit ist er auch Kommandeur der angemessenen und richtigen Bewegungen des Atemapparates und einer perfekten Stimmkontrolle. Ich demonstriere diese letzte Tatsache meinen Schülern Tag für Tag, wenn ich mit ihnen arbeite. Eine fortlaufende Justierung der Körperteile ohne übertriebene körperliche Anspannung ist mehr als nur wohltuend. Allein schon das hohe Gesundheitsniveau und das lange Leben der Akrobaten und Jongleure beweisen dies. Es ist bezeichnend, dass wir bei Schwerathleten das Gegenteil davon finden, was zeigt, dass übermäßige Muskelspannung nicht zu Gesundheit und zu langem Leben führen."

Aus dem bisher Gesagten erklärt sich das oberste Gebot für eine richtige Standposition: Die Füße sind so zu setzen, dass sie als Basis und als Dreh- und Angelpunkt die größte Wirkung erzielen können. So wird die Lage von Armen, Beinen und Rumpf so verändert, dass sie von dort aus auf richtige Weise beeinflusst werden können und dass die Schwerkraft ihnen wirklich *helfen* kann. Hauptsächlich sollte das Gewicht des Körpers auf dem hinteren Fuß ruhen. Den Hüften sollte es erlaubt werden, so weit wie möglich zurückzufallen, ohne dass das Gleichgewicht, das von der Fußstellung bestimmt wird, verändert und ohne dass der Körper absichtlich nach vorne geschoben wird. Diese Bewegung beginnt bei den Knöcheln und hat insbesondere Auswirkungen auf die Fuß- und Hüftgelenke. Wenn der Körper sich nach vorne neigt, darf es keine Verbiegung der Wirbelsäule oder des Halses geben. Von den Hüften aufwärts muss die relative Lage aller Teile des Torsos zueinander unverändert bleiben. Wenn die Standposition dann eingenommen worden ist, ist es zudem notwendig, dass der Einzelne eine angemessene Längung seiner Wirbelsäule und eine ausreichende Weitung seines Rückens herbeiführt. Für das Letztere ist jedoch eine geeignete geistig-körperliche Ausbildung notwendig. Ich habe darauf bereits in den beiden Abschnitten mit Zitaten hingewiesen. (Siehe dazu auch die Fotografien am Ende der Diskussion der ersten Frage!)

Die Standposition, so wie sie gerade erklärt worden ist, ist aus physiologischer Sicht auch der Ausgangspunkt für das Gehen. Das Gewicht wird zum großen Teil auf den hinteren Fuß verlagert. So kann dann das andere Knie gebeugt und der vordere Fuß gehoben werden. Gleichzeitig sollte das Fußgelenk des hinteren Beines so gebeugt werden, dass sich der ganze Körper leicht nach vorne neigt. Auf diese Weise wird dann die treibende Energie der Schwerkraft ins Spiel gebracht.

Sind diese grundlegenden Prinzipien erst einmal verstanden worden, ist die gesamte Physiologie des Gehens tatsächlich erstaunlich einfach. Das Gehen wird einfach nur aufgelöst in diese beiden primären Bewegungsphasen: Man lässt den Körper von dem Fußgelenk aus, auf dem das Gewicht ruht, sich nach vorne neigen und übergibt dann das Gewicht dem Fuß, der nach vorne gebracht worden ist, um zu verhindern, dass man fällt. Diese Methode, so einfach sie auch erscheinen mag, ist leider aber nicht die, die normalerweise Verwendung findet. Der mechanische Nachteil, der sich z. B. aus dem ergibt, was man einen „schaukelnden Gang" nennt, wäre absolut nicht möglich, wenn die erteilten Anweisungen sorgfältig befolgt würden. Die positive Wirkung auf die gesamte Mechanik der betreffenden Person wird allein schon durch diese Tatsache belegt: Mit den koordinierenden Prinzipien, die durch meine Methode installiert werden können, ergibt sich für den Torso eine dauerhafte Tendenz, sich zu längen. Sie ersetzt die so geläufige Tendenz, dass der Torso sich aufgrund der fehlerhaften Standposition und der sich daraus ergebenden falschen Koordinationsverhältnisse verkürzt.

Fast jeder, den ich untersucht oder den ich beim Gehen nur beobachtet habe, verwendet bei diesem Prozess eine unnötige Körperspannung. Sie lässt Wirbelsäule und Beine sich tendenziell verkürzen. Tatsächlich drückt sich der Betreffende sozusagen in den Boden hinein anstatt diesen Druck zu verringern, indem er seinen Körper lang werden lässt und indem er sein Gewicht nach vorne verlagert, was dazu führen würde, dass er sich leicht und frei bewegen könnte. In der Konsequenz führen die beschriebene „Verkürzung" und dieser „Bodendruck" dazu, dass die Menschen in unserer Zivilisation mehr und mehr zu Plattfüßen neigen. Auf der anderen Seite verwendet jemand, der gut koordiniert ist, gerade genug und nur so viel Spannung, dass sich Wirbelsäule und Beine tendenziell längen können. Das Gleichgewicht ist so, dass der unangemessene Druck in den Boden nicht vorhanden ist. In den Bewegungen eines solchen Menschen findet sich eine Leichtigkeit und Freiheit, die äußerst bemerkenswert ist. Jemand, der Plattfüße hat, muss bei sich nur diese Bedingungen herbeiführen, wenn die natürliche Wölbung seines platten Fußes wieder hergestellt werden soll.

Es gibt vielleicht kein besseres Argument für die Notwendigkeit, die Prinzipien einer bewussten Kontrolle auf die grundlegenden und wichtigen Bereiche des Stehens, des Gehens und des Laufens anzuwenden, als die Fotografien von Dorando, als er beim Marathonlauf der Olympischen Spiele von 1908 in London im Stadion auftauchte und seine allerletzten Reserven mobilisierte, um mit schrecklich verzerrtem Gesicht und Körper, mehr taumelnd als laufend, die Ziellinie erreichen zu wollen. [A)] Man erkennt darauf, dass er zum Verzweifeln ermüdet ist. Ganz gleich welches Maß an bewusster Kontrolle er jemals über seine Muskelmechanismen gehabt haben mag, in diesem Augenblick stand er vollkommen unter der Herrschaft seiner unterbewussten oder subjektiven Kontrolle. Die „Verbindung zu seinem Verstand war vollständig gekappt“. Wenn wir die Fotografien genauer analysieren, sehen wir, dass er seinen Oberkörper von den Hüften aus nach hinten verlagert, dass er seine Arme seitlich nach hinten wegstreckt und dass seine Beine von den Knien abwärts nach vorne wegsacken. Dies hat zur Folge, dass er gezwungen ist, fast alle Kräfte seines Körpers aufzubieten, um nicht nach hinten zu fallen. Er führt einen hoffnungslosen Kampf gegen die enormen Gravitationskräfte, die ihn unerbittlich fort von seinem Zielpunkt reißen. Wenn Dorando, der ohne Zweifel ein ausgezeichneter Sportler war, mit den Prinzipien der bewussten Kontrolle vertraut gewesen wäre, wäre ihm ein solches Verhalten überhaupt nicht möglich gewesen, ganz gleich wie müde und erschöpft er auch gewesen sein mag. Wenn er nicht von seinem Unterbewusstsein kontrolliert gewesen wäre, hätte er in diesem Augenblick nämlich seinen gesunden Menschenverstand eingesetzt und sein Handeln wäre nach dessen Maßgabe gesteuert worden. In kritischen Momenten wie diesen bedürfen wir dringend einer Kontrolle durch den Verstand, weil uns der Verlust seines animalischen Äquivalents, des Instinkts, dann am meisten leiden lässt.

Wenn Dorando bewusst kontrolliert gewesen wäre, hätte er sich nach vorne gebeugt und nicht zurück, obwohl seine Muskeln bis an die äußersten Grenzen ihrer Belastbarkeit beansprucht waren und er hätte die notwendige Kraft gehabt, um zu verhindern, dass er fällt. Und das wäre nur ein Bruchteil der Kraft gewesen, die er tatsächlich aufgeboten hatte. Die Gravitationskräfte hätten ihn nach vorne gezogen und nicht zurück und fort vom Ziel seiner Energieleistung, wie es tatsächlich der Fall war. Kurz gesagt, hätte er den *besten* Nutzen aus seinen noch vorhanden Kräften ziehen können und nicht den *schlechtesten.*

Die Fehler, die wir in dieser übertriebenen Form an Dorandos Beispiel sehen, finden wir auch in der Haltung vieler Menschen von heute. Diese Tatsache ist auch für die Medizin von erheblicher Bedeutung. Man empfiehlt Patienten beständig, spazieren zu gehen, obwohl dieser Ratschlag in vielen Fällen unzweifelhaft mehr schadet, als dass er gut tut. Es ist meiner Meinung nach ganz entscheidend, dass alle Ärzte diesem Thema bedeutend mehr Aufmerksamkeit schenken sollten, als sie es zum gegenwärtigen Zeitpunkt tatsächlich tun, damit sie in der Lage sind, darüber entscheiden zu können, welcher ihrer Patienten aus den Spaziergängen wirklich einen Nutzen ziehen kann und welcher damit die Probleme, an denen er leidet, eher noch verschlimmert. Es ist, wie ich glaube, nicht allzu schwer zu verstehen, dass die guten Wirkungen, die frische Luft und sanfte Bewegung haben, zunichte gemacht werden, wenn ein Patient sie nur unter Bedingungen bekommen kann, die seine ursprünglichen Defekte, die der Anlass für ihre Verschreibung waren, fortdauern lassen und sogar verschlimmern.

Dieselben Regeln, die für das Stehen gelten, sind im Prinzip genauso anwendbar, wenn sich jemand hinsetzt oder sich von einer Sitzgelegenheit erhebt. Wenige Menschen haben überhaupt eine richtige Vorstellung von den „Mitteln-und-Wegen" für diese Handlungen. Sie haben keine Vorstellung davon, wie die einzelnen Teile, die an den Handlungen beteiligt sind, richtig gebraucht werden, obwohl wir uns unzählige Male am Tag hinsetzen und wieder aufstehen. Dabei könnten diese Tätigkeiten nach meinem Verständnis mit einer so offensichtlichen Leichtigkeit ausgeführt werden. Wenn man einen Freund bittet sich hinzusetzen, wird man bei sehr genauer Beobachtung des Vorgangs bemerken, dass es in nahezu allen Fällen zu einer unangemessenen Zunahme der Muskelspannung von Rumpf und Beinen kommt. In vielen Fällen werden dazu sogar die Arme eingesetzt. Die in der Regel auffälligste Handlung ist jedoch die Veränderung der Kopfstellung: Er wird zurückgeworfen. Gleichzeitig versteift sich der Hals und wird verkürzt.

Ich beschreibe als nächstes die richtige Methode. Aber eines müssen wir immer im Auge behalten: Es ist zwecklos, das, was ich hier „Selbstbefehle“ nenne, an die Mechanismen der Muskulatur zu erteilen, solange nicht die ursprüngliche Gewohnheit und der falsche geistige Entwurf vom Vorgang des Hinsetzens ausgelöscht worden sind. Wenn jemand z. B., noch bevor er den ersten der folgenden Befehle erteilt hat, die Vorstellung schon im Kopf hat, dass er sich hinsetzen soll, *so wie er diesen Vorgang bereits kennt*, bringt diese Aufforderung in ihm sofort seine alten, schädlichen Koordinationsmuster ins Spiel und die neuen Befehle werden niemals die Mechanismen beeinflussen können, auf die sie gerichtet sind. Sie sind nämlich aufgrund der Vorstellung schon im falschen Verwendungsmodus und durch die Kraft der allzu bekannten Aufforderung verbleiben sie in ihrer alten Routine. Also dann!

1. Löschen Sie in Ihrem Kopf die Vorstellung, dass Sie sich hinsetzen wollen! Betrachten Sie jeden einzelnen Schritt des Vorgangs und jeden einzelnen Befehl ganz unabhängig von der abschließenden Konsequenz, die Vorgang und Befehl haben! Um es mit anderen Worten auszudrücken, richten Sie Ihr Augenmerk auf die „Mittel“ und nicht auf den „Endpunkt“.
2. Nehmen Sie die Position ein, die ich schon als richtige Standposition beschrieben habe, wobei das hintere Bein beinahe die Stuhlfläche berühren soll!
3. Geben Sie den Befehl, den Hals zu entspannen und befehlen Sie gleichzeitig den Kopf *nach vorne* und oben! (Bitte beachten Sie, dass der Befehl, die Muskeln des Halses zu entspannen, keinesfalls bedeutet, „den Kopf nach vorne auf die Brust fallen zu lassen.“ Der

vorgeschlagene Befehl dient allein der Vorbeugung, um die fehlerhafte, vorgefasste Idee zu unterdrücken.)

4. Behalten Sie sehr deutlich die allgemeine Vorstellung im Auge, den Körper zu längen! Dies ist die direkte Konsequenz, die sich aus der Befehlskette von Punkt 3 ergibt.
5. Geben Sie die Befehle, gleichzeitig die Hüften zurückzuführen und die Knie zu beugen, wobei Knie- und Hüftgelenke als Scharniere wirken! Während dies geschieht, muss der Befehl erteilt werden, den Rücken zu weiten! Jemand, der sich strikt an diesen Prozess gehalten hat, wird sich dann nach diesem Befehl auf dem Stuhl sitzend wiederfinden. Allerdings sitzt er noch nicht aufrecht, weil er nach vorne geneigt ist, wenn er den ganzen Vorgang nicht an dieser Stelle verdirbt, weil er instinktiv wieder seine alten Befehle erteilt, um in die aufrechte Sitzposition zu gelangen.

Deshalb ist dies an dieser Stelle wirklich sehr wichtig: In der Stellung, in der Sie in den Stuhl gekommen sind, wenn Sie die bisherigen Anweisungen richtig befolgt haben, verharren Sie einen Augenblick und gehen Sie erst noch einmal diese Befehle durch: Entspanne den Hals! Der Kopf *nach vorne* und oben! Die Wirbelsäule längen! Weite den Rücken! Erst dann lehnen Sie sich auf dem Stuhl in die aufrechte Position zurück, indem Sie die Hüften als Scharniere benutzen, ohne dass Sie den Rücken verkürzen, den Hals versteifen oder den Kopf zurücknehmen.

Der Vorgang des Aufstehens ist im Prinzip nichts anderes als die Umkehrung des Vorangegangenen. Nehmen Sie die Füße soweit zurück, dass einer der Füße fast unter die Sitzfläche des Stuhles gelangt! Lassen Sie den Oberkörper sich von den Hüften aus nach vorne bewegen! Verlieren Sie nicht die Vorstellung aus dem Auge, dass der Hals frei ist und die Wirbelsäule lang bleibt! Lassen Sie den ganzen Oberkörper nach vorne kommen, bis der Schwerpunkt sich über den Füßen befindet! Wenn man den Stuhl in dieser Position wegziehen würde, verbliebe die Person balanciert in der Schwebe, wie jemand, der den „Froschtanz“ ausführt. Dann strecken Sie die Beine an den Hüft-, Knie- und Fußgelenken, indem Sie Muskeln der Beine und des Rückens aktivieren, bis Sie die aufrechte Haltung perfekt eingenommen haben!

Wenn Sie bei einem Freund mit dem Aufstehen experimentieren, können Sie gut beobachten, dass bei diesem Bewegungsvorgang, dieselben schlechten Bewegungen auftauchen, mit der Tendenz, den Hals zu versteifen, übermäßig die Wirbelsäule zu verbiegen, den Oberkörper zu verkürzen und die Bauchwand herauszustrecken, wie sie von einem schlecht koordinierten Menschen ausgeführt werden.

Damit beende ich die Beschreibung, die meine Vorstellung von der Koordination in Bezug auf das Stehen, Gehen und Sitzen darlegt. Die Vorgehensweisen, die ich im Text erklärt habe, werden sich als äußerst hilfreich erweisen, als ein erster Schritt zu einem richtigen und gesunden Gebrauch der Muskelmechanismen bei den einfachen Handlungen des täglichen Lebens.

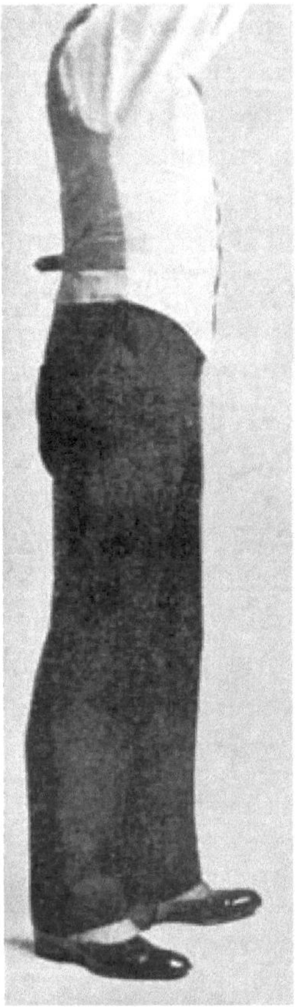

A (RICHTIG)

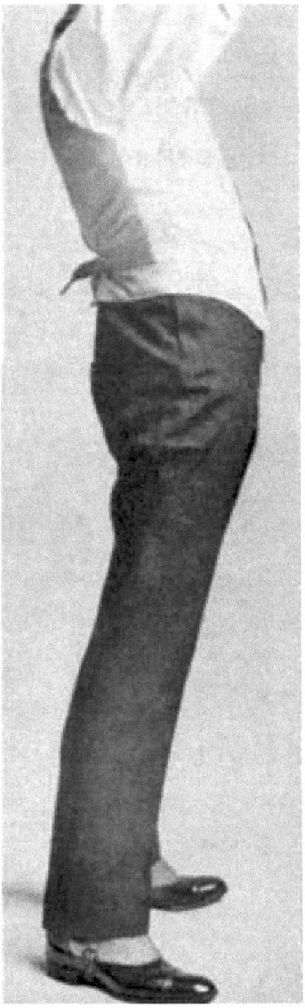

B (FALSCH)

A HIER SEHEN WIR DIE IDEALE FUSSSTELLUNG, DIE DER MASCHINE MENSCH EIN PERFEKTES GLEICHGEWICHT ERMÖGLICHT UND MIT DER EIN MAXIMUM AN FUNKTIONSAKTIVITÄT DES GESAMTEN ORGANISMUS ERREICHT WIRD. MAN BEACHTE BESONDERS, DASS EINER DER FÜSSE VORANGESTELLT SEIN KANN, OHNE DASS DIE RICHTIGE GESAMTHALTUNG GESTÖRT WÜRDE.

B DIE FÜSSE SIND HIER IN EINER STELLUNG, DIE EINE FALSCHE AUSRICHTUNG DES GESAMTEN ORGANISMUS ERZWINGT UND DIE EIN NUR SCHLECHTES GLEICHGEWICHT ERMÖGLICHT. DIESE STELLUNG FÜHRT DAZU, DASS DIE LEBENSWICHTIGEN FUNKTIONEN NUR MINIMAL AKTIVIERT WERDEN.

A (RICHTIG) **B** (FALSCH)

A HIER SEHEN WIR DIE IDEALE FUSSSTELLUNG, DIE DER MASCHINE MENSCH EIN PERFEKTES GLEICHGEWICHT ERMÖGLICHT UND MIT DER EIN MAXIMUM AN FUNKTIONSAKTIVITÄT DES GESAMTEN ORGANISMUS ERREICHT WIRD. MAN BEACHTE BESONDERS, DASS EINER DER FÜSSE VORANGESTELLT SEIN KANN, OHNE DASS DIE RICHTIGE GESAMTHALTUNG GESTÖRT WÜRDE.

B DIE FÜSSE SIND HIER IN EINER STELLUNG, DIE EINE FALSCHE AUSRICHTUNG DES GESAMTEN ORGANISMUS ERZWINGT UND DIE EIN NUR SCHLECHTES GLEICHGEWICHT ERMÖGLICHT. DIESE STELLUNG FÜHRT DAZU, DASS DIE LEBENSWICHTIGEN FUNKTIONEN NUR MINIMAL AKTIVIERT WERDEN.

„Wie sind die Prinzipien bewusster Kontrolle anzuwenden, um spezielle, schlechte Gewohnheiten auszulöschen oder besondere Krankheiten zu heilen?“

Der folgende Brief ist typisch für viele andere:

„Sehr geehrter Herr,

ich habe mit großem Interesse ihr Buch „Ein Vermächtnis der Evolution an die Menschheit von unschätzbarem Wert“ [A)] *gelesen und ich hoffe, Sie verzeihen mir, wenn ich es wage, auf eine Schwierigkeit hinzuweisen, die sich mir und vielleicht auch dem normalen Leser stellt.*

Mein Problem ist dieses: Auf welche Weise soll das Prinzip der bewussten Kontrolle in einem ganz konkreten Fall angewendet werden, sagen wir, wenn es sich um eine Funktionsstörung wie die Verstopfung handelt oder wenn es darum geht, eine so starke Gewohnheit wie das Rauchen aufzugeben, nur um ein alltägliches Beispiel zu nennen? Die große Anziehungskraft der populären Schriften des sogenannten „New Thought“ beruht meiner Ansicht nach für viele Menschen auf den klaren und sehr präzisen Regeln, die in ihren Schriften formuliert werden und die leicht in die Praxis umzusetzen sind, so dass der Leser genau weiß, was er tun muss, um gerettet zu werden. Ich muss leider gestehen, dass es sich mir nicht ganz erschließt, wie Ihre Empfehlungen zur Umsetzung Ihrer Prinzipien realisiert werden könnten. Es wäre mir und ohne Zweifel auch für andere eine große Hilfe, wenn Sie dies erläutern könnten. Vielleicht haben Sie ja vor, dies in einem umfangreicheren Werk zu tun.

Bis dahin wäre ich Ihnen äußerst dankbar und ich hoffe, es ist nicht zu viel verlangt, wenn Sie freundlicherweise die von Ihnen vorzuschlagende Methode beschreiben könnten, mit der die Prinzipien in solchen Fällen, die ich als Beispiel genannt habe, verwendet werden können.“

Es könnte sein, dass ich dem Schreiber dieses Briefes Unrecht tue, aber ich bin geneigt, ihn den vielen Fragestellern zuzuordnen, die vertrauensselig auf ein Wunder warten. Ich habe bereits in meiner Einleitung klargestellt, dass „Königswege, Allheilmittel und sonstige Spezialitäten in diesem Buch keine Erwähnung finden werden". Und trotzdem scheinen sich einige Leser vorgestellt zu haben, dass sie auf eine irgendwie wundersame Weise geheilt werden könnten. All das, was ich zu diesem Prozess geschrieben habe, ist leider nicht zu ihnen durchgedrungen. In einem Abschnitt des Briefes oben findet sich ein nettes Beispiel für das Verlangen, sich auf eine mechanische Methode zu verlassen. Es heißt dort: „Die große Anziehungskraft der populären Bücher des sogenannten „New Thought" beruht für viele Menschen auf den sehr präzisen und klaren Regeln, die in ihren Schriften aufgestellt und die leicht in die Praxis umgesetzt werden können." In der Tat habe ich sehr bewusst darauf verzichtet, *klare und präzise Regeln* aufzustellen, die vorgeben, alle nur denkbaren körperlichen und geistigen Probleme abzudecken, so wie es die Vertreter spiritueller Heilungen und des „New Thought" tun. Und ich glaube, dass meine Gründe dafür sehr plausibel sind. Ich habe nämlich in meiner Praxis keine zwei Fälle gefunden, die genau gleich gewesen wären. Die detaillierten Unterweisungen, die ich für einen ersten Fall im Unterricht erstellt habe, wären für den nächsten möglicherweise extrem schädlich gewesen.

Ich sehe aber, dass es zusätzlichen Erklärungsbedarf gibt. Ich werde deshalb nun die allgemeinen Prinzipien skizzieren, die die Anwendungsregel umfassen, wie unterschiedlich die Methode in der Praxis auch sein mag.

Zunächst einmal: Jede schlechte Gewohnheit wie übermäßiges Essen, wie übermäßiger Tabak- oder Alkoholgenuss deutet auf einen *Kontroll*mangel in der einen oder anderen Richtung hin. Eine größere Anzahl von speziellen Störungen wie Tuberkulose, Krebs, Asthma, Nervenleiden u. a. ist ein deutlicher Hinweis darauf,

- dass in die normalen Körperbedingungen eingegriffen worden ist,
- dass wir es mit Kontrollverlust zu tun haben,
- dass die Mechanismen bei dem jeweils betroffenen Menschen nicht gut arbeiten,
- dass die unterschiedlichen Teile des gestörten Mechanismus verschoben sind,
- dass es einen akuten Vitalitätsverlust mit seinen unvermeidlichen Begleiterscheinungen verringerter Funktionsaktivität aller lebenswichtigen Organe gibt.

Wenn jemand einen solchen Zustand erst einmal erreicht hat, bilden sich schädliche Gewohnheiten und die Widerstandskraft gegen Krankheiten wird ganz entscheidend abgesenkt.

Um in solchen Fällen wieder das normale Gesundheits- und Energieniveau zu erlangen, ist eine „Umschulung“, wie ich den Vorgang genannt habe, zwingend erforderlich. In praktisch allen Fällen beginnt eine solche Behandlung damit, dass ich den Schüler in die wesentlichen Faktoren einweise, die mit der Beseitigung seiner falschen, vorgefassten Vorstellungen zu seinen schlechten Gewohnheiten verbunden sind. Ich koordiniere ihn zunächst einigermaßen körperlich richtig und bringe ihn auch mental grob in die richtige Spur. Die Körperteile, die sich in einer falschen Stellung zueinander befinden, müssen durch Umschulung, bei der eine richtige und kontrollierte Gebrauchsweise der Muskelmechanismen vermittelt wird, wieder in ihre angestammte Position gebracht werden. Dieser Prozess der Umschulung führt zu einer Reinigung des Blutes, die Blutzirkulation wird dabei allmählich verbessert und alle schädlichen Körperschlacken werden mit Hilfe der inneren Massage, die sich zwangsläufig mit der gesteigerten Vitalaktivität einstellt, ausgeschwemmt.

Das erste Stadium bei der Beseitigung von Störungen und von schlechten Gewohnheiten ist dann erreicht, wenn sich verbesserte

Gesundheitsbedingungen eingestellt haben. Aber eines dürfen wir nicht vergessen: In diesem Umschulungsprozess wird dem kontrollierenden Verstand eine große Lektion erteilt. Allein dadurch, dass die schädlichen Koordinationsbedingungen oder die Teufelskreise, die sich gebildet haben, aufgebrochen werden, erhalten gewisse Funktionen des Intellekts neue Impulse, die aus dem Verkehr gezogen waren. Die Reflexhandlung, die die morbiden Verhältnisse schafft, kann nur kontrolliert und geändert werden, wenn der zu ersetzende Steuerungsprozess ganz bewusst erkannt und begriffen worden ist. Diese neuen Impulse für das Bewusstsein haben auf den Geist ganz genau die gleiche Wirkung wie die innere Massage auf den Körper. Die alten Ablagerungen unterbewussten Gedankenguts werden aufgelöst und es wird Platz geschaffen für neue Entwürfe und Erkenntnisse.

Wenn das erste Stadium erst einmal überwunden ist, ist es in fast jeder Phase des Lebens genauso leicht, „gute“ neue wie auch „schlechte“ neue Gewohnheiten zu bilden. („Gut“ ist, was aus all unserer Erfahrung und unserem Wissen so definiert werden kann.) Schlechte Gewohnheiten bedeuten in 99 % aller Fälle, dass sich eine betroffene Person, oft aus Unwissenheit, absichtlich an bestimmte Empfindungen gebunden und ihnen dann freien Lauf gelassen hat. Sie hat sich wahrscheinlich keine Gedanken darüber gemacht, welche negativen Auswirkungen ihre Konzessionen an die kleinen Freuden haben können, wenn sie erst einmal dominant geworden sind. Wenn die Vernunft sorglos ausgeschaltet worden und die Nachgiebigkeit zur Gewohnheit geworden ist, wird es doppelt schwer, einen berechtigten Machtanspruch durchzusetzen. Die Gefühle haben den Thron bestiegen, der nur allzu schwach von der Vernunft verteidigt worden ist. Wenn ein Gefühl erst einmal Macht erlangt hat, ist es der gnadenloseste aller Selbstherrscher. Entsprechend der Reihenfolge unseres *wertvollsten Vermächtnisses der Evolution* müssen wir zuerst die Macht des Thronräubers brechen, um dann wieder unseren Herrscher einzusetzen, der jetzt für das Wohlergehen seines Königreichs nicht länger taub und gleichgültig ist, sondern aktiv, wachsam und mit offenen Augen für die

Übel, die aus seiner vorherigen Politik des *Laissez-faire* entstanden sind.

Sehr viele Menschen scheinen die Prinzipien der bewussten Kontrolle als eine Art Zauberwerk zu betrachten, so als ob sie mit dem passenden Zauberspruch eingeschaltet werden könnte. Sie scheinen zu glauben, dass man beispielsweise bewusste Kontrolle über die Drüsen erlangen kann, dass wir mit unserer Geisteskraft einen Befehl erteilen könnten, mehr oder weniger Drüsensekret abzusondern. Wenn so etwas wirklich möglich wäre und wenn ich jemanden morgen mit dieser Fähigkeit ausstatten könnte, wüsste ich ganz genau, dass dies für diesen Menschen das Todesurteil bedeuten würde. Ich könnte ihm genauso gut eine Dosis Gift verabreichen. Wenn man die Erwartung hat, dass das Bewusstsein ganz direkt jede Körperfunktion befiehlt und überwacht, hieße dies in meiner Metapher vom souveränen Herrscher, dass man von dem König erwartete, dass er das Privatleben seiner Untertanen bis in die letzte Einzelheit bestimmt und überwacht. Sein Staatswesen gedeiht aber nur, wenn er gute und gerechte Gesetze erlässt und die Organisationsdetails seinen untergeordneten Ministern und Beamten überträgt. Die Organisation ist in der Obhut des Körpers vorhanden, ideal und perfekt auf die Körperfunktionen eingestellt. Und wenn die regierende Macht der bewussten Kontrolle nun die gesunden Gesetze verfügt hat, die ein friedliches und gedeihliches Miteinander innerhalb der Gemeinschaft gewährleisten, wird die Organisation, die bereits aufgebaut ist, weiterhin harmonisch zum allerbesten Wohle des Körpers arbeiten. Es besteht aber auf der anderen Seite die große Gefahr, dass die Macht der bewussten Kontrolle unterschätzt wird. Sie darf jedoch auf keinerlei Weise begrenzt und unterbewertet werden, wenn sie nicht vorzeitig dazu veranlasst und gezwungen werden soll, in die automatischen Funktionen einzugreifen.

Wir können zum Beispiel vielleicht nicht jeden Teil des Bauchgewebes separat und direkt kontrollieren, aber wir können die Muskeln der Bauchwand, die das Bauchgewebe umschließen, direkt kontrollieren. Und wenn es gelingt, einen vorstehenden Bauch wieder weiter zurückzubringen, erlangen wir auch nach und nach die Kontrolle über viele andere Muskeln, insbesondere über die des Rückens. Wenn die Rückenmuskeln dann richtig verwendet werden und koordiniert sind, wird wiederum Platz geschaffen für den vorgeschobenen Bauch und er kann wieder seine natürliche Lage, aus der er vertrieben worden ist, einnehmen, weil sich die Form des Rückens geweitet und geändert hat. Dann erhält auch das Bauchgewebe seine natürliche Funktionsfähigkeit zurück, das durch die erzwungenen Lagen, die es hat einnehmen müssen, verformt und eingezwängt worden ist. Es ist demnach tatsächlich so, dass bewusste Kontrolle die tiefen automatischen Funktionen nicht durch einen direkten Befehlsprozess beeinflusst, das heißt aber nicht, dass diese Funktionen sich außerhalb der Reichweite meiner Methode befinden. Und doch liegt eine große Gefahr darin, dies anzunehmen.

Diese Gefahr ist mir zu Bewusstsein gekommen, als ich einen Artikel im *British Medical Journal* vom Dezember 1909 über einen Aspekt meines Unterrichts las. Ein früherer Schüler von mir hatte ihn verfasst. Es hieß darin:

> *„Die Erziehung des Menschen erfordert nicht immer bewusste Unterweisung. Sofern keine ungünstigen Umstände vorliegen, kann der Mensch auch durch unbewusste Imitation von einem guten Vorbild lernen."*

Diese Aussage ist nicht so unwahr, dass dies nachgewiesen werden könnte. Ich werde aber zeigen, dass sie zur gleichen Zeit extrem in die Irre führend und tatsächlich so wertvoll ist, wie die Verschreibung von Weintrauben aus dem Gewächshaus und Champagner an einen bettelarmen Kranken.

Zuallererst müssen wir uns daran erinnern, dass das Normale der Zustand ist, der am seltensten vorkommt. Diese Tatsache hat der Autor des Artikels auch indirekt eingeräumt. Und auch die Experten im Bereich der Medizin sehen die ergiebigste Quelle für Diagnosefehler in einer allzu leichten Bereitschaft, bei einem Patienten ganz normale

Bedingungen anzunehmen. Tatsächlich sind die inneren ökonomischen Verhältnisse des Patienten und seine Muskelkoordination oftmals weit von einem idealen Niveau entfernt: Die Proportionen und das wechselseitige Miteinander stimmen nicht. Wenn schon der psychologisch ausgebildete Experte dabei versagt, die Verzerrungen zu erkennen, die das gesamte System durcheinanderbringen, wer könnte dann die Aufgabe als höchste Autorität wahrnehmen, um „gute Vorbilder" für eine unbewusste Imitation auszuwählen?

Zum zweiten müssen wir mit einem psychologischen Faktor rechnen, der sofort Auswirkungen auf die Frage hat, welchen Wert unbewusste Imitation hat: Von tausend Fällen imitiert nur einer die Tugenden des Vorbilds, alle anderen kopieren die Fehler und übersehen die Tugenden. Dies ist eine Wahrheit, die ich leicht nachweisen kann. In meiner langen Praxis bei der Umschulung von Bühnenprofis in diesem Land habe ich mehr als ausreichend Gelegenheit gehabt, die Methoden der Besetzungsvertreter zu beobachten, die die Erstbesetzung zu „imitieren" suchten. Ohne Ausnahme war es meine Erfahrung, dass sich die unterbewusste Imitation darin gezeigt hat, dass genau die Fehler der Schauspieler und Schauspielerinnen wiederholt wurden, die am auffälligsten waren. Der subtile Gebrauch der Stimme, die feinen Einzelheiten der Gestik und die intellektuelle Auseinandersetzung mit der Textvorlage wurden übersehen. Stattdessen ergeht sich die zweite Besetzung in „Manierismus": Sie verwendet all die sehr leicht zu durchschauenden kleinen Tricks der Sprache, der Gestik und der Darstellung, die jedoch völlig unwesentlich für die Interpretation eines Textes sind.

Ebenso hat mir meine Erfahrung mit Stotterern sehr deutlich gezeigt, dass das Stottern in den allermeisten Fällen entstanden ist, besonders wenn es sich dabei um Jungen und junge Männer handelte, weil ein anderer Junge imitiert worden ist. Wir finden aber keine Jungen, die in der Lage wären, einen ihrer Kameraden zu imitieren, der besonders gut spricht.

Diese Imitation von Sprechfehlern ist unterbewusst und sie wird sich nicht immer von selbst wieder geben. Wenn wir nur ein wenig nachdenken, wird uns der Grund dafür auch sehr schnell klar werden. Nehmen wir an, ein Mann soll an einer modernen und komplizierten Maschine arbeiten. Man hat ihm in groben Zügen erklärt, sie zu bedienen und ihm gesagt, er müsse hier einen Schalter umlegen und dort einen Hebel bewegen. Es sind wirklich sehr einfache Bewegungen. Wenn er dann sich selbst überlassen ist, wird unser Mann die Arbeit der Maschine mit Leichtigkeit und spielerischer Sicherheit überwachen können. Jetzt nehmen wir an, dass ein wichtiges Maschinenteil nicht mehr richtig funktioniert und die Maschine nicht mehr leicht und rund arbeitet, sondern ruckt und stottert. Unser imaginärer Maschinenbediener ist sofort auf verlorenem Posten. Wohl erkennt er, dass etwas nicht stimmt. Wenn vorher alles rund gelaufen ist, gibt es jetzt Reibung. Das vorher relativ ruhige Arbeiten der Maschine wird jetzt von ungewöhnlichen, lauten Geräuschen begleitet. Aber er weiß ja über die Funktionsweise der Maschine nur, dass er bestimmte Schalter und Hebel bewegen muss. Darin ist er unterwiesen worden. Zwar kann er jetzt die Schalter und Hebel wieder und wieder bewegen, aber die Maschine wird weiter stottern. Er ist ziemlich hilflos und kann tatsächlich nichts tun, um den Fehler abzustellen. Er hat nur die Wahl, die Maschine weiter schlecht arbeiten zu lassen, wenn sie überhaupt noch arbeitet, oder sie ganz abzuschalten.

Tatsächlich befindet sich der Junge, den ich als ein Beispiel für einen Stotterer herangezogen habe und der bestimmte negative Eigenarten eines anderen Jungen kopiert hatte, um dann zu erkennen, dass sich diese Fehler verfestigt hatten, in ganz genau der gleichen Position wie der ungelernte Maschinenbediener in dem Vergleich aus der Arbeitswelt. Dieser Junge weiß zwar, wie er seine Sprechwerkzeuge, die bis dahin ohne Probleme funktioniert haben, ganz normal gebrauchen muss. Aber er weiß nicht genug über sie, um sie zu reparieren, wenn die Maschinerie aus dem Takt geraten ist. Er kann sie nicht so kontrollieren, dass sofort ihr vorheriges Wirkungsniveau wieder hergestellt werden kann. Nun kann der ungelernte Maschinenarbeiter weitergebildet werden, so dass er den Mechanismus der Maschine, die er zu überwachen hat, vollständig versteht. Wenn nun ein Fehler auftaucht, kann er die Maschine anhalten, die Fehlerquelle herausfinden und den Fehler beseitigen. Genauso kann jeder, der in die Prinzipien bewusster Kontrolle eingewiesen worden ist, jeden Fehler seines Stimmmechanismus' und auch jedes anderen Körpermechanismus' aufdecken und ausschalten und das auch dann, wenn der Fehler unterhalb der Bewusstseinsebene entstanden ist.

Diese markanten Beispiele dienen als stimmige und treffende Analogie für die Prinzipien unbewusster Imitation, wenn unbewusste Imitation in der Psychologie eingesetzt wird. Es ist tatsächlich so, dass ein perfekt koordinierter Mensch einem ganz gewöhnlichen Beobachter viel weniger Anhaltspunkte zur Imitation bietet als jemand, der mit einem offensichtlichen Defekt ausgestattet ist. Ein perfekt gekleideter Mann, eine perfekt gekleidete Frau können ja auch vorbeigehen, ohne dass man viel über sie redet. Menschen aber, die sich auffällig und übertrieben kleiden, weil sie auf sich aufmerksam machen wollen, sind eher Zielscheibe von Gerede. Wenn wir in unserer Zeit in der Lage wären, unseren Kindern das klassische Körperideal der griechischen Antike vorzuleben, sollten wir dieses Ideal wirklich nur gelegentlich darstellen. Tatsächlich würden die unterbewussten Imitationskräfte des Kindes sehr viel mehr die ausgeprägten Defekte aufgreifen, denen ein Kind heute während des größeren Teils seines Wachzustandes zwangsläufig ausgesetzt ist. In einer perfekten Welt würde unterbewusste Imitation keinen pervertierenden Einfluss ausüben können. Wir sollten durchaus der Schaffung einer solchen Welt unsere volle Aufmerksamkeit widmen, aber wir werden sie nur erreichen mit den Prinzipien für einen überlegten, durchdachten, bewussten Aufbau oder Umbau. Darauf beruht mein gesamtes Theorie- und Praxisgebäude.

Ein letztes noch: Selbst wenn wir in unserer gegenwärtigen Zivilisation angemessene Methoden finden, mit deren Hilfe wir aus unterbewusster Imitation lernen könnten, gibt es immer noch eine schwerwiegende Gefahr, mit der wir rechnen müssen: Wir dürfen nämlich nicht vergessen, dass die Menschheit im Laufe ihres Zivilisationsfortschritts die Begabung verloren hat, die wir Instinkt nennen. Instinkt hat die Menschen durch das Stadium des Naturzustandes gesteuert, so wie die Tierwelt immer noch von ihr gesteuert wird. Als die Menschen dann endlich diesen primitiven Verhältnissen entkommen sind, war es der entscheidende Fehler in unserer geistigen, körperlichen und pädagogischen Erziehung, zweierlei nicht erkannt zu haben:

1. Das Leben in der Zivilisation ist der Totengräber des Instinkts.
2. Ein solches Leben macht es erforderlich, das die Ausbildung des Menschen folglich auf der Basis bewusster Unterweisung geschehen muss.

In den kritischen Momenten zeigt sich nämlich, dass der Mensch den Situationen oft nicht gewachsen ist. Wir haben gesehen, dass ein austrainierter Athlet wie Dorando, ein Mann, der zu einer so wunderbaren Leistung fähig war, wie er sie in diesem Marathonlauf vollbracht hatte, seines Sieges beraubt wurde, weil er im kritischen Augenblick von seiner unterbewussten Kontrolle abhängig war, die das ganze Gegenteil einer bewussten Kontrolle ist. Tagtäglich hören wir davon, dass Menschen in kritischen Situationen, in einer hitzigen Diskussion, wenn sie aus dem Stand plötzlich über eine Frage entscheiden müssen, oder wenn sie sich einer schrecklichen körperlichen Gefahr ausgesetzt sehen, „ihren Kopf verlieren“ und scheitern. Menschen aber, die in die Prinzipien einer bewussten Kontrolle eingewiesen worden sind, sind ganz besonders in Zeiten solcher Lebenskrisen in der Lage, mit der gleichen Logik und dem gleichen gesunden Menschenverstand zu handeln, die auch in den ganz normalen Gegebenheiten des Lebens ihre körperlichen und geistigen Handlungen kennzeichnen. Wenn sie sich aber auf eine *unterbewusste* Imitation verlassen würden, wären sie bis zu einem gewissen Maß weiterhin von ihrem Instinkt abhängig.

Ich will aber nicht zur Beantwortung der dritten Frage kommen, bevor ich mich nicht mit den zwei vorherrschenden Krankheitsbildern unserer Zeit auseinandergesetzt habe, der Blinddarmentzündung und dem Hohlkreuz. Ich werde zeigen, wie die Prinzipien, die ich entwickelt habe, der Vorbeugung und der Heilung dieser beiden schweren Krankheiten dienen.

DAS HOHLKREUZ. Eine perfekte Wirbelsäule ist ein überaus wichtiger Faktor, um jene Bedingungen und Gebrauchsweisen der Maschine Mensch zu bewahren, die zur Erhaltung der Gesundheit zusammenarbeiten. Und doch gibt es vergleichsweise nur wenige Menschen, die nicht in irgendeiner Form und in einem gewissen Ausmaß, bewusst oder unterbewusst, an einem Hohlkreuz leiden. Man könnte sich über die Art und Weise lustig machen, wie wir uns diesem deutlichen Zeichen körperlicher Degeneration gegenüber verhalten, wenn die ganze Angelegenheit nicht eine so tragische Bedeutung hätte. In diesem Zusammenhang zitiere ich aus meinem Brief, der am 14. März 1908 in der „The Pall Gazette“ erschienen ist:

> „Gegenwärtig werden Menschen in unseren Schulen und in der Armee durch Atem- und Fitnessübungen so ausgebildet, dass sie Deformationen entwickeln. Vor mir liegt ein Buch mit Übungen zur Atemschulung, das in der Armee benutzt wird. Jeder, der ein wenig Kenntnis in Psychologie und Physiologie besitzt und der weiß, dass diese beiden in der Praxis nicht voneinander zu trennen sind, wird sofort verstehen, warum sowohl bei den Offizieren als auch bei den einfachen Soldaten so viel Schaden aus diesen Übungen entsteht. Es haben sich mehr oder weniger körperliche Auffälligkeiten entwickelt wie ein stark aufgeblähter Brustkorb (Emphysem), ein steifer Nacken, ein unbeweglicher Oberkörper, ein starkes Hohlkreuz (Lordose) und andere mehr. Das sind die Gründe, warum Herzprobleme, Krampfadern, Emphyseme und Mundatmung bei Anstrengung in der Armee so oft anzutreffen sind. Weil dies wirklich eine Angelegenheit von nationaler Bedeutung ist, bin ich bereit, die nötige Zeit zu investieren, um medizinischen und staatlichen Autoritäten, die verantwortlich für die Bereiche Verteidigung, Schule und Gesundheit sind, zu beweisen, dass Tiefatmung und Körperübungen, so wie sie zur Zeit praktiziert werden, sehr viel mehr Schaden anrichten, als

dass sie Gutes tun, und dass so der Grundstein für viel schwerwiegendere Probleme in der Zukunft gelegt wird. Die Wahrheit ist, dass jedes Üben, das Tiefatmung mit einschließt, zu einer weiteren Verschlechterung der schon defekten Muskelkoordination führt. Selbst wenn man eine der schlechten Gewohnheit beseitigen würde, entwickelten sich deshalb früher oder später viele andere, die oft noch schädlicher sind.

In diesem Zusammenhang reicht es vollkommen aus, wenn ich auf die sehr ernsten Auswirkungen der Tiefatmung und der Übungen zur Körperschulung hinweise, die die Ursache für Störungen von Hals und Ohr sind, weil der Kehlkopf übermäßig und auf schädliche Weise heruntergedrückt wird und weil so die Strukturen des Halses insgesamt zusammenfallen. In der Tat wird der Kehlkopf mit jeder Einatmung und in der Regel auch mit jeder Ausatmung niedergedrückt. Eine solche Störung in der Organisation des Halses und eine solche damit einhergehende Verspannung in dieser Gegend finden wir in gesteigertem und zunehmendem Maße immer bei Menschen, die anfällig für Asthma, Bronchitis und Heuschnupfen sind. Wenn die Faktoren aber beseitigt worden sind, die die Verspannungen und die Störung der Organisation verursachen, bedeutet dies eine erhebliche Erleichterung. Und es führt dazu, dass die Probleme allmählich verschwinden können. Aber natürlich sollten in solchen Fällen auch alle organischen Störungen beseitigt werden.“

Und dies muss ich auch noch sagen: Bis zum heutigen Tag habe ich keine Methode der Leibeserziehung und der Atemschulung kennengelernt und untersucht, die nicht in irgendeiner Form nach einiger Zeit die Wirbelsäule im Lendenbereich mehr oder weniger direkt geschädigt hätte. Mir ist auch noch kein einziger Fall einer vermeintlichen Heilung eines Hohlkreuzes untergekommen, bei dem nicht die Vorderseite des Brustbereichs schädlich verändert, oftmals sogar schwer deformiert gewesen wäre. Die grundlegende und falsche Überlegung bei der Diagnose des Hohlkreuzes, die zu den beschriebenen Ergebnissen geführt hat, war folgende: *Um die Wirbelsäule aufrecht zu halten, sei*

Muskelaktivität notwendig. Daraus leitete man ab, dass in der nicht normalen Funktionsweise der Muskeln, die einen Einfluss auf die Wirbelsäule haben, die Hauptursache für eine Skoliose zu suchen sein müsse. So wird es in Eulenbergs Theorie über Muskelerkrankungen dargestellt, dessen Grundsätze einen bedeutenden Einfluss auf die Praxis der Medizin gehabt haben.

Der Irrtum, Leibesübungen, wie sie üblicherweise verstanden werden, in irgendeiner Form zur Behandlung des Hohlkreuzes zu empfehlen, ist sogar noch ein größerer als der Irrtum im Fall des John Doe. Ich habe schon an früherer Stelle den Fall des John Doe zitiert und kann mich auch in diesem Zusammenhang noch einmal gut auf diesen Fall beziehen. Auch dabei dreht es sich um die Frage korrekter bewusster Wahrnehmung. Gerade wenn es sich um ein Hohlkreuz handelt, ist eine solche Wahrnehmung noch viel wesentlicher als im Fall des John Doe, bei dem es keine besondere Deformation gab und bei dem die muskelstärkenden Übungen, die ich missbillige, nicht auf eine auffällige, strukturelle Fehlstellung verstärkend gewirkt haben.

In Bezug auf ein Hohlkreuz gibt es zwei wichtige Faktoren, die es zu beachten gilt:

- Die Wirbelsäule verkürzt sich, wenn sie verbogen und verkrümmt wird.
- Das Fassungsvermögen des Brustinnenraums verringert sich.

Es ist so offensichtlich: Wir müssen zuerst das Augenmerk darauf richten, die verbogene und verkürzte Wirbelsäule aufzurichten und zu strecken. Dies kann jemand mit seinen Händen bewirken, der erfahren genug und in der Lage ist, bei der betroffenen Person die fehlerhaften, vorgefassten Vorstellungen zu diagnostizieren, und der den Schüler dann dazu bringt, diese Vorstellungen zu hemmen und eine mechanisch vorteilhafte Position einzunehmen. Und all das kann geschehen, ohne dass der Schüler aufgefordert ist, eine einzige Körperhandlung, so wie er sie versteht, auszuführen. Mehr noch: Wenn dem Schüler die richtigen Steuerungsbefehle vom Lehrer vermittelt worden sind und wenn der Schüler keinen Versuch unternimmt, sich selbst in gestreckter Position zu halten, wird trotzdem ein solcher Gebrauch des Muskelmechanismus in die Wege geleitet, der sicherstellt, dass der Oberkörper in der richtigen Position gehalten wird. Was ihm bis jetzt über die richtige Handlung bewusst war, war falsch und eine bloße Täuschung. Tatsächlich haben seine Muskelmechanismen in einer Weise gearbeitet, dass sie seinen Körper nach unten gezogen haben. Die Muskeln, die eigentlich von der Natur für das richtige Funktionieren der betreffenden Teile vorgesehen sind, sind unter den alten, morbiden Verhältnissen, die zu der Bildung des Hohlkreuzes geführt haben, stillgelegt worden. Der wahre Zweck der von mir vertretenen Umschulungsmethode ist es, diese Muskeln wieder ins Spiel zu bringen. Dazu sind Körperübungen überflüssig. Vielmehr setzt die Methode auf

- Positionen mit mechanischen Vorteilen,
- die Wiederholung der richtigen mentalen Befehle zur Hemmung und der richtigen mentalen Steuerungsbefehle durch den Schüler
- und die richtige Manipulation und Anleitung durch einen Lehrer.

Dies hat solange zu geschehen, bis die beiden negativen Faktoren beseitigt worden sind und sich eine neue geistig-körperliche Gewohnheit gebildet hat.

Den zweiten Faktor in dem Umschulungsprozess habe ich durchaus nicht aus den Augen verloren. Schon mit ein wenig Überlegung lässt sich erkennen, dass jede Veränderung an den Verhältnissen der Wirbelsäule zwangsläufig auch Auswirkungen auf die Lage und die Arbeitsweise der Rippen haben muss. (Für die nun folgenden Erläuterungen ist vielleicht das Bild eines Bootes hilfreich, dessen Spanten vom seinem Kiel ausgehen.) Weil die Rippen durch Muskelgewebe auseinandergehalten werden (Bei einem Boot liegen Bretter zwischen den Spanten.), werden sie durch eine Beugung der Wirbelsäule zwar nicht verbeult, es sei denn, eine so große Kraft wird aufgewendet, dass das Muskelgewebe reißt. Aber es ist genauso offensichtlich, dass es zwischen den Rippen etwas Spiel geben muss, damit sie sich an die neue Stellung der Wirbelsäule anpassen können. Im menschlichen Körper wird dieses Spiel davon beeinflusst, dass sich die Enden der „falschen" oder der „fliegenden" Rippen einander annähern. (Wenn die Spanten des Bootes ausreichend Elastizität hätten, würden auch sie mechanisch beeinflusst.) Diese unteren Rippen sind nicht mit dem knöchernen Sternum verbunden. Wenn nun die Rippenkurve flacher wird und sich die freien Enden einander annähern, verringert dies das Fassungsvermögen des Brustkorbs, wie auch der Laderaum des Bootes sich verkleinern würde, wenn man den Abstand zwischen den Planken mit Gewalt verringern würde. Wenn wir auf der anderen Seite den Brustkorbinnenraum erweitern, indem wir den Abstand zwischen diesen Rippenenden vergrößern, verwenden wir ein mechanisches Prinzip, das in einer Ausgleichsbewegung in der Lage ist, die Wirbelsäule zu strecken.

Die Umschulung des „Kinästhetischen Systems" und die Vergrößerung der Brustkorbkapazität, die eine mechanische Kraft zur Streckung der Wirbelsäule einsetzt und sich dabei der Rippen und der Muskeln (Zwischenrippenmuskulatur) bedient, sind beides Aspekte der einen zentralen Vorstellung: Sie sind unteilbar und nicht voneinander zu trennen.

DIE BLINDDARMENTZÜNDUNG Als das deutlichste Anzeichen für die geringe Effektivität der heutigen Gesundheitsmethoden erscheinen mir die überhandnehmenden Blinddarmentzündungen. Ich wundere mich manchmal, wie wir es zulassen konnten, dass derartig schlechte Bedingungen zur Gewohnheit geworden sind, die es dann erforderlich machen, dass der Blinddarm entfernt werden muss. Es ist zwar allgemein bekannt, dass diese Operation oftmals ausgeführt wird, obwohl die Situation einen so schwerwiegenden Eingriff noch gar nicht rechtfertigt. Vor allem in gebildeten Kreisen bin ich jedoch auf Fälle gestoßen, bei denen sich die Symptome durch schädliche Lebensgewohnheiten über die Jahre dermaßen verschlechtert haben, dass eine Operation nicht zu vermeiden war. Es ist nur ein Glück, dass es inzwischen eine Gruppierung unter den medizinischen Kapazitäten gibt, die aus grundsätzlichen Erwägungen die Entfernung des Blinddarms ablehnt und eine Operation nur in den extremen Fällen für angezeigt hält. Diese Opposition unternimmt viel, um den Einfluss jener *Weltmeister am Skalpell* zu begrenzen, die nicht eher Ruhe geben, bis sie den lebenden Körper aufgeschlitzt haben. Dabei wäre es ein Leichtes, einen Weg zu beschreiten, auf dem die bedrohlichen Bedingungen vergleichsweise einfach vermieden werden können und auf dem das ganze Problem auf eine natürliche Weise beseitigt werden kann.

Es steht vollkommen außer Frage und es gibt auch nicht den leisesten Hauch eines Zweifels daran, dass es praktisch unmöglich ist, an einer Blinddarmentzündung zu erkranken, wenn der Rahmen des Körpers insgesamt gut koordiniert ist und auch seine Ausrichtung richtig und nach den von mir formulierten Prinzipien kontrolliert wird. Die Ursache des Problems liegt in der falschen Ausrichtung des Körpers, die es dem Bauchgewebe erlaubt oder es dazu zwingt, aus seiner eigentlichen Lage verdrängt zu werden und tiefer zu fallen. Erste Konsequenzen daraus sind der Verlust der natürlichen inneren Massage und eine Veränderung der Druckverhältnisse, wie sie unter normalen Bedingungen vorhanden sind. Dies führt dann neben anderen Symptomen zu Verstopfung und dazu, dass sich nach und nach Gifte im Körper ansammeln.

Wenn das Problem schon akut geworden ist und es schon eine leichte Entzündung des Blinddarms und eine Empfindlichkeit in diesem Bereich gibt, ist es bei Weitem noch nicht zu spät, meine Methode anzuwenden. Die neuen Koordinationsverhältnisse, die in solchen Fällen schnell hergestellt werden können, verringern sofort die falschen inneren Druckverhältnisse und erlauben es, dass sich das Gewebe wieder so anordnet, wie es natürlich ist. Zudem begünstigt die wieder einsetzende innere Massage eine schnelle Rückkehr zu gesunden und normalen Bedingungen.

Im Zusammenhang mit der Behandlung einer Blinddarmentzündung kann ich erwähnen, dass viele Schüler mich gefragt haben, ob ich in meinem System der Umschulung auch innere Massage einsetze. In meiner Schrift *Theorie und Praxis der Umschulung der Atmung*, die ich dem dritten Teil beigefügt habe, findet man, dass ich in der Tat diese Umschreibung verwendet habe. Ich habe jedoch auch gesagt, dass ich sie aus Mangel einer besseren Begrifflichkeit gewählt habe, die auch verständlich genug gewesen wäre. Und ich habe dort gesagt, dass das Prinzip selbst den höchsten Stellenwert hat.

Wenn ein Patient oder ein Schüler in eine Position mit einem mechanischen Vorteil gebracht wird, - schon mehrmals habe ich auf die Positionen mit mechanischem Vorteil hingewiesen - kann der Lehrer manuell die maximale Beweglichkeit des Bauchgewebes wiederherstellen, und das in strikter Übereinstimmung mit den Naturgesetzen. Gleichzeitig wird damit erreicht, dass alle inneren Organe zu maximaler Funktion angeregt werden. Auf diesem Wege werden die angesammelten Fremdstoffe aufgelöst, die Verstopfung wird beseitigt und das Gewebe, das mehr oder weniger in sich zusammengefallen und die Hauptursache all dieser Probleme ist, wird wieder in die richtige Lage gebracht.

Dies alles sind wesentliche Faktoren, die einer Blinddarmentzündung vorbeugen und mit denen sie behandelt werden kann, was sich über kurz oder lang auch erweisen wird. Ich möchte hinzufügen, dass durch die erfolgreiche Anwendung meiner Prinzipien bei einer großen Anzahl von Fällen, bei denen man schon zur Operation geraten hatte, demonstriert worden ist, wie wertvoll die Prinzipien sowohl für den Einzelnen als auch für die Gesellschaft sein können.

Im natürlichen Zustand ist die Blinddarmentzündung, wie auch die Grippe, wahrscheinlich fast eine Unmöglichkeit. Sie sind eines der Ergebnisse der Zivilisation in Verbindung mit unterbewusst gesteuerten Mechanismen und sind nur unter den Bedingungen möglich, die wir selbst geschaffen haben. Diese zufällig erworbenen Probleme und Leiden werden solange weiterhin auftreten und ihr Werk der Zerstörung fortsetzen, bis sich auf breiter Front die Erkenntnis durchgesetzt hat, dass es notwendig ist, die bewusste Kontrolle zu installieren. Bewusste Kontrolle ersetzt dann die teilweise bereits abgelösten Kräfte, die im Stadium der Urzeit diese Leiden unmöglich gemacht hatten.

„Welche äußeren Anzeichen einer Verbesserung sind während der Behandlung zu bemerken?"

Die Anzeichen für eine Verbesserung sind mannigfaltig und sie variieren notwendigerweise je nach der Natur des ursprünglichen Defekts. Ich werde deshalb hier nur einige der charakteristischen Verbesserungen beschreiben, wie sie bei eher allgemeinen Fällen auftreten.

Zunächst einmal muss festgestellt werden, dass die charakteristischen Körperdefekte allesamt mit anderen Defekten korrelieren. Jemand, der dafür ausgebildet ist, kann sie als sichtbare Besonderheiten und unnormale Verhältnisse erkennen. Diese Körperdefekte können Fehlstellungen sowohl eines Teils als auch mehrerer Teile des Muskelapparates sein. Es kann sich auch um eine Fehlstellung der Knochen handeln oder es können Haltungsfehler sein, die auf einen einzelnen Muskel oder, was sehr viel häufiger vorkommt, auf eine ganze Muskelgruppe eine übermäßige Spannung ausüben, die für die Muskelgruppe oder den Muskel nicht vorgesehen ist. Und wir müssen in diesem Zusammenhang ein ganz besonderes Augenmerk auf die Tatsache richten, dass die äußeren Zeichen in enger Beziehung mit inneren Defekten stehen. Aus einem bestimmten Blickwinkel sind weder die äußeren Zeichen noch die inneren Defekte das Ergebnis des jeweils anderen. Die eigentliche Ursache ist vielmehr eine bestimmte fehlerhafte oder falsche Koordination oder ein Funktionskonzept, das falsch oder fehlerhaft ist. Innerer Defekt und äußeres Zeichen bedingen sich gleichzeitig, wie sie für uns ein Hinweis auf das jeweils andere sind.

Wie nicht anders zu erwarten, ist das Gesicht das Buch, aus dem wir die Zeichen am besten lesen können. Für mich ist das Gesicht das wertvollste Dokument, auf dem viele Bekenntnisse zu lesen sind, die auffällig, verschlungen und manchmal alarmierend sind. Augenausdruck, Lippenschwung, die Zeichnungen der Stirn und das ausgeprägte Verziehen der flexiblen Gesichtsmuskeln sind allesamt Zeichen, die ein Experte lesen kann. Um nun die obige Frage direkt zu beantworten: Eines der frühen äußeren Anzeichen für eine Verbesserung finden wir darin, dass sich der erzwungene und unnatürliche Gesichtsausdruck entspannt, der von den Verzerrungen der Gesichtsmuskeln herrührt. Es muss jedem einleuchten, dass ich hier nicht im Einzelnen die symptomatischen Entstellungen aufzählen kann, die die verschiedenen inneren Defekte begleiten. Ich kann aber beispielhaft für alle anderen einen Fall beschreiben, wie individuell er auch sein mag.

Im betreffenden Fall ging es um eine Erweiterung des Herzens. Ein Mediziner, der ein Freund von mir war, hatte den Patienten zu mir gebracht und es stellte sich heraus, dass die Herzerweiterung zwar äußerst alarmierend war, dass sie tatsächlich jedoch nicht das einzige Symptom war. Es gab viele andere Symptome, deren Ursachen sehr tief saßen. Außer der Herzerweiterung konnte ich bei dem Kranken feststellen, dass sich seine Wirbelsäule einwärts gebogen hatte, dass er seine Beine im Stehen übermäßig und unnormal versteifte und dass er den oberen Brustbereich auf eine sehr schädliche Weise hochhielt. Es war der Einfluss dieses letzten Symptoms, der letztendlich für die Herzerweiterung gesorgt hatte. Sie war also nur ein tertiärer Effekt, aber in diesem Fall tatsächlich einer, der lebensbedrohlich war. Dieser Patient hatte nun ein paar sehr auffällige Zeichen in seinem Gesicht: In den Augen und in den Wangenmuskeln gab es einen Ausdruck von Spannung. Außerdem fanden sich auf der Stirn vier deutliche Gruben oder Furchen. Dies waren Zeichen, die einem Experten zu denken geben mussten. Mit fortschreitender Behandlung, bei der der Patient den richtigen Gebrauch seines Körpers wiedererlangte und in der Folge auch wieder zu perfekter Gesundheit fand, konnte ich mit Interesse beobachten, wie zuerst der gestresste Ausdruck der Augen und der Gesichtsmuskeln verschwand und wie zweitens sich allmählich die vier eigenartigen Kerben auf der Stirn wieder ausfüllten. Die ursprünglichen Symptome waren in diesem Fall so auffällig, dass alle Freunde des Patienten die Ausdrucksveränderungen im Verlaufe der Behandlung als positiv kommentierten.

Das Gesicht ist allerdings keineswegs der einzige Maßstab. Viele der Defekte führen zu einer Veränderung in der Qualität und der Kraft der Stimme, weil die Hals- und Rachenmuskeln versteift worden sind. Diagnosehilfen sind auch die Art und Weise der Bewegungen, die tollpatschigen, indirekten Versuche, eine einfache Handlung auszuführen und das Versagen, in der Muskelhandlung einen Zweck und ein Ziel [A)] auszudrücken. Durch eine entsprechende Diagnose kann der ursprüngliche Defekt aufgedeckt oder der Heilungsfortschritt überwacht werden, wenn sich der Muskelgebrauch so verändert, dass die Muskeln wieder natürlich und leicht funktionieren.

Im Allgemeinen kann man beobachten, dass mit der Beseitigung der Defekte auch die Haut reiner wird und die Augen zu leuchten beginnen. Diese Wirkungen haben ihre Ursache in einer besseren Blutzirkulation und in einer verbesserten Blutqualität, Faktoren, die die Fähigkeit des Körpers zur Selbstreinigung nicht nur auf dem Weg über Darm und Nieren, sondern auch über die Haut kontinuierlich anwachsen lassen.

Schließlich können wir feststellen, dass sich die Physis insgesamt, die Körperhaltung und die ganze Erscheinung, die eine koordinierte, bedachte Kontrolle widerspiegelt, verbessern.

Es gibt noch einen interessanten und aufschlussreichen Test zum Koordinationszustand von jemandem, der dabei ist, bewusste Kontrolle über den Gebrauch seines Körpers zu erlangen: Man kann die Hände beobachten, wie sie seitlich in eine Position fallen, die der Testperson natürlich vorkommt. Unter diesem Gesichtspunkt sind generell drei Hauptphasen in der Entwicklung der Menschheit zu unterscheiden, obwohl es viele Abstufungen gegeben hat und gibt, die nicht unbedingt einen Fortschritt darstellten. Die erste Phase kann man bei den

Urvölkern, den australischen Aborigines, den Hottentotten und vielen anderen Stämmen im frühesten Stadium ihrer Entwicklung beobachten. Von den Hüften aus fällt der Körper bei diesen Menschen im Stehen zurück und der Bauch steht vor. Und jetzt kommt das Kriterium für den Test: *Ihre Handflächen* zeigen nach vorne, die Ellenbogen drücken sich in ihre Flanken und die Daumen stehen von ihrem Körper ab. Die zweite Phase ist heutzutage bei einem durchschnittlichen Menschen unserer Zivilisation zu finden. In aller Regel steht er so, dass die Handflächen zum Körper, die Ellenbogen nach hinten und die Daumen nach vorne zeigen. In der dritten Phase endlich, wenn jemand ausgezeichnet koordiniert ist, steht diese Person so, dass ihre Handrücken nach vorne zeigen, dass die Daumen nach innen weisen und dass die Ellenbogen leicht nach außen gebogen sind. So seltsam dieser wenig bekannte, kleine Test auch anmuten mag: In meinem Erfahrungsbereich hat er noch nie als Gradmesser für das Niveau der Muskelkoordination versagt.

Ich glaube, es ist mir gelungen, diese drei Fragen mit ihren doch weitgefassten Beweggründen in aller Einzelheit ausreichend zu beantworten. Zum Abschluss möchte ich noch einen letzten Punkt besprechen, der in den Anfragen erwähnt worden ist.

Es ist die Frage, warum die große Mehrzahl der Männer und Frauen entweder aus ihrem Bauch heraus oder nur im oberen Brustbereich atmen, was dazu führt, dass neben vielen anderen Übeln die Rippenbögen eingeschnürt und die losen Rippen steif und in ihrer Beweglichkeit stark eingeschränkt werden. Bei Frauen gibt es keinen Zweifel, dass der Gebrauch eines einengenden Korsetts die Rippen behindert und einen großen, allgemeinen Schaden anrichtet: Das natürliche Zusammenspiel der lebenswichtigen Funktionen wird behindert. Neben dem Korsett gibt es meiner Meinung nach noch eine andere Hauptursache für diese Art zu atmen: Es ist die allgemeine Praxis, ein Baby schon direkt nach der Geburt sehr fest zu wickeln und es so in den vielen Monaten des Babyalters in engen Fesseln zu halten, allein aus der Vorstellung heraus, dass man bei den männlichen Kindern, falls sie von heftigen Husten- oder Weinkrämpfen geplagt werden sollten, so einen Leistenbruch verhindern könne. Nur liegt die Frage, wie fest oder wie lose diese Bandagen sein müssen, oft im Ermessen von Menschen, die in der großen Mehrzahl der Fälle glauben, auf der „sicheren Seite“ zu sein, wenn sie das Kind unnötig fest wickeln. Diese frühe Gewohnheit wird dann ganz offensichtlich mit durch das junge Leben geschleppt, bis sie von einem äußeren Einfluss wieder gebrochen wird. Zwar ist der junge Organismus so geschmeidig, dass die richtige Funktionsweise des Atemapparates sehr schnell wiederhergestellt werden kann, aber die Probleme, die sich daraus und aus ähnlichen Gründen ergeben und die sich allmählich ansammeln, zeigen sich in der Regel oft erst sehr viel später im Leben.

Eine weitere Ursache für das falsche Atmen liegt in einer falschen Justierung der Muskelmechanismen, in welcher Art auch immer. Ursachen für diese Fehler können

- eine falsche Schulung der Atmung,
- unterbewusste Imitation
- oder eine der vielen Gelegenheiten sein, denen die Kinder beständig in diesem System der Leibeserziehung nach dem Zufallsprinzip in unseren Kindergärten und Schulen ausgesetzt sind.

Mit der nun folgenden Anmerkung kann ich gut dieses Kapitel beenden. Es gibt nämlich kein besseres Argument, das ich für eine sorgfältige Abwägung meiner dargestellten Prinzipien anführen könnte, als die rein äußerliche Untersuchung des Körperbaus unserer Kinder in der Schule und der Erwachsenen auf unseren Straßen. Kein anderes Argument könnte eine so starke Aussagekraft haben. In der Tat leiden wir nicht nur in Großbritannien, sondern auch auf dem europäischen und amerikanischen Kontinent an dem Versagen, nicht erkannt zu haben, dass der Mensch nicht länger ein Tier der Natur ist. (Die Lebensgewohnheiten jenes „Tieres“ waren sehr stark davon abhängig, dass es die Fähigkeit zum instinktiven Handeln entwickelt hatte.) Uns fehlt die Einsicht, dass alle Systeme der Fitnessbewegung, wie unterschiedlich sie auch sein mögen, zwangsläufig versagen müssen, solange sie nicht das in Betracht ziehen, was die absolute Grundlage für alle diese Systeme sein muss: ein freier Gebrauch des Verstandes, der mit Bewusstheit und Klugheit die Dinge des Körpers überwacht.

Teil III

THEORIE UND PRAXIS EINER NEUEN METHODE ZUR UMSCHULUNG DER ATMUNG

Erstmals 1907 veröffentlicht.

„Wer auch immer zögert, das zu benennen, von dem er glaubt, es sei die höchste Wahrheit, vorausgesetzt allerdings sie ist ihrer Zeit nicht allzu weit voraus, sollte sich selbst Mut machen, indem er sein Handeln von einem unpersönlichen Blickwinkel aus betrachtet. (....) Denn nicht umsonst sind diese Sympathien für bestimmte Prinzipien und der Widerstand gegen andere Prinzipien in ihm. Er ist nämlich mit all seinen Fähigkeiten, seinen Bestrebungen und seinen Glaubensgrundsätzen ein Kind seiner Zeit und kein Zufallsprodukt. Er muss sich darüber im Klaren sein, dass er aus der Vergangenheit kommt, dass er ein Vater der Zukunft ist und dass ihm seine Gedanken als seine Kinder geboren worden sind. Diese Kinder sollte er wirklich nicht unbekümmert sterben lassen."

\- HERBERT SPENCER

ZUR EINLEITUNG

Die Leser wollen vielleicht wissen, wie ich zu der von mir begründeten Methode gefunden habe. Sie ist das Ergebnis einzigartiger und praktischer Erfahrungen. Ich habe meine Kenntnisse erworben,

- während ich zunächst vergeblich versucht habe, persönliche Defekte der Stimme und der Atmung mit Hilfe der herkömmlichen Systeme zu beseitigen,
- als ich später bestimmte, ganz neuartige Prinzipien in die Praxis umgesetzt habe, die mich in die Lage versetzt haben, diese Defekte zu beseitigen,
- während ich diese Prinzipien bei Stimm- und Atemproblemen und unter Gesundheitsgesichtspunkten in ihrer Anwendung persönlich demonstriert habe.

Ich habe die so entwickelte Methode zunächst zehn Jahre lang bei Patienten angewendet, denen ich von ihren Ärzten empfohlen worden war. Im Juni 1904 stellte ich dann meine Methode in London führenden Medizinern vor, die nach eingehender Prüfung feststellten, dass diese Methode „so wirksam wie kein anderes bekanntes Verfahren ist", wie es ein Arzt ausgedrückt hat.

Diese Methode zielt in der *Grundschulung* darauf, dass

- bestimmte Defekte, auf die ich im Folgenden eingehen werde, gar nicht erst auftreten
- und die Muskelmechanismen, die die Atmung beeinflussen, in ihrem Gebrauch richtig und angemessen koordiniert werden.

Sie zielt in der *Umschulung* darauf, dass

- bestimmte Defekte, auf die ich im Folgenden auch eingehen werde, beseitigt werden
- und die Muskelmechanismen, die die Atmung beeinflussen, in ihrem Gebrauch koordiniert werden.

Mit der Koordinierung und dem richtigen Gebrauch dieser Muskelmechanismen wird nicht nur gewährleitet, dass die Atemfunktion effektiv wird, sondern auch dass die *inneren Organe* in einem normalen Maße aktiv sind und auf natürliche Weise massiert werden. Eine solche Massage ist unbedingt notwendig, wenn die lebenswichtigen Funktionen angemessen Wirken sollen und die Gesundheit erhalten werden soll.

F. MATTHIAS ALEXANDER

Kapitel 1

Theoretische Grundlagen einer Umstellung der Atmung

Die künstlichen Bedingungen des Lebens in der heutigen modernen Zivilisation - dazu gehört auch der vergleichsweise Mangel von freier Bewegung an der frischen Luft - führen auf direktem Wege zu einem nicht angemessenen Gebrauch der Atemwerkzeuge. Und auch die Nachlässigkeiten in unserem Essverhalten und unsere Haltungsdefizite haben negative Auswirkungen auf die Atmung. Durch Vererbung und unterbewusste Imitation sind sie zu einer zweiten Natur der großen Mehrheit der Erwachsenen von heute und oft auch schon der ganz jungen Kinder geworden.

Dies hat zur Folge, dass in die normalen, spannkräftigen Verhältnisse der beteiligten Teile der Atemmechanismen eingegriffen wird. Die allgemeine Innervation der Systeme wird reduziert. Schlaffe und schwache Bewegungen werden zum Normalfall.

Bestimmte Muskeln der Brustkorbmechanismen, die eigentlich bei der Ausführung der Atembewegungen die Führung übernehmen sollten, verbleiben während des größten Teils des Lebens völlig inaktiv und andere Muskeln wiederum, die von der Natur niemals dafür gedacht waren, den Takt der Atembewegungen zu bestimmen, sondern nur der Entlastung oder als Ersatz dienen sollten, werden einzig und allein für die Atmung eingesetzt.

Daraus entstehen Verhältnisse, die die Haltung, die Körpersymmetrie und die normale, graziöse Linienführung des gesamten Körperrahmens verändern und umbilden. Auch das Fassungsvermögen und die Beweglichkeit des Oberkörpers werden stark reduziert. Seine Form verändert sich in schädlicher Weise, insbesondere an den Flanken des unteren Brustbereichs, an den Schlüsselbeinen und im Lendenwirbelbereich. Das Gewebe der Bauchwand gelangt in eine andere Lage. Herz, Lungen und andere lebenswichtige Organe gelangen in Positionen, die tiefer liegen, als es normalerweise der Fall ist. Diese unangemessene Raumverteilung innerhalb des Thorax, die zu einer deutlichen Verringerung der Spannkraft führt, und die Verschiebung der lebenswichtigen Organe innerhalb des Brustkorbs sind entscheidende Faktoren, die die natürliche Aktivität aller am Atemprozess beteiligten Teile deutlich langsamer machen. Deshalb sind sie auch nicht mehr in der Lage, auf natürliche Weise und vollständig ihre Aufgaben wahrzunehmen. Unter solchen Bedingungen können auch die natürlichen chemischen Austauschprozesse nicht normal ablaufen.

Der schwerwiegende Eingriff in die Stoffwechselprozesse und eine unzureichende Versorgung mit Sauerstoff verhindern, dass das gesamte System ausreichend ernährt und von Verunreinigungen gesäubert wird. So werden dann auch die Prozesse der Ausscheidung in ihrer Funktion gestört, so dass der gesamte Organismus mit Fremdstoffen langsam aber sicher überfrachtet wird, die früher oder später für akute Krankheitssymptome sorgen.

Es ist auch nicht schwer einzusehen, dass die aufgezählten Defekte zu einschneidenden Beeinträchtigungen führen müssen, was den Zustand der verschiedenen Körperorgane angeht. Es ist allgemein bekannt, dass die Widerstandskraft eines Organs gegen Krankheit davon abhängt, dass dieses Organ angemessen und gut funktioniert. Und das hängt wiederum davon ab, dass es nicht in relativer Trägheit verkümmert, sondern angemessen aktiv ist.

Es gibt Aufzeichnungen, die belegen, dass chinesische Ärzte schon vor 4000 Jahren Atemübungen zur Behandlung bestimmter Krankheiten eingesetzt haben. Daraus wird u.a. folgendes ersichtlich:

- Die Menschen hatten schon damals in ihrer Entwicklung ein Stadium erreicht, das dem der unsrigen Zeit entsprach. Und auch schon damals war es erforderlich, Maßnahmen zur Umschulung durchzuführen.

- Die Chinesen hatten bereits damals ein Stadium erreicht, in dem sie Ursachen und Wirkungen unterscheiden konnten, so wie wir es heute nicht anders machen. Dies ließ in ihnen die Erkenntnis reifen, dass ggf. eine Umschulung notwendig war. Mit ihr sollten die natürlichen Verhältnisse, die bei jedem normalen Baby zum Zeitpunkt der Geburt herrschen, wiederherstellt werden, auch wenn diese Verhältnisse unter den modernen Lebensbedingungen schon zu diesem frühen Zeitpunkt graduell verändert sein konnten.

In den letzten Jahren haben etliche Mitglieder der Ärzteschaft den unschätzbaren Wert herausgestrichen, der in der Erhaltung und Ausbildung der Atemmechanismen liegt. Sie haben ihre Schlussfolgerungen aus den praktischen Resultaten gewonnen, die sie mit der Atemumstellung in Verbindung mit einer geeigneten medizinischen Behandlung gemacht haben.

DIE NEGATIVEN AUSWIRKUNGEN, WENN IN DIE ATEMPROZESSE EINGEGRIFFEN WIRD UND SIE UNZUREICHEND GEBRAUCHT WERDEN IN DER MEINUNG DER MEDIZIN

Mr. W. A. Lane, Chirurg am Guy's Hospital, belegt in einer Vorlesung, die er im Dezember 1904 im *Lancet* veröffentlicht hat, sehr eindringlich, dass eine Verringerung des Atemvolumens ein entscheidender Faktor dafür sei, wenn das Aktivierungsniveau aller lebenserhaltender Prozesse des Körpers reduziert sei. Im Wesentlichen seien es die schwerwiegenden Veränderungen der Mechanismen des Bauchbereichs, die zu einer nicht ausreichenden Sauerstoffversorgung und Verteilung des Sauerstoffs führten. Die nicht ausreichende Durchlüftung des gesamten Gewebes beeinflusse später dann auch die Verdauungsprozesse negativ.

Im Februar 1905 veröffentlichte Dr. H. A. McCallum im *British Medical Journal* einen medizinischen Vortrag. Er weist in diesem Vortrag über „die Senkungen der inneren Organe und Gewebeschwäche" darauf hin, dass bei 90 % der Frauen, die an Nervenschwäche oder auch an nervöser Erschöpfung leiden, eine Senkung ihrer inneren Organe diagnostiziert worden sei. Der Allgemeinzustand dieser Frauen sei von einer schlechten Haltung beim Stehen, von einem falschen Gebrauch im Bereich des Unterkörpers und von einer mangelhaften Spannung im Bereich des Systems der Bauchmuskeln gekennzeichnet gewesen. Dieser Spannungsmangel habe im Bauchinnenraum zu falschen Druckverhältnissen geführt. Dr. McCallum erwähnt auch, dass Dr. Keith aus England und Dr. J. M. Taylor aus Philadelphia die beiden ersten gewesen seien, die die Tatsache betont haben, dass diese Krankheit ihren Ursprung darin habe, dass der Thorax falsch gebraucht werde und dass er sich in einer falschen Position befinde.

In einem Leitartikel im *Lancet* vom Dezember 1904 findet sich die folgende Passage:

> „Was immer auch die Ursachen sein mögen, es ist eine Tatsache, dass eine wachsende Zahl der Stadtbewohner an Verstopfung und an einer Atonie des Dickdarms leidet. Abführmittel, Einläufe und auch Massagen bleiben weitgehend wirkungslos und können nicht verhindern, dass die Krankheit sich zu einer Koprostase (Kotstauung) weiterentwickelt."

ZUM GENESUNGSPROZESS

Wie wertvoll eine Umstellung der Atmung bei der Behandlung von Genesenden sein kann, haben M. Siredey und M. Rosenthal erst kürzlich (1905) in einem Arbeitspapier für ein Treffen der *Societe' Medicale des Hospitaux* unterstrichen.

Am 18. Februar 1905 erschien eine Zusammenfassung dieses Papiers im *Lancet*. Darin hieß es:

„Es wurde gesagt, dass die funktionelle Leistungsschwäche der Atmung eine der Ursachen für die allgemeine Erschöpfung sei, die sich nach einer akuten Krankheit zeige. An den folgenden Symptomen, die sich bei den Patienten einstellten, sei diese Leistungsschwäche der Atmung leicht zu erkennen:

- eine funktionelle Leistungsschwäche des Brustkorbs, die sich darin zeige, dass die Bewegung des Brustkorbs ganz fehle oder dass sie stark beeinträchtigt sei
- und eine Bewegungsinsuffizienz des Zwerchfells, die man an der Unbeweglichkeit des Bauches während der Einatmung erkennen könne oder daran, dass der Bauch beim Einatmen eingezogen werde. Die Zwerchfellinsuffizienz gehe einher mit einer Pseudoentzündung der Lungenbasen am Zwerchfell.

Wenn eine funktionelle Leistungsschwäche der Atmung vorliege, sei eine Umstellung der Atmung die spezifische Behandlung, so die Meinung der beiden Autoren. Eine solche Behandlung habe bei Rekonvaleszenten auf Dauer eine positive Wirkung in dreifacher Hinsicht: Erstens öffne und weite sich der Thorax. Zweitens werde die Harnausscheidung angeregt und es komme zu einer Gewichtszunahme. Eine Umstellung der Atmung unterstütze in erheblichem Maße die Erholung der vitalen Funktionen, die nach einer akuten Erkrankung immer geschwächt seien, und auch der allgemeine Gesundheitszustand eines Patienten verbessere sich. Wenn sie mit anderen Formen der Behandlung kombiniert werde, steigere sie die Wirkungen der zusätzlichen Behandlung."

Wir müssen unsere Aufmerksamkeit wirklich darauf richten, eine fehlerhafte Bewegung zu verhindern und sie durch die richtige Bewegung zu ersetzen. Ich bin mir sicher, dass das bisher Gesagte es dem Leser leichter machen wird, wenn er verstehen soll, was notwendig ist

- zur *Vorbeugung*: Den Kindern muss die richtige mentale Einstellung zum Atemprozess nahegebracht werden. Dann müssen ihnen die detaillierten Anweisungen vermittelt werden, die für die richtige Einübung jener Atemprozesse notwendig sind und die sicherstellen, dass die Organe der Atmung ausreichend und richtig gebraucht werden.
- zur *Wiederherstellung*: Jemand, der den einen oder anderen der vorher aufgezählten Defekte oder sogar alle diese Defekte aufweist, braucht eine Umschulung, damit diese Defekte, die durch schlechte Gewohnheiten entstanden sind, beseitigt werden können und damit der ursprüngliche Zustand wiederhergestellt werden kann. Weil der Atemmechanismus normalerweise aber *unterbewusst* kontrolliert wird, ist es notwendig, den Weg über die *bewusste Kontrolle* zu gehen, will man eine vollständige Effizienz des Atemmechanismus beim Gebrauch wiedererlangen. Man geht solange diesen Weg, bis die normalen Verhältnisse wiederhergestellt sind. Wenn sich die Leistungsfähigkeit der Atmung dann später perfektioniert hat, wird die unterbewusste Kontrolle wieder überwiegen, so wie es vor der Verschlechterung der Atmung und des Körperzustands ursprünglich der Fall gewesen ist.

Kapitel 2

Theorie und Praxis einer Atmungsumstellung: Fehlerquellen, die zu vermeiden und Fakten, die zu berücksichtigen sind.

„Jegliche Fertigkeit erlangt die Qualität für die Bewältigung ihrer Aufgabe, während sie ihre Aufgabe erfüllt. Wenn die jeweilige Aufgabe aber durch eine nicht dafür vorgesehene Fertigkeit erledigt wird, dann kommt es auch nicht zu den notwendigen Anpassungsprozessen der betreffenden Fertigkeit, sondern die Qualität der Fertigkeit verformt sich in einer Weise, dass sie den aufgesetzten und nicht den natürlichen Bedingungen genügt."

(HERBERT SPENCER)

Alles, was eine positive Wirkung hat, kann sich sehr wohl auch als schädlich erweisen, wenn es unüberlegt verwendet oder falsch gebraucht wird. Viele Autoritäten haben sich im Zusammenhang mit Atemübungen auf diese Tatsache bezogen. Um meine Leser besser zu wappnen, werde ich im Folgenden einige der schädlichen Ergebnisse im Detail beschreiben. Sie stellen sich ein, wenn man bei Körper- und Atemübungen versucht, das zu nehmen, was als ein „tiefer Atemzug" bekannt ist. Leider werden „tiefe Atemzüge" vermehrt von anerkannten Atemschulen in ihren Unterweisungen und ihren Richtlinien empfohlen.

Lassen Sie mich zu Beginn unterstreichen, dass sich eine Schulung der Atmung oder gar eine Umstellung der Atmung erst dann als erfolgreich erweisen wird, wenn der Schüler sich ganz intensiv

- mit den atmosphärischen Druckverhältnissen in der Lunge, die vom Prinzip her dafür sorgen, dass der Prozess der Atmung so genial wirkungsvoll ist, wie er nicht besser sein könnte,
- mit den Gleichgewichtsverhältnissen des Körpers,
- mit dem Schwerpunkt des Körpers

- und mit den Positionen mit mechanischem Vorteil an all den Stellen, an denen das Wechselspiel von Expansion und Kontraktion des Brustkorbs beteiligt ist, auseinandergesetzt hat.

Ich will es noch einmal mit anderen Worten auszudrücken: *Eine richtige, mentale Einstellung zur Schulung oder zur Umstellung der Atmung und zu den spezifischen Bewegungen, aus denen sich die verwendeten Übungen zusammensetzen,* ist eine absolute Voraussetzung. Und ebenso wichtig sind eine gute Kenntnis der genauen, einleitenden *Bewegung* [A)] und ihrer Verwendung in der Praxis bei wirklich jeder einzelnen Handlung.

Ich kann an dieser Stelle anmerken, dass ich diesen Faktor vor über zwanzig Jahren erkannt und seit dem in die Praxis umgesetzt habe. Von den anderen Systemen zur Atemschulung, die vor oder nach dieser Zeit formuliert worden sind, ist er jedoch weitestgehend vernachlässigt oder ganz übersehen worden. Tatsächlich haben führende Londoner Mediziner, denen ich meine Methode vorgestellt habe, sehr schnell den Wert dieses wichtigen Faktors erkannt und angesichts seiner Bedeutung ihre Überraschung darüber ausgedrückt, dass er nicht schon viel früher Berücksichtigung gefunden hatte. Sie haben nämlich sehr wohl gesehen, dass er aus dem Blickwinkel eines Praktikers nicht nur bei der Beseitigung von Atemfehlern oder von Defekten der Atmung, also bei einer Umstellung der Atmung, wichtig ist, sondern auch wenn es darum geht, bei einer Schulung solche Fehler und Defekte von vornherein zu verhindern.

Ich will es noch einmal wiederholen: Die richtige mentale Einstellung ist von überragender Bedeutung. Wenn dies nicht in ausreichendem Maße berücksichtigt wird, entstehen viele der ernsthaften Probleme, die wir bei Menschen einer zivilisierten Gesellschaft normalerweise im Mechanismus der Atmung antreffen. Und diese Probleme verstärken sich noch, wenn die üblichen „Atemübungen" eingesetzt werden.

„KEUCHEN“ ODER *„SCHNIEFEN“* BEIM TIEFEN ATEMZUG. Wenn der „tiefe Atemzug“ durch die Nase genommen wird, entsteht ein lautes Geräusch, das „Schniefen“, und die Nasenflügel kollabieren. Wenn er durch den Mund eingezogen wird, gibt es ein „Keuchen“. Einem Schüler, der beim Atmen „schnieft“ oder „keucht“, hat man nicht gesagt, dass sich die Lungen durch den atmosphärischen Druck sofort mit Luft füllen, wenn der Brustkorb sich auf die richtige Weise geweitet hat, so wie sich auch ein Blasebalg zwangsläufig mit Luft füllt, wenn seine Griffe auseinander gezogen werden. Ungeachtet dessen wollen viele Atemlehrer, aber auch Lehrer der Leibesübungen ihren Schülern weismachen, dass sie „schniefen“ *müssen*, wenn sie einen vermehrten Bedarf an Sauerstoff decken wollen. Das ist leider eine Tatsache.

Und was noch schlimmer ist: Viele Mediziner machen sich durchaus schuldig, wenn sie ihren Patienten ähnliche Anweisungen geben und ihnen sogar persönlich demonstrieren, wie ein „tiefer Atemzug“ zu nehmen ist. Dann „schniefen“ sie laut und vernehmlich und ihre Nasenflügel fallen zusammen. Sie werfen ihren Kopf zurück und verlagern so ihren Körperschwerpunkt. Wenn man diesen Medizinern das Gesetz des atmosphärischen Drucks im Zusammenhang mit der Atmung vermitteln würde, würden sie ihren Fehler natürlich sofort erkennen.

So wie die Dinge aber liegen, zeigt dies nur, dass sich auch noch heute im Zusammenhang mit einer so wichtigen Funktion, wie es das Atmen ist, eine beklagenswerte Ignoranz behauptet. Bei nüchterner Betrachtung müssen wir erkennen, wie ernst die Lage wirklich ist. Und aus einem bestimmten Blickwinkel betrachtet, ist sie nur noch traurig.

Wenn Menschen aufgefordert werden, einen „tiefen Atemzug“ zu nehmen, werden die meisten von ihnen so vorgehen, dass sie „Luft in die Lungen einsaugen, um ihren Brustkorb auszudehnen“. (Ich habe die Worte verwendet, die von Tausenden benutzt worden sind, mit denen ich gearbeitet habe.) In Wirklichkeit ist es aber gerade andersherum: Die richtige Ausdehnung des Brustkorbs - sie ist die primäre Bewegung - führt dazu, dass die Nasenflügel sich weiten und dass die Lungen durch den atmosphärischen Druck augenblicklich mit Luft gefüllt werden, ohne dass der Druck auf schädigende Weise verringert würde.

NEGATIVE AUSWIRKUNGEN DES SCHÄDLICHEN „SCHNIEFENS"

- Der Kehlkopf wird zu sehr heruntergedrückt; das gleiche gilt für das Zwerchfell. Die übermäßige Spannung, die verursacht wird, weil der Kehlkopf und alle Teile, die mit ihm verbunden sind, eingepfercht werden, ist ohne Zweifel der Hauptgrund für sehr viele Halsprobleme, ganz besonders bei Menschen, die von Berufs wegen ihre Stimme einsetzen. Dieses hat sich wieder und wieder in all den praktischen Untersuchungen erwiesen, die ich in den letzten zwölf Jahren durchgeführt habe. Und ich sollte in diesem Zusammenhang auch auf die Erfolge verweisen, die ich mit prominenten Schauspielern und Sängern in London gehabt habe, nachdem sie von ihren Ärzten zu mir geschickt worden sind.
- Der obere Brustbereich wird übermäßig nach oben gezogen. Und in den meisten Fällen trifft das auch auf die Schultern zu.
- Der Rücken bildet im Lendenwirbelbereich ein Hohlkreuz aus.
- Im Allgemeinen wird der Bauch nach vorne herausgeschoben und so wird der Bauchinnendruck auf nicht normale Weise gestört.
- Der Kopf wird zu weit zurückgezogen und der Hals wird über die Maßen angespannt und verkürzt, und das zu einer Zeit, wenn er eigentlich vollkommen ohne Anspannung sein sollte.
- Bestimmte Teile des Brustbereichs werden unverhältnismäßig geweitet, während andere Teile zusammengezogen werden, die gerade an der Weitung des Brustkorbes beteiligt sein sollten. An die-

ser Stelle ist insbesondere der Rücken im Lendenwirbelbereich zu erwähnen.

- Während der Ausatmung fällt der obere Brustbereich übermäßig herunter. Dies erhöht auf schädliche Weise den Innendruck des Thorax, was wiederum zu einer Blutstauung in den dünnwandigen Venen und im Herzvorhof führt und letztendlich die Arbeit des Herzens relativ stark behindert.
- Wenn der Kehlkopf übermäßig heruntergedrückt wird, kann die Zunge nicht ihre eigentliche Position einnehmen und so werden auch die natürlichen Zungenbewegungen verhindert. Ein mehr als nötig heruntergedrückter Kehlkopf verhindert, dass der Mund sich angemessen und richtig öffnet. Auf diese Weise kann nicht der Resonanzhohlraum gebildet werden kann, der notwendig ist, wenn man ein genaues „Ah" vokalisieren will. Wir wissen ja, dass die Zunge am Kehlkopf befestigt ist. Wenn der Kehlkopf nun heruntergedrückt wird, muss dies also zwangsläufig dazu führen, dass auch die freien und richtigen Bewegungen der Zunge in Mitleidenschaft gezogen werden.
- Um den Mund zu öffnen, wird der Kopf zurückgeworfen. Dies ist ein weit verbreiteter Fehler, den sogar noch professionelle Sänger begehen. Wenn wir die Kiefergelenkbewegung aber ganz nüchtern vom rein anatomischen Blickwinkel aus betrachten, werden wir leicht erkennen, dass sich der Unterkiefer ohne Anstrengung nach unten bewegen kann. Wenn der Unterkiefer gesenkt wird, ist es überhaupt nicht notwendig, den Kopf nach hinten zu bewegen, um das Öffnen des Mundes zu bewirken. Es ist vielmehr eine Tatsache, dass die soeben beschriebene Bewegung viel schneller und perfekter ausgeführt werden kann, wenn der Kopf aufrecht bleibt und nicht irgendeine Ausweichbewegung ausführt. Jeder, der seine Stimme beruflich nutzt, sollte den Mund öffnen können,

ohne dass er dabei den Kopf zurückwirft. Alle, denen es gelingt, dies zu lernen und als Gewohnheit zu etablieren, werden daraus wahrlich einen großen Nutzen ziehen.

Es ist allgemein bekannt, dass die Praxis der „Leibesübungen" Emphyseme verursachen kann und man vermutet auch, dass die unnatürlichen Atemübungen ebenfalls dafür verantwortlich sind. Ich erwähne dies hier nur, weil ich zeigen will, dass es unmöglich ist, mit der von mir formulierten Methodik zur Schulung und zur Umschulung der Atmung Emphyseme zu entwickeln. Emphyseme können nämlich nur entstehen,

- wenn die Elastizität des Lungengewebes und der Lungenzellen sich verringert hat, weil die Lunge sich übermäßig ausgedehnt hat und zu lange in diesem gedehnten Zustand gehalten worden ist;
- wenn bei einer Körperbewegung oder bei dem Vorgang der Ausatmung ein übermäßiger Druck auf die Sauerstoffzellen innerhalb des Brustkorbs ausgeübt wird. Diese Zellen bleiben dann mit Sauerstoff gefüllt, weil die Lungenausgänge zeitweise durch die Annäherung der Kehlkopfkammerbänder und der Röhren der Stimmbänder verschlossen bleiben.

Wenn aber die grundlegenden Prinzipien meiner Methode beachtet werden, können sich diese soeben erwähnten Bedingungen bei der Durchführung der Übungen [A)] gar nicht einstellen. Und so können sich dementsprechend auch keine Emphyseme bilden. Ja, es ist sogar sehr wahrscheinlich, dass sich ein Emphysem dort zurückbildet, wo vorher vielleicht eines vorhanden war.

Es gibt bei den Übungen die Tendenz, irgendeinen Teil oder auch mehrere Teile des Brustkorbs besonders auszudehnen und andere Teile dafür nicht zu weiten. Dies wird dadurch verhindert, dass der Lehrer den Schüler detailliert und individuell bei jeder einzelnen Übung instruiert. Dabei sind die Instruktionen ganz auf die persönlichen Defekte und Eigenarten des Schülers zugeschnitten. Überdies bewirken die mechanischen Vorteile der neuen, veränderten Körperhaltung und der neuen Stellung des Brustkorbs, die bei diesen Übungen eingenommen werden, dass die Übungen nur mit minimalem Kraftaufwand ausgeführt werden müssen. Die mechanischen Vorteile führen auch dazu, dass sich der gesamte Brustkorb gleichmäßig und kontrolliert ausdehnt. Es kommt nicht dazu, wie es so oft der Fall ist, dass ein Teil des Brustkorbs übermäßig expandiert ist, während andere Teile, die an der Expansion teilhaben sollten, beständig kontrahiert werden. Dies ist zum Beispiel der Fall, wenn das Zwerchfell bei der Einatmung übermäßig heruntergedrückt wird. In der Folge eines solchen Zwerchfelleinsatzes kommt es zu einer Höhlung im Lendenwirbelbereich (Hohlkreuzbildung), zu einem übermäßigen Vorschieben des Bauches, zu einer Verschiebung des Bauchmuskelgewebes, zu einer Verringerung der Körpergröße, zum Einsinken oberhalb und unterhalb der Schlüsselbeine, zum übermäßigen Herunterdrücken des Kehlkopfes und zu einer zu Verschiebung des Köperschwerpunkts zu weit nach hinten.

Wenn mehrere oder alle der gerade genannten Defekte akut sind, ist eine *unangemessene Weitung* der unteren Rippen im lateralen Bereich das bei weitem *auffälligste Merkmal* bei den Menschen, die die *üblichen Atemübungen verwendet haben*. Eine derartige exzessive Weitung gibt dem unteren Teil des Brustkorbs eine Breite, die nicht angemessen ist. Es gibt tausende junger Mädchen, die in der Konsequenz dieser Übungen eine ziemlich matronenhafte Erscheinung haben. Und die Atemübungen, die viele Lehrer beim Gesangsunterricht einsetzen, sind ganz besonders dafür geeignet, diese überhaupt nicht wünschenswerten und schädlichen Bedingungen herbeizuführen.

Das leitende Prinzip, das sowohl der Lehrer als auch der Schüler jeder Zeit vor Augen haben sollten, ist dieses: Mit einem möglichst geringen Aufwand sollte ein perfekter Gebrauch aller Einzelteile der Mechanismen, die an der Atmung und der Stimmbildung beteiligt sind, gewährleistet werden. Früher oder später müssen daraus dann Kraft,

Schnelligkeit, eine angemessene Beweglichkeit, eine artistische Modulationsfähigkeit und eine absolute Kontrolle erwachsen.

Die meisten Menschen, sowohl Lehrer als auch Schüler, sind auf eine bestimmte Idee fixiert, wenn sie Atemübungen praktizieren oder nur an sie denken: Der Brustkorb soll *stark expandieren*. Dabei ist es tatsächlich nicht weniger wichtig, dass es zu einer angemessenen und richtigen *Kontraktion* des Thorax kommt. Es ist sogar so, dass es nicht wenige Fälle gibt, bei denen ein größeres Augenmerk auf die Bewegung der Ausatmung als auf die der Einatmung gelegt werden muss.

Eine sorgfältige Analyse wird ergeben, dass all jene Menschen immer große Schwierigkeiten haben, die Atmung beim Sprechen und Singen oder bei der Ausführung von Atemübungen zu kontrollieren, die die Luft „schniefend" oder „keuchend" ansaugen, anstatt den Atem einströmen zu lassen. Dabei ist es völlig unerheblich, ob sie die Luft durch die Nase oder den Mund ausatmen. Der Verlust der Atemkontrolle beruht nämlich darauf, dass der Mechanismus des Brustkorbs schlecht gebraucht wird, und darauf, dass nach der Einatmung der mechanische Vorteil, auf den ich bereits hingewiesen habe, verloren gegangen ist, was die Konsequenz aus dem schlechten Gebrauch ist.

Es fehlt deshalb die natürliche, kraftvolle Energie zur Kontrolle der Luftzufuhr. Wenn diese Kontrolle fehlt, werden die Durchlässe für die Stimmbänder enger. Zudem nähern sich sehr wahrscheinlich auch die Bänder der Kehlkopfkammern einander an, was dazu führt, dass die Luft schlechter entweichen kann. Luft, die unter solchen Bedingungen ausströmt, ist danach nicht angemessen, ja sogar schlecht kontrolliert.

Der Verlust der Atemkontrolle beim Gebrauch der Stimme verstärkt sich noch, wenn der obere Brustbereich bei der Stimmbildung schnell und kraftvoll niedergedrückt wird. Dies ist auch überhaupt keine Überraschung. Wenn nämlich für die richtige Expansion des Brustkorbs ein mechanischer Vorteil wichtig ist, damit die Luft einströmen kann, dann ist ein solcher Vorteil auch wichtig für die Atemkontrolle bei der Ausatmung. Wenn aber der obere Brustbereich während der Ausatmung absackt, beweist dies deutlich, dass der Vorteil, von dem ich gesprochen habe, tatsächlich nicht mehr vorhanden ist.

Kapitel 3

Die Praxis der Umschulung der Atmung

„Wenn wir uns in die Methode der NATUR versenken, erkennen wir, dass dort überall dadurch so überragende Ergebnisse erzielt werden, dass winzige Handlungen aneinandergereiht werden." – HERBERT SPENCER

GEWOHNHEIT IM VERHÄLTNIS ZU EIGENARTEN UND DEFEKTEN

Die mentalen und physischen Eigenarten oder Defekte der Menschen sind das Ergebnis von Vererbung oder von Gewohnheiten, die erworben worden sind. Auch der nüchternste Beobachter wird zugeben müssen, dass es spezielle Eigenarten und Defekte gibt, die charakteristisch für die Mitglieder dieser oder jener Familie sind; dass sie z.B. eigene Arten zu stehen oder zu sitzen ausgeprägt haben; dass die Stellung der Schultern und der Schulterblätter, der Gebrauch der Arme und der Stimme typisch für die jeweilige Familie ist.

Derartige Eigenarten oder Defekte der Familie werden von den Kindern unterbewusst übernommen. In der zweiten Generation werden sie sogar oft noch ausgeprägter. Je nach Lage der Dinge können sie krank machen oder sie können sich zum Guten auswirken. Ich werde mich jedoch hier darauf beschränken, nur die Eigenarten und Defekte zu behandeln, die mehr oder weniger schädlich sind. Wenn man nämlich die Unterrichtsprinzipien bewerten will, die meiner Methode zur Umstellung der Atmung und zur Umschulung des Körpers zugrunde liegen, ist ein Verständnis der schlechten Gewohnheiten nämlich unumgänglich.

Hauptsächlich handelt es sich um die folgenden Defekte oder Eigenarten:

- eine falsche mentale Einstellung zum Atemvorgang,

- einen Kontrollverlust über die Einzelteile der verschiedenen Mechanismen von Körper, Extremitäten und Nervensystem; diese Teile werden zudem falsch und auf eine wenig angemessene Weise gebraucht,
- eine falsche Stellung des Brustkorbs und eine falsche Haltung des Körpers. Dies hat zur Folge, dass sich Defekte beim Stehen und Gehen einstellen und dass sich Lage und Form der Wirbelsäule negativ verändern, was auch für die Rippen, für deren Wölbung, für das Bauchmuskelgewebe und für die lebenswichtigen Organe gilt.

Wenn die eine oder andere Eigenart oder der eine oder andere Defekt vorliegt oder wenn sie zusammen auftreten, führt eine Umstellung der Atmung dazu, dass die bestehenden, schlechten Gewohnheiten beseitigt werden. Die Hauptprinzipien, auf denen meine Unterrichtsmethode zur Umstellung der Atmung beruht, sind nun die folgenden:

- Wenn es um die Belange der Maschine Mensch geht, arbeitet die NATUR nicht in Teilbereichen, sondern behandelt alles als eine Einheit.
- Von Anfang an wird einem Schüler oder einer Schülerin die richtige, mentale Einstellung zum Atemprozess nahegebracht. So ist jeder einzelne Atemzug in der Praxis der Übungen das direkte Ergebnis seiner oder ihrer Willenskraft. Und die primären, sekundären und weiteren Bewegungen, die für einen solchen Atemzug notwendig sind, werden ihm oder ihr vorher sehr genau erläutert.

In diesem Zusammenhang haben zwei Londoner Wissenschaftler (Mr. Marcet und Mr. Campbell) die Meinung vertreten, dass die Willenskraft als solche direkten Einfluss auf die Atemkräfte hat, unabhängig von dem jeweiligen physischen Einsatz. Anders als der Einsatz physischer Kräfte habe jedoch die Willenskraft den großen Vorteil, dass sich durch sie die Produktion von Abfallstoffen nicht vergrößere. Zudem werde der Brustkorb nicht unbeweglich gemacht. Ein Thorax, der in seiner Beweglichkeit eingeschränkt sei, lasse nämlich seine Bewegungen mehr oder weniger verzögert ablaufen. Mit den Experimenten von W. Marcet konnte bewiesen werden, dass die Fähigkeit des Menschen, eine notwendige Muskelkontraktion lange zu erhalten, um ein Gewicht mehrere vorgegebene Male zu heben, viel mehr davon abhängig ist, wie lange die Erregung der Gehirnzentren andauert, die die Willenskraft aktiviert, als von der Muskelkraft an sich. Als Beleg dafür führt er das Beispiel eines Mannes an, der ein Gewicht von zwei Kilogramm zunächst 203mal gehoben habe. Nach einer Pause verlangten es die Bedingungen des Experiments von ihm, dass er vermehrt Atembewegungen ausführte. Danach habe er dasselbe Gewicht noch weitere 700mal stemmen können.

Dr. Harry Campbell hat in seinem Buch über das Atmen den Fall des Mr. Sandow beschrieben. Dabei hat er ein besonderes Augenmerk auf die Entwicklung der Muskulatur im Zusammenhang mit einer Erweiterung des Brustumfangs gelegt. Seine Schlussfolgerungen sind nun durchaus von einigem Interesse. Mr. Sandow hatte nämlich behauptet, dass es ihm gelungen sei, seinen Brustumfang von 48 auf 62 Inches zu erweitern, was einer Vergrößerung von ungefähr 35 Zentimetern entspricht. Dazu hat Dr. Campbell die Meinung vertreten, dass ein derartiger Zuwachs des Brustumfangs fast ausschließlich darauf zurückgeführt werden müsse, dass die großen Muskeln, die den Brustkorb umgeben, sich verdickt haben. Der Umfang des knöchernen Brustkorbgerüsts selbst könne sich bestenfalls nicht mehr als fünf oder sechs Zentimeter vergrößert haben. Dies sei allein schon daran zu erkennen, dass Sandows „Vitalkapazität" nur ungefähr 700 Kubikzentimeter betrage.

Schon seit einem Jahrzehnt weise ich die Mediziner beständig darauf hin, dass das Vermessen des Brustumfangs ganzer Bevölkerungsgruppen ein Irrweg ist. Und ich habe nicht weniger auf die negativen Auswirkungen hingewiesen, die mit dem Körpertraining und der „Hab-Acht-Haltung", die gegenwärtig in der Armee so geläufig sind, hervorgebracht werden. Auch der Drill in unseren Schulen hat äußerst schädliche Wirkungen, wenn die unglücklichen Schüler gezwungen sind, die Haltung des Soldaten ganz genau nachzuahmen. Das sehr auffällige Merkmal dieser Haltung ist das Hohlkreuz. Aufgrund dieser unnatürlichen Haltung kann es zudem zu zahllosen anderen Defekten kommen.

Wenn die Atmung umgestellt wird, verbessern sich umgehend die Körperhaltung und die Stellung des Brustkastens, was einen wertvollen mechanischen Vorteil bei den Atembewegungen nach sich zieht, unabhängig davon, welche Bedingungen gerade vorliegen. (Dies gilt natürlich nicht für strukturelle Defekte.) Dieser mechanische Vorteil wird sogar allmählich noch größer, wenn diese neue Atmung solange eingeübt worden ist, dass sie zur Gewohnheit geworden ist und das Gesetz der Schwerkraft die Rolle übernehmen durfte, die ihr beim menschlichen Körper zusteht.

Der gerade angesprochene mechanische Vorteil erweist sich von besonderem Wert. Er verhindert, dass der obere Brustbereich am Ende der Ausatmung übermäßig und auf eine schädliche Weise nach unten sackt. Dieses negative Merkmal treffen wir bei allen Menschen an, die die üblichen Atemübungen verwenden. So werden sie des mechanischen Vorteils beraubt, der ganz wesentlich für die Ausführung ihrer nächsten Einatmung ist.

Wenn der obere Brustbereich nicht einfällt, erweitert sich mehr und mehr der Umfang der Kontraktions- und Expansionsbewegungen des Brustkorbs, bis diese Bewegungen wirklich angemessen und perfekt kontrolliert sind.

Und auch dies gilt es zu beachten: Die Expansionen des Thorax sind die primären Bewegungen, die gewährleisten, dass sich das Volumen der Brusthöhle jedes Mal vergrößert. Durch Zu- und Abnahme der Brustkorbkapazität wird die notwendige, normale Schwankungsbreite des atmosphärischen Drucks erzeugt, ohne dass der Druck jemals zu sehr abfällt. Mit anderen Worten führen die Expansionen des Brustkorbs dazu, dass sich die Lungen mit Luft füllen, während die Kontraktionen den Luftwiderstand im Innern überwinden und die Luft wieder aus den Lungen zwingen. Und die Kontraktionen sind es, die die Kontrollinstanz für die Geschwindigkeit und die Länge der Ausatmung sind.

Eine übertriebene und schädigende Reduzierung des Luftdrucks im Atemtrakt und ein daraus entstehender Kollaps der Nasenflügel werden durch Regulierung der Atemgeschwindigkeit verhindert, so dass die Lungen durch den atmosphärischen Druck mit Luft gefüllt werden. Der Wert dieses Mechanismus wird sofort verstanden, wenn man sich daran erinnert, dass ein solches Absinken des Luftdrucks, das wir immer bei der Atemmethode des „Schniefens" und „Keuchens" vorfinden, den Kollaps der Nasenflügel zwangsläufig nach sich zieht. Das Absinken des Luftdrucks verstopft auch das Ansaugsystem des Atemtrakts, so dass es tendenziell zu einer Schleimstauung auf der Schleimhaut kommt, was wiederum den Weg für eine Schleimhautentzündung und andere negative Begleitumstände wie Stimmverlust, Schluckbeschwerden, Bronchitis, Asthma oder andere Lungenprobleme bereitet.

Von der ersten Unterrichtsstunde an wirkt der Umstellungsprozess der Atmung so, dass das Blut mehr oder weniger aus der Region der Eingeweide abgezogen und zu den Lungen umgeleitet wird. Von dort wird es dann gleichmäßig auf die anderen Körperteile verteilt. Auch der Bauchinnendruck erhöht sich mehr oder weniger. Generell besteht die Tendenz, dass sich wieder normale Bedingungen einstellen.

Der Gebrauch von Bandagen oder Korsetts zur Behandlung eines hervorstehenden Bauchs ist strikt abzulehnen. Die Bauchwand durch solche Hilfsmittel zu stützen, ist künstlich und schädlich. Es ist schädlich, weil es grundsätzlich dazu führt, dass die Muskeln noch mehr erschlaffen. Stattdessen empfehle ich, die Ursache auf praktische Weise zu beseitigen. Der Atemmechanismus sollte umgestellt werden, denn so werden die Kräfte geschult und gestärkt, die von der NATUR zur Unterstützung vorgesehen sind. Die beiden Hauptfaktoren, die den vorgeschobenen Bauch verursachen, sind das Einsinken oberhalb und unterhalb der Schlüsselbeine und die Hohlkreuzbildung im Lendenwirbelbereich. Sie werden durch die Umschulung der Atmung beseitigt. So werden dann wieder normale Bedingungen für die Bauchmuskeln hergestellt. Dies führt zu einer deutlichen Verbesserung der Haltung und des allgemeinen Gesundheitszustands.

Eine Verbesserung der Bedingungen der Bauchmuskulatur, also eine bessere Ausbildung der Bauchmuskeln und eine verbesserte Position des Bauchgewebes, geht Hand in Hand mit den verbesserten Bedingungen der Atmung. Diese Aussage kann leicht eingesehen werden, wenn man sich dieses klarmacht: Die Bewegungen der einzelnen Teile sind so miteinander verbunden, dass sie voneinander abhängig sind. Solange man auf die falsche Schwellung in der Gegend der Eingeweide, den vorgeschobenen Bauch, trifft, kann man auch feststellen, dass das Zwerchfell beim Atmen ungewöhnlich tief liegt. Wenn das Zwerchfell bei der Atmung nun intensiv nach unten gepresst wird, führt dies dazu, dass der Körperschwerpunkt sich so verändert, dass er nach vorne verschoben ist. Und als Ausgleich kommt es zur Verbiegung des Lendenwirbelbereichs nach hinten.

Im Laufe der Umschulung wird sich der Gebrauch der Einzelteile des Mechanismus dermaßen gebessert haben, dass wieder ein Atemzug durch das Niederdrücken des Zwerchfells möglich ist. Tatsächlich verbessern sich im selben Augenblick auch die Verhältnisse in der Region der Eingeweide.

Ganz allmählich vergrößert sich die Amplitude der Expansionen und Kontraktionen des Brustkorbs. So wird der Austausch von Sauerstoff und Kohlendioxid bei der Atmung verbessert. Die Lungen werden zunächst einmal besser mit Luft und damit mit Sauerstoff versorgt. Und für einen vermehrten Abtransport des Kohlendioxids sorgen stärker werdende Kontraktionen.

Die Restluftmenge in den Lungen nimmt beträchtlich zu. Und es kommt zu weitreichenden positiven Effekten, wenn die ausgeatmete Luft bei der Praxis der Atemübungen jeweils in einen kontrollierten, geflüsterten Vokal verwandelt wird. Diese positiven Effekte leiten sich von der verlängerten Verweildauer der Luft in den Lungen und den richtigen Druckverhältnissen innerhalb des Brustkorbs her. Die richtigen Druckverhältnisse sind notwendig, um das Blut ausreichend mit Sauerstoff anzureichern und die Kohlendioxidmenge effektiv zu beseitigen.

Wenn wir diese geflüsterten Töne verwenden, können wir unsere Sprechorgane in einer Form zur Vokalisation einsetzen, die wenig mit unseren normalen schlechten Gewohnheiten gemein hat. Dies führt zu einer perfekten Koordination aller betroffenen Teile. Und eine gute Koordination ist untrennbar mit einer angemessen kontrollierten und geflüsterten Vokalisation [A)] verbunden.

Es kommt zu einer raschen Reinigung der Haut. Das vormals weiße Gesicht bekommt eine natürliche Färbung. Das Fett in den Fettzellen wird reduziert, weil es durch die zusätzliche Versorgung mit Sauerstoff leichter verbrannt werden kann.

Es ist oft sehr bemerkenswert, wie sich Konfektionsgröße und Gewicht reduzieren und wie sich die schlaffen Muskeln der Bauchwand entwickeln und so zu einer Aktivitätssteigerung aller betroffenen Teile führen.

SCHLUSSBEMERKUNGEN

Dieses Buch wird hoffentlich weitreichende und nützliche Wirkungen auf eine eventuell notwendige *Umstellung der Atmung* haben. Ich habe diesen Ausdruck allein deshalb gewählt, weil kein anderer zur Verfügung stand, der verständlich genug und zufriedenstellend gewesen wäre.

Meine Methode zielt darauf, die körperlichen Bedingungen wieder herzustellen und zu erhalten, die zum Zeitpunkt der Geburt bei jedem normalen Kind anzutreffen sind. Solche Bedingungen garantieren ein gutes Gesundheitsniveau, eine angemessene Widerstandskraft gegen Krankheiten und eine Energiereserve, die in der Lage ist, im kritischen Moment den Hebel auf Gesundung umzulegen, wenn doch einmal eine schwere Krankheit auftreten sollte. Wenn derartige Bedingungen eine Generation lang gewährleistet wären, würde dies die Erneuerung der Menschheit in ihrem heutigen Zustand bedeuten. Ich zögere keinen Augenblick festzustellen, dass die Ergebnisse, die in den letzten zwanzig Jahren erzielt worden sind und ganz besonders die den letzten dreizehn Jahre in Zusammenarbeit mit führenden Ärzten in London, diese Behauptung rechtfertigen: Die praktische Anwendung der Prinzipien dieser neuen Methode in der Erziehung und der Umschulung ist von überragender Bedeutung. So können die Nachteile und schlechten Gewohnheiten unseres künstlichen Lebens unter den gegenwärtigen Zivilisationsbedingungen überwunden werden. Diese Prinzipien werden sich zudem als ein entscheidender Faktor erweisen, wenn es darum geht, die weitere körperliche Degeneration der Menschheit aufzuhalten.

KATALOG DER FUSSNOTEN F. M. ALEXANDERS

1

Die folgende Tabelle aus den „Statistiken und Tabellen" in *Health and Social Welfare* (1944 – 1945), herausgegeben von Lord Horder, ist in diesem Zusammenhang signifikant:

Zunahme der Krebserkrankungen in den letzten 100 Jahren
(Zahl der Todesfälle pro Millionen Menschen)

1851-60	*326*
1861-70	*396*
1871-80	*484*
1891-1900	*610*
1901-10	*867*
1911-20	*928*
1921-30	*985*
1931-40	*974*

2

Die Forschung neigt allerdings nahezu einhellig zu der Theorie, dass die Ursache der Krebserkrankung eine krankmachende Zellvermehrung ist, die nicht auf den primären Einfluss oder den Ausscheidungen von Fremdbakterien zurückzuführen ist.

3

In diesem Zusammenhang will ich aber klar verstanden wissen, dass bestimmte Gesetze der natürlichen Auslese nicht zur Disposition stehen, soweit ich dies beurteilen kann. Und es wäre auch nicht ratsam, sie zu ändern, auch wenn es möglich wäre. Da ist z. B jenes seltsame Gesetz, wonach sich bei der Partnerwahl die Gegensätze anziehen und auf diese Weise die Ausgewogenheit in der Natur gewährleisten. Die Anziehung, die ein bestimmter Typ Frau auf einen bestimmten Typ Mann ausübt und umgekehrt, ist meiner Meinung nach ein fundamentales Gesetz. Jeder Versuch hier einzugreifen, wäre schädlich für die Menschheit insgesamt. [...] [A)]

4

Zum Thema Vererbung finden sich in Kapitel 6 dieses Buches weitere Aussagen.

5

Eine vollständige Analyse finden Sie dazu in diesem Buch auf den Seiten 77ff.

6

Der gesamte Vorgang des Atmens wird in Kapitel 6 genauer erläutert.

7

Zu den *mechanisch vorteilhaften Positionen* erfahren Sie näheres in Teil 2, Kapitel 1.

8

Der Musikliebhaber wird jedoch den Verlust einer ganz bestimmten Qualität beklagen, wenn der Solist ein Stück nur als automatisierte Wiederholung spielt: In seiner Darbietung fehlt dann das sogenannte „Feeling".

9

In den Aufzeichnungen zu den Experimenten von Prof. Forel in der Irrenanstalt von Zürich finden wir gute Fälle von Eiterungen, Blutungen und Blasenbildungen als Ergebnis von Suggestion ohne eine vorherige Verletzung der Haut. Diese Experimente wurden nicht an einer Insassin der Anstalt sondern an einer Krankenschwester durchgeführt, die die Tochter reicher Landbesitzer war. (vgl. *Hypnose*, Albert Moll)

10

Es gibt sehr viel Beweismaterial zum Thema Stigmatisierung. Manches davon ist zwar fragwürdig, die grundsätzliche Tatsache an sich ist aber nicht wegzudiskutieren.

11

Vergleichen Sie dazu: H. Spencer, *Erziehung,* Kapitel 11: „Humanity has progressed solely by self-instruction."

12

Und ich gehe noch einen Schritt weiter. Ich verneine, dass Hypnose überhaupt Erfolg haben kann. Ausgenommen davon sind nur einige vergleichsweise seltene Fälle. Sie ist in ihrer Anwendbarkeit nämlich nicht allumfassend.

13

Zwei Jahre später kam diese Frau zu mir in Behandlung. Sie hatte einen Zusammenbruch erlitten, der das Ergebnis der Nachwirkungen einer schweren Rippenfellentzündung war. Sie erwies sich jedoch als eine bewundernswerte Patientin und erfreut sich jetzt perfekter Gesundheit. Sie war ein herausragendes Beispiel dafür, dass die Lebenskraft zwar vorhanden war, fein entwickelt, aber nicht das Wissen, das es ihr möglich gemacht hätte, vollen Nutzen aus ihr zu ziehen.

14

In diesem Zusammenhang sind die Verse aus dem Lukasevangelium, Kapitel XI, Vers 24-26 interessant:

24. Wenn ein unreiner Geist einen Menschen verlassen hat, wandert er durch die Wüste und sucht einen Ort, wo er bleiben kann. Und wenn er keinen geeigneten findet, sagt er: „ Ich will in mein Haus zurückkehren, das ich verlassen habe."

25. Und wenn er das Haus bei seiner Rückkehr sauber und geschmückt vorfindet,

26. geht er und holt sieben andere Geister, die noch schlimmer sind als er. Auch sie ziehen dort ein und lassen sich nieder. So wird es mit dem Menschen am Ende schlimmer werden, als es vorher war.

15

Bestimmte Aspekte dieser Prinzipien werden in Teil II dieses Buches detaillierter besprochen.

16

Es kann kein Zweifel daran bestehen, dass es in den übrigen Ländern Europas zu den gleichen Effekten kommt. Ich ziehe es aber vor, nur über das zu sprechen und zu schreiben, was ich selbst beobachtet und genau studiert habe

17

An dieser Stelle will ich darauf hinweisen, dass beim Menschen der Hals sehr oft ein Indikator für unangemessene und falsche Kontrollvorgänge ist.

18

Viele der ganz großen Künstler sind jedoch beispielhaft frei von diesen exzentrischen Eigenschaften.

19

Vor kurzem habe ein seltenes Beispiel dafür erlebt, dass jemand die mechanischen Gesetzmäßigkeiten so gut wie nur möglich in seine Bewegungen umsetzt: Mr. George Gray, wenn er Billard spielt. Ich bin der Meinung, dass die Position, die er im Spiel einnimmt, nahezu so perfekt ist, wie sie für den Zweck nur sein kann. Es kann wissenschaftlich demonstriert werden, dass er dabei die mechanischen Prinzipien perfekt beachtet. Als ich ihn beim Spiel beobachtet habe, konnte ich feststellen, dass sich in Mr. Grays Spielbewegungen ein kinästhetisches

Niveau offenbarte, wie es bemerkenswerter und kontrollierter nicht sein kann und wie ich es noch nie zuvor erlebt habe.

20

Genau das ist die Gefahr, der die neuen Demokratien in diesem Moment gegenüberstehen. Und diese Gefahr wird in der Zukunft noch tausendfach größer sein, wenn sie gezwungen sind, durch die kritische Periode der Anpassung zu kommen, die zwangsläufig auf die gegenwärtige Weltkrise folgt.

21

Ein einfaches, praktisches Beispiel soll zeigen, was es heißt, eine **Position mit einem mechanischen Vorteil** einzunehmen. Man lässt den Probanden sich so weit hinten wie möglich auf die Stuhlfläche setzen. Der Lehrer hat sich bereits Gedanken über die notwendigen Befehle bezüglich der Verlängerung der Wirbelsäule, der Befreiung des Halses, (d.h. seiner erforderlichen natürlichen Gelöstheit) und anderer Bedingungen gemacht, die in diesem speziellen Fall erstrebenswert sind. Dann lässt er den Schüler diese Befehle sich im Geiste aufsagen. Die geschickten Hände des Lehrers leisten die entsprechenden Hilfestellungen. Im nächsten Schritt hält er ein oder zwei Bücher gegen den inneren Stuhlrücken. Der Schüler ist weiter angehalten, sich die Befehle mental zu erteilen, die notwendig sind, um die gegenwärtigen Bedingungen aufrecht zu erhalten und noch zu verbessern. Der Lehrer hat inzwischen seine andere Hand auf die Schulter seines Schülers gelegt und führt dessen Oberkörper mit der Hand allmählich soweit zurück, dass das Gewicht des Körpers von der Stuhllehne übernommen wird. Die Schulterblätter ruhen dann an den Büchern. Die Position, die jetzt eingenommen worden ist, ist eine aus einer ganzen Reihe von Positionen, die ich allein deshalb „mechanisch vorteilhaft“ nenne, weil mir keine bessere Bezeichnung in den Sinn kommt.

22

Während ich noch an diesen Zeilen saß, beschrieb mir ein Schüler ein sehr bemerkenswertes, wenn auch triviales Beispiel geistiger Unbeweglichkeit: Ein Feuerwehrmann hatte Dienst im Theater und er hatte vergessen, die Notausgänge zu entriegeln. Als man ihn deswegen strengstens zurechtwies, entschuldigte er sich damit, dass sein Vorgesetzter ihn angewiesen hätte, zu der Zeit, zu der er normalerweise die Notausgänge öffnete, in einem anderen Teil des Theaters Dienst zu tun. Am folgenden Abend nun sollte er wieder in der gleichen Weise von seiner Routine abweichen, was unser Mann wie folgt quittierte: „Bitte lassen Sie mich meinen alten Dienst tun! Ich habe schon gestern Abend vergessen, die Notausgänge zu öffnen und ich werde es bestimmt wieder vergessen, wenn Sie mich die andere Runde drehen lassen. Ich bin jetzt schon so lange meine gewohnte Runde gegangen. Wenn ich jetzt eine Veränderung vornehme, habe ich das Gefühl, mein Gedächtnis zu verlieren."

23

„Diese Beobachtung im Experiment ist für uns insofern von Interesse, als damit bewiesen worden ist, dass hypnotische Suggestion, was die Dauer ihrer Wirkung angeht, bei Weitem von einer Suggestion im Wachzustand übertroffen wird und diese wiederum von regulärer Unterrichtung und von Übung. Und dies ist auch psychologisch leicht erklärbar: Hypnotische Suggestion erzielt ihre Ergebnisse einzig durch die Intensität des isolierten Stimulus und durch die Spur, die sie im Gehirn hinterlässt. Diese Spur hat aber nur eine unnormal leichte Verbindung zum gesamten Assoziationsmechanismus des Gehirns. Im Gegensatz dazu basiert die reguläre Unterweisung bei normaler Gehirnaktivität auf einer starken assoziativen Implantierung des Stimulus und der im Gehirn hinterlassenen Spur. Normale Gehirnaktivität bedeutet Verknüpfung der Nervenverbindungen nach vielen Seiten und eine damit verbundene reproduzierende Wirkung. Während im ersten Fall die Spur mehr oder weniger leicht ausgelöscht werden kann, wird im zweiten Fall der begleitende sympathische Stimulus stärker und bewahrt das erzielte Ergebnis. Genauso wirkt er auf jene anderen Körperfunktionen, die davon abhängig sind." - *The Psychic Treatment of Disease*, BERTHOLD KERN.

24

Das folgende einfache Beispiel kann beweisen, dass eine stärkere Wölbung, sagen wir im Bereich der Lendenwirbel, eine Verkürzung der Wirbelsäule bedeutet. Legen Sie einen ungefähr zwanzig Zentimeter langen Papierstreifen auf ein größeres Stück Pappe. Befestigen Sie es oben mit Tesafilm und markieren Sie auf der Pappe mit Bleistift, wo der Papierstreifen an der gegenüberliegenden Seite endet. Wenn Sie jetzt den Papierstreifen vom losen Ende aus auf der Pappe nach oben in Richtung des festgeklebten Endes schieben, entsteht eine Wölbung und wir sehen, dass der Papierstreifen nicht mehr bis zur markierten Stelle reicht. Wenn nun beim Menschen ein vergleichbarer Zustand bewirkt wird, bedeutet dies in diesem Sinne eine Verkürzung seiner Statur.

25

Wie ich es schon im ersten Teil beschrieben habe, ist die Einatmung nicht ein Einsaugen von Luft in die Lungen, sondern vielmehr ein unvermeidliches, unmittelbares Einströmen der Luft in das teilweise Vakuum, das aus der automatischen Ausdehnung des Brustkorbes entsteht.

ANHANG

A

Literaturliste F. M . Alexanders mit Bezug zu seiner Technik

In der Pädagogik

Prof. John Dewey, Einführende Worte zu EIN VERMÄCHTNIS DER EVOLUTION AN DIE MENSCHHEIT VON UNSCHÄTZBAREM WERT.

Aldous Huxley, GEBLENDET IN GAZA,
ENDS AND MEANS

P. B. Ballard, ABC OF ALGEBRA,
THINGS I CANNOT FORGET

In der Medizin

J. E. R. McDonagh, THE NATURE OF DESEASE

Peter MacDonald, Eine Ansprache ihres Präsidenten an die *British Medical Association*, Abteilung Yorckshire, veröffentlich im B*ritish Medical Journal*, 1926

In der Physiologie und der Anatomie

G. E. Coghill (Biologe und Professor der vergleichenden Anatomie, Autor von: *Anatomy and Behaviour* (Cambridge), WÜRDIGUNG UND EINSCHÄTZUNG in: F. M. Alexander, THE UNIVERSAL CONSTANT OF LIVING

Andrew Murdoch, THE FUNKTION OF THE SUB-OCCIPITAL MUSCLES,
THE KEY TO POSTURE, USE, AND FUNKTIONING

Mungo Douglas, REORIENTATION OF THE VIEWPOINT UPON THE OF ANATOMY

Im Sport

Sir E. Holderness, DIE ANWENDUNG DER ALEXANDERTECHNIK BEIM GOLF in einer Besprechung des Buches: CONSTRUCTIVE CONSCIOUS CONTROL OFT HE INDIVIDUAL (*Bewusste Kontrolle beim Auf- und Umbau des Menschen, BoD)*

John Duncan Duncan, CONSCIOUS CONTROL IN GOLF

In der Chemie

Thomas d. Hall, SOME ACCOMPLISHMENTS OF THE CHEMIST, Eine Ansprache ihres Präsidenten an die Mitglieder des chemischen Instituts von Südafrika

In der Soziologie

Anthony Ludovici, MAN – AN INDICTMENT (Der Mensch - Eine Anklageschrift)

THE TRUTH ABOUT CHILDBIRTH (Die Wahrheit über die Geburt)

B

F. M. Alexanders Namensliste bekannter Persönlichkeiten der britischen Gesellschaft, die seine Technik bei ihm als Privatschüler erlernt haben

The Earl of Lytton
Professor John Dewy
Sir Stafford and Lady Cripps
Mr. Bernhard Shaw und Mrs. Shaw
Mr. Aldous Huxley und Mrs. Huxley
Mr. J. E. R. McDonagh, F. R. C.S.
Professor G. E. Coghill
Lady Rhondda
Col. R. Smith Barry
Mr. A.Rugg-Gunn, F. R. C.S.
Mr. Peter MacDonald, M. D.
Sir Richard Rees
Sir Lynden Macassey
Sir Adrian Boult
Mr. Robert Donat
Miss MarieNey
Dr. Andrew Murdoch
Dr. Mungo Douglas und Mrs. Douglas
Dr. John Shirley, Director der King's School, Canterbury
Der gegenwärtige Erzbischof von Canterbury
Rev. J. H. Weatherall, M. A., Principal, Manchester College, Oxford

C

F. M. Alexanders Darstellung der psychologischen Zusammenhänge im 1. Weltkrieg:

„Das Evolutionsniveau und sein Einfluss in der Krise von 1914" [a)]

In den bisherigen Kapiteln habe ich mich in aller Kürze mit den Grundlagen beschäftigt, auf denen unser gesamtes Erziehungs- und Zivilisationsgebäude aufgebaut ist. Ich habe einen Versuch unternommen, die verschiedenen Strömungen zu beschreiben, die das Individuum in seinem Kampf entwickelt hat, um auf dieser Basis weiter voranzukommen. Und gleichzeitig habe ich die einzig tragende Grundlage aufgezeigt, auf der sich die Menschheit im Stadium der Zivilisation allein fortentwickeln kann und aufgrund der die Verhältnisse sich so gestalten können, dass die Menschheit für alle Zeiten Macht über jene entwürdigenden, begrenzenden und einengenden Qualitäten erlangt, die eigentlich in den Bereich der animalischen Existenz gehören.

Meiner Ansicht nach ist die gegenwärtige Weltkrise ein psychologisch günstiger Zeitpunkt, um meine Prinzipien auf breiter Front anzuwenden. Meine geneigten Leser könnten zwar die Überlegung anstellen, dass ich mich lieber nicht auf den Boden noch zu beweisender Hypothesen begeben sollte, da ich mich in meiner Arbeit bis zu diesem Zeitpunkt doch auf eine Argumentation gestützt habe, die weitgehend auf persönlicher Erfahrung und Beobachtung beruhte.

Ich habe mich ausführlich mit den Grundsätzen in der Kinder- und Erwachsenenbildung beschäftigt, die dort zum Einsatz kommen, und ich vertrete die These, dass die Entwicklung von der Kindheit bis ins Erwachsenenalter und durch die dann folgenden Launen des Lebens entscheidend von einem Prozess beeinflusst wird, in dem das Maß des Fortschritts mit dem Effektivitätsniveau dieses Prozesses in genauer

Übereinstimmung steht. Und meine These ist auch, dass dieses Prinzip sowohl für ein Individuum als auch für eine Nation oder eine Gesellschaft Gültigkeit hat.

Unter diesem Gesichtspunkt stellt sich uns somit nun die Aufgabe, die unterschiedlichen Prozesse genau zu untersuchen, die die verschiedenen Nationen verwendet haben, um ihre unterschiedlichen Evolutionsstufen und ihre Wachstums- und Entwicklungsmöglichkeiten im Hinblick auf einen wahren individuellen und nationalen Fortschritt richtig einzuschätzen.

Angesichts der gegenwärtigen Krise der Welt sehen wir uns, die wir uns als zivilisierte Nationen bezeichnen, mit einem Schauspiel konfrontiert, in dem eine verdorbene Kinästhesie eine Hauptrolle spielt. Die Krise hat sich in einem Ausbruch der wildesten Instinkte offenbart. Höher entwickelte Intelligenzen würden uns in den Tiefen der Barbarei versinken sehen [b)]. Der Ausbruch der Instinkte hat die Jahrhunderte weggefegt, in denen wir uns bemüht hatten, unsere Zukunft so zu gestalten, dass gut definierte Prozesse die Richtung bestimmten. Ihre Grundlagen waren bewährte Prinzipien in Erziehung, Religion, Ökonomie, Politik, Industrie, Ästhetik und Ethik. Und auch der beispiellose Fortschritt in den Bereichen der Wissenschaften und der Kunst im letzten Jahrhundert hat diesen Instinktausbruch nicht verhindern können.

In den letzten drei Jahren sind die Menschen dieser Welt von Ereignissen geschockt und aufgerüttelt worden, die noch vor vier Jahren angesichts des damals erreichten Zivilisationsniveaus als völlig unmöglich angesehen wurden. In der Konsequenz sehen wir, dass man sich intensiv und ernsthaft darum bemüht, die lebenswichtigen Probleme zu lösen. Von ihrer Lösung hängen nämlich zukünftige Entwicklung der Menschheit und Stärkung der menschlichen Möglichkeiten ganz entscheidend ab.

Daraus ergibt sich eine wesentliche Erkenntnis: Wir haben einen Punkt in dem Prozess erreicht, den wir Zivilisation nennen, von dem man später einmal sagen wird, dass er in der Geschichte der Welt ein äußerst kritischer und lebenswichtiger gewesen ist. In diesem Moment sind die großen Nationen Europas in einen Gewaltkonflikt verstrickt, wie er fürchterlicher nicht sein kann. Währenddessen sind wir in Amerika, dem Land des Friedens, Zeugen eines bitter geführten Meinungskonflikts über das Verhalten, die Politik und die Pflichten der amerikanischen Nation gegenüber der alten Welt. Niemals zuvor ist ein solcher Streit mit härteren Bandagen geführt worden.

Das, was in den letzten drei Jahren geschehen ist, muss unsere gegenwärtigen und zukünftigen Meinungen beeinflussen, wenn wir den Wert unserer Prinzipien in Erziehung und Religion, in Politik und Wirtschaft, im Moral- und Sozialbereich und in vielen weiteren Bereichen beurteilen wollen, die sich mit der Entwicklung des Menschen von der animalischen Ebene der Evolution hin zu den höheren Ebenen befassen. Denn für diese höheren Ebenen ist der Mensch zweifelsohne vorgesehen.

Die Schlussfolgerungen, die man aus dem Debakel ziehen muss, werden Einfluss auf das zukünftige Wohlergehen der Menschheit haben. Die daraus abgeleiteten Fakten verlangen, dass man jeden Menschen in seinem Verhalten und Gebaren mit Ernsthaftigkeit und Genauigkeit studiert. Daraus entsteht die Notwendigkeit, dass wir uns ernsthaft darum bemühen, die Grundlagen für eine solche Analyse aufzudecken. In diesem Zusammenhang müssen wir die zur Verfügung stehenden Anhaltspunkte für die Ursache oder die Ursachen dieses Konflikts in Europa, der unseren prahlerischen Zivilisationsfortschritt bis in die Grundfeste erschüttert hat, genau analysieren. Was bedeutet dieses Wiederaufleben der Barbarei, wenn man die Situation unvoreingenommen und ohne Vorurteile betrachtet? Welche Auswirkungen hat sein neuerlicher Ausbruch für die Zukunft jener Prinzipien, die einzig und allein zu einem wirklichen geistigen, körperlichen und seelischen Wachstum der Menschheit führen?

Aus meiner Sicht kennzeichnet dieses Wiederaufleben der Barbarei eine gewaltige Kollision entgegengesetzter Kräfte. Es ist ein verzweifelter Konflikt zwischen den weniger und den weiterentwickelten Völkern dieser Welt. Es ist der erbitterte Kampf eines aufgeschlossenen, beweglichen Idealismus für die Vormachtstellung des Individuums gegen einen engstirnigen, starren, materiellen Automatismus, der die Unterdrückung des Individuums und die Unterordnung seines Verstandes hinter die angenommen Interessen des Staates erzwingen will.

Im nächsten Schritt vergleiche ich auf einer allgemeinen Ebene die geistig-körperlichen Kräfte, die das Leben der primitiven und der zivilisierten Nationen bis zu der Krise in Fesseln gehalten haben. Amerika bleibt dabei allerdings zunächst unberücksichtigt und muss gesondert analysiert werden.

Treibende Kräfte bei den primitiven Nationen. Die treibenden Kräfte waren in der Hauptsache körperlich und unterbewusst. Das Leben wurde im Wesentlichen und fast vollständig von brutaler Gewalt bestimmt. Wilde Instinkte und ungezügelte Leidenschaften bestimmten die täglichen Erfahrungen aufs Heftigste, genauso wie sie eine automatische Entwicklung heftig beeinflussten, die es verhindern sollte, dass eine Fähigkeit zur Anpassung an eine neue Umwelt entstehen konnte. Sogar in jenen Bereichen, in denen Mut gefragt war, gab es enge Grenzen: Wenn die Menschen sich mit dem Unnormalen konfrontiert sahen, zitterten sie wie Feiglinge und flohen in wilder Panik, wie z.B. im Falle der Schwarzen in den Südstaaten von Amerika, als sie von Männern des Ku-Klux Klan, ganz in weiße Tücher gehüllt, auf Pferden verfolgt wurden.

Treibende Kräfte bei den zivilisierten Nationen. Diese sind bedeutend weniger körperlich und auch weniger unterbewusst geworden als bei den primitiven Nationen, aber die Schritte vom Körperlichen zum Geistigen und vom Unterbewussten zum Bewussten sind noch nicht umfassend genug. Sie sind noch nicht ausreichend, um die geistigen und bewussten Prinzipien als die Haupttriebfedern für den Fortschritt der Nationen oder für den Fortschritt des Individuums zu etablieren. Die Grundlagen des Lebens sind nicht von brutaler Gewalt bestimmt. Die täglichen Erfahrungen sind weniger mit Faktoren verknüpft, die eher zur Entwicklung wilder Instinkte und ungezügelter Leidenschaften oder zu automatisierten Abläufen führen. Aber die Erfahrung hat gezeigt, dass auch die zivilisierten Nationen an der Zerreißprobe gescheitert sind, sich so an die sich beständig verändernden Zivilisationsverhältnisse anzupassen, dass man mit den Ergebnissen der Anpassung zufrieden sein könnte. In den Bereichen, in denen Mut gefragt ist, gibt es weiterhin Einschränkungen. Wenn sich die Menschen plötzlich dem Ungewöhnlichen und Unerwarteten gegenübersehen, reagieren sie immer noch eher panisch und mit Kontrollverlust. Der Fortschritt, der die zivilisierten Nationen von der primitiven bis zur gegenwärtigen Stufe geführt hat, ist bis jetzt nicht vollständig und umfassend. Das Ergebnis ist, dass die Mehrzahl der nationalen Aktivitäten weiterhin in engen Grenzen verlaufen. Bei den wenigen Aktivitäten, bei denen ein Einfluss zur Öffnung zu erkennen war, führte die Befreiung zu Beliebigkeit und wurde zu weit getrieben und missbraucht. Dieser Zustand war schon schädlich genug, solange er nur den Einzelnen und seine individuellen Bemühungen betraf. Der Einzelne wurde jedoch mehr oder weniger von der kollektiven Meinung weitgehend in Schach gehalten. In dem Moment aber, als der Zustand eine ganze Nation und ihre nationalen Anstrengungen betraf, entwickelte sich diese Nation völlig unkontrolliert und ignorierte einfach die Meinungen der anderen Nationen. Die nationale Entscheidung, das Individuum, seinen Körper und seine Seele, zu unterdrücken, wenn es für das Wohl des Staates angezeigt schien, wurde zur mächtigsten Kraft für die Verhinderung weiteren Fortschritts auf evolutionärer Ebene.

Mit dieser Entscheidung als staatstragender Säule wurden geistige Prozesse eingeleitet, wie sie für ein wahrhaftes evolutionäres Weiterkommen zerstörerischer und aussichtloser nicht sein konnten. In erster Linie war diese nationale Entscheidung das Resultat eines irrigen

Staatskonzepts, dessen Folgen ich, in Ermangelung eines besseren Begriffs, „ erfundene Prämissen“ genannt habe. Sie sind die Vorläufer für nicht stichhaltige und in die Irre führende Schlussfolgerungen, die den Verstand lähmen, und setzen die Entwicklung einer Form von Selbst-Hypnose voraus, die für den Fortschritt einer Nation oder eines Individuums fatal ist.

Diese gefährliche Gewohnheit ist von einigen, die mit einer genauen Beobachtungsgabe ausgestattet waren, in der frühen deutschen Nationalliteratur sogar bemerkt worden. Man hat das Aufkommen dieser Gewohnheit in den letzten Jahren in allen Bereichen des Lebens mit starkem Interesse beobachtet. Die negative Gewohnheit der erfundenen Prämissen erklärt das gewaltige Versagen der Deutschen bei der Beurteilung aller Belange von nationaler und internationaler Bedeutung. Es erklärt das Versagen aller gesellschaftlichen Gruppierungen dieser Nation, irgendetwas von einem anderen als dem eigenen Standpunkt aus zu betrachten. Und es erklärt auch die haarsträubende Dummheit, die psychologische Lage der anderen Nationen nicht richtig eingeschätzt zu haben, insbesondere die der Vereinigten Staaten von Amerika.

Das, was ich oben geschrieben habe, beruht auf Prinzipien, die sehr genau analysiert werden sollten. Sie müssen in den Fokus der Aufmerksamkeit all jener rücken, die sich Gedanken machen und die ihren Teil dazu beitragen möchten, dass sich die Menschheit fortentwickelt und dass ein solches Niveau bewusster Steuerung und Kontrolle etabliert wird, auf dem dann ein neuerlicher barbarischer Konflikt undenkbar und damit unmöglich wird.

Natürlich hat jede Nation für ihre Verrücktheiten schnell mehr oder weniger humanitäre Gründe bei der Hand: Selbstschutz, uneigennütziges Eintreten für die Rechte kleinerer Nationen, ein Verantwortungsgefühl für die Menschheit insgesamt. All diese Argumente sind bemüht worden, um zu erklären, warum sich diese oder jene Nation mit in den Strudel hat reißen lassen. Und jede dieser Nationen hat natürlich auch den Kampf für die *Freiheit* als Argument und als Entschuldigung zu irgendeinem Zeitpunkt vorgebracht. *Freiheit* wurde so zu einem dehnbaren Begriff, der für fast alles und nichts bemüht werden konnte. Und Deutschland hielt schon vor dem Krieg an seinem Recht fest, die *Freiheit* zur Expansion zu haben. Ein solcher Gebrauch des Begriffs *Freiheit* hat kaum noch etwas damit gemeinsam, wie er in unserer Zeit in Amerika verwendet wird.

Auch Philosophen, Wirtschaftswissenschaftler, Psychologen, Handelsexperten und die allgemeine Öffentlichkeit waren schnell mit Dutzenden von Theorien für die Hauptursachen des Krieges zur Stelle. Es wurde viel über Rassenwahn, über wirtschaftliche und politische Intrigen, über wirtschaftliche Interessenkonflikte und Dutzende anderer Einflüsse spekuliert. Sie alle mussten zu irgendeinem Zeitpunkt für das gegenwärtige Blutvergießen und die momentane Raserei als alleinige Begründung herhalten. So viele Begründungen stehen zur Auswahl, dass wir sicher sein können, dass nicht eine einzige von ihnen eine endgültige und treffende Erklärung liefern kann.

Aber ich gehe noch einen Schritt weiter. Wenn wir akzeptieren, dass etwas von all diesen Begründungen und Entschuldigungen zu den Bedingungen beigetragen hat, die zu all diesen fürchterlichen Ergebnissen geführt haben, müssen wir - aus Gründen, die aus meiner Sicht logisch nicht zu erschüttern sind - immer noch nach einer Erklärung suchen, wie es zu dem Zustand der Welt überhaupt kommen konnte, der dem voranging und der diese Bedingungen erst möglich werden ließ. Tatsächlich sind nämlich alle angeführten Begründungen nur Wirkungen, nicht Ursachen. Wenn wir unsere Hauptursache bei Phänomen finden wollen, die sich ergeben haben, werden wir aber das Problem, das sich uns stellt, niemals lösen können! Genauso gut könnten wir auch hoffen, die Herkunft eines Kindes zu erfahren, indem wir die Glieder und das Innere des Kindes sezieren. Wir haben nur eine Chance, wenn wir unseren Blickwinkel verschieben und aufhören, das Kuddelmuddel an Einzelheiten zu analysieren, das wir vor uns haben. Wir müssen versuchen, unser Problem in einem größeren Rahmen zu sehen. Wir sollten uns zurücklehnen und uns im Geiste vorstellen, wie sich das Leben im Laufe der Jahrhunderte entwickelt haben könnte.

Was wir genau wissen, ist dies: In allen Lebensbereichen haben die Menschen mit ihren Errungenschaften auf materieller und auf geistiger Ebene deutliche Hinweise auf ihren Charakter, auf ihre Ideale und ihre Lebensziele und, was für uns von entscheidender Bedeutung ist, auf das erreichte Niveau in dem Prozess gegeben, der Evolution genannt wird.

Bei dieser Gelegenheit möchte ich darauf hinweisen, dass Erziehung, so wie sie im Allgemeinen verstanden wird, nicht zwangsläufig einen Fortschritt auf der evolutionären Ebene bedeutet, auch wenn die allerneuesten Methoden zur Anwendung kommen. Und dies gilt ebenso für die meisten Kunstbereiche und insbesondere für die, in denen Musik und Tanz eine Rolle spielen. Mit gewissen Einschränkungen kann man sagen, dass die Anziehungskraft von Tanz und Musik mit zunehmendem Evolutionsniveau sogar abnimmt.

Wenn wir vor unseren Augen die Geschichte und die allgemeine Entwicklung der Menschlichkeit Revue passieren lassen, finden wir in einem bestimmten Stadium, dass Instinkte und animalische Merkmale, das Prinzip der brutalen Gewalt, vorherrschend waren. Wenn wir noch weiter zurückgehen, finden wir sogar, dass es ein Stadium gab, wo sie das einzig gültige Prinzip waren.

Deshalb kann man auch in der Neigung und in dem Streben der Nationen, jenes Stadium zu überwinden, in dem körperliche und geistige Kräfte vorherrschend waren, die als ererbte Instinkte nur zu den wilden Tieren und den wilden Stämmen gehören sollten, den verhältnismäßigen Fortschritt der Nationen auf der Ebene der Evolution erkennen. Wenn wir dies im Blick haben und dann die Geschichte, die Lebensgewohnheiten, die allgemeinen Neigungen und die Ideale der deutschen Nation untersuchen, wird schlüssig gezeigt werden können, dass sich dieses Volk, das unter einer Art von Selbst-Hypnose steht, in seiner Art und seinen Lebenszielen zu sehr der niederen Tierwelt und den wilden Stämmen angenähert hatte.

Die großen und noblen Ideale und Ziele der Menschheit, die darauf gerichtet sind, auf die noch höher entwickelten Stufen des Menschseins zu gelangen, wurden einfach weggewischt und durch unüberlegte, brutale und schändliche Prinzipien ersetzt, die den aufstrebenden Möglichkeiten des Menschen den Boden unter den Füßen entzogen und die den Menschen weiterhin als Sklaven in dem grausamen und wenig entwickelten Zustand einer primitiven Kreatur hielten. Es gibt hinreichende Beweise dafür, dass sich die deutsche Nation nur wenig oberhalb des Evolutionsstadiums eines brutalen Tieres und dem eines wilden Stammes befindet. Wenn eine Nation oder Nationen absichtlich die brutale Gewalt in all ihren furchtbaren Schattierungen zu ihren höchsten Idealen und Zielen erklärt, wenn Körper und Geist für den Staat geschändet werden dürfen, wenn kriminelle Instinkte und kriminelle Handlungen zum Wohle des Staates gerechtfertigt werden, wenn Zerstörung, Mord, Vergewaltigung, Plünderung und Folter eingesetzt werden, um die unschuldige Zivilbevölkerung zu terrorisieren, kurzum, wenn das brutale Prinzip vom „Recht des Stärkeren" in einer ganz speziellen nationalen Ausprägung durchgesetzt werden soll, wie es in der zweiten Hälfte des letzten Jahrhunderts geschehen ist und sich zu dem entwickelt hat, was man „Militarismus" nennt, ist dies dafür Beweis genug. Der kriminelle Aspekt des Verbrechens, sich auch noch über das zu entrüsten, was rechtschaffene Menschen hoch und heilig halten, wird noch durch eine Tatsache verstärkt: Die Nationen, die diese Untaten begangen haben, gehörten zu den reichsten Nationen der Welt und als Verbündete haben sie die gleichen Privilegien genossen wie die Nationen, deren Vertrauen und Gastfreundschaft sie missbraucht haben.

Die Nationen, die die volle Wucht des Kampfes gegen diesen Ausbruch primitiver, brutaler Instinkte und Begierden zu tragen hatten, hatten schon lange vorher eine Stufe in ihrer Entwicklung erreicht, die die Methoden Attilas völlig undenkbar gemacht hatten. Als sie in den Krieg hineingezogen wurden, führten sie ihn auf der Ebene entwickelter Menschen und nicht auf dem Niveau von Tieren. Sie behandelten ihre Gefangenen als Menschen mit einer Ehre und gewährten ihnen jede nur denkbare Erleichterung, wenn es in ihrer Macht stand. Vor diesem Krieg waren die Ideale und Ziele dieser Nationen geradezu Antithesen zu denen ihrer wenig entwickelten Feinde: Alle Nationen sollten das Recht haben, in Frieden miteinander zu leben. Abrüstung war ihr Ziel und man war auch mit gutem Beispiel vorangegangen. Die Nationen hatten die Häfen und die Märkte ihren gegenwärtigen Feinden geöffnet und hatten ihnen in jeder Hinsicht und auf allen Handlungsfeldern freie Hand gelassen. Denn es war nicht ihr Bestreben, Ideale und Prinzipien zu zerschlagen, die die Menschheit adelten. Und es war nicht ihr Wunsch, die Welt mit brutaler Gewalt zu beherrschen und ein Lebenssystem und eine Verhaltensnorm zu errichten, die die Einzelnen zu herzlosen und hirnlosen Automaten zermalmen, engstirnig, getrieben wie ein Tier und nicht wagend, die eigene Seele als ihr Eigentum zu beanspruchen.

Schon viele Jahre vor der Krise von 1914 musste sich die Welt eklatante, verbale Entgleisungen deutscher Professoren und auch anderer Autoritäten dieser Nation anhören. Sie bekundeten darin vehement eine Überlegenheit der deutschen Nation gegenüber den anderen Nationen. Man wollte uns wahrlich glauben machen, dass es innerhalb dieser Nation bestimmte Individuen gab, die die Stufe eines „Übermenschen“ erreicht hätten. Dieses so in die Irre geleitete und bedauernswerte Volk war wohl schon länger von dieser Manie befallen.

Die Intellektuellen der anderen Nationen hörten sich genau die deutschen Ansprüche bezüglich der Übermenschen an und hatten ihre Zweifel daran. Sie untersuchten die vorgelegten Beweise, die die Ansprüche untermauern sollten, und kamen schließlich zu der Überzeugung, dass diese wirklich nicht gerechtfertigt waren. Und das gewaltige Versagen der Möchte-gern-Übermenschen in allen Bereichen geistiger und körperlicher Aktivität in diesem Krieg, der gegenwärtig wütet, beweist nur allzu gut, wie richtig sie in ihrer Beurteilung lagen.

Es erscheint unvorstellbar, dass „Übermenschen“ die gesamte nationale Energie Deutschlands so steuern und lenken konnten, dass sich das Denken in diesem Land mehr und mehr verengte, bis es sich fast vollständig auf das dümmliche Konzept konzentrierte, dass Deutschland dazu ausgewählt sei, die Welt zu beherrschen. Um die Weltherrschaft zu realisieren, wurden die Energien der Nation hauptsächlich in zwei Kanäle gelenkt:

- in die INDUSTRIALISIERUNG
- und in den MILITARISMUS.

Eines der größten Merkmale in diesem Zusammenhang war die außerordentliche Entwicklung auf dem Gebiet der Maschinenwelt. Die maschinelle Aufrüstung erforderte vom Einzelnen, dass er sich einem äußerst schädlichen System unterwerfen musste, wenn er in die Bedienung der Maschinen eingewiesen wurde.

Die standardisierten Maschinenteile stellten Anforderungen, die geeignet waren, die Maschine Mensch zu stigmatisieren. Beschränkungen der menschlichen Aktivität, sowohl „geistig“ als auch „körperlich“, erreichten ein Höchstmaß. Die Arbeitsfähigkeit unter solchen Bedingungen war mit einem Prozess verbunden, der den Einzelnen verfallen ließ. Er wurde langsam aber sicher seiner Möglichkeiten zur Weiterentwicklung beraubt. Nichts Geringeres als die Seele des Menschen wurde zerquetscht und das, um einen industriellen Prozess voranzutreiben, der die Kriegsmaschinerie mit Material versorgen und jenen Fluch unterstützen sollte, den man Militarismus nannte. Der Verlust jeglichen Moralempfindens Deutschlands geschah hauptsächlich aufgrund der militaristischen Vorstellungen dieser Nation. In ihrer letzten Konsequenz waren sie schlimmste Ausprägungen jener wilden Instinkte und ungezähmter Leidenschaften, die man auch auf den niedrigsten Stufen primitiv entwickelter Gesellschaften angetroffen hatte. Für Deutschland war der Militarismus ein System, ein rigider Plan und eine Weltphilosophie. Die schrecklichen Folgen dieses Wahns der deutschen Nation, und nichts anderes ist das oben Beschriebene, haben sich uns jetzt in ihrer ganzen Tragweite offenbart.

Dieses Deutschland ist wider alle Vernunft davon überzeugt, dass sein Plan, sein System oder seine Philosophie so unleugbar richtig ist, dass es daraus etwas Absolutes ableitet. Als Nation hat Deutschland so seine Beweglichkeit und seine Haltung verloren. Es ist von einer lähmenden Idee besessen, von der Idee nämlich, dass seine eigene „Kultur" perfekt sei. So wie ein Individuum, das von einer fixen Idee dominiert wird, ist aber diese Nation auch schlecht koordiniert und nicht in der Lage, dem Ruf der Vernunft zu folgen.

Das Problem stellt sich nämlich so dar: Wenn die Vernunft so sehr in Schach gehalten wird, dass sie ihre Fähigkeit verliert, etwas abzulehnen, muss jegliche Kontrollfähigkeit verloren gegangen sein. Dann ist eine ursprüngliche „Idee", die im Bewusstsein Gestalt angenommen hat, so tief ins Unterbewusste gesunken, dass sie nicht mehr verändert werden kann, es sei denn unter dem Einfluss einer stärkeren äußeren Kraft. Fast fünfzig Jahre lang hat Deutschland in seinen Universitäten, seinen Schulen und Sporthallen, im zivilen wie im politischen Leben ein starres, geistig demoralisierendes System gepredigt und es bekommt jetzt auch die Rechnung für diese besondere Form einer Geisteskrankheit präsentiert, genauso wie im privaten Leben ein Getriebener am Ende seinem Triebverhalten Tribut zollen muss.

Schon während Deutschland seinen großen Feldzug führte, hatte seine Schwäche begonnen, das eigene Land zu besiegen. Es hatte nämlich auch seine Anpassungsfähigkeit auf militärischem Gebiet verloren. Es wiederholt die Fehler seiner ursprünglichen Planung, obwohl die westlichen Gegenspieler Deutschland beständig auf den Schlachtfeldern zeigen, dass ihr Plan noch deutlich verbessert werden könnte. In manchen Fällen wird die Oberste Heeresleitung zweifelsohne die Schwäche der alten Methode unter den sich seit August 1914 radikal geänderten Bedingungen erkannt haben, aber es liegt keinesfalls in ihrer Macht, all das in einem Jahr oder in einem Jahrzehnt zu verändern, was man in der Ausbildung den Soldaten jahrzehntelang vermittelt hat. Millionen von Soldaten sind bis heute indoktriniert worden. Der Sturmangriff hat sich zum Beispiel als ein riesiges Desaster erwiesen, weil das Feuer eines einzigen Maschinengewehrs einen solchen Sturmangriff in sich zusammenfallen lassen kann. Trotzdem verzichtet die deutsche Armee nicht darauf. Auch haben die deutschen Soldaten gelernt, sich auf Kameradschaft zu verlassen. Wenn ihr Bataillon versprengt ist und sie auf sich allein gestellt sind, verlassen Mut und Zuversicht sie jedoch sofort.

Kann jemand bei klarem Verstand wirklich bezweifeln, dass die deutsche Nation unter einer Form der Selbsthypnose leidet, wenn man die Auswirkungen ihres fast schon pathetischen Glaubens sieht, der ganz offensichtlich hinter ihrem Feldzug steht, „Angst und Schrecken" zu verbreiten? Das deutsche Volk selbst hat Angst vor den schrecklichen Methoden, die es einsetzt. Trotzdem kann nichts und niemand den Deutschen die Tatsache auch nur annähernd verständlich machen, dass der Plan, seine Feinde zu terrorisieren, nicht nur zum Scheitern verurteilt ist, sondern sich rächen muss, weil der Terror über den eigenen Köpfen zusammenschlagen wird. London wird weder von den nächtlichen Zeppelinangriffen verschreckt, noch wird es tagsüber von den Angriffen durch die Wasserflugzeuge eingeschüchtert. Dies weiß ich aus Erfahrung. Die Einwohner der Stadt kuschen nicht vor diesen schrecklichen Plagen und betteln auch nicht um Frieden. Das Gegenteil ist der Fall. Jeder weitere fürchterliche Angriff stärkt die Entschlossenheit und den Mut der Menschen aufs Neue. So soll verhindert werden, dass sich solche Brutalitäten in der Weltgeschichte jemals wiederholen. Jede Nation bei klarem Verstand hätte diese Tatsache schon vor 18 Monaten erkannt haben müssen, aber Deutschland taumelt weiter seinem eigenen Untergang entgegen, blind und starr im Trance seiner Selbsthypnose.

Von der anderen Seite aus betrachtet, gibt es Interessantes über die britischen Methoden anzumerken. Bei ihnen finden wir kein so deutliches Bemühen um Zielstrebigkeit und Organisation. Die allgemeine politische Ausrichtung der Briten, ob nun auf nationaler oder internationaler Ebene, hatte diesen Anstrich des Willkürlichen, der oft bemüht wird, wenn man die englische Vorgehensweise charakterisieren will. So haben wir eine nahezu vollständige Unfähigkeit erlebt, dieses weitgehend immer noch unterbewusst gelenkte Irland wenigstens irgendwie zu managen, wenn es schon nicht gelang, es zu regieren. In der Außen-, und Kolonialpolitik wurden wir Zeugen sehr erstaunlicher grober Schnitzer. In der Innenpolitik basierte das Erziehungs- und Verwaltungssystem auf der Methode von Versuch und Irrtum, was in der Praxis manchmal ein einziges Desaster war.

Den Engländern ist eine ganz besondere Art des Empirismus zu Eigen. Es fällt ihnen leicht, über ihre Fehler zu lachen und sie auch kritisch zu bewerten. So geben sie ganz freimütig zu, dass sie sich durch den Burenkrieg irgendwie „gewurschtelt“ haben und dass sie jetzt in der gegenwärtigen Kriegssituation von Mal zu Mal auch wieder nur „wurschteln“. Die Kritik an der Starrheit ihrer eigenen Militärmethoden, die manchmal durchaus als berechtigt erschien, ist ein Beweis dafür, dass die Briten in der Heimat selbst nie von dieser Starrheit infiziert waren. Erstaunlicherweise blieben aber auch ihre Soldaten, die auf dem Festland kämpften, davon befreit. Aber die Wahrheit ist, dass auf den Schlachtfeldern jetzt wenig von einer starren Disziplin zu sehen ist. Wie wenig sie die britische und französische Strategie beeinflusst hat, kann man schon an der Tatsache festmachen, dass jede neue Kriegslist von Bedeutung die Franzosen und Briten ersonnen haben. Es war deutlich, dass eine derartige Anpassungsfähigkeit an die jeweiligen Umstände von vornherein und ganz sicher zu einem deutschen Desaster führen musste. Es ist nun an Amerika, aus den Erkenntnissen, die auf den Schlachtfeldern in Nordfrankreich gewonnen worden sind, die Schlussfolgerungen zu ziehen, mit welchen Methoden man am ehesten die endgültige Niederlage Deutschlands besiegeln kann.

Ich komme jetzt darauf zurück, was den gegenwärtigen Krieg aus meiner Sicht in letzter Konsequenz verursacht hat, und eigentlich ist es auch schon genannt worden. Zugegebenermaßen musste die Situation früher oder später einfach explodieren, wenn wir sehen, wie dieses Deutschland über einen längeren Zeitraum erzogen und ausgebildet worden ist. Wenn es in unserer Mitte jemanden gibt, der unter einer fixen Idee leidet, muss er nämlich im Laufe der Zeit unerträglich für uns werden. Niemals zuvor in der Weltgeschichte waren die Gedankengebäude und der Hang zur Organisation instabiler als in den ersten fünf Jahren des 20. Jahrhunderts. Aber bei jeder geistigen Wendung unsererseits hat eine große und mächtige Nation bis zum heutigen Tag interveniert und verhindert, dass das liberale Gedankengut einfließen konnte, weil sie besessen von dem Glauben an ihre Großartigkeit und an die Allmacht ihrer Militärmaschinerie war. Trotzdem gelang es den anderen Nationen innerhalb gewisser Grenzen, sich irgendwie mit den Bedingungen zu arrangieren, die dieser starre Mechanismus in ihrer Mitte bewirkte. Es kann aber auch gut sein, dass genau diese Fähigkeiten zur Duldung und zur Anpassung die Krise noch beschleunigt haben. Von den Monomanen Deutschlands wurden sie nämlich als Schwäche ausgelegt. Genauso wie ihr Philosoph Nietzsche verrückt geworden ist, weil er sich allzu sehr auf sein einziges, immer gleiches Thema konzentriert hat, so hat auch Deutschland letztendlich die Grenzlinie zur Geisteskrankheit überschritten, erfüllt von einem irrsinnigen Glauben an die eigene Allmacht. Es lief Amok in den weiten Straßen Europas und selbst zu diesem Zeitpunkt ist es sich seiner Verrücktheit immer noch nicht bewusst geworden. Und ich stelle ernsthaft in Frage, ob es der Generation der Gegenwart wirklich gelingen kann, auch nur in Ansätzen ihre Verrücktheit irgendwie zu erkennen. Deutschland hat es zugelassen, dass eine Denkgewohnheit zu einem Zwang geworden ist. Dadurch hat es sich wieder der Herrschaft seines Unterbewusstseins unterworfen. Wir müssen Deutschland als verrückt behandeln. Trotzdem hat es unser Mitleid verdient.

Zu Beginn dieses Kapitels habe ich Amerika vom Rest der Welt abgetrennt, weil diese große Nation meines Erachtens und aus einem bestimmten Blickwinkel betrachtet noch immer in ihren Kinderschuhen steckt. Aber ich habe großes Vertrauen in die Zukunft Amerikas. Ich sehe, dass es so viel Potenzial und Möglichkeiten besitzt, wie sie keine andere Nation jemals besessen haben. Für Amerika sind die Kontrollmöglichkeiten des Verstandes ohne Schranken. Ich muss jedoch auch eine ernsthafte Warnung an jeden amerikanischen Leser dieses Buches aussprechen, denn ich habe bereits gesehen, dass bestimmte Denkgewohnheiten imitiert werden, die sich tief in das nationale Unterbewusstsein eingraben werden, wenn man an ihnen festhält. Diese Denkgewohnheiten können sich dann sehr wohl als Gefahrenquelle für das politische Handeln herausstellen.

Ich wünsche Amerika, dass es sich seine Aufgeschlossenheit so weit wie möglich bewahrt. Es greift jetzt in den Großen Krieg ein. Die Gründe für den Kriegseintritt verdienen den Applaus und den Respekt von allen rechtschaffenen Menschen. Ich habe größtes Vertrauen, dass Amerika aus diesem Krieg herauskommt, ohne sein Gleichgewicht und seine Fähigkeit auszuwählen, verloren zu haben. Wenn es sich dann wieder den eigenen Angelegenheiten wie z.B. den Erziehungsfragen, den politischen Problemen und den wirtschaftlichen Interessen zuwenden muss, wird es auch in der Lage sein, ein nationales Gewissen auszubilden, dass gesund und stark genug ist, um als eine Kontrollinstanz für die riesige Bevölkerung dieser Nation zu dienen.

Es gibt kein edleres Streben als dieses. Das alte Streben nach Dominanz aber, ob im wirtschaftlichen oder militärischen Bereich, besiegt sich letztendlich immer selbst, weil es sich zwangsläufig bis ins Unendliche steigert. Ein solcher Ehrgeiz schaukelt sich auf, bis er kopflastig wird. Selbst wenn es zunächst einmal gelingen sollte, wirtschaftliche oder militärische Dominanz zu erlangen, am Ende bliebe nichts anderes als Verfall und Zusammenbruch, so wie auch das Römische Reich zusammengebrochen ist.

Aber vorausgesetzt, es gibt die Fähigkeiten zur Koordination und zur Selbstkontrolle in einer Gesellschaft und sie bilden auch eine Einheit, dann ist dies vergleichbar mit der Ausgeglichenheit eines weisen und gesunden Menschen. Eine solche Gesellschaft wäre frei, so frei, wie es nie eine Gesellschaft in der bisherigen Geschichte gegeben hat.

Und für eine solche Gesellschaft wäre fast nichts unmöglich. Sie würde durch ihre Verstandeskräfte und durch ihr Beispiel zum Lehrer der Welt. Sie würde den Weg für eine größere und weisere Humanität bereiten.

[a)] Diese Zeilen wurden zum Ende des 1. Weltkriegs geschrieben. Die Analyse, auf der dieses Kapitel beruht, hat prinzipiell auch Gültigkeit für die Krisen in unserer heutigen Zeit.

[b)] Als ich diese Zeilen 1945 erneut gelesen habe, waren die Zeitungen voll von den unbeschreiblichen Brutalitäten in den deutschen Konzentrationslagern.

D

Anmerkungen des Übersetzers

Seite VII: Der fürchterliche Zustand der Welt

Wir schreiben das Jahr 1945. Die Entscheidungsschlachten des 2. Weltkriegs toben in Europa und in vielen Teilen der übrigen Welt. In wenigen Tagen werden die ersten Atombomben aus Hiroshima und Nagasaki ein riesiges Trümmerfeld gemacht und dort alles Leben ausgelöscht haben. Fürchterlicher kann der Zustand der Welt wohl kaum noch werden.

Seite VIII: Constructive Conscious Control of the Individual

Im Deutschen ist *Constructive Conscious Control of the Individual* unter dem Titel *Bewusste Kontrolle beim Auf- und Umbau des Menschen* bei „Books on Demand“ (**BoD**) erschienen.

Seite 10: Bürgerkrieg im Körper

Das Bild vom Bürgerkrieg im Körper findet sich schon bei Dr. W. Roux, der schreibt: „Es geht im Organismus nicht alles friedlich zu, weder in dem Stadium der Gesundheit und noch weniger in dem Stadium der Krankheit.“ Im Körper sei ein Kampf u.a. um die Nahrung und den Raum. Es herrsche das Prinzip der Ökonomie: Teile, die an einer Stelle nicht genutzt würden, würden an anderer Stelle verwertet. Wenn dieser Kampf um Raum und Nahrung aber disharmonisch ablaufe, aus welchen Gründen auch immer, entwickelten sich die Verhältnisse im Organismus so, dass ein optimales Funktionieren in Frage gestellt sei. (vgl. dazu Quelle 8, Seite 103ff)

Seite 14: Reduzierung der Brustkorbkapazität

Wie problematisch eine Verringerung der Brustkorbkapazität ist, wird auch von Dr. W. Roux beschrieben. Nichts stehe isoliert in der Welt, am wenigsten aber der Organismus. Alles sei in fortwährendem Wandel und beeinflusse sich gegenseitig. Es finde ein Kampf um den zur Verfügung stehenden Raum statt. Dieser Kampf müsse innerhalb des Organismus so viel heftiger sein, wo doch alles zu einer räumlichen Einheit verbunden aneinander liege und sich dränge. Letztendlich habe er dazu geführt, dass der vorhandene Raum bestmöglich ausgenutzt werde, zum Wohle des Gesamtorganismus. Im Normalfall! Wenn aber der Fall eintritt, den F. M. Alexander beschreibt, kann man sich leicht ausmalen, dass eine Einschränkung des Raumes durch die hausgemachte Reduzierung der Brustkorbkapazität auf jeden Fall zu massiven Problemen führen muss. Welche der inneren Organe mehr in Mitleidenschaft gezogen werden, ist dann eine Frage ihrer relativen Stärke im Verhältnis zu den anderen. (vgl. Quelle 8, Seite 103ff)

Seite: 15: „KörperundGeist“

Die Schreibweise KörperundGeist soll kreativ darstellen, dass Körper und Geist im System F. M. Alexanders immer und überall eine unteilbare Einheit bilden. Er schreibt dazu in diesem Buch: *„Meiner Meinung nach müssen diese beiden aber als vollkommen voneinander abhängig betrachtet werden und eigentlich sind sie noch viel enger miteinander verwoben, als es dieser Satz tatsächlich auszudrücken vermag.“*

Seite 16: Kinästhetisches System

Die Wissenschaft unterscheidet im 21. Jahrhundert bereits zehn Sinne. Neben den fünf allgemein bekannten Sinnen Sehen, Hören, Schmecken, Riechen und Tasten mit den dazugehörigen Rezeptoren Auge, Ohr, Nase, Zunge und Haut werden noch fünf weitere aufgezählt. Einer von diesen ist der kinästhetische Sinn. (Tatsächlich nimmt er in der Alexandertechnik eine Sonderstellung ein). Jede einzelne Bewegung, jede Organfunktion müsse ganz kontinuierlich überwacht und sinnvoll eingestellt werden. Das Gehirn müsse über die Länge von vielen Hunderten von Muskeln genau Bescheid wissen, es müsse die Lage des Körpers im Raum beurteilen können und es müsse die Stellungen aller Gelenke kennen (vgl. Quelle 3, Seite 12ff). Dies sind Aufgaben, die der *kinästhetische Sinn* übernimmt. Nach Klein/Porath meint **Kinästhesie** die Fähigkeit, Bewegungsrichtung und Lage der Körperteile zueinander und in Bezug zur Umwelt zu steuern und zu empfinden. Mittels der Rezeptoren in den Muskeln und Gelenken registriere der Muskelsinn die Stellung aller Körperteile und Gelenke und analysiere die Lage des Kopfes.

Gerade Bewegungen und Lage des Kopfes seien ungemein wichtig, um es dem Gehirn zu ermöglichen, die fortlaufenden Informationen von Ohr und Auge zu interpretieren. (vgl. Quelle 4, Seite 19f). Schon seit dem Wirken von F. M. Alexander wissen wir genau, wie wichtig die Bewegungen des Kopfes und seine Lage sind, wenn eine bestmögliche Streckung der Wirbelsäule und die Weitung des Brustkorbes herbeigeführt werden sollen.

Seite 29: Hemmung

Hemmung sei ein Eckpfeiler in F. M. Alexanders Methode schreibt Barlow in: „Die Alexander-Technik“ (vgl. Quelle 10, Seite 199). Und der „Große Brockhaus“ erklärt: „*Hemmung* ist die Unterbrechung eines Vorgangs“. Aus der Sicht des Systems Alexanders muss man ergänzen, dass diese Unterbrechung nicht von außen erzwungen wird, sondern freiwillig von innen erfolgt. F. M. Alexander selbst definiert *Hemmung*: „Es ist der Vorgang, bei dem der Betroffene sich weigert, überhaupt auf den Impuls zu reagieren, ein Ziel zu erreichen.“ (vgl. Quelle 5,Seite 110) In der Neuro-Psychologie bezeichnet *Hemmung* laut BROCKHAUS „eine Aktivitätsminderung von Nervenzellen“. In dem Modell Dr. Hermanns, wonach alle Organe in einem funktionellen Zusammenhang stehen, verhindere *Hemmung* die Erregung einer Nervenverbindung, obwohl ein Reiz eingetroffen sei. Dadurch bleibe die Reaktion des Erfolgsorganes, in unseren Fällen des Muskels, aus (vgl. Quelle 15). Und in diesem Sinne ist *Hemmung* ein wesentliches Anliegen des Systems F. M. Alexanders gerade zu Beginn einer Umerziehung, denn erst die unterbleibende Reaktion des Muskelmechanismus auf einen Reiz gibt den Weg frei für einen neuen und richtigen Gebrauch des Bewegungssystems.

Seite 30: Zunahme der Verlockungen

Nie war die Fähigkeit zur Hemmung so wertvoll wie heute, da die Menschen nicht nur stündlich den Verlockungen des Lebens widerstehen müssen, sondern eher im Minutentakt. Nahezu pausenlos werden die Menschen heutzutage von Smartphone und Internet, vom Trommelfeuer der Werbung oder durch die Dauerberieselung mit Musik terrorisiert.

Seite 35: „New Thought“

In der Mitte des 19. Jahrhunderts tauchte in den Vereinigten Staaten die Bewegung des „New Thought auf. In ihr spiegelten sich „die Hoffnungen, das Denken, die Bestrebungen und die Ziele eines großen Teils der Amerikaner.“ So verschieden die einzelnen Gruppierungen in der Bewegung auch waren, so charakteristisch waren die Gemeinsamkeiten.

Die Bewegung des „New Thought war eine Revolte gegen eine protestantische Kirche, die die Freiheit des Einzelnen u. a. dadurch einzuengen suchte, dass sie mit Fegefeuer und Verdammnis drohte. In der Folge wurde das Menschenbild ein radikal anderes. Der Mensch war nicht länger bloß nach dem Bilde Gottes erschaffen, er selbst trägt jetzt den göttlichen Funken in sich. Er ist nicht mehr der arme Sünder, er wird zum Herrn über sein eigenes Schicksal.

Jesus von Nazareth sei auch nur ein Mensch, dem allerdings ein besonderes Sensorium für den göttlichen Funken gegeben sei. Der Gottesbegriff wurde entpersonifiziert. Gott ist jetzt immanent in allen Dingen. Aus der „Person Gott“ wird ein göttliches Prinzip, das die naturwissenschaftlichen Gesetze in sich vereinigt, aus dem „Gesundheit, Reichtum, Seelenfrieden, innere Erleuchtung“ zu gewinnen waren. (vgl. dazu Quelle 16, Seite 11ff)

All diese philosophischen Umdeutungen hätten F. M. Alexander wohl völlig kalt gelassen, wären Heilung und Heilverfahren in der Bewegung des „New Thought“ nicht ein derartig großes Thema gewesen. Alexanders Erkenntnisse und die Gedanken des „New Thought“ prallen hier so hart aufeinander, dass Alexander der Auseinandersetzung mit der „New Thought-Bewegung“ fast ein ganzes Kapitel widmet.

Seite 39: Noumenon

Der Autor verwendet hier einen Begriff der griechischen Philosophie. Nach Platon meint der Begriff „das mit dem Geist zu Erkennende“. Er ist zusammengesetzt aus den altgriechischen Wörtern „nous“ für Geist und „noein“ für denken.

Seite 55: R. W. Emerson

R. W. Emerson war ein amerikanischer Philosoph und Schriftsteller des 19. Jahrhunderts (1803 / 1882). Eine seiner Hauptforderungen war die einer radikalen Erneuerung der amerikanischen Kultur und Literatur. Zudem trat er vehement für die Abschaffung der Sklaverei ein. (Quelle: Google)

Seite 56: Mittel-und-Wege

Die Darstellung eines neuen Gedankens, so schreibt F. M. Alexander an einer Stelle in seinem zweiten Buch *„Bewusste Kontrolle beim Auf- und Umbau des Menschen“* (**BoD**) erfordere auch neue Begrifflichkeiten, sind doch die geläufigen Begriffe mit den herkömmlichen Gedanken verbunden. In seinen Büchern hat sich F. M. Alexander oftmals zu helfen versucht, indem er sehr ausführlich die von ihm verwendeten Begriffe definiert hat. (Gebrauch, geistig-körperlich, Anweisung) Zu seinen Begriffsschöpfungen zählt der Ausdruck „MEANS WHEREBY", der bisweilen mit „Mittel wodurch" ins Deutsche übersetzt worden ist. Hier wird „MEANS WHEREBY" mit **Mittel-und-Wege** übersetzt, wobei die Bindestriche auf die besondere Bedeutung des Begriffs im System Alexanders hinweisen.

An anderer Stelle wird der Leser die Mittel und Wege ohne Bindestrich vorfinden. Dann ist der Ausdruck in der uns geläufigen Weise verwendet.

Seite 67: Tichborne Antragsteller der Literatur

Lord Tichborne hatte einst vor Gericht beweisen müssen, dass er der war, für den er sich ausgab. Und auch Bacon sehe sich nun gezwungen zu beweisen, dass er Bacon und nicht Shakespeare sei, so die Argumentation des Leserbriefschreibers.

Lord Tichborne war ein sehr reicher englischer Adliger, der bei einem Schiffsuntergang vor Südamerika umgekommen sein sollte oder war. Später tauchten dann immer wieder Gerüchte auf. Der Adlige habe sich in Australien niedergelassen oder sollte sich dort niedergelassen haben. Lord Tichborne - oder war es nur jemand, der sich als der Adlige ausgab? - kehrte nach England zurück, weil er vor Gericht um sein Vermögen streiten wollte. Es fanden sich nicht wenige Menschen, die seine Identität bezeugen konnten oder der Meinung waren, sie bezeugen zu können. (vgl. dazu: THE TICHBORNE CLAIMANT, Drama von David Yates, Redbus Film Distribution)

Seite 73: Wein in alten Schläuchen

Der Pfarrer benutzt hier ein Gleichnis des Neuen Testaments. (Markus 2, 21/22) Der neue Wein steht dann für die veränderten Bedingungen einer zivilisierten Gesellschaft. Die neuen Schläuche, den alten weit überlegen, sind ein Bild für das System Alexanders.

Seite 87: Das Denken auf ein anders Thema lenken

Dieses psychologische Phänomen hat *Margaret Mitchell* in ihrem Roman: „Vom Winde Verweht" verarbeitet. Wiederholt lässt sie Scarlett O'Hara darin sagen: „Daran will ich jetzt nicht denken. Darum werde ich mich später kümmern." Diese Sätze machen die Wandlung Scarletts von einer wohlerzogenen jungen Dame der Südstaatengesellschaft zu einem Menschen, der rücksichtlos gegen sich und andere seinen Vorteil sucht, plausibel. (vgl. Quelle 18, z. B. Seite 528)

Seite 93: Milchbrei

„Milk pudding", wie es im englischen Originaltext heißt, ist eine englische Milchspeise, die nicht mit unserem süßen Pudding von heute zu vergleichen ist.

Seite 96: Freier Ausdruck

Die politische Bewegung, die eine *freie Entfaltung* und einen *freien Ausdruck* forderte, entstand schon früh in der Geschichte der Vereinigten Staaten von Amerika. Zunächst war es nur die Forderung nach der Freiheit des Wortes, die jedem Menschen zugestanden werden müsse. Sie wurde dann zum Hebel, um die Lösung vom Britischen Empire voranzutreiben.

In der Literatur werden drei Achsen genannt, die zusammen „ein relativ vollständiges Bild vom *freien Ausdruck und von freier Entfaltung* lieferten.“ Diese drei Achsen waren die Traditionen,

- die andere Meinung zu bekämpfen,
- eine andere Meinung vertreten zu dürfen
- und eine Gesetzgebung, deren Aufgabe es sein sollte, einen Ausgleich zwischen den ersten beiden gegensätzlichen zu schaffen.

Im Spannungsfeld dieser drei Achsen entwickelte sich der Bereich, in dem die Bewegung aktiv war. (vgl. Quelle 9, Seite 3) Nach und nach kam es zu einer Ausweitung ihrer Anliegen. Bis zum Beginn des 20. Jahrhundert wurden zahlreiche zusätzliche Forderungen aufgestellt, die nicht nur die Freiheit des Wortes betrafen: freie Entfaltung der Presse, freie kulturelle Entfaltung, freie Entfaltung der Moral, Gedanken- und Gewissensfreiheit, die freie Verfügung über das persönliche Eigentum, Vertragsfreiheit und schließlich auch Religionsfreiheit, in dem Sinne, dass der Mensch nicht von der Religion behindert werden dürfte.

Endlich waren der Wissenschaft die Fesseln genommen, die die Religion ihr angelegt hatte. Um die Wissenschaft voranzutreiben, bedurfte es neuer Fähigkeiten des Menschen. Kreativität war nun sehr gefragt und ihre Entwicklung wurde eine Aufgabe der Schule.

Die Bewegung des *freien Ausdrucks und der freien Entfaltung* hielt Einzug in die Pädagogik. (vgl. dazu Quelle 9, Seite 142ff)

Wenn F. M. Alexander gegen die Bewegung *freier Ausdruck und freie Entfaltung* argumentiert, steht er also zunächst durchaus in der Tradition, dass eine andere Meinung bekämpft werden darf. Er hat auch den *freien Ausdruck* in der Pädagogik nicht in Bausch und Bogen abgelehnt. Denn er wollte ja „das Kind nicht mit dem Bade ausschütten“. Dem Wasser sollte aber ein guter Badezusatz hinzugefügt werden, um im Bild zu bleiben. Wenn der Badezusatz dann seine Wirkung getan hatte, konnte sich das Kind solange in der Badewanne aalen, wie es nur wollte. Dieser Badezusatz war die Schulung nach den Prinzipien des Systems von F.M. Alexander.

Seite 112: George Bernard Shaw

Der irische Dramatiker George Bernard Shaw (1856 / 1950) hat 1925 den Literaturnobelpreis erhalten. Man sagt von seinen Werken, dass sie geistreich und vorsichtig sozialkritisch sind. Bis zu seinem letzten Atemzug hatte er an einem neuen Drama gearbeitet.

Seite 123: Körperstellungen

Wenn die verschiedenen Teile des Körpers, die an der Atmung beteiligt sind, in die richtigen Verhältnisse, also in ihre richtigen Stellungen zueinander gebracht worden sind, - dies geschieht in bewussten Prozessen - brauchen wir in der Tat keinen einzigen Gedanken an den Atemvorgang zu verschwenden: Er funktioniert allein deshalb bestens, weil die Körperstellungen optimal sind.

Wenn die verschiedenen Teile des Körpers aber nicht in den richtigen Verhältnissen zueinander stehen, sind Gedanken an den Atemvorgang erst recht sinnlos. Hilfreich allein sind Gedanken, die bewirken können, dass sich die Teile des Körpers ideal zueinander stellen.

Seite 133: Post Scriptum

Der Übersetzer hat sich über die Entscheidung F. M. Alexanders hinweggesetzt, das 8. Kapitel an dieser Stelle im Text zu belassen. Der Leser findet es - allerdings in der ungekürzten Fassung von 1918 - im Anhang dieses Buches.

Zwei Gründe waren dafür ausschlaggebend. Zum einen wachsen die Länder Europas seit dem Ende des 2. Weltkriegs mehr und mehr in Frieden zusammen, so dass der Inhalt des Kapitels noch weniger „up to date“ ist als zu der Zeit, als das Post Scriptum verfasst wurde. Und zum anderen weicht das Thema des 8. Kapitels aus heutiger Sicht zu sehr vom zentralen Anliegen des Buches ab.

Seite 137: voriges Buch

Dies ist eigentlich das erste Buch F. M. Alexanders. Aber vorher hat er wohl noch „drei kurze Aufsätze über seine Arbeit in der Form von Broschüren“ veröffentlicht (vgl. Quelle 2, Seite 31). Die Fragen, die er hier beantwortet, müssen sich also aus diesen Broschüren ergeben haben.

Seite 141: „den Hals lang zu machen“

„Den Hals lang machen“ führt zu genau den Augenproblemen, die der Autor an dieser Stelle beschrieben hat und es widerspricht allen Prinzipien seines Systems. Eines der Prinzipien ist indirektes Vorgehen. Wenn man direkt auf ein Ziel zusteuert, benutzt man ja die Mechanismen des Körpers, die fehlerhaft sind und die verändert werden sollen. Dies muss zunächst einmal unbedingt verhindert werden. Das Instrument für die Verhinderung ist die Fähigkeit zur Hemmung. (siehe auch: Anmerkung „Hemmung“)

Zudem wird gegen das Prinzip der Primärkontrolle verstoßen. Die erste Anweisung der Primärkontrolle lautet nämlich: „Lass den Hals FREI.“ Wenn ich den Hals frei lasse, wenn der Kopf nach vorne und oben geht, wenn die Wirbelsäule sich längt, wenn der Rücken sich weiten kann, kann es durchaus passieren, dass der Hals länger wird, aber es ist dann eine passive Reaktion des Vorherigen.

Weiter oben in diesem Text schreibt der Autor, dass der Hals unbedingt sich selbst zu überlassen sei, dass er nicht angespannt werden solle. Dieser Sachverhalt sei aber zu komplex, um ihn im Rahmen dieser Arbeit darzulegen.

Seite 170: „....implanted by the teacher“

So steht es im englischen Urtext. Als Übersetzung für *implant* findet man im Wörterbuch „implantieren“ oder „einpflanzen“. Implantate sind geradezu ein Markenzeichen der Gesellschaft von heute. Es wird implantiert, was immer möglich ist: Zähne, Haare, Haut, Herzklappen, Herzen, Hüftgelenke, Kniegelenke. Die Reihe lässt sich beliebig fortsetzten. Die Implantate bleiben aber immer Fremdkörper im Organismus. Teilweise kommt es zu Prozessen der Abstoßung und wenn ein solches Ersatzteil nicht mehr funktioniert, kann es durch ein neues ersetzt werden.

Wenn dem gegenüber aber etwas *eingepflanzt* wird, gehen der Boden und das Eingepflanzte eine Symbiose ein und werden zu einer neuen Einheit. Beide Seiten verändern sich, der Boden wie auch die Pflanze. Die Wurzeln der Pflanze bereiten den Boden auf, machen ihn lockerer. Die Pflanze nimmt die Nährstoffe aus dem so aufbereiteten Untergrund auf und kann prächtig gedeihen.

Vor mehr als dreißig Jahren haben zwei Lehrer in mir die Idee der Primärkontrolle eingepflanzt und mir die dazu gehörigen Vorstellungen und kinästhetischen Empfindungen vermittelt: CHARLES BACON und STANTON HOBBS. Ich muss zugeben, dass der Boden eher felsig war, aber genauso wie der Rebstock seine Wurzeln durch das Gestein treibt, hat das, was die beiden Lehrer gepflanzt haben, sich durch den „Fels“ gebohrt, hat ihn zunächst spröde und dann auch fruchtbar gemacht, so fruchtbar, dass ich es nun wagen kann, die Werke F. M. Alexanders ins Deutsche zu übersetzen.

Die Pflanzung verändert sich beständig. Und sie wird täglich schöner und schöner. Mit Hilfe der Primärkontrolle erschließt das Bewusstsein sich immer neue Bereiche. Es ist ein Vergnügen für mich zu sehen, wie die Pflanze gedeiht.

Dies ist jetzt die Stelle, meinen beiden Lehrern aufrichtig zu danken. Danke, **STANTON HOBBS!** Danke, **CHARLES BACON!**

Seite 179: Fahrrad fahren

Heutzutage lernt jedes Kind schon das Fahrrad fahren. Zu Beginn des 20.Jahrhunderts war dies noch völlig anders. Das Fahrrad, so wie wir es heute kennen mit Kettenantrieb des Hinterrads, lenkbarem Vorderrad, Luftreifen, Bremsen, war gerade einmal knapp 50 Jahre alt. Lange Zeit war das Fahrrad ein Privileg der Betuchten. Und Kinderfahrräder waren erst recht etwas Außergewöhnliches. So kann man sich gut vorstellen, dass Fahrrad fahren damals im Allgemeinen eine wirkliche Herausforderung für einen Erwachsenen darstellte.

Seite 187: Somato-Therapie

Das medizinische Wörterbuch definiert *Somato-Therapien* als körperliche Behandlungsmethoden psychischer Erkrankungen. Zu diesen Methoden zählen neben den Kneipp'schen Anwendungen, die Klopftherapie, Akupunktur, Akupressur und andere. (vgl. dazu Quelle 17)

Seite 205: Reaktionshemmung

Wenn ich das englische „inhibition" mit *Reaktionshemmung* übersetze, will ich den Begriff von einer zuweilen negativen Verwendung in der deutschen Sprache absetzen, wenn es z.B. heißt: „Er hatte sehr große Hemmungen, mit Frauen zu sprechen." In diesem Satz beschränkt Hemmung die Möglichkeiten der betroffenen Person und ist unterbewusst. Die Hemmung einer Reaktion auf einen Reiz jedoch ist bewusst und erweitert ihre Möglichkeiten.

Seite 206: „Die Welt wird in einem Jahrhundert einen so großen Entwicklungsfortschritt gemacht haben, dass..“

Es sind jetzt mehr als hundert Jahre vergangen, seit Alexander dies geschrieben hat. Haben sich seine Zukunftsvisionen, haben sich seine Hoffnungen erfüllt? Die Antwort muss eher ambivalent ausfallen. Zum einen hat sich die zivilisierte Welt durchaus rasant entwickelt: Der Verstand des Menschen hat die Welt motorisiert, dann automatisiert und heute wird sie in einer Weise digitalisiert, wie er es vorausgesagt hat. Bei diesem Entwicklungsprozess wirkt der Verstand jedoch nach außen. Die Welt der Dinge wird mehr und mehr optimiert und es werden auch viele neue Gegenstände erdacht und erschaffen.

Wenn wir uns aber die Wirkung des Verstandes nach innen auf den Menschen selbst anschauen, dann müssen wir erkennen, dass seine Prognosen nicht wahr geworden sind: Die Menschen haben sich nicht auf breiter Front die Fähigkeit zur bewussten Steuerung und Kontrolle angeeignet. Es gibt wohl einige Menschen, die nach den Prinzipien F. M. Alexanders leben. Und es gibt eine noch kleinere Gruppe, die seine Erkenntnisse als Lehrer weiterreicht. Man kann aber wohl kaum behaupten, dass sich die Menschen der heutigen Gesellschaft auf breiter Front von seinem System tragen und stützen lassen.

Das Gegenteil ist eher der Fall: Die zivilisierte Gesellschaft des 21. Jahrhunderts ist eine Konsumgesellschaft. Sie tut alles dafür, den Menschen nicht zu Bewusstsein kommen zu lassen. Sie tut alles dafür, dass er weiterhin von seinem Unterbewusstsein gesteuert wird. So ist er für die Werbung sehr viel anfälliger, deren Ziel es ist, den Menschen zum Konsum anzuregen. Jemand der nachdenkt, kauft nämlich nicht ohne Überlegung.

In der Tat ist Werbung wie eine Krake, die mit ihren Fangarmen in alle Bereiche des Lebens eindringt. Ich will diesen Aspekt in diesem Rahmen nicht weiter vertiefen, aber ich will noch auf einen anderen

Punkt hinweisen: Unsere Konsumgesellschaft lässt es zu, dass auch die Sinne mehr und mehr verkümmern: Hören, Sehen, Riechen, Schmecken und der kinästhetische Sinn werden durch die Bedingungen, die in dieser Gesellschaft vorherrschen, immer früher minimiert. So werden dann neue Konsumfelder geschaffen: Brillen und Hörgeräte können verkauft werden. Wenn die Riech- und Geschmacksnerven nicht mehr optimal funktionieren, kann man sie durch starke Riech- und Geschmacksreize ganz bestimmt erregen. In entsprechenden Geschäften werden diese Wünsche gerne erfüllt.

Alexander hat für die Menschen in einer sich differenzierenden, komplexen Gesellschaft vorausgesagt, dass es große Probleme bei ihrer körperlichen und geistigen Anpassung geben wird, wenn sich die Menschheit nicht durch die bewusste Steuerung und Kontrolle wappnet. Hier hat er sehr Recht behalten. Wenn wir uns die Koordination und das Gesundheitsniveau der heutigen Menschen anschauen, kann man ihren Zustand nicht anders als dramatisch bezeichnen. Und trotzdem werden die Menschen heute so alt wie niemals zuvor! Wie passt das alles zusammen? Nun, es sieht so aus, als ob diese Zivilisation in der *Quantität* einiges zu bieten hat. Sie setzt nicht so sehr auf eine Steuerung über das Bewusstsein. Das Bewusstsein soll ja aus ökonomischen Gründen eher klein gehalten werden. Sie setzt auf die chemische Steuerung durch neue Medikamente (Mit jeder neu definierten Krankheit kommen bald schon die entsprechenden Arzneien auf den Markt.), sie setzt auf die Implantierung von Ersatzteilen in den Menschen. (Es gibt heute fast nichts, was in seinem Organismus nicht ersetzt werden könnte!) Drogen und Ablenkung (Zigaretten, Alkohol, Süßigkeiten und Salziges, Berieselung rund um die Uhr durch das Fernsehen, Internet, Smartphone u.v.m.) verhindern, dass die Menschen ihre Schmerzen spüren. Durch diese Art der Steuerung des Menschen wird die Konsumgesellschaft gestärkt. Das Bruttosozialprodukt wird so zwar gesteigert, aber nicht die *Lebensqualität* der Menschen. Sie wird dann wohl auf der Strecke bleiben!

Seite 224: Dorando

Dorando Pietri, so sein voller Name, wurde 1908 zu einem tragischen Helden der Olympischen Spiele von London. Beim Marathonlauf erreichte er mit einem Vorsprung von zehn Minuten als erster das White City Stadium. Nur war er dermaßen erschöpft, dass er zunächst in die falsche Richtung gelaufen und auf den 35o Metern der letzten Stadionrunde fünfmal zusammengebrochen ist, bevor er die Ziellinie überschritten hatte.

Weil die Zielrichter im Stadion ihm aber geholfen hatten, wurde er nachträglich disqualifiziert. Es gibt ein Foto von Dorando, das um die Welt gegangen ist und das in keiner Chronik über Olympische Spiele fehlt. Der interessierte Leser findet es leicht im Internet.

Seite 232: Das Buch „Ein Vermächtnis der Evolution.........."

Es gibt wohl nur eine plausible Erklärung dafür, dass F. M. Alexander einen Leserbrief in *„Ein Vermächtnis der Evolution an die Menschheit von unschätzbarem Wert"* zu genau diesem Buch zitieren kann: Die erste Auflage ist im Januar 1918 erschienen und die zweite im Mai 1918. Die 1. Auflage muss zu den Leserbriefreaktionen geführt haben, die der Autor dann in dieser kurzen Zeit für die 2. Auflage verarbeitet hat.

Seite 251: .....das Versagen, in der Muskelhandlung einen Zweck und ein Ziel auszudrücken

N. Wiener schreibt in seinem grundlegenden Werk *„Mensch und Menschmaschine"*, wenn eine Zweckhandlung richtig durchgeführt werden solle, müssten die einzelnen Glieder, die nicht direkt an der Zweckbewegung mitwirkten, in einem gewissen *Tonus* - einer leichten Vorspannung- gehalten werden, so dass sich geeignete Ansatzpunkte für die eigentlich bezweckte Muskelkontraktion fänden. Dafür werde ein Rückmeldemechanismus benötigt. Diese Art der Rückmeldung sei bekannt als Posturalrückmeldung oder Haltungswahrnehmung." (vgl. dazu: Quelle 13, Seite 174)

Seite 266: Kenntnis der genauen einleitenden *Bewegung*

Die genaue, einleitende Bewegung nennt F. M. Alexander auf Seite 267: Es ist hier zunächst die Ausdehnung des Brustkorbs auf die richtige Weise. Wir müssen uns aber darüber im Klaren sein, dass davor natürlich die Bedingungen hergestellt werden müssen, die die Primärkontrolle bewirkt.

Seite 270: Übung

F. M. Alexander hat diesen Artikel bereits 1906 geschrieben. Später hat er für die Abläufe in der Alexandertechnik nicht mehr den Begriff „Übung" verwendet, weil er in der Fitnessbewegung als bloßes Wiederholen bestimmter Bewegungen verstanden wird. In der Alexandertechnik geht es aber nicht darum, Bewegungen einzuschleifen. Es geht vielmehr darum, die Weisheit, dass man nie zweimal im selben Fluss badet, mit Inhalt zu füllen. Es ist in der Tat ein Hauptanliegen der Alexandertechnik, dass der Schüler lernt, dies wahrzunehmen.

Seite 280: geflüsterte Vokalisation

Eine genaue Beschreibung des Verfahrens beim „geflüsterten Ah" finden wir im *Voice Book* von M. McCallion. Der Autor, der einer der führenden Stimmlehrer der heutigen Welt sei, ist auch bestens mit dem System Alexanders vertraut. (vgl. dazu: Quelle 13, Seite 26f)

Es gibt bei ihm fünf Stufen der Vorbereitung und drei Stufen der eigentlichen Ausführung des „geflüsterten Ahs."

1. Primärkontrolle: (Die Zunge ruht leicht und gelöst hinter der unteren Zahnreihe.)

2. Löse die Kiefergelenke
3. und lasse den Unterkiefer soweit nach vorne gleiten, dass die beiden Zahnreihen übereinander stehen. Übe keinen Zwang aus! Die Zunge geht die Bewegung des Unterkiefers passiv mit.
4. Lächle! Ein richtiges Lächeln!
5. Öffne jetzt das Kiefergelenk! Die Zunge verbleibt gelöst hinter den Vorderzähnen. Halte das Lächeln bei!

Atme bis dahin weiter gleichmäßig, dann geht es so weiter:

1. Auf der Ausatmung „flüstere im Geiste den Vokal Ah"! Im Geiste bedeutet, dass dies wirklich vollkommen stimmlos geschieht. Erzwinge nichts. Es kommt nicht darauf an, wie lange die Ausatmung geschieht. Vor allem aber: Achte auf deine Primärkontrolle!
2. Mit der Einatmung schließe den Mund, ohne den Unterkiefer zurückzuziehen! Achte auf deine Primärkontrolle!
3. Wiederhole den Vorgang!

F.M. Alexander selbst ist in seinem zweiten Werk *„Bewusste Kontrolle beim Auf- und Umbau des Menschen"*, veröffentlicht bei **BoD**, auf das „geflüsterte Ah" eingegangen, ohne den Ablauf detailliert zu beschreiben. (vgl. Quelle 5, Seite 163)

Seite 283: Anmerkung vom Übersetzer zur natürlichen Auslese

F. M. Alexanders Anmerkung zur natürlichen Auslese atmet den Geist der damaligen Zeit. Zu Beginn des 20. Jahrhunderts befindet sich der Darwinismus auf seinem Höhepunkt. Aus heutiger Sicht und Erfahrung ist der Satz, den ich nur hier in den Anmerkungen zitiere, ohne ihn zu übersetzen, nur schwer zu ertragen:

"This, however, is no argument against the regulation of prevention of marriages between the physically and mentally unfit."

Quellenangabe zu den Anmerkungen

1 Wikipedia

2 Edward Maisel, Die Grundlagen der F. M. Alexandertechnik Arbor Verlag, 1986

3 Stephan Frings / Frank Müller, Biologie der Sinne, Springer Verlag, Heidelberg, 2014

4 Erik Porath / Tobias Robert Klein, Kinästhetik Kommunikation, Kulturverlag Kadmos, 2013

5 F. M. Alexander, Bewusste Kontrolle beim Auf- und Umbau des Menschen, Bod, 2018 (Constructive Conscious Control of the Individual)

6 Patrick McDonald, Lecture on Giving Directions

7 Y. Kuperman, in: International Alexander Congress, 1991, Congress Papers

8 Dr. W. Roux, Der Kampf der Teile im Organismus, Leipzig, 1881

9 Stephen M. Feldman, Free Expression and Democracy in America, The University Of Chicago Press, 2008

10 Wilfred Barlow, Die Alexander-Technik, München, 1989, Kösel Verlag

11 DER GROSSE BROCKHAUS in 24 Bänden, Die Enzyklopädie, 20. Auflage, Leipzig/ Mannheim, 1996

12 Kluge, Etymologisches Wörterbuch, 23. Auflage, De Gruyter, Berlin, 1999

13 M. Wiener, Mensch und Menschmaschine, A. Metzner Verlag, Frankfurt, 4. unveränderte Aufl.

14 Michael McCallion, The Voice Book, London, faber & faber , 1989

15 Dr. L. Hermann, Handbuch der Psychologie, Band 2, Psycholgie des Nervensystems, Leipzig, 1879,

16 J. S. Judah, The History and Philosophy of the Metaphysical Movements, Westminster Press, 1967

17 Nöhring, Fachwörterbuch Medizin, Urban & Fischer, München, 2002

18 Margaret Mitchell, Gone With The Wind, Pan Books, New York, 2014

DANKSAGUNG

Der Übersetzer hat bis zu seiner Pensionierung als Englisch- und Sportlehrer gearbeitet. Mit der Alexandertechnik ist er erstmals im Alter von über dreißig in Berührung gekommen. Von da an hat sie ihn bis heute nicht mehr losgelassen. Mehrere Jahre ist er zunächst von **Mr. Charles Bacon** und dann von **Mr. Stanton Hobbs** unterrichtet worden, denen er auf diesem Weg seinen tiefen Dank ausspricht.

Auch gilt es an dieser Stelle Frau Helga Schönenberg und Herrn Klaus Mewes zu danken, die mit größter Sorgfalt und mit ihrer profunden Kenntnis der deutschen Sprache die Übersetzung begleitet haben. Und Frau Melanie Habbel hat dafür gesorgt, dass der Text nicht in den Weiten des Internets verloren gegangen ist.